折射集
prisma

照亮存在之遮蔽

W. J. T. Mitchell & Mark B. N. Hansen

Critical Terms for Media Studies

当代学术棱镜译丛·媒介文化系列
丛书主编 张一兵 副主编 周宪 周晓虹

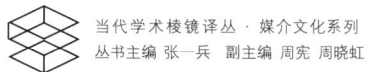

媒介研究批评术语集

[美]W.J.T.米歇尔 [美]马克·B.N.汉森 主编

肖腊梅 胡晓华 译

南京大学出版社

图书在版编目(CIP)数据

媒介研究批评术语集／(美)W. J. T. 米歇尔，(美)马克·B. N. 汉森主编；肖腊梅，胡晓华译. — 南京：南京大学出版社，2019.1(2025.1重印)
(当代学术棱镜译丛／张一兵主编)
书名原文：Critical Terms for Media Studies
ISBN 978-7-305-21167-6

Ⅰ. ①媒… Ⅱ. ①W… ②马… ③肖… ④胡… Ⅲ. ①传播媒介—术语—研究 Ⅳ. ①G206.2

中国版本图书馆CIP数据核字(2018)第257448号

Critical Terms for Media Studies
Edited by W. J. T. Mitchell and Mark B. N. Hansen
Copyright © 2010 by The University of Chicago
Licensed by The University of Chicago Press，Chicago，Illinois，U. S. A
Simplified Chinese edition copyright © 2019 by NJUP
All rights reserved

江苏省版权局著作权合同登记　图字：10-2013-336号

出版发行	南京大学出版社
社　　址	南京市汉口路22号　　邮　编　210093
丛 书 名	当代学术棱镜译丛
书　　名	媒介研究批评术语集 MEIJIE YANJIU PIPING SHUYUJI
主　　编	[美]W. J. T. 米歇尔　[美]马克·B. N. 汉森
译　　者	肖腊梅　胡晓华
责任编辑	洪　洋　徐　熙
照　　排	南京南琳图文制作有限公司
印　　刷	江苏苏中印刷有限公司
开　　本	787×1092　1/16　印张 19.5　字数 458 千
版　　次	2019年1月第1版　2025年1月第3次印刷
ISBN	978-7-305-21167-6
定　　价	75.00 元

网址：http://www.njupco.com
官方微博：http://weibo.com/njupco
官方微信号：njupress
销售咨询热线：(025) 83594756

＊ 版权所有，侵权必究
＊ 凡购买南大版图书，如有印装质量问题，请与所购
　图书销售部门联系调换

《当代学术棱镜译丛》总序

自晚清曾文正创制造局,开译介西学著作风气以来,西学翻译蔚为大观。百多年前,梁启超奋力呼吁:"国家欲自强,以多译西书为本;学子欲自立,以多读西书为功。"时至今日,此种激进吁求已不再迫切,但他所言西学著述"今之所译,直九牛之一毛耳",却仍是事实。世纪之交,面对现代化的宏业,有选择地译介国外学术著作,更是学界和出版界不可推诿的任务。基于这一认识,我们隆重推出《当代学术棱镜译丛》,在林林总总的国外学术书中遴选有价值篇什翻译出版。

王国维直言:"中西二学,盛则俱盛,衰则俱衰,风气既开,互相推助。"所言极是!今日之中国已迥异于一个世纪以前,文化间交往日趋频繁,"风气既开"无须赘言,中外学术"互相推助"更是不争的事实。当今世界,知识更新愈加迅猛,文化交往愈加深广。全球化和本土化两极互动,构成了这个时代的文化动脉。一方面,经济的全球化加速了文化上的交往互动;另一方面,文化的民族自觉日益高涨。于是,学术的本土化迫在眉睫。虽说"学问之事,本无中西"(王国维语),但"我们"与"他者"的身份及其知识政治却不容回避。但学术的本土化绝非闭关自守,不但知己,亦要知彼。这套丛书的立意正在这里。

"棱镜"本是物理学上的术语,意指复合光透过"棱镜"便分解成光谱。丛书所以取名《当代学术棱镜译丛》,意在透过所选篇什,折射出国外知识界的历史面貌和当代进展,并反映出选编者的理解和匠心,进而实现"他山之石,可以攻玉"的目标。

本丛书所选书目大抵有两个中心:其一,选目集中在国外学术界新近的发展,尽力揭橥域外学术20世纪90年代以来的最新趋向和热点问题;其二,不忘拾遗补阙,将一些重要的尚未译成中文的国外学术著述囊括其内。

众人拾柴火焰高。译介学术是一项崇高而又艰苦的事业,我们真诚地希望更多有识之士参与这项事业,使之为中国的现代化和学术本土化作出贡献。

丛书编委会
2000 年秋于南京大学

目　录

1 / 导　言 / W. J. T. 米歇尔（W. J. T. Mitchell）　马克·B. N. 汉森（Mark B. N. Hansen）

审　美

15 / **1.** 艺术 / 约翰娜·德鲁克（Johanna Drucker）

26 / **2.** 身体 / 伯纳黛特·维根斯坦（Bernadette Wegenstein）

37 / **3.** 图像 / W. J. T. 米歇尔

47 / **4.** 质料性 / 比尔·布朗（Bill Brown）

59 / **5.** 记忆 / 贝尔纳·斯蒂格勒（Bernard Stiegler）

77 / **6.** 感官 / 卡罗琳·琼斯（Caroline Jones）

87 / **7.** 时间与空间 / W. J. T. 米歇尔　马克·B. N. 汉森

技　术

99 / **8.** 生物媒介 / 尤金·撒克（Eugene Thacker）

109/ **9.** 通信 / 布鲁斯·克拉克（Bruce Clarke）

119/ **10.** 控制论 / N. 凯瑟琳·海尔斯（N. Katherine Hayles）

127/ **11.** 信息 / 布鲁斯·克拉克

138/ **12.** 新媒介 / 马克·B. N. 汉森

148/ **13.** 硬件/软件/湿件 / 杰弗里·温思罗普-扬（Geoffrey Winthrop-Young）

158/ **14.** 技术 / 约翰·约翰斯顿（John Johnston）

社 会

171/ **15. 交换** / 大卫·格雷伯（David Graeber）

183/ **16. 语言** / 卡里·沃尔夫（Cary Wolfe）

194/ **17. 法律** / 彼得·古德里奇（Peter Goodrich）

206/ **18. 大众媒介** / 约翰·德拉姆·彼得斯（John Durham Peters）

217/ **19. 网络** / 亚历山大·R. 加洛韦（Alexander R. Galloway）

230/ **20. 系统** / 戴维·韦尔贝利（David Wellbery）

239/ **21. 书写** / 莉迪娅·H. 刘（Lydia H. Liu）

252/ **撰稿人**

257/ **索引**

导　言

W. J. T.米歇尔　马克·B. N.汉森

德国媒介科学家弗里德里希·基特勒(Friedrich Kittler)的《留声机·电影·打字机》是一本在媒介研究方面影响深远的历史性著作。作者开篇写道:"媒介决定了我们的境况。"基特勒的话语中包含了一个重要观点,即媒介构成了经验与理解的基本结构和准超验标准。在法国哲学家米歇尔·福柯(Michel Foucault)的知识考古学中,在特定历史时刻,知识之所以能成为知识,这全是看得见、说得出的这类层面的功劳。同样,有了媒介在给定的时间、空间里的调节作用,实实在在的经验才能发生。

这本文集专门讨论媒介研究"批评术语",其背后的驱动力正是基特勒的这个宏大、深刻的主张。在今天的学术气候中,我们可以毫不夸张地将媒介称为人文学科和人文社会科学研究的中心话题,其原因正如基特勒所言。媒介再也不能被视为中立、透明,或被视为它所传播的信息的附属品、补充物而被打发掉。相反,来自不同群体、代表不同地域、学科及跨学科的学者们的爆发性的研究工作已经证明了媒介的社会力量和文化力量。在这些领域中,"媒介研究"成为一个切实可行的研究领域,这是意料之中的事。它被冠以各种名称:如,麻省理工学院称之为"比较媒介研究",佐治亚理工学院称之为"文学·通信·文化"。媒介研究在全球范围内成为日益扩大的研究创新的焦点。

尽管媒介研究的地位在体制上得到了巩固,但媒介研究仍然还是一个没有具体形态的事业,它更多是一套联系松散的方法,而非一个统一的领域。人们可能会发现,有些研究者用统计方法去分析观众对媒介内容的反应,而另一些人则关注媒介固化统治或破除陈规所带来的政治影响。研究者们研究虚拟现实环境、唯物主义人类学、文化史、信息理论史、电影出现之前的设施、印刷体制、希腊文学中单词出现的频率,"媒介研究"对研究这些东西的人全都张开双臂,热情接纳。实际上这个圈子还可以扩大,它欢迎跟物品相关的一切实践。也就是说,它欢迎人文学科和人文社会科学中绝大多数的实践。似乎我们都在搞媒介研究,不管我们有没有认识到这一点。

那么问题就来了。我们应该如何限定媒介研究呢?或者,更深刻的问题是,我们的限定能带来什么好处呢?打开维基百科(为什么不呢?要知道,人们无力逃离媒介,就算想逃也逃不掉,在这一点上,新的计算机技术起到了关键作用),我们发现定义极简化这一策略可以应对媒介研究无形态这一问题。"媒介研究"这一条目是这么开始的:"它是对媒介的构成、历史及影响的研究。"接着,它将媒介研究分为两大传统(当然,这种划分很有用):一方面是"经验科学传统,如通信研究、社会学、经济学",它主要以大众媒体为中心,研究大众媒介在创造所传播的内容以及在将内容传播给受众的过程中所担当的政治、社会、经济、文化角色;另一方面是"人文传统,如文学理论研究、电影/录像研究、文化研究、哲学研究",它的"焦点是媒介的形成,它追问……媒介是[如何]塑造了被称之为知识的东西,并使之得以传播"。因此,媒介研究包含了任何关于媒介的研究,它可以属于任何学科或跨学科,它还可以根据主宰着那些领域的研究习俗进行再分,这些习俗可分为经验型和阐释型两大类。虽然这个划分远非均质、同一,但它确立了两类媒介研究的方法论。

我们并不贬低这些分类的价值,但我们以及文集所代表的作者们采取的方法却有些不同。我们不是以媒介是这样那样的研究项目的**内容**为中心。相反,我们提出了一系列更为宏观的理论问题:何谓媒介?媒介概念与各种媒介形式之间如何相关?调节在媒介(medium)或更宽泛的各种媒介(media)的运作过程中起到了什么作用?在技术、审美、社会等领域构成的联接中,各种媒介如何分布其中?媒介能成为促进这些领域间进行交流的融合点吗?简单地讲,我们所采取的方法是去探索媒介在概念上的含混性——它由复数演变成了单数,从各种不同形式演变成了一个整体技术平台,一个理论制高点。二元对立(经验与阐释、形式与内容,等等)至今仍是媒介研究的根本结构,我们所说的媒介能牵线搭桥,是个能在二元对立间"斡旋调节"的第三个术语。简要地说,作为一个集体单数名词出现的媒介(media),它象征着技术人类学方面的一个深刻、普世概念的运作。自从有了人类(利用、发明工具的原始人)历史以来,这个概念就一直主宰着人类历史。除了指出人类在某一具体历史时刻所具有的各种单个媒介形式之外,在我们看来,"媒介"一词还指出了一种技术的形式,或形式的技术,媒介实际上是一种普遍的"媒介性"(mediality),正是因为它,人类才变成了"生物技术"形式的生命个体。于是,媒介成了一个批评概念,有些像弗洛伊德的无意识、马克思的生产模式,以及德里达(Derrida)的书写概念在其各自领域中所起的作用。虽然这明显是个概念创新,但我们提出的"媒介性"这个一般概念却有助于我们理解从亚里士多德到沃尔特·本雅明(Walter Benjamin)沿途以来的许多理论家的观点。索福克勒斯(Sophocles)没有俄狄浦斯情结这个概念,但在弗洛伊德之后,人们在思考希腊悲剧时若不参考精神分析范畴,这会是一件很困难的事。莎士比亚没有媒介的概念,但人们可以把他的戏剧当作形形色色的技术、建筑、文学实践的独特综合体来研究,而且会收获颇丰。因此,媒介这个概念既是一个新发明,又是一个对人类生命形式进行最深层次的考古发掘的工具。我们都深切注意到媒介的技术人类学特点普遍存在,它允许我们跨越分界线。这个分界线是一分为三的分界线,如社会—技术—审美,经验—形式—内容,社会—历史—经验,而这一点在媒介研究中一般未被提及。

让我们以阿诺德·施瓦辛格(Arnold Schwarzenegger)2003年竞选加州州长为例,来说明我们所提出的媒介研究方法。施瓦辛格的胜利常常被归功于他的好莱坞明星地位,仿佛在某种程度上那就是胜利的保证。但这个解释在我们看来一点也站不住脚。如果明星身份就够了,那我们就不得不解释一下这个事实:这个国家中绝大多数的州长和其他行政官员既非演员,亦非媒体红人,而是那个晦涩无趣的行当(人们称之为法律)的从业者(参见后面彼得·古德里奇对此话题所写的论文)。如果好莱坞明星身份是获得政治任命的充分条件,那么国会里就会到处都是苏珊·萨兰多(Susan Sarandon)和西尔维斯特·史泰龙(Sylvester Stallone),而非爱德·马基斯(Ed Markeys)这样的人。显然这里需要的是明星身份以外的别的东西。那个"别的东西"就是法律、政治制度的本质,它让加州的政治文化不稳定,并且具有平民主义的特点。也就是说,它的规则允许公民投票。说得更确切一些,是投票把一个不受欢迎的州长罢免掉显得相对比较容易。换句话说,加州有一套特点鲜明的政治调节制度,它能以直接选举的方式以及选民的快速干预来**即时推进**局势发展。在别的任何一个州,施瓦辛格的故事要发生,那都会是一件很难想象的事。

  但这个媒体事件还有别的含义。施瓦辛格可不是随随便便哪位好莱坞明星。相反,他是闻名国际的"动作片英雄"。让他首先获得偶像地位的是他的获奖健美运动员身份。他那如同雕塑般的身材让人想起人类表达最初的媒介就是具有可塑性的身体本身。人们广泛认为,加州州长在加州面临的各种危机面前表现得被动、无力,而施瓦辛格是力量与行动的偶像,这使他在面临任职时处于绝对优势地位。这个理解进一步得到巩固。事实上,媒体把它拿过来进行了"重新调节"。在罢免投票数周之前的《纽约时报》的显著版面,施瓦辛格出现在报纸头版头条的上面,被崇拜者簇拥着。而格雷·戴维斯(Gray Davis)则出现在头条下面篇幅更小的照片中,在跟一位年迈的老人玩宾果游戏。如果有哪个照片排版如同发电报一样报告了(它是不是帮助产生了电报上所说的结果,这个还有待讨论)一场选举的最终结果,那么这个就是。人们可能会想,2008年1月28日的《泰晤士报》中那个类似的排版是否起到了类似的预告效果,以及使预告的内容得以产生的效果。巴拉克·奥巴马(Barack Obama)被崇拜者簇拥,而希拉里·克林顿(Hillary Clinton)则独自站在台上,远远地对着观众讲话。

  加州罢免州长的选举表明,人们需要一个多维度、"一分为三"的方法来看待媒体事件和媒体现象。这个事件需要政治、技术、审美之间酝酿的一场"完美风暴"。在一个具有独特选举习俗的区域政治文化的某一历史时刻,国际偶像与身体美学相遇,仅靠施瓦辛格的明星身份是远远不够的。

+   +   +

  金斯利·埃米斯(Kingsley Amis)在1966年观察到:"将**媒介**(media)视为一个单数名词……正在朝文化的上层扩散。"就在那一时刻,或那一时刻左右,当媒介能够被视为单数时——它不是单个媒介形式的叠加,事实上它大于单个媒介形式的叠加——媒介研究开始以半自主的实体出现。从内容转向媒介,从不同内容之和到集体单数,这些可以说是对媒介进行全面的理论阐述中最先出现的观点,并且至今仍是最有影响力的研究核心。在《理解媒介》(1964)中,马歇尔·麦克卢汉(Marshall McLuhan)对媒介与消息进行了赫赫有名的区分,或者应该说,他将消息定义为媒介本身。从麦克卢汉的立场来看,媒介对人的经验和社会造成影响,其途径主要不是通过媒介所传递的内容,而是通过媒介本身所具有的形式和技术特征。在《理解媒介》一书的中间部分,他举了灯泡这个例子。尽管灯泡没有它自己的内容,但它却对社会生活造成了深刻影响,它实实在在地照亮了黑暗,从而延长了人类的社交时间。那么"理解媒介"就不仅仅指(或主要指)理解单个的媒介形式(medium)——电、汽车、打字机、布帛——而是要从**媒介这个角度**来考虑问题。已成为单数形式的媒介形成了一个抽象的概念，它要人们在分析社会变化时关注媒介所起的作用。

麦克卢汉促使我们要把焦点放到不受内容羁绊的媒介上，在这个过程中重新将媒介本身定义为内容，而不仅仅是载体或通道。尽管有一些(也许有许多)媒介研究者会发现这里问题比较深沉，但在我们此处所说的媒介研究中，麦克卢汉的转向是媒介研究的奠基石。恰好也是因为这个原因，他的方法诡谲多变。多元、断裂的历史起源，与媒介相关的术语如**媒介物**(medium)、**调节**(mediation)，这些东西都能被囊括进媒介(media)这个术语之中。从词源上来说，我们所说的术语**媒介**不仅仅是**媒介物**的复数形式。根据《牛津英语词典》的第一条解释，它发源于古典主义时期之后的拉丁语 media。在现代单数用法出现之前的好几百年里，它指的是拉丁语和希腊语语法中发音的爆破音 b, g, d。在这一条中，media 一词有好几个定义：除了"古希腊语中发音的爆破音"，或更广泛的"一个(发音的)不送气的停顿"之外，它还指"血管或淋巴血管的血管壁的中间层"，以及"昆虫翅脉序主图案中的……主脉络"。只是在词源的第二条，media 是 medium 的复数形式这一点才被提及。现代所说的 medium 的定义发源于拉丁语，指"中间、中心、中间路线、中间人、中间阶段"。它被分为两个范畴：(1) "在两种程度、数量、质量、阶段之间起调节作用的东西"；(2) "中间人或中间物"，它可以是交易的象征，一种艺术表现的材料，一种"大众通信的渠道"，"一种用来记录或复制数据、形象或声音的物理材料"，"一种物质"(包括"生命组织能在其中得以生存的物质")，或某种能力，它能通过它对远处的物体产生作用，通过它，印象得以传递而被人感知，或是能与死者进行交流的通灵人。从涉及大众通信这一点上来讲，字典指出，"一个新的单数名词已经出现"。

有一点似乎很明确：从某种程度上来说，作为一个集体单数名词的**媒介**与大众媒介的出现紧密相关。从 18 世纪对造纸的投入——它是信息传播和社会交往的媒介；到 19 世纪的电的发明——它是奇观的媒介；到 19 世纪晚期的报纸；以及 20 世纪的电视，信息通过这些形式得到传递。在上面提到的所有情形中，最重要的不是某一具体内容的形式，最重要的是出现了某种东西，它远远大于单个媒介形式叠加之后变成的复数，它改变了人们关于生活方式和宏观生活环境的概念。从这一点来看，现代早期媒介有干预能力这一含义似乎不仅仅是改头换面，卷土重来，而且是以一统天下的方式卷土重来，它能超越形形色色的断裂和周期性重生，使媒介这一术语的整体性得以维持。媒介指的是一种有"弥散、包容特点的物质"，人类生命组织能在其中生存，它意味着关系最少，改变最小，最少跟环境偶合(用当代动物行为认知科学的术语来讲)，这似乎对我们将人类理解为"从根本上来讲"是假体动物这一点十分重要。**媒介物**(medium)这个单词变成了集体单数名词**媒介**(media)之后，这个最小化的关系本身变成了焦点：因此媒介研究能够而且应该被定位为对我们的根本关系的研究，对调节在人类历史中所起到的不容简化的作用的研究。

实际上，媒介给人一种越来越宏观的感觉，这是麦克卢汉的媒介是"人类的延伸"这个概念的核心。通过将媒介——以及调节操作——与感官改变相连，与对人类经验的"理解率"的改变相连，麦克卢汉强调了人与技术之间的根本关系。虽然这个主题他从未明说，但人与技术的联系赋予了他所提出的媒介是人类的假体这个概念以活力,媒介史也包含着人类史这个逻辑也由此产生,这成了当代一些重要媒介理论家和科技哲学家们的共同事业。例如,文化批评家N.凯瑟琳·海尔斯(N. Katherine Hayles)的作品就展望,去具身化(disembodyment)是一种意识形态,它能不费吹灰之力就实现信息流通,而根本不必考虑文化现实和物质现实。在海尔斯看来,信息总是与身体联合行动,无论它是以计算机嵌入的形式,抑或是以现象学的具身化的形式,对身体与机器的错综复杂的关系进行仔细研究,突出强调我们人类是假体动物这一根本特点。

用稍微不同的角度来看,麦克卢汉是弗里德里希·基特勒的媒介研究科学看得见的源头。正如基特勒所言,麦克卢汉的媒介科学为理解媒介找到了出路。只有通过媒介构成的基本条件,理解才可能发生。实际上,我们认为麦克卢汉在这两个立场之间开辟了一条道路:跟海尔斯和基特勒相反,对麦克卢汉来说,人类与技术的结对出现最为重要。人类行为与技术物质之间有着千丝万缕、错综复杂的关系,但人类行为与技术物质是两种明显不同的信息载体形式,是两种明显不同的物质化过程,不管两者怎么融合,它们都会保持各自的自主性。对麦克卢汉而言,人的身体既不可被理解为一种首要的或主要的媒介,如某些后人文主义批评家所说的那样,也不可被归结为仅仅是对经技术调节后的信息进行选择性接受的接收者,如基特勒所说的那样。相反,麦克卢汉的身体是一个"场地",它本身不具自足性,但一切调节行为却都在此发生,包括(实际上是绝大多数的调节行为)那些力量能延伸到"皮肤"之外的行为。总之,身体就是一种构建关系的能力,身体要求实实在在的调节。也就是说,没有调节,建立关系就不可想象。

在这一点上,麦克卢汉的作品与另一位重要的媒介批评家、法国哲学家贝尔纳·斯蒂格勒的观点吻合。斯蒂格勒紧跟他的同胞——古生物学家安德烈·勒鲁瓦-古尔汉(André Leroi-Gourhan)——的研究,就技术与人类互为起源问题提出了一个复杂的观点:让人打破纪录,让人成为一个特殊种类的原因是人对技术的发明,或对发明技术的发明,即物体不仅仅被当作工具,而且是被当作发明其他工具的工具。斯蒂格勒认为人类从一开始就是一种假体动物。与史前人类遗迹处于同一时代的化石记录和原始燧石印证了斯蒂格勒的理论。斯蒂格勒宣称,人类通过用文化来传递知识的方式得到进化。那么,技术就是文化的精华、人类生活的媒介,人类与技术共同进化。作为单数形式的媒介半自动地传情达意;作为复数形式的媒介则不断演化出一整套将人类具体外化的方法,所有这些都指向了人与技术的关系。人与技术的关系通过两个截然不同却又紧密相关的方面得以实现:一、具体技术过程总是与人类感官及人的理解率相结合,总是在对给定时间、空间中的人类经验进行调节;二、它是人类进化过程中时刻存在的普遍状况。

有一种概念将媒介理解为一种生活环境,另一种概念将媒介理解为一个狭隘的技术实体或系统。这两个概念极为不同,明白这一点极为重要。[1]在媒介明确指向某种具体的技术调节形式之前,与某种具体媒介物相连之前,媒介首先指明了人类的一种本体论境况,即建构性的外化行为和发明创造。许多当代媒介批评家以单数形式和复数形式的媒介为焦点,却忽视了本体论的维度,他们这样做会有将媒介推向实证论从而将调节行为琐碎化的危险。不管它导致的是反人文主义的技术决定论（基特勒的观点），抑或是杰伊·博尔特（Jay Bolter）和理查德·格鲁辛（Richard Grusin）所谓的媒介与符号之间无休止的"再调节"（remediation）（这个观点本身从根本上来讲就是对麦克卢汉的观点的调节）。以单数形式的媒介为焦点的研究损失的是更宽泛意义上的存在的分量感，损失的是这些调节操作与人类生命形式之间的联系。

我们还应该强调，我们搬来"人类"这个概念不是企图要恢复某种反历史的人类本质，更不是要恢复传统的人文主义。将媒介（工具、艺术品、代码，等等）而非语言视为构成了人类生命的东西，这里面有一个重要的含义：如果从形而上学这个层面来看，我们假设人类有别于其他生命形式，那么这个假设现在就有问题了。鸟类、蜜蜂、海狸能造出一种天然的建筑物；动物之间也能进行交流，并且能与我们交流。说得更确切一些，我们在说"人类"时，会强调人性是一项尚在进行中的工作，是一种非常历史化的生命形式，单靠"媒介"不能将人与非人区分开来，将人与非人区分开来靠的是周而复始的媒介革新和发明，以及紧随其后的落伍陈旧。可以把《圣经》里的话稍微改变一下用到媒介上：我们活着，我们前进，我们存在。媒介不是静止的。相反，它构成了一个动态的、历史的、发展的环境或生态系统，这种环境或系统可能会，也可能不会永远维护一种确定的生命形态。最显著的媒介就是人类身处其中的空气，但众所周知，空气也正在遭遇着急剧的人为改变。如今人类对环境的影响超过了降雨对环境的影响。气象学研究动态气象模型之间的相互作用，而如果我们将当今的媒介研究课题视为是对气象学研究的模仿，是一种走向"气象媒介学"（mediarology）的努力，是在跟踪气压系统和风暴前锋如何在我们人为创造的纵横交错的符号世界里曲折前行，这样说并不会太离谱。

＋　　＋　　＋

尽管论文集的文章作者们对媒介担负着不同的使命，更不用说他们的学术兴趣更是千差万别，但这本文集中的论文至少都对媒介与调节操作的宏观背景感兴趣，每篇文章都评价了某一特定理解框架及谱系中的媒介和它的同宗衍生物曾经起过的作用，以及它们如何又重新在极为广阔的范围内成为，并且还继续成为着人文学科和人文社会科学的研究核心。文集的作者们对**媒介**这一术语引发的"中间性"看得很重，他们力图将媒介研究置于一种居间性或中间人的位置，不简单地将其置于现存学科队列之中，而是跨越多个学科，或在两个学科之间游走。我们虽然没有强行要求要切实地将重心由作为实体的媒介转变成作为调节过程的媒介，但是这些文章本身就是调节工作的典范。

我们以媒介研究的三大方法为前提，将论文分为几大板块：本书的开头部分通过**审美**来讨论媒介问题，即关注感官、身体、艺术领域，将作为个体的人类经验置于中心位置；本书的最后部分的讨论与**社会**有关，强调媒介在实现交流和集体关系的过程中所处的位置；文集的中间部分从**技术**出发，其焦点是媒介的机械层面，以及革新创造如何改变个人经验和集体经验。从某种程度上来讲，这些范畴具有任意性，并且许多以一个标题出现的术语换成另一个标题并不困难。我们的目的不是为了让这些方法彼此分离。恰好相反，我们想要培养一种综合的方法，以克服媒介研究因分裂而被削弱这个问题。对媒介研究的分裂造成了对媒介研究的削弱，譬如说，它会造成对政治与大众媒介感兴趣的学者发现他们跟关心影响和理解的美学家们很难有共同话题。

我们还想克服这个观念：这些标题中的某一标题是统摄另外两个标题的"决定性范例"。这一点在技术这一方面尤为重要，人们常常将技术视为因，而把另外两个领域视为结果。当基特勒说"媒介决定着我们的境况"时，我们知道他指的是媒介技术：计算机、打字机、光纤电缆、留声机、印刷机，等等。但是下面这个前提才应该是我们的起点：媒介本身就是被调节的结果。媒介通过个人主体性、集体行为、技术能力之间的三向交流构建而成。这个前提能使我们抵抗错误的技术决定论的诱惑。这个诱惑从一开始就笼罩着媒介研究。威廉·哈兹里特（William Hazlitt）就宣称"人们可以把法国革命描绘成印刷术的结果，这个原因比较遥远，但它却不可避免"[2]。我们的目的就是要让人们不要从这类令人迷惑的观察中匆忙下结论。我们可能会问，为什么这个"结果"既"不可避免"又"遥远"？如果说印刷术会不可避免地导致革命，那么为什么"印刷术"在荷兰和英国同样也得到了高度发展，而革命却只在法国发生？在"结果"一词中，我们嵌压进去了一条什么样的因果链条？印刷术是现代革命的必要条件还是充分条件？也许是前者，但显然不会是后者。其他条件也必须具备：受过教育、能识文断字的民众，他们能消费印刷产品，同时他们还要有能享受阅读的趣味。在不同的政治传统和文化传统中，印刷品商店的执照、对出版物的规定约束、对印刷厂老板的限制，这些政治体制上的限制可能会差异很大。人们甚至可以修正哈兹里特提出的准则，把它修改为"18世纪90年代对新闻自由的压制是法国革命后遗症在大洋彼岸的蔓延"[3]。还有一种类似情况，20世纪90年代互联网兴起期间人们对网络社区产生的乌托邦想象已经在很大程度上得到了修正。人们认识到，网络空间跟任何其他媒介风景线一样，它不是决定着个人经验或社会关系的本质那么简单。相反，媒介本身也必须受制于法律和政治的操控，受制于经济剥削以及个人对媒介不同的运用方式。

但与此同时，我们必须承认，技术与科技是媒介革新的主要推手，即使当它们遭遇来自个人和社会结构的阻力时也是如此。通信的新方式、制作形式与形象的新方式、表达观点的新方式，它们大多受到新设备、新器械的驱动，或者说，只有有了这些新玩意儿，才能有这些新方式。只要媒介研究是一个历史性的学科，人们对创造与革新的痴迷执着就会驱策着它往前进。金属铸造技术的发明如何改变了罗马雕刻和中国的钟寺？机械印制硬币的发明如何影响了古代经济？从在石头上刻碑文到在莎草纸上写字，或从象形文字到字母书写，这些变化如何改变了远距离交流的条件以及殖民管理体制？电视机的发明如何使美国法律体制及法庭上庄严的戏剧性传统变得跟以前不同？

这些问题启发人们跨越媒介研究领域，去进行复杂的思考，这里所指的领域包括：人类理解；社会、政治、经济制度；科技发明。我们不把因果语言强加给媒介研究。相反，我们提倡一种作为必要（但非充分）条件的语言，提倡一种关于催化效果及冲突情境的词汇，不提倡某种决定性力量。如果我们做出这个倡导的理由只有一条——被视为单个领域的媒介研究突出的特点之一就是它没能使技术爱好者、美学家、社会政治理论家跨越界线，进行交流——那么似乎这条理由就是恰当的。保罗·斯塔尔（Paul Starr）关于19世纪媒介史的权威著作别的没展示，就展示了它对法兰克福学派的"文化产业"模式的蔑视，而且他一次也没提到诺姆·乔姆斯基（Noam Chomsky）、马歇尔·麦克卢汉，或罗伯特·麦克切斯尼（Robert McChesney）的著作。罗莎琳德·克劳斯(Rosalind Krauss)关于最近艺术实践中的"后媒介"状况的作品几乎也未谈及所涉时期里技术所带来的改变。乔姆斯基的"宣传论"将美国大众媒介视为资本主义精英集团进行霸权统治的工具,他对这些媒介的审美、象征特点不感兴趣,而是把这些媒介简单视为"制造共识"的机器。

我们不能保证我们这本论文集就克服了这种交流的失败,但我们试着聚集了一系列的话题和学术干预行为,以使这些失败更能为人所见,并且也许还能开启进一步讨论。在这层意义上,我们希望这些论文能忠于媒介研究奠基人的思想,尤其是马歇尔·麦克卢汉(他作为奠基人的地位是明确的)和沃尔特·本雅明(他作为奠基人的地位是隐含的)。对麦克卢汉而言,媒介这个概念包括了由技术、社会、审美现实构成的一个整体。由于他将媒介描绘成是与人的感官(去感知物理世界、社会生活的感官)相互作用的技术设施,因此他常常被指为"技术决定论者"。但事实上,他的主要策略是想验证技术创造中复杂的辩证法。与麦克卢汉的媒介是感官的"延伸"这个著名论点相连的还有一个认识:媒介让器官得到了延伸,但也将器官"截了肢"。柏拉图首先指出,书写必须被理解为既是一种"帮助记忆"的工具,也是一种能导致口头记忆衰退的工具。同样,计算机(正如贝尔纳·斯蒂格勒在第 5 章所说)是媒介史上对记忆术最有力的外化,但它也可能给人类自然记忆的本质带来影响深远的改变。

这就是为什么我们要将**记忆**列为媒介研究关键词。我们需要一个作为集体单数名词的媒介研究理论,需要心理学、社会领域、技术领域的融合,而记忆就是能生动展现这些需要的术语之一。记忆常常被视为一种内化了的、天生的心理机能,但从媒介研究的角度来讲,它从远古时代起就被理解为审美、技术与社会之间的一块交叉地带。对希腊人来说,记忆女神摩涅莫绪涅(Mnemosyne)是所有时间艺术(诗歌、音乐、历史)的缪斯,是保证人们能以凡人之力铭记要人大事的缪斯。记忆术将记忆作为一种心理机能来训练,它同时也是一种雄辩术和身体表演术。在这里,记忆就是一种能生产文化延续性、传统、神话、集体身份的媒介。于是人们把内在记忆术视为一系列的外部媒介:词与形象、味道与声音、储存与检索系统、物品与身体记号、建筑与雕塑、电脑与钟表、钱币与信用额度,等等。所有这些都是记忆的载体,一切都在以极不均衡、极难预测的方式变动(或在原地不动)。这一切都取决于记忆所处的环境,取决于记忆功能被外化的方式。因此,媒介研究既跟主观、思维生活有关,也与机器、代码、社群有关。媒介研究处理的不仅是人类感官的延伸,而且要处理延伸的结果向内投射到情感结构及生命形式之中,从而构成人类的主体性和集体性的方式。

这部文集中的每一篇论文都讲述了一个"批评术语"。正如我们在前面已经谈到,我们将其列入如下所示的审美、技术、社会这三个标题之下:

审美	技术	社会
艺术	生物媒介	交换
身体	通信	语言
形象	控制论	法律
物质性	信息	大众媒体
记忆	新媒介	网络

| 感官 | 硬件/软件/湿件 | 系统 |
| 时间与空间 | 技术 | 书写 |

警觉的读者会说,这个清单少了许多术语:如结构(structure)、符号(sign)、景观(spectacle)、监控(surveillance)、屏幕(screen)、网站(site)、外观(surface)、风格(style)、模仿(simulation),这些还只是以 s 打头的词。但我们的目的不是为了建立一个穷尽一切的词汇表,而是要对目前媒介研究现状起到关键作用的有限词汇进行深入研究,并将论文收集成册。[4] 作者必须反思这些术语的历史轨迹,同时还要关注它们在当代的变化。某些术语(如法律、通信、身体)具有古老的血统。其他术语(如大众媒体)则清清楚楚地强调了当代革新,但从技术这个角度来讲,它同时也承认周而复始的革新与落伍、创新与翻新向来在概念上纠缠不清的情况。从书写到印刷,从远近法到摄影机、电视机的发明,以及互联网的出现,情况莫不如此。

需要反复说明的是,大多数术语本来可以放到不止一个标题下面。譬如,书写就可以毫不费事地从社会这个标题移动到技术这个标题下,而通信可以从技术这个标题下移动到社会这个标题下。其他术语看起来明显只适合某一范畴。例如,艺术就不能从审美调整到技术。尽管艺术与技术的结合常常被视为是一件让艺术和艺术家都掉价的事,但从无从追忆的远古时代开始,艺术家就一直在利用、滥用,甚至操纵着技术。事实上,审美名义下的术语看起来特别保守,并且与古老传统捆绑在一起,而技术范畴下的术语则包含了相对新颖的概念(包括恐怕已经重复到让人吃惊的术语——技术——本身)。再次声明,我们的目的不是为了搭建一个关于媒介思维的固定框架,而是为了搭建一座纸牌屋,它能够(它总是在被——而且应该被——重新洗牌)构成无穷无尽的组合。我们的要点是真正建立进入媒介迷宫的三向通道,而且我们知道,其中的每条通道迟早都将通向另外两条。

这里,我们的媒介以及媒介研究方法又出现了一个更为根本的问题:首先,为何要"一分为三"?面对媒介研究基本概念的系列文章,难道这一独特的三分法——社会、技术、审美——就是唯一可理解的组织这些论文的方式吗?部分原因就是,我们想要避免二元论的诱惑。在辩论话语和不是很具分析性的话语中,二元论是盛行的修辞:如过去与现在、新与旧、艺术与技术、社会与个人、主体与客体、空间与时间、自然与文化、古老与现代。我们尤其想要避免当今"新媒介"研究中泛滥成灾的现代主义。我们的目标是要收复这片领土,要越过过去 20 年的"数字革命",回到它在古代和现代早期的更远的源头,将媒介史视为一种在空间、时间方面都极具差异性的东西。因此,亚历克斯·加洛韦(Alex Galloway)关于网络的论文不是从互联网开始,而是以克吕泰墨斯特拉(Clytemnestra)抛向阿伽门农的那张网开始。

将媒介话题一分为三还有一个更隐晦的原因:我们有一种直觉,人们一直,而且处处都以三分模式来理解媒介。想想我们仅在下面列出的这些最明显的例子:通信理论中的发送者—信道—接受者;符号学中的象征符号—指索符号—图像符号;罗兰·巴特美学中的形象—音乐—文本;亚里士多德分析模仿中的扮相—音乐—台词;拉康精神分析范畴中的象征界—想象界—真实界。再想想三段论结构,它的"中项"被称为媒介(medium)。

但是抛开这些抽象的东西,我们对罗兰·巴特所说的"第三层含义"(叙述层含义)的探寻受媒体事件、操作及环境等实践现实的驱动。那么,我们将话题一分为三,这种方式强调了媒介研究的"中间性",强调了媒介在无数其他学科之间起到的媒人、斡旋者的作用。从远古时代的马赛克到数字形象,从人类法律准则到生命代码本身,处处都有媒介的影响。"媒介"究竟是一样东西还是许多样东西?它是单数还是复数?那个单数、具体的媒介物(medium)与浩若星河的被称为媒介(media)的东西之间有什么关系?要抓住这一两难问题的犄角,制服这个难题,我们会深究"调节"(mediation)这个让人肃然起敬的概念,它的谱系可以追溯到黑格尔哲学、辩证法及批评理论。如果迄今为止我们的中心是放在**媒介**(作为 medium 的复数形式 media)上,放在它的历史及单数化过程中的语义操作上,那么我们现在必须致力于探索第三个术语——**调节**,它本身是如何调节的,如何让作为单数形式的媒介与作为复数形式的媒介在不同的过程中达成多种不同层次的调节。

+ + +

虽然调节一词可以延伸到远古时代,它指的是一种解决商业争端的方法,但调节一词也具有我们这里从德国唯心主义(黑格尔)和辩证唯物主义(马克思和恩格斯)的发展中得到的价值。对黑格尔来说,调节是一种抽象运作,辩证法通过它得以推进。用《精神现象学》的话来说,理性或精神辩证法在对每组冲突(成对的观点或对立面)的扬弃(Aufhebung)过程中前进,它本身就包含了要不断地在过程中进行的调节操作。只有这样,才能得到绝对知识——哲学逻辑和世界历史的终极成果。如果说马克思恩格斯并没有真正完全改变这一操作,但他们的确以黑格尔无法想象的方式使调节与现实相连。在马克思恩格斯的作品中,调节是社会冲突力量之间、物质领域与文化领域之间、经济基础与上层建筑之间的主要关系形式,调节也指的是社会冲突力量之间、物质领域与文化领域之间、经济基础与上层建筑之间的和解。人们在马克思恩格斯成熟时期的作品中看到的这个分析在马克思的早期作品中已经初现端倪:他将调节理解为劳动,劳动在工人的身体与自然之间进行调节,说得更宽泛一些,是在人类世界与自然世界之间进行调节。对劳动力进行剥削,使劳动力物化之后,资本产生了。资本本身成了调节行为的代理人:资本家决定了劳动的交换价值,因而将劳动力变成了商品。

人们对马克思恩格斯之后的马克思理论的关注大多集中在经济基础与上层建筑之间的调节,以及社会行为人在垄断资本主义制度下可以获得何种程度的能动性。从卢卡奇到阿尔都塞这一支脉多多少少直接来自晚期马克思主义思想,他们强调意识形态在资本的运作和巩固中所起的作用。在这一派的观点中,能动性几乎是不可能的事,因为意识本身就是"关于生活现实的想象性的关系"。如果意识必然是"虚假意识",那么这个立场的逻辑就行得通,社会行为人根本不可能理解自己所受的压迫。在媒介研究中,这一支脉在法兰克福学派的文化产业这个概念中找到了实实在在的例子。大众媒体单向度的意识形态功能同样也能削弱社会行为人可能具有的社会能动性。

另外一个支脉发端于安东尼奥·葛兰西(Antonio Gramsci)对霸权这一概念的革新(它是国家权力的另一种更灵活的说法),并朝不同方向开枝散叶——包括伯明翰文化研究学派[雷蒙·威廉斯(Raymond Williams)和斯图亚特·霍尔(Stuart Hall)],厄尼斯特·拉克洛(Ernesto Laclau)及尚塔尔·墨菲(Chantal Mouffe)的作品,意大利学派的作品[从拉扎拉托(Lazzarato)到哈尔特(Hardt)及涅格里(Negri)],以及最近将马克思主义与媒介研究结合起来的努力。这一支脉更强调调节,因此他们构想的社会能动性更加强劲有力。对这些不同的理论家而言,调节指明了一个高度动态化的过程,个人及集体行为人与作为生活现实的资本的力量勾连。对这些思想家而言,资本的控制不可能是绝对的,或绝对反人文主义的(按照阿尔都塞的观点),其原因正是因为,只有通过对社会行为人产生影响,资本才能得到维持(能不断地被重新表达)。

媒介研究是什么?它的范围在哪里?它在当今能够是什么?为了阐明动态调节对于讲清楚这些问题的意义,让我们回到基特勒的"媒介决定了我们的境况"这句话。记着我们前面对媒介的悖论式的双重性所做的探讨,现在我们以更加具体的方式来看看这个观点。基特勒显然将 media 视为 medium 的复数形式,是一种对事物的经验的累加,他的意思似乎跟晚期马克思的决定论(经济基础对上层建筑的作用,或资本基础设施对社会行为人的意识的作用)更为相似,而非与更具动态性的葛兰西的观点相似。对基特勒而言,媒介似乎决定着我们的境况(即在某一技术—历史结构中采取行动的可能性)的方式与法兰克福学派对文化产业的表述没有多大的不同(尽管价值已有根本改变):媒介系统顶多对人的经验及人的能动性带来积极影响,但它更可能"只不过是洗了下眼睛的骗局","是选择性输出",这就是基特勒在《留声机·电影·打字机》一书的前言中所做的构想。

这本文集中的论文对基特勒的观点多有涉及。但当我们把"媒介决定了我们的境况"放到我们媒介研究发轫点这个位置上,由对事物和技术做经验性收集的媒介转向作为一种理解角度的媒介,这使我们能再次确定调节在社会、审美、技术、批评(这一点排在最后,但并非最不重要)之间所起的关键性的、高度动态化的作用。基特勒的观点似乎到这里就戛然而止了。我们没有抛弃基特勒作品中的重要发现(以及当代媒介研究所做的许多考古性工作)——媒介的确具有能动性,的确约束着人们的经验(而且有这个必要)。我们试图将媒介的经验能动性和超验能动性重新融入更大的社会领域,融入调节领域,在这里,文化与生命真真切切地发生。为了与当代马克思主义媒介理论家[如马修·富勒(Matthew Fuller)]保持一致,我们不提倡媒介研究提及在某一对象或内容上的所作所为。作为一种理解模式,一种我们参与世界的角度,媒介研究修复了基特勒的反阐释批评理解(其他的批评家如贡布里希[Gumbrecht]也持基特勒这一批评观点),而修复的方式恰好是在新的境况中去理解。人们需要理解的不是作为复数的媒介,而是作为单数的媒介。通过将媒介理解为单数——也就是说,通过从单数媒介的视角来重新构想、理解——我们将会发现,人们可以用不同的方式来刻画作为复数的媒介所带来的影响。这种刻画将远不止沿着斯蒂格勒所建议的路线:把技术视为人类生活的相关物,从技术运用这个单一维度去叙述。这样的刻画必定会让调节参与到我们已经人为分割开来的各个领域之中:社会、审美、技术。这些调节本身又要求另外一种调节——批评调节,而这正是本文集最终要担起的重担,并且从媒介的角度理解新麦克卢汉主义的训谕。不是媒介**决定了**我们的境况。媒介**就是**我们的境况,这样说也许更恰当。

注释

1. 这里应该提一下,"媒介生态"这个概念最先由尼尔·波斯特曼(Neil Postman)提出,他追随了麦克卢汉的思想，认为媒介不仅仅是一种交流方式（通过它，消息得以传递），它还是一种环境（生命形式在其中得到发展）。

2. William Hazlitt，*The Life of Nepoleon*，6 vols. (Boston：Napoleon Society，1895)，1：56.

3. Paul Starr，The Creation of the Media：Political Origins of Modern Communications(New York：Basic Books，2004)，79.

4. 媒介研究方面更宽泛的关键词清单，详见芝加哥大学学生所收集短文，http:// csmt. uchicago. edu/glossary2004/navigation. htm.

审　美

1. 艺 术

约翰娜·德鲁克

艺术就是对媒介的利用。
奥格登、理查兹、伍德,《审美的基础》

艺术是个很难定义的概念。许多现有的观念认为,艺术是一组实物或一套实践,但当代桀骜不驯的艺术行为却挑战了这些观点。艺术家们不再画地为牢,只使用传统媒介、传统材料。人们不能再仅仅凭产生过程就能准确判定什么是艺术了。在艺术形象中,图标、主题、大众媒介技术的出现越来越频繁,因此人们不能仅凭主题就能清晰区分大众媒介与艺术。与此同时,人们关于何谓艺术家及艺术的作用的看法也总是在不断变化。关于美、和谐、比例的概念大部分都已经消失了,同时消失的还有形式技巧。或者至少我们可以说,这些不再是制造艺术品所必需的东西了。同样消失了的东西还包括对细腻感情的表达、宗教及属灵主题,以及如肖像画、风景画、静物画等我们曾经很熟悉的体裁。简言之,运用特殊材料、特殊形象,以及通往更高价值的灵感,这些长久以来将艺术与寻常物体或大众媒介区分开来的特点变得不再确定。

现代艺术的基础是伴随工业革命而产生的。但在西方文化中,艺术这个概念的历史要更加悠久,稍作回顾便能看到二元论的遗产,而这一点可能会让人们对我们这个时代的"艺术"观感到困惑。传统装饰艺术的生产总是保持与大众媒介和美术的交流——尽管有时候它们之间的关系不尽和睦。在这个历史中,**媒介**意味着两样东西:生产材料,以及媒介文化的宏观背景。

在现当代,人们普遍认为,艺术的身份主要来自艺术家们作为个体通过某种形式表现想象力的独特能力。这一信条虽已有了相当大的改变,但它似乎也不可能完全消失。如今,艺术常常指生产稀奇罕见的物品,但艺术也常常指艺术实践或艺术行为。作为一个有效范畴的艺术概念,要对它追根溯源,我们前进的时候就需要遵循这几条线索:对生产活动的媒介及传递形象的媒介的态度、艺术担当的角色和功能、关于艺术家的概念。

在传统文化中,艺术技巧与艺术活动与其他种类的造型艺术之间没有分别。陶器、布匹、宗教仪式器物,这些东西制作精美,装饰复杂,但它们都离不开在世俗或宗教文化活动中所发挥的功能。在古代,有艺术天赋的个人当然会被人赏识。在古典时期,雕刻家、画家们凭作品赢得声誉,但在那个时代,艺术这个概念与**技术**或技巧应用有关。个人才华没有跟个人经历或个人情感的表达挂钩。古典美学的模式及主题都听命于形式。有个别艺术家在历史著作或行业协会中声名显赫(如公元前4世纪的雕刻家普拉克西特列斯[Praxiteles]),但原创性是个现代概念,它的起源要近得多。

在中世纪的修道院及作坊中,艺术尚未与完成特定任务的应用技术分开。插画、书法、绘画元素、绘画、图书装订、彩绘玻璃、石刻,以及其他应用艺术,它们都为教堂装饰这一更高层次的艺术服务。但这些艺术行为都不包括想象力这个概念。使用指南强调技巧完美,提供墨水、颜料的配方,或提供模型供人们临摹。精美织物、陈设、摆件,这些东西供有钱有势的资助人享用,直到由于经济扩张,新的社会政治制度出现,城镇涌现,艺术品市场才得到发展,此时的艺术品不是奉命生产,也不受他人控制。即使艺术技巧受人赞誉,人们把艺术品委托给有才华的工匠们去生产,但将艺术视为可供出售的自主产品,这个概念还几乎是闻所未闻的。

艺术家天赋异禀,这一观点在文艺复兴时期占了上风,并成了人文主义思想的象征及征候。莱昂·巴蒂斯塔·阿尔伯蒂(Leon Battista Alberti)的短文《论绘画》("On Painting",1436)强调了对透视、解剖、几何及构图方面的训练。阿尔伯蒂的源泉是古人,他将亚里士多德的诗学及文学作品中的古典修辞学视为源头活水,认为操练"最高艺术"的画家们应该从那里汲取灵感。媒介完全被归入了工艺品生产一类,即使强调原创性这个概念已经出现。一个世纪之后,在文艺复兴高峰时期,乔尔乔·瓦萨里(Giorgio Vasari)的《艺苑名人传》(*Lives of the Artists*,1550)巩固了艺术家是天才及有创新思维的人这一范式。有了莱昂纳多·达·芬奇(Leonardo da Vinci)和米开朗琪罗·博纳罗蒂(Michelangelo Buonarroti)作为典范,这一理想在西方想象中牢牢地扎下了根。艺术是个人天才的表现,这一观点恰好肯定了原创性及艺术大师风范这个概念。文艺复兴时期人们认为艺术家的人格受土星控制,因此具有疯癫、忧郁的气质。后来的浪漫主义艺术家与文化、社会格格不入,这两种看法之间有着直接的联系。时至今日,艺术气质的头顶上仍然笼着疏离的光环。

艺术品的加工以单个的方式进行,它具有独特性。然而,15世纪印刷术的发明却挑战了艺术品的这一身份。木刻版印刷虽然不能像三百年后工业革命时期的印刷术那样对印刷物进行批量生产,但它却很快出现在人们能想象得到的每一种表现形式之中,从花边新闻、号外新闻,到依赖插图的科学教材,它是知识生产的主要模式。艺术家、雕工,或其他精通绘画及图形艺术的匠人之间的角色仍然没有明显的区别。在那个时代,大众文化和美术艺术之间没有区分的必要,艺术的身份于是得到了拓展。

在整个16—18世纪期间,印刷术的发展一直都很缓慢、艰难。这里涉及好几道工序。通常,艺术家的原画要由一个技术娴熟的工匠雕刻出来(因此作品要被解读),并由另一个工匠印刷出来。哪怕是彼得·勃鲁盖尔(Pieter Breughel)、伦勃朗·凡·赖恩(Rembrandt van Rijn),及威廉·贺加斯(William Hogarth)这样的大家,印刷他们的作品的人,同样还是那些漠然、匿名的匠人,用的也是同样的媒介。在这里,每个艺术家的作品都在一个广阔的商业市场里发布,他们每个人都借此声名远播。这些形象曾经是流行的大众媒介形象。如今,这些形象却被视为艺术。于是,历史视角带来地位变化这个问题出现在人们的面前。后人可能会在我们这个时代受各种商业驱动而产生的作品中发现足够的艺术性,从而推翻我们现在所盛行的类别划分。如何区分艺术品和流行形象,有时候要看一个作品是由一个艺术家创作的呢,还是由代理人或商业发行机构引入市场的,这种区分不必通过形象或对象来辨识。

我们当代艺术概念与19世纪的观点,尤其是浪漫主义紧密相连。浪漫主义强调艺术想象和情感。在这一时期,人们普遍认为,盛行一时的自然、噩梦意象及其他极端形象象征着一种力量,它能带来巨变,并且超越了理性思维的约束。威廉·布莱克(William Blake)是一位有远见的艺术家,他把艺术的力量摆到了第一位,认为艺术能打开理解之门。艺术成了一种工具,人们用它来反驳启蒙主义观点,反驳启蒙主义强调的理性。浪漫主义艺术家们的立场常常与主流文化传统格格不入。艺术家受情感驱使,他们工作时常常与世隔绝,他们常常被人嘲笑、误解。这种形象在欧仁·德拉克洛瓦(Eugene Delacroix)和拜伦勋爵等人的作品及事迹中能找到充分的依据,他们身上蕴含着人们对艺术生活最狂野的想象。想象力成为那个时代的口号,珀西·比希·雪莱(Percy Bysshe Shelley)的论文《为诗歌辩护》("Defence of Poetry",1822)热切地讨论了诗歌想象力对新知识的产生和创造性生产所作的重要贡献。相反,埃德加·爱伦·坡(Edgar Allan Poe)的论文《创作哲学》("The Philosophy of Composition",1846)讨论了文学劳动中的精心雕琢,剥下了这个陈词滥调的神秘外衣。

作为一个哲学探索领域,美学以18世纪末的品位、价值问题为焦点,尽管单个媒介形式的具体特点主要还是艺术家们操心的问题。戈特霍尔德·莱辛(Gotthold Lessing)那篇有影响力的论文《拉奥孔:谈绘画与诗歌的局限性》("Laocoön: An Essay on the Limits of Painting and Poetry",1766)既反映了作家-剧作家的情感,也有一种哲学气质。伊曼努尔·康德(Immanuel Kant)提出的自律性(autonomy)(它既不同于道德责任,也不同于私欲)主要将媒介视为一种抽象过程,尽管后来的哲学家和社会批评家们采纳了他的观点,将艺术实践描绘成文化行为的独立领域。当G. W. F. 黑格尔提出从低级到高级,最终走向精神这一美学观点时,媒介与物质相连,但与莱辛早先论文中遗留下来的具体物质无关。现代主义钟爱形式问题,对媒介和物质性的批评投入是其核心话语,而黑格尔于1835年发表的遗作《美学哲学》(Philosophy of Fine Art)对此几乎毫无兴趣。德国唯心主义的核心信条(如美即是真)岿然不动。但是,浪漫主义后期(拉斐尔前派)、象征主义时期、未来主义早期的写作和绘画作品关注媒介的具体特性,找到了一种唯物主义的表现方式,而这一点在唯心主义哲学观中不明显。

工业革命给欧洲文化带来急剧变化,劳动自动化水平之高,产量规模之大,前所未有。而浪漫主义恰好在这个时期出现。因此,理性思维与富有想象力的表达两者之间界线分明,就像机械劳动与艺术创新,大规模生产的产品与独一无二的手工原创作品形成了鲜明对照。在一个文化受管控的年代(人们认为逻辑运用和科层制具有压迫性),艺术能起到什么作用,这个不太显眼的问题要晚些时候才会出现,尽管在浪漫主义早期的表达中,这种斗争的迹象已经无处不在。艺术有些类似于世俗生活中的宗教。机器时代的来临宣告了传统劳动方式和生活方式的终结。面对这样一个险恶环境,艺术头顶上笼罩着光环,担负起了抚慰人类心灵的使命。

在19世纪早期,艺术媒介与批量生产的历史性对话到了关键时刻。由于工业化的原因,以机械方式印制产品的能力成指数增长。这些变革也带来了艺术概念的改变。视觉文化发生了快速、急剧的变化。印刷量大、批量生产的艺术品涌现,这世界变成了一个被调节了的世界。

人们的社会交往多与印刷品相连，名目繁多，前所未有，如火车票、剧院海报、菜单、账单、商业名片，以及其他即看即抛的图片，这些东西开始成为人们日常生活的组成部分。大量发行的艺术品——报纸、杂志、廉价书、小说——开创了新的社会氛围并建立了新的读者群。到了19世纪30年代，"便士报"复制印刷了自古以来的美术作品，其部分动机是人们相信多接触经典杰作于道德有益。但是，如果像拉奥孔这样的经典雕刻作品的印刷品用一便士就可以买到的话，那么，这样怎么能建立起艺术品的价值呢？人们迫切需要将艺术定义为别的东西，它不会被大量生产，也不具有商业特点。相反，它的形式更精美，价值更珍贵，材料也更独特。人们并没有放弃艺术的专门用途。相反，他们漫不经心地在不同媒介间游走。他们的观点是，无论是在街头，还是在书报亭、文具店、书店、装裱店的橱窗里，视觉噪声汹涌如潮，争夺着人们的注意力，而艺术面临迷失其中，被其淹没、出卖的危险。

如何定义艺术？这一重要概念如何受到新的复制手段、宣传手段的摆布？关于这个问题，这里有一个著名的例子。约翰·艾佛雷特·米莱(John Everett Millais)是英国著名画家，英国皇家艺术学院成员。当他的《泡泡》(Bubbles)这幅画被用来给皮尔氏肥皂打广告时，英国上下举国哗然。这幅画作于1886年，画中的男孩穿着天鹅绒外套，相貌可爱，如天使一般，飘浮在空中的肥皂泡让他陶醉。第一个以成名美术作品来打的广告就是以这个形象为基础。有些艺术家及批评家指责米莱让自己的作品与商业相连，辱没了神圣的艺术，败坏了画家本人的声誉。纯粹主义者宣称，《泡泡》一旦被用作肥皂广告，它就不再是艺术品了。而另一些人则认为，让美术作品形象大众化，这是一件有利于社会的事。19世纪晚期的英美文化中弥漫着马修·阿诺德(Matthew Arnold)在其作品中表达的理念，阿诺德认为艺术品是人类文明最高价值的最佳表达方式。多接触诗歌、音乐、艺术、建筑能使人精神高贵，并使自我得到提升。通过大量复制米莱的作品，这些作品中的形象就能被带到更多的公众面前。在任何情况下，艺术品都无法与其发行、消费、使用渠道分离，艺术与商业的关系总摆脱不了媒介、复制的因素，并且总是不断引发争论。

到了19世纪中期，19世纪早期那种将艺术视为解放的途径这一看法已不再是新鲜概念。一种关于变革的激进社会想象(即相信艺术是一种能带来社会变化的工具)让古斯塔夫·库贝尔(Gustave Courbet)之类的现实主义画家对自己的作品所起的作用有了不同的看法。他们跟那个时代的伟大作家们——奥诺雷·德·巴尔扎克(Honoré de Balzac)、乔治·艾略特(George Eliot)，及埃米尔·左拉(Emile Zola)——有着相同的精神旨趣，现实主义画家相信艺术品的社会功用。关于童工的社会改革、城市穷人的生存状况，以及其他社会不公成为艺术品的动力，推动了艺术作品利用印刷和形象的力量去揭露文化痼疾。工业革命的文化影响促进了乌托邦社会主义运动，与此相伴产生了将艺术视为社会变革的力量而不仅仅是精神提升的力量这一思想，其势头之猛，前所未有，虽然数百年来艺术品一直被迫参与了道德变革这项事业。

艺术以多种方式与乌托邦理想主义产生联系。英国工艺美术运动的灵感很大程度上来自威廉·莫里斯(William Morris)。这场运动具有怀旧的特点，它主张回归到工业化时代之前的行会生产方式。在这个语境下，艺术重新被归并进工艺传统，行业技能居第一位，个人表达次之。但在那个时代,人们对个人才华与艺术品的珍稀特点的看法仍然充满浪漫色彩,工艺美术运动的议程充满了矛盾。虽然工艺美术作坊能在经济上维持下去的时间很少能超过几十年,但认为艺术是完整的,可取代工业化环境下的异化情形,这一观点却抓住了大众的想象。但到了19世纪末,即便是工艺美术运动的发起人也不得不妥协,无可奈何地接受了这一点:艺术在工业中占有一席之地,但不能奢望艺术能将工业取而代之。到了19世纪90年代及20世纪早期,设计师或工艺美术家这一概念出现了,它既是一种商业身份,也是一种职业身份。然而,美术艺术却仍然保持了自己的高冷地位,即使它借以维持身份的术语本身总是受到来自批评家和不断变化着的艺术实践的质疑。总之,新的职业身份在设计、建筑、绘图艺术中得到成长,它巩固了应用艺术与美术艺术之间的差别。

19世纪末期出现了一股新思潮,人们主张将艺术视为一种具有民主特色的媒介。在那个时代,彩印海报盛行。朱尔·谢雷(Jules Cheret)和亨利·德·图卢兹-罗特列克(Henri de Toulouse-Lautrec)画的疯狂的牧羊女夜总会(Folies Bergére)的舞者比真人还大。打广告的人宣称他们的广告是一种人民的艺术。贴小广告的人竞相在拥挤的都市风景中争夺一席之地,公共空间里出现了燕麦片广告、香烟广告、啤酒广告,以及自行车广告。这些公共艺术中的佼佼者们却不招文雅人士的待见。许多文雅人士觉得,活跃的商业广告让公共空间掉了价。在控制小广告、向小广告宣战中,政府也有插手干预。政府意图控制那些在政治上有煽动效果的海报艺术,而改革派担心舞厅和其他娱乐形象会腐蚀人心。这类海报的艺术价值由其审美元素决定,但更加保守的"法官们"却觉得只要与商业沾边,作品的艺术地位就会受损。

19世纪90年代,为艺术而艺术的情绪统治了艺术圈及艺术沙龙,随之出现的许多出版物及形象,横扫欧洲,直抵英格兰,成为世纪末的特色。虽然应用艺术及工业设计等新职业得到了蓬勃发展,但美术艺术的修辞却转向了以美学为基础的自我辩护。艺术除了本身之外无其他目的,除了美与想象之外无其他主人,艺术服务于个人表达或个人品位。虽然颓废主义情绪在大洋彼岸只是引起了微弱回应,但一种波希米亚风在美国的大都市、斯堪的纳维亚、俄罗斯及东欧等地区却很盛行。才华横溢的奥斯卡·王尔德(Oscar Wilde)就宣称,"一切艺术都毫无用处"。他的这一论断清楚地划定了审美行为与工业劳动或生产之间的界线。

与此同时,"艺术品主要是由其媒介和材料构成的"这一观点越来越受人关注(审美特点是形式主义暗指的核心,如果我们意识到了这一点,那么这个观点就毫不令人感到意外)。真正以画布为中心的印象派艺术家的作品最早出现于19世纪60年代。那时,爱德华·马奈(Eduoard Manet)将与学院派技巧相连的关于幻象的种种奇思妙想置之一旁。这场新运动以19世纪70年代克劳德·莫奈(Claude Monet)的作品《印象·日出》命名。有人指责这一派画家把他们肮脏的画布和调色板当艺术品给人们看。印象派画家要人们关注画布和颜料本身,而不将画布和颜料视为完全为形象服务的工具。印象派既引发了支持之声,也引发了反对之声。以媒介为基础的现代艺术理论基础成为人们关注的焦点。法国画家莫里斯·丹尼斯(Maurice Denis)1890年的评论声响彻了几十年:"不要忘了,一幅画在成为一匹战马、一个裸体形象、一则逸事或其他什么东西之前,它主要是一个覆盖着颜色,以某种秩序汇集起来的平面。"后印象派乔治·修拉(Georges Seurat)和象征主义派古斯塔夫·莫罗(Gustave Moreau)

的批评方法的**最重要的**基础就是抽象的形式和对物质性的关注。大众媒介技术影响着糅合了日本版画风的海报设计。同样,大众媒介技术的影响也让人们注意到了19世纪后几十年视觉作品中表面元素的绘画结构问题。20世纪早期英国美学家罗杰·弗莱(Roger Fry)和克莱夫·贝尔(Clive Bell)对艺术生产中形式特点的关注到了无以复加的地步。在《艺术》("Art",1914)中,贝尔强调,一切艺术品都有一个共同的特点,他将其称为"重要的形式",即通过精巧的构图、精湛的表现手法来传递意义的能力。他的这篇文章虽是为支持保罗·塞尚(Paul Cezanne)等画家而作,但它宣告了现代作品及媒介的普遍特点。

在主张物质性的重要性这一点上,贝尔和弗莱并不是孤军奋战。在1913年发表的两篇里程碑式的文章《词当如此》("The Word as Such")和《文当如此》("The Letter as Such")中,俄国未来主义艺术家韦利米尔·赫列布尼克夫(Velimir Khlebnikov)和阿列克谢·克鲁乔内赫(Aleksei Kruchenyk)强调了艺术的物质基础,强调表面加工或制作过程是生产艺术价值(既包括形式,也包括意义)的主要途径。俄国理论家竭力要定义让文学之所以能成其为"文学"的独特特点,同理推而广之,要定义让艺术能分门立户的特点。维克多·什克洛夫斯基(Viktor Shklovsky)杜撰了"陌生化"这一术语,用它来描述艺术对在现代生活和无意识中无处不在的思维习惯的影响。这可以被视为布莱克早先的"打开理解之门"的一个版本,但在这里,陌生化依赖的是震撼效果,而不是对想象力的浪漫憧憬。不过,20世纪的先锋派延伸了浪漫主义情怀。先锋派誓要以其作品嘲弄传统习俗,不达目的决不罢休。通过主张媒介的自主性,人们也为一个同样迫切的愿望——走向普遍抽象及概念艺术——找到了理由。像俄国至上主义者卡西米尔·马列维奇(Kasimir Malevich)及荷兰艺术家皮埃·蒙德里安(Piet Mondrian)之类的著名视觉艺术家以其棱角分明的几何派将形式创新推向了新的极致。马列维奇意欲摧毁幻象,而蒙德里安则在极其纯粹的形式节奏中寻找一种微妙的和谐与平衡。对这二位来说,画布的平面特点,以及绘画的实际表面才是最重要的因素。对现代艺术而言,媒介不再是交流或再现意义的工具,媒介本身就是意义与经验的**场所**。

11　　从前人们以为,传统画室实践与大众媒介之间形式有别,这种形式的区别就可以用来定义何谓艺术。但是,随着拼贴画的发明,这一观点受到破坏。巴勃罗·毕加索(Pablo Picasso)1913年创作的《藤椅静物》中包括真正的绳子,从而挑战了在场与再现的差别。毕加索在20世纪10年代创作的作品中用上了撕碎的报纸、墙纸,以及其他大规模批量生产的印刷材料。如今,大众媒介及娱乐不仅成了美术的主题,而且跟大众媒介有关的东西还以物质的形式融入艺术作品之中。与此同时,关于构图、和谐、比例、美等方面的原则要么受到攻击,要么遭到破坏。毕加索的作品布局精心,尊重构图传统,而德国、瑞士的达达主义艺术家们却开始采用随机方式,随意拼贴。他们把颜料装进帽子里扔到地上,或让颜料从高处滴落到画布上。有了这种转变,人们不再可能把重要形式的使用视为定义艺术的要素。

在理论上认识到视觉文化的力量日益强大,这一点极大地改变了艺术批评概念。20世纪30年代,批评理论家沃尔特·本雅明写了一篇题为《技术复制时代的艺术品》的文章。他在文中庆贺大众媒介的到来,称它能消除笼罩在原作之上的光环。该文将大规模生产与民主的繁荣这一点相连,把大规模生产的艺术产品与宗教和神圣的艺术进行对照。跟许多被称为法兰克福学派的知识分子圈子中的其他重要成员一样,本雅明关心意识形态价值或信仰制度,它们创造了神话,在这些神话的基础上,文化才得以付诸实践。虽然本雅明认为电影及其他大规模生产的产品拥有大量的观众,它意味着民主,这是一件可喜可贺的事,但其他人,尤其是西奥多·阿多诺(Theodor Adorno)和马克斯·霍克海默(Max Horkheimer),却公开谴责如好莱坞、百老汇、麦迪逊大道等"文化产业",认为它们让人思想麻木。如果没有艺术,价值可能会在无边无际的文化中消失,但艺术却能保存价值。因此,所有这些批评家对艺术保存价值的能力多少还是有信心的。早先的浪漫主义时代推崇想象,推崇感情,但后来这些作家强调的是抵抗与陌生化这些从先锋派那里承袭下来的观点。

许多20世纪的艺术似乎与批评家或理论家们所提供的定义玩起了游戏,艺术家们想要避开那些定义,想要比那些定义技高一等。这些定义的前提对艺术家们来说是一种难以拒绝的挑战。最应该对这些在概念上要一争高下的激进姿态负责的艺术家要数马歇尔·杜尚(Marcel Duchamp)。他最出名的举动就是在1917年的一次艺术展览中用化名"R. Mutt"提交了一个男用小便池参展。杜尚永远改变了定义艺术的方式。杜尚选择了一个大规模生产的产品,给它取了一个标题并签了名。他是在暗示:艺术的身份以文化框架为基础。也就是说,艺术的基础是由一系列的习俗和观念构成,而不是由形式特点、构图原则,或媒介构成。这个观点已极大地背离了人们先前所持的观念。

在20世纪中叶,克莱门特·格林伯格(Clement Greenberg)的批评作品几乎成了现代艺术的同义词,尤其是在美国。他关于抽象艺术,尤其是被称为抽象表现主义作品的文章视材料和媒介为定义着绘画、雕塑,使绘画、雕塑能成其所是的核心要素。在20世纪早期,形式主义以苛刻的方式走到了极致。本着同样的苛刻精神,格林伯格于1940年在《党派评论》中写道:"艺术被逼退回了媒介。在那里,人们孤立地看待着艺术,关注着艺术,定义着艺术。是媒介成就了每种艺术的独特性,让每种艺术绝对是它自己而非其他。"格林伯格坚信平面性是绘画的根本特点,任何画布上只要有一点点有空间感的幻象,它就是在违反这一基本前提。在他早期的论文《先锋与媚俗》("Avant Garde and Kitsch")中,格林伯格展现了其他批评家对自己的影响。他热情地鼓吹艺术是一条抵抗大众文化的重要途径。不管人类文明留下了什么,艺术似乎都有保存它的任务。随着欧洲法西斯和其他地方各种形式的极权制的日益膨胀,对艺术的这一索求引起了人们的强烈共鸣。整整一代艺术家将格林伯格的信条视为必须遵守的规范。例如,莫里斯·路易(Morris Louis)朝未经加工的油画布泼上一层又一层的颜料(*Alpha-Pi*,1960),这个例子直接响应了作品应完全与绘画媒介有关这一号召。格林伯格的艺术纯粹论后来被理解为排他的、具有压制性的,其前提是理想化的自主性,或艺术与意识形态的分离,而这两项都不可能做到。但事实上,格林伯格认为,将美学价值与文化价值做得最好的,恰恰是实验美术。现代早期反对拿文学来参照美术,反对美术的叙述性,正如人们反对再现,反对幻象一样,格林伯格对视觉性的坚持是这一观点的延续。

受"二战"冲击的欧洲艺术家们创立了"眼镜蛇"派(CoBrA,哥本哈根、布鲁塞尔、阿姆斯特丹的缩写),他们创造的艺术试图通过建立普世法则而构建一个世界性社区。阿斯格·约恩(Asger Jorn)是这个组织的核心人物。他从自己所受的人类学训练中汲取灵感,将符号研究和原型人物形象融入视觉媒介的原始要素。尽管这些兴趣看似跟大众媒介领域不沾边,但有些艺术家成了颇有影响力的情境国际运动(Situationist International Movement)的组成部分,参与了对当代文化中的模拟、幻象问题的探索。在政治冲动和审美兴趣的驱动之下,情境国际将严肃的马克思主义批评与改变文化生活的策略结合了起来。其中有一项实践叫**异轨**(détournement)。它是今天被人们称为"文化反堵"(culture jamming)的早期形式。它通过对大规模生产的形象或作品进行直接干预,从而改变形象及物体的意义。达达主义的拼贴,蒙太奇照片,杜尚对大规模生产的产品的使用,这些都是其中的先例。"高雅"艺术与精英趣味相连,"低俗"艺术与大众趣味相连,但是随着大师复制品或二手画作的使用,雅俗之分受到挑战,人们在进行评论创作时,对两者都不怀敬意。激浪派(Fluxus)成立于20世纪60年代早期,这是一个组织松散的国际艺术家群体,他们对日常生活中的审美感兴趣。艺术越来越与参与表演有关、与创造转瞬即逝的行为有关。激浪派艺术家长按汽车喇叭,把雨刷器开了关、关了开,用肥皂水洗车的同时也把自己洗了,从高处往下泼水,等等。看来,艺术用不着生产出什么东西,而且这也没什么不妥。

强调观点而非形式,这使媒介文化与艺术之间泾渭分明。而艺术在概念上占上风。有些概念艺术家甚至半真半假地要将视觉产品全部消灭掉。1958年,伊夫·克莱因(Yves Klein)这位喜欢玄思冥想的极有灵性的艺术家举办了一场名为"空"的展览,画廊真的空空如也。索尔·列维(Sol LeWitt)在1967年的一篇名为《漫谈概念艺术》("Paragraphs on Conceptual Art")的文章中写道:"观念是制造艺术的机器。"正如批评家露西·利帕德(Lucy Lippard)在其著作中所说,概念艺术引发了"去物质化"的观点。被用来拓展艺术边界的媒介在一百年前的画室作品中闻所未闻。20世纪60年代早期,概念艺术家皮埃罗·曼佐尼(Piero Manzoni)把自己的粪便做成了限量版罐头,整整齐齐地贴上了标签,签上了大名。图书艺术家迪特尔·罗特(Dieter Rot)将芝士和体液做成了书页状,用塑料包装封了起来。血液、精液、人的毛发,以及其他残渣都在20世纪60年代至70年代的雕塑装置及视觉作品中占有一席之地,一切材料、一切媒介都能与艺术领域相结合,阻止两者相结合的障碍被清除得一干二净。艺术不再受到媒介的限制,于是它用其他方式来明确自己的身份。杜尚开列了一个艺术的要点清单——创作者的文化传统、在体制中所占据的位置、以契约与信念为基础的价值游戏——艺术是一个特殊生产领域,在保持这个领域的连续性上,杜尚的这一清单似乎很管用,即便艺术产品或艺术事件已经超越了传统范畴。

概念艺术和波普艺术在同一个时期达到鼎盛。安迪·沃霍尔(Andy Warhol)是波普艺术的主要人物。他曾经受过商业艺术和广告方面的训练。刚开始时,他在批量生产的物件上手绘形象。但到了1962年,他的一个行动打破了把不同种类的生产区分开来的另一套界线。照相丝网本来是用来制作广告牌和标识的,但安迪·沃霍尔把它用到了他称为"工厂"的工作室去进行创作。喷枪、网屏很快出现在了画室、工作坊,大众媒介文化与艺术的这种新的交织让批评家们摸不着头脑。波普艺术家们从正在出现的明星文化中复制形象。他们呈现的形象巩固了戏剧演员、作家、艺术家、电影明星、摇滚音乐家的模型,这些模型直到今天都还存在。沃霍尔成了一个媒体人物,并且他十分精于操纵媒体形象。他曾经预言说,将来每个人都有短暂的大出风头的时间。他可能预料到了,也可能没有预料到这一点:个性鲜明的艺术家们以大众为背景,他们醒目的线条在这个背景上形成投影,这就是沃霍尔所说的"出名"的基础。艺术似乎成了一件名流的装饰品,一句高端的时尚宣言,一件商品中的商品,它跟生产出艺术品的艺术家气质一道,成为人们迷恋的对象。

20世纪60年代出现了第三大股艺术实践潮流——极简主义。它是另一个极端,或至少从形式上看来是如此。它同样也暗暗地定义着艺术,暗暗地为媒介及实践材料划定范围。极简主义把艺术的边界推向了另一个极致。极简主义艺术家采用批量生产的铁块、毛毡,或其他材料,他们只把材料改造到能被认出是艺术品就行。唐纳德·贾德(Donald Judd)在《具体物》("Specific Objects",1963)一文中清楚地阐明了极简主义作品的原则。他宣称,所有关于构图、等级、基于图形的关系、比例、表面细节这些东西,它们都跟艺术身份这一更重要的问题没有关系。莫里斯(Morris)裁剪后挂起来的毛毡,巴里·勒·瓦(Barry Le Va)散落在地板上的碎玻璃,这些作品诠释了极简主义运动中简约的审美原则。艺术品与大众文化不同的地方在于,艺术品剔除了工业材料的用途。简约、高深、精致,极简主义强调了材料及媒介固有的艺术特点,但它同时要依赖一种理解框架。极简主义将形式简化为材料,放逐了表达、情感、构图技巧,以及所有再现或指涉的痕迹。

20世纪中期的三大主要运动——波普艺术、概念艺术、极简主义艺术——共同划定了可能的范围,当代艺术家们在此范围内创作。要讨论艺术与大众文化如何不同,我们的观点部分依赖于我们对这些运动中产生的讨论形成的看法。在20世纪70年代,来自女性主义群体及传统上属于边缘人群的身份政治将再现形象重新请回了主流。一种新的,带有兼收并蓄色彩的国际主义受到艺术双年展及艺术博览会的支持。随着经济的周期性消涨,艺术成为一种投资,同时也成为地位的象征。

20世纪80年代,后现代艺术家参与了支配、挪用行为。自从工业时代开启以来,关于原创性的神话就一直在艺术实践领域长盛不衰。但后现代艺术家们对此颇有微词。后现代批评家们断言,所有艺术都运用了"已经存在"的形象或观点。所以,利用任何现有作品——它可以源于商业、工业、历史、艺术——才是创造新作品的唯一途径。理查德·普林斯(Richard Prince)画万宝路香烟广告上的男子,雪莉·莱文(Sherri Levine)翻拍了经典摄影家如爱德华·韦斯顿(Edward Weston)的作品。他们把这些东西当作自己的作品来展览,回避了原创者这一概念。到了后现代主义高峰时期,招数很快被用尽,但在力所能及的范围之内,后现代主义还是赶跑了被规矩捆绑、被高度代码化了的形式主义的术语。与此同时,作为一个切实可行的批评概念,自主性也消失了踪影。取而代之的是寓言理论、杂合理论、拼贴理论,它们赋予了最具折中特色的实践以理论支持。形式主义哪怕只剩下一丝残留的痕迹,然而偶然性,或某一文化、历史框架下作品的具体境况也会让这点痕迹消失得无影无踪。行为艺术、装置艺术、新媒介、摄影、舞台表演,这些瞬间行为作品几乎不留或根本不留痕迹。主要由行动或交互行动构成的作品在绘画、雕刻、版画,以及其他以画室为基础的艺术传统中占据了一席之地。在20世纪晚期,一切形式都经历了复兴。

然而,艺术品最终必须与日常生活中随处可见的其他文化产业的产品区分开来。这常常是关于构思、位置、再现的问题,也是关于材料、媒介或形象的问题。20世纪80年代,杰夫·昆斯(Jeff Koons)制作了特别低俗的雕塑;瓦内萨·比克罗夫特(Vanessa Beecroft)精心推出了真人雕塑表演,时装模特裸体摆造型,两种雕塑的部分艺术特点都通过背景得以展现。尽管英国艺术家达米安·赫斯特(Damien Hirst)制作的《以上帝之名》(In the Name of God)是一个镶满了钻石的铂金颅骨(这是在世艺术家制作的最昂贵的雕塑作品),这个作品对资本可以在何种程度上变成艺术的组成部分这一问题进行了实验,艺术品的价值显然要高于生产这个艺术品所耗费的劳力成本和材料成本。皮埃尔·于热(Pierre Huyghe)和菲利普·帕雷诺(Philippe Parreno)采取了一个醒目的对抗行动,他们找到一个日本动漫人物,并解放了这个人物——他们让一个大众媒介品牌摆脱了所有权和市场的控制,进入一种自由状态。显然,这些艺术家将自己在艺术实践中起到的调节作用视为物品生产和事件生产的组成部分。艺术作品的价值在于它是珍贵的人类思想、技能或情感的表达。相形之下,艺术品所涉及的媒介的内在价值就缩小了。关于哪些媒介是艺术生产所特有的,或恰当的媒介,这个问题不同时代有不同的回答。在传统实践中,壁画、油画、水彩、大理石、青铜是制作艺术品的材料,但在现代、后现代时期,媒介已经成为艺术品的主题和实质,而不仅仅是生产的手段。

在数码电子艺术时代,背景、生产环境与接受环境的改变挑战了定义艺术的界线。数码艺术品具有可编程、可重复(版本可以更新)、有生成性(能产生新的表达)、常被网络化等根本特征。虽然早期的社会经济交换网络是艺术价值的根本所在,但数字媒体的网络状况允许虚拟艺术品只在电子环境下存在。"第二人生"是一个在线世界,理查德·明斯基(Richard Minsky)编辑的虚拟领域里的艺术家们的书就是一个例子。"第二人生"生产出来的供出售、消费的艺术品完全是在虚拟空间中构想出来的审美项目,这些项目表现出了批评活力及经济活力。虽然这些产品首先是以数码文件的方式存在,它凸显了这些产品的拟像或非质料性的一面,这一点最重要,但支撑这些行为的复杂的技术基础设施也表明,电子媒介也具有高度的质料性。

人的参与途径对审美效果的运作至关重要。为了让人们注意到这一点,珍妮特·茨威格(Janet Zweig)创作了一个题为《媒介》(The Medium,2002)的作品,这个作品被放在了明尼苏达大学新闻与大众传播学院的大厅里。它由一个舒适、隐蔽的隔间构成,两个人可以进行私人谈话,但所有参与者面前都隔着一个大大的显示屏,坐在显示屏两面的人只能通过内置摄像头交谈。设定的程序修改着他们的形象,改变着真实的色彩和声调。结果,系列形象美得让人心醉神迷,视觉效果时而如醉如痴,时而璀璨夺目,时而印象派般如梦如幻。如果当面交流的话,效果将不增不减,不掺杂质,这一神话在这里却被戳穿了。因为这个过程强调,无论何时何地,理解都具有主观性。人们的理解机制、个人主体性中的文化状况,这些东西都在对我们的经验进行调节。媒介是一种审美设施,艺术是范围更宽的、被调节领域里的一种特殊形式的经验,茨威格的作品很好地说明了这一点。这也证明了著名媒介理论家马歇尔·麦克卢汉的名言——"媒介即按摩"。这在艺术方面也同样有效。艺术协同能激发产生出奇妙的东西,吸引我们去思考艺术改变意义、塑造意义的方式。

我们再也不能通过媒介来定义艺术品,而艺术家的形象也变成了关于名流与商品文化中的一个重要神话。在大众传媒时代我们将如何定义艺术,这取决于我们在媒介领域及大量视

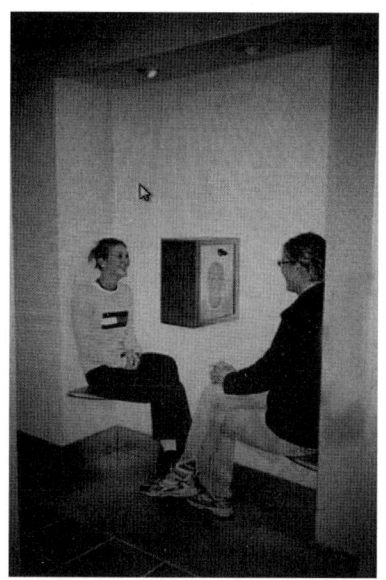

珍妮特·茨威格,《**媒介**》,2002。明尼苏达大学新闻与大众传播学院。受校园艺术项目资助。照片使用获艺术家许可。

觉产品中辨别艺术品的能力。艺术的目的不是唯一的,议题、信条也不足以为艺术划定边界。但艺术提供了一个连续不断的空间,在那里,人们能让想象力焕发生机,能以任何方式表达想象力,它既可以是转瞬即逝的,也可以具有物质形态。最后,艺术实践变得不用依赖对象或物体,甚至不用依赖观点或实践。艺术成了一种表示关注的方式。

参考文献及建议阅读书目

Beardsley, Monroe. 1966. *Aesthetic from Classical Greece to the Present*. New York: Macmillan.

Berger, John. 1972. *Ways of Seeing*. London: British Broadcasting Corporation; Harmondsworth: Penguin.

Bloch, Ernst, et al. 1977. *Aesthetics and Politics*. London: New Left Books.

Drucker, Johanna. 2005. *Sweet Dreams: Contemporary Art and Complicity*. Chicago: University of Chicago Press.

Drucker, Johanna, and Emily McVarish. 2009. *Graphic Design History: A Critical Guide*. Upper Saddle River, NJ: Pearson Prentice Hall.

Elkins, James. 1999. *The Domain of Images*. Ithaca: Cornell University Press.

Frascina, Francis. 1985. *Pollock and After: The Critical Debate*. New York: Harper and Row.

McLuhan, Marshall. 1964. *Understanding Media: The Extensions of Man*. New York: McGraw Hill.

Mitchell, W. J. T. 1994. *Picture Theory*. Chicago: University of Chicago Press.

Ogden, C. K., I. A. Richards, and J. E. H. Wood. 1974. *The Foundations of Aesthetics*. New York: Haskell House.

Wallis, Brian, ed. 1984. *Art after Modernism: Rethinking Representation*. New York: New Museum; Boston: David Godine.

2. 身　体

伯纳黛特·维根斯坦

如果没有身体作为源泉，思想、文化生产、人类行为等都是不可能发生的事情。虽然自从有了人类历史记载以来，人的身体就与文化生产密不可分，但在批评探索中，人们却常常把具体物品看得更重，而把身体本身视为一个给定物。忽视身体的原因可能很明显。虽然文化生产因时因地不同，但人的身体却是（或似乎显得是）少有的几个能定义人类的恒量。当批评家们试图从历史的角度对身体进行理论讨论时，他们所面临的难题不是在研究物品中遇到的那种难题，而是他们要在不变的身体器官与多变的历史具体性之间协调。

即便如此，身体曾经是历史分析中一个分支传统的中心，而且也是最近思想界里的一个核心话题。身体是人类行为中一个被动拥有但又不可缺少的基础，在有的理论家看来，这个观点如果不是绝对错误的话，那么它至少不是很能站得住脚。为了纠正这个观点，这些理论家们试图将身体视为获取经验的不可或缺的媒介。也就是说，身体是构成一切经验的基础，包括关于身体的主题。为了理解它在当前媒介研究理论讨论中的核心地位，我们必须把身体相应地放到一个更宏大，也许更基础的哲学背景中去，其中的问题包括：身体是否是媒介；身体可以被视为媒介到何种程度；如果将身体视为媒介的话，这可能会带来什么影响。

这些问题对人文和历史学科至关重要。这些学科追问身体在文化中的含义，身体如何生产文化，以及文化可以在何种程度上生产出某种身体。在关于身体的文化意义这一点上，所有研究方法的背后都存在着身体的建构力这个问题：身体塑造文化、生产文化的能力从何而来？身体的媒介作用对科学也显得至关重要，有单独一门科学研究身体的含义，也有多门科学共同研究身体的含义。同样是这些问题，它们在医学、认知科学、工程科学中就被排到了最前面的位置。医学追问如何理解身体症状，认知科学和工程科学探索的是身体的功能，以及有没有可能用人工的方式去代替人体功能。在这些情况下，身体不会被当作一个静态的物体，一个不可侵犯的"自然"实体，而是被视为一个动态的过程。

从史前时代开始，人们就往身体上投注审美兴趣。在整个西方历史中，人们通过各种仪式（如刺青、打孔、戴面具、化妆、佩戴珠宝等）来改造身体，突出身体的某些部分或某些特征。虽然许多身体行为（至少是那些比较古怪的版本）一般都与少数民族有关，但这些身体行为都是现代工业文化的特征。虽然这些行为的目的不同，有的是成人仪式，有的表示流放，但它们都讲述了身体被当作媒介的几种方式。因此,除了对身体外表及魅力进行美化装饰之外,佩戴珠宝、化妆还表明身体具有支撑的功能,如同油画下面的画布。刺青、打孔表明身体是一个可供人们刻画、书写的地方。戴面具、整容则把身体当作一块可被塑造、雕刻的材料。批评实践中也出现了类似差异,其目的是为了揭露文化动力如何演变为一种暴政:它迫使我们把身体等同于漂亮的身体。身体艺术表演质问我们社会对某些身体的排斥,如:有病的身体;残疾的身体;"他者"的身体;自残、刻痕、自断手足,把身体当作书写批评言辞的告示牌;患了神经性厌食症的女性身体则走得更远,她们的身体传递的是身心失调的女性形象,身体是雕塑材料这一观念,关乎女性的生命。

为了将身体是一个静态概念(是一个给定的生物体)与身体是具体历史环境下经验的基础两者区分开来,文化理论家对身体与**具身化(embodiment)**做了区分。在《我们如何变成了后人类》(*How We Became Posthuman*,1999)一书中,N.凯瑟琳·海尔斯写道:"跟身体不同,具身化是有语境的,它深陷于具体时间、地点、生理、文化构成的网络之中,并在这些东西的共同作用下才能产生行动。"因此,具身化指的是某些特定主体以一个动态的身体、以特殊具体的方式去生活和体验人生的方式。如果在某些情况下身体是等待人们去发现、去分析的客观事实,那么与此同时,身体也是媒介,人们只有通过身体才能获得这些知识。身体有一种特殊性,它被当作分析的对象,但它同时也是分析的手段。哲学家汉斯·尤纳斯(Hans Jonas)(1982)已经准确地抓住了身体的二元特征,他认为,只有活着的人的身体才能对自己的生活进行自我追问。"成为身体"(being a body)和"有身体"(having a body)两者之间的现象学差异能表明人类的具身化究竟指的是什么。前者,只要它指的是身体得以存活的过程,是从第一人称角度来看,它就与动态具身化吻合;后者,只要是从外部、第三人称角度来理解,它就可被归入静态的身体一类。尤纳斯认为,人类能同时体会到这两种具身化模式,这正是人类独特的地方。(我们在后面将会回到现象学领域,但在此之前我们必须首先指出,人们想克服这两种模式造成的分裂的欲望标志着20世纪现象学的发展,这一现象学成就对我们将身体理解为媒介这一洞见极为重要。身体能成为我们上面指出的各种模式的媒介,其原因正是因为从更深层次的现象学意义上来讲,它是媒介,也就是说,身体是经验本身的媒介。)

当代科学技术为人们提供了独特的第一人称、第三人称相互交融的现象学探索视角。事实上,我将在后面向大家展示,通过对当代媒介的案例分析,今天的具身化经验可以通过各种手段得以改造或增加,如机器人设施、种植体、义肢,以及其他各种将身体外化的技术手段。这些技术外化手段可以说是以实际经验肯定了马歇尔·麦克卢汉对媒介二元功能的洞见,即媒介既让身体得到延伸,同时也将身体截肢。它颠覆了内外之别,从而让身体经验中的第一人称、第三人称视角之分变得无比复杂。虽然这些发展也许是证明身体具有媒介作用的最佳例子,但我们不应将这些发展视为身体具有媒介作用的原因,这一点很重要。事实上,我们应该对作为媒介的身体进行历史追踪。这种历史建构会让我们看清身体与具身化虽然有别,但它们又逐渐共同发展,这样才出现了现象学中身体是一个正在形成的媒介这一观点。

作为客体的身体与作为经验主体的身体两者之间的张力也是人类生活中天生具有的张力,它从最开始就塑造着身体的历史,并且以完全不同的方式影响着不同历史时期的文化对具身化经验的架构。有一个事实不容简化：具身化的历史（或者说，事实上有多个这样的具身化历史）具有文化独特性，这一点强调了身体的媒介功能——作为媒介的身体是一种源泉，不同文化风格的具身化行为都由此而生。同时，文化独特性得到人们的认可，它经历了漫长的历程。人们在解释"天然"时，总让自己的具身化显得"浑然天成"，而让那些具有不同历史风格特征的具身化显得稀奇古怪。

举一个历史方面的例子，学者们认为，中世纪欧洲人对身体的理解，以及他们通过身体理解到的东西跟我们这个时代的人明显不同。其中有一个观点就认为壮观景象对中世纪观众造成的身体影响比对现代西方人造成的影响大。再现的表演价值（即一场表演可能造成影响，乃至让所表演的内容真正发生）倾向于被表演最终意欲传达的意思所代替。威廉·埃金顿（William Egginton）把这种中世纪表演对身体造成的效果称为**沉浸**（**presence**），天主教中的**真在论**（**Real Presence**）就是一个典型的例子。根据这个教义，弥撒仪式中的面包就是耶稣的身体，而不仅仅是耶稣体血的象征，它是物本身，而不仅仅是物的介质。据说在 14 世纪时，大量的群众会涌进教堂，就是为了见证"圣体转移"（transubstantiation）。这种现象强调了一种独特的以身体为媒介的模式。也就是说，身体在再现与在场之间起了调节作用。换句话说，信徒的身体是一种媒介，通过身体，再现成为一种可被体验的物质，一种能给信徒的身体带来实在影响的在场，而不仅仅是一种隐藏的含义或消息。真在教义、圣体转移论至今仍然是当代天主教的核心要素，但我们这里强调中世纪情感的奇特性还是有价值的。礼拜仪式中弥漫着众人具身化体验中的狂热及不羁的想象，就是在这些时刻，人们抓住了中世纪情感的精髓。历史学家卡罗琳·沃克·拜纳姆（Caroline Walker Bynum）对中世纪情感的独特性的强调最为有力，可以说无人能及。在对中世纪启示录中令人费解的血腥本质进行思考后，她下结论说："现代情感根本理解不了身体在中世纪虔诚信仰中所扮演的角色。"

另外一个例子也可以表明作为客体的身体与作为主体的身体之间的张力，它与各种文化里的治疗术有关。虽然可能所有的文化在面临治疗问题时都会把身体当作媒介，但人们以身体为媒介的具体条件却表明，人们对具身化的理解极为不同。从 16 世纪开始，西方人就能解剖人的身体，检查病症或其他需要消灭的病状。19 世纪时，检查扩大到了对细菌的分析。距现在更近的时期，随着医学影像技术的不断发展，人们可以更加深入身体，更加深刻全面地展示身体，从而揭示致病因素。然而诸如此类的实践显然会牵涉某种具身化逻辑，也就是将身体主要视为一种可见的物体。这样做容易忽略身体的主体性的作用，如与疾病抗争时身体的主体性的作用。实际上，对某些熟悉西医实践的人来说，西医重在探测细菌，或给出孤立的身体器官的具体影像，身体是媒介这一点倒可能恰好被忽视。

相反，某些文化中的医学实践却采取了不同的方法。这些医学实践对身体本质及身体与疾病的关系有着根本不同的判断，其方法就是以这些判断为基础。例如，传统中医是有着上千年历史的系列实践，它主要源于道家思想，认为身体能全面表现所处的环境，小至微生物世界，大至宇宙。为了找出疾病的具体原因，中医不是把身体拆零了检查，中医要看身体的内外平衡（或和谐），并试着以有效的方式进行干预，从而改变内外关系。在这里，身体的主体性、客体性之间的张力即使没有被完全消除，那么它也被最小化了。

然而，不管西方实践如何遮蔽了具身化，它还是做不到将具身化连根拔除。实际上，西方具身化的历史表明，对身体的评价以及身体的媒介角色对哲学和文化而言显得极为重要。具身化在文化、哲学价值上的惊人逆袭是在从中世纪过渡到现代社会的过程中产生的。来自不同学科的学者们的理论研究表明，从15世纪到17世纪，欧洲社会具身化的发展模式开始跟中世纪主要的具身化模式有了本质的不同。例如，中世纪历史学家乔治·杜比（Georges Duby）认为，在这个转变发生之前，个人身上直接浸透着特定阶级、社群、宗教等身份的含义，个人就是通过这些具体身份去获得身体经验的。而现代早期的个人开始把自己的身体构想成有自主性的实体，认为自己有处于各种不同社会位置的潜力。

这种经验上的改变没被明说，也没有成为明确的主题，但它却进入了哲学思想，特别是勒奈·笛卡尔（René Decartes）的哲学思想。笛卡尔将肉体存在与精神存在划分为两个根本不同的存在，虽然笛卡尔本人时不时会质疑这个范畴的性质（如在他关于感情的文章中）。笛卡尔的思想对现代西方思想的主要潮流产生了巨大的影响，即，将身体及情感视为知识的潜在障碍。例如，德国唯心主义哲学家伊曼努尔·康德就用**病态**这个术语来表示那些源于情感或个人兴趣的动机，认为这些动机必将妨碍人们恪守职责。从那以后，哲学家们就以各种方式重复着这个观点。这一普遍观点将身体视为一种被动的物质，它能够，实际上它必须接受道德觉悟对它的塑造。这一观点在文化探索和社会探索中不断回响。这些探索认为，身体传达了某一特定群体的社会地位。身体是物理分析和意识形态分析的对象。身体可以被用来表达一个人的性格、风格，或者被视为个人健康和幸福的保证。

现代性开启了布莱恩·特纳（Brian Turner）所谓的"肉体社会"。也就是说，这种社会视身体为资本。对法国哲学家米歇尔·福柯而言这种价值判断的到来与从司法社会转变成为规训社会，以及最近的控制社会是同步的。福柯的特别之处在于他关心权力用于身体的模式。早期现代社会实行公开惩罚，人们让受惩罚者游街示众。而在现代社会里，人们对自己的身体进行自我规训，他们的自我控制发自内心。由于良心的作用，以及促进人们良心发现的规训的作用，现代社会中的个人发现，他们必须自己约束自己，"自愿"服从国家的规训和生物政治的独裁。因此，例如，现代社会制定了越来越多的健康法，以使个人的身体幸福服从于社会对大众健康的投入。

与此同时，也正是这些可能会被迫使自己的行为与生物权力范式吻合的现代人，他们付出了巨大的个人努力，就为了创造出属于自己的人格。现代人以把自己的身体当作媒介的方式来处置自己的身体，这一点可以理解为与个人身份密切相关。作为媒介的身体成为主体标榜性别、年龄、阶级、宗教等身份的载体，在生活中，它被视为一种构建个人身份的行为、私人财产、某种可以对它进行投资的东西。健身、保健品，以及增强技术的运用（以药物或整容的方式），这些都是现代文化中顺手的例子，这些身体表达方式都有福柯所说的"自我关怀"的精神。

尽管把身体视为媒介（有待塑造的物质）这一点在现代时期从未间断，但在19世纪20世纪交界那段时间却出现了一个转折，而且那个转折随着20世纪的推进愈发明显。历史学家伯纳德·安德里厄（Bernard Andrieu）把这个"关于人类身体的认识论上的偏离"归因于三个彼此关联的发展：精神分析的发明、现象学这一哲学学科的出现，以及认知科学的进步。随着这些领域的发展，各不相干的身体"内部领域活动"与"外部领域活动"开始以人们从来没有料到的方式指称（signify）事物，造成的影响也是前所未有。精神分析的目的就是为了理解潜意识领域，具体而言，就是潜意识经验是如何在身体领域产生出各种征候的。简言之，身体被转换成了一个载体，实际上是一个媒介，来传递、表达思想中隐藏的欲望。弗洛伊德用潜意识概念建立的存在包括内部领域和精神领域，这两个领域都逃脱不了与身体的关系。这个存在既能表达身体的欲望，而且这种存在本身也通过具身化得以表达。弗洛伊德构想了身体的自我（ego），也就是说，个人是在这个结构下构建自己的身份，这一点最能表达弗洛伊德所设想的伟大世界里身体的核心地位。在《自我与本我》中，弗洛伊德将自我表现为一种真正的媒介物，是投射行为的结果；"自我首先是身体的自我，这一点最重要；它不仅仅是一个表面的实体，而且它本身就是表面的投射"。那么，自我既是外在的，也是内在的。他人的欲望从外部对自我进行刻画，自我由他人的期待和来自主体内心的欲望构建而成。在媒介理论这个背景下，身体自我的二元性（我们称之为投射基础的东西）绝对是关键，因为它将身体视为调节器。如果需要通过他人的凝视来解释身体含义，同时还要在外部世界与建构自我之间进行调节，那么身体实际上是在进行双向调节。对精神分析而言，换句话说，自我（身体自我）是（将自我投射为）形象。不仅如此，自我对形象世界的反应尤其积极，至少在过去 100 年里，是媒介创造了形象、操控了形象。后来出现的他人的凝视或镜像反映（出现在法国精神分析学家雅克·拉康著名的"镜像阶段"理论之后）给理解自我带来的问题已远远超越了精神分析对自我的理解。这些问题触及了哲学上的关键问题，如，主体是谁，主体的身体是什么，以及身体的最终"归宿"是什么。

自动感知问题——通过自己的皮肤去体验世界——也是现象学关注的核心。身体成了一个自己与外部世界之间的必要的媒介。正如法国哲学家亨利·柏格森（Henri Bergson）在《物质与记忆》(*Matter and Memory*，1896)中指出，身体有通过调整形象来组织自己与外部世界的关系的责任，即，在"满世界"的形象中找到一个优势形象，身体挑选出哪些形象与自己有关，哪些形象应该放过，就像没看见。在这个论述中，理解是在对形象的整体性做减法（这跟康德的唯心主义观点不同，康德认为理解是在对形象的整体性做加法），而作为优势形象的自己（例如，一个人寓身于宇宙中的位置）因此就成了一个人存在的中心，理解的中心，一个真正面向外部世界的界面。

在后来现象学对具身化这一问题的研究方法中，身体与世界同样不可分离。尽管马丁·海德格尔将身体贬称为**亲在**（Dasein，存在主义关照下的人类）那"没有权威性"的日常生计的组成部分，但对其他几位主要的现象学家（从埃德蒙·胡塞尔［Edmund Husserl］到莫里斯·梅洛-庞蒂）而言，身体扮演了核心角色。胡塞尔在《观念 2》(*Ideas II*)中把身体视为一种能力，视为比"我思"更为重要的"我能"。梅洛-庞蒂以胡塞尔的分析为基础，并扩展了胡塞尔的分析，他在《知觉现象学》(*Phenomenology of Perception*)中以身体的能动性为中心，重新将知觉设定为具身化的我思对外部世界施展行为的结果。在其未竟作品《可见与不可见》(*The Visible and the Invisible*)中，梅洛-庞蒂对身体的理解是激进的：通过抛弃我思在肉体转化过程中一贯存在的主客分离，通过一种原初的相互性（他称之为"肉体"），他将身体与世界联系了起来。梅洛-庞蒂从胡塞尔那里拿过来的关于握手的分析展现了触摸与被触摸的相互性。感觉的二元性成了后来主客之分的基础,而且使得世界无法离开具身化行为,无法自主存在。

虽然相对而言胡塞尔对媒介所言甚少,但梅洛-庞蒂的现象学完全适合用来理解人类具身化与媒介的根本关系。许多媒介理论家,从麦克卢汉到法国哲学家贝尔纳·斯蒂格勒都坚持这一点。梅洛-庞蒂在《知觉现象学》中的大部分研究与能动性缺乏这一现象有关,他详尽地分析了义肢用于延伸的例子,其中包括开车,以及著名的"盲人的拐杖"。这些义肢远不是需要我们去观察适应的外部事物,它们成了我们的身体以及身体图像的组成部分,天衣无缝地融入了我们的动力机制。虽然梅洛-庞蒂的晚期思想很少直接讲到媒介与肉体,但是他的"面向世界"的人类具身化这一生态/环境概念显然给媒介理论带来了极为重要的影响(若要一窥这些影响的发展,请参见 Hansen,2006)。

精神分析和现象学探讨了投射及能动性的外化,而身体的内在领域对此也多有依赖。与此同时,随着认知科学的进步,人们在大脑的结构及大脑的运作方面也取得了重大进展。20世纪认知科学的故事是一个越变越抽象,越来越脱离身体的故事。对许多人工智能或人工生命的拥护者来说,身体不再是大脑的基础。有些科学家甚至构想了这样一个未来:身体将会被抛在一边,取而代之的是计算机,或其他形式的机器。在文化理论家 N. 凯瑟琳·海尔斯的《我们如何变成了后人类》这本重要研究著作中,海尔斯将这种重信息操控、轻具体物质的趋势称为"后人类"。海尔斯追踪了控制论二战后发轫之初的构想,以及控制论在当代科技中对自返性(reflexivity)的接受,并区分了重信息操控这一模式背后隐藏的意识形态。说白了,只有将信息抽象化,信息才能在不同系统之间转换自如(见第 10 章,"控制论")。推演到极致,后人类主义即使不是赤裸裸的反人类,它听起来至少也十分吓人。在诸如雷·库日韦尔(Ray Kurzweil)及汉斯·莫拉维克(Hans Moravec)等认知学家看来,身体简直就不再有存在的必要,"湿件"(血肉之躯)是一种需要克服的障碍,克服它的技术手段就是低温技术(通过低温来保存身体和生命),或通过计算机重新对身体进行具身化处理(将超薄的大脑皮层下载到硬盘上)。从哲学及文化等更宏观的背景来看,湿件这个术语可被视为一种修辞手段。湿件可以让智力与具身化之间的根本上的复杂交叠的关系不那么复杂。将身体与思维分别与计算机的硬件、软件相类比,从信息论的角度来看,两者之间就仅仅具有功能性的关系(见第 13 章,"硬件/软件/湿件")。从 20 世纪中期开始,控制论话语就已经在为身体/思维这一问题框架的形成添砖加瓦:身体作为一种物质,它与机器类似,而它的思维能力则被视为程序。由于控制论的出现,人们幻想能够超越身体,能够去具身化(如反熵,或低温学),这些幻想惊世骇俗。此时,具身化又回到了舞台的中央,仿佛它要复仇一般。我们的文化对精神超越有着根深蒂固的欲望,而在这些时刻,我们最能认清具身化行为是如何不可避免地牵制着这个欲望,这一点比在任何别的地方都要明显。

媒介理论近来有个视角与这一大潮流唱起了反调。这个视角以精神分析和现象学开创的观点为基础,对现当代社会里身心二元对立的观点进行了批评、颠覆。在这一派看来,人们仍然需要思考具身化,处于新媒介核心的数字革命不仅没有消灭这个需要,实际上身体与具身化问题比任何时候都重要。要理解何以如此,我们必须回到主体这一概念,此概念自现代早期起就是一个压倒一切的概念。具体而言,我们必须追问:在数字领域里,主体究竟怎么了?主体的自动感知怎么了？

"计算机逻辑"分裂了自我,把自我变成了数个代理,或数个自我。通过打开多个窗口显示,这些代理或自我能同时与不同媒介互动,这一点如今已经成了普遍现象。对新媒介持悲观看法的批评家如让·鲍德里亚(Jean Baudrillard)、亚瑟·克罗克尔(Arthur Kroker)和马丽卢斯·克罗克尔(Mariluise Kroker)在20世纪90年代的作品中已充分预见到这种逻辑会导致文化上的精神分裂症,并且最终导致人们失去身体,失去对身体的控制。其他学者强调了新媒介的正面作用。例如,心理学家雪莉·特克(Sherry Turkle)就是其中之一。特克认为,新媒介提供了一个虚拟的表达空间,尤其是对女人、残疾人等少数群体而言,他们能在网络上一展身手却不用暴露自己的文化、性别差异。毫无疑问,这两派的观点都有对的地方。一方面,经验的碎片化已经形势严峻,早已比沃特·本雅明和他的同伴们所哀叹不已的状况还要糟糕,由于同时使用不同的媒介(例如,在等朋友消息的用户会在写作与收电子邮件之间来回穿梭),保持注意力的时间长度可能也被缩短了。另一方面,虚拟环境拓展了我们可能有的经验范围。例如,在 ishotmyself.com 这个网站上,你能昙花一现,当上一天的色情明星。

虚拟领域也跟自我投射有关,跟潜意识有关,这一点不令人感到意外。评论家如阿吕盖尔·罗莎娜·斯通(Allucquére Rosanne Stone)就认为,虚拟性使我们能够接纳"他者"角色:在聊天室、约会平台,或大型多人在线角色扮演的游戏互动过程中,我们能扮演与自己在日常生活中具身化的自我完全不同的角色。正如特克所言,这种现象导致了实实在在的上网成瘾。在一个更抽象的层面,虚拟性揭示了自我向来具有虚拟的特点。正如精神分析理论家斯拉沃热·齐泽克(Slavoj Zizek)所强调的,自我能够同时担起不同的角色,或者把自我同时投射到不同的角色身上去。媒介理论对人的主体性的创新与当代身体理论产生了共鸣,如与朱迪斯·巴特勒(Judith Butler)的身体在性别理论中的位置产生了共鸣。在《性别麻烦》(*Gender Trouble*,1990)一书中,巴特勒把男女的身体构想成调节的例子。她不把身体视为静态物、社会建构的基础和先决条件。相反,"性别表演"把身体理解成在不断重复的日常表现中的构成,我们以此来展现自己的性别角色。

毫不奇怪,不把媒介理解成某种天然身体的附属品,而是把它理解成身体经验的**构建者**,这是许多当代理论共有的看法。弗洛伊德把人的特点总结为"善用假肢的神灵",而20世纪晚期思想中有一个重要趋势就是重新部署弗洛伊德的观点。20世纪晚期中的这一思想趋势解构了作为自然状态的人与通过技术、媒介方式变成的冒牌人(贝尔纳·斯蒂格勒语)之间的分野。实际上,这一解构思想是雅克·德里达早期最有影响力的作品《论文字学》(*Of Grammatology*,1967)的核心。在这部作品中,德里达表明,让-雅克·卢梭作品中所谓的"天然"其实早已被"文化"教育的需求所占据。不仅如此,被许多人视为当代媒介理论之父的马歇尔·麦克卢汉也将媒介视为"人的延伸",而且他还有力地论述了人们对媒介的理解应该与对人的神经系统的理解同步进行。已被调节的身体也进入了医疗实践。刚刚兴起的神经反馈实践运用了虚拟工具或数字工具,它让现有的生物反馈策略变得更加强劲有力。这个实践的目的是想让患者自己对自己进行意识干预,从而帮助患者去应对某种疾病,或慢性疼痛。换言之,为了带来有效的肉体上的改变,身体与对身体感知的调节,这两者之间要进行直接、有力的互动。

媒介侵入身体领域最有力的例子就是过去几十年里整容术的爆发。不管是在私人交往中,还是在真人秀的广大观众中,经历过整容术的人多得破了纪录。人们希望改变自己的身体,从而能满足大众媒体所倡导的标准;或者是要让自己"内心所期望的身体"与媒体里流传的外部身体形象保持一致。这种对完美身体的执着已经超越了用手术改造身体的实际步骤。这种执着构成了一种"美容凝视"(Wegenstein, 2006),我们通过这种眼光来打量自己和他人的身体,想着身体可以进行怎样的改变。

与此同时,媒介也因人类主体的需要而得到了相应发展。用马克·汉森的话来说,媒介变得"肉体化"了。主体自动感觉到了不止一个层面的再现,这一点在娱乐产业的主题公园的统一平台方面被推到了极致。例如,正如安吉拉·达利阿尼斯(Angela Ndalianis)所言,电影、视频游戏、漫画专卖,各种形式联手出现,共同向消费者展开推销。

这个意识也延伸到了广告界和时装界。例如,在 Gap 服装连锁店 2007 年推出的 watchmechange.com 网站上,它的标头写着:"塑身·化妆·更衣"。网站访客受邀体验重塑身体后可能出现的各种形象。通过改变衣服之类的外在要素,身体的部分"显性性状"能得到改变,如同基因工程中的基因改变。首先,我们选择不同性别的身体(具体到体重、胸围、肤色、下颌宽度、鼻子形状、双眼间距,等等)。然后,我们选择自己想穿的衣服。这时,网站提示:"准备!脱旧换新!"于是,我们的另一个自我开始了一场虚拟的脱衣表演,在试衣间里跳舞、"脱衣"。"改变,让人感觉如此美好,"网站上写道,"换掉衬衫,换掉裤子,改变容貌,改变思想,一事变好,事事变好。"

主体与媒介的融合同样也是 KnoWear 服装公司题为"合成外观"服装协同设计(2004)的核心主题。在系列数字广告牌中,流行服饰的徽标分组出现,如香奈儿或耐克,这些徽标就像已被植入了模特的皮肤,它强调了全球品牌已以何种程度"深入消费者的皮肤"。Gap 的广告诱使观众参与互动,而这个广告做得更绝,它将我们对媒介形象的被动具身化推向前台,从而有效地实现了不加装饰的身体与产品之间的零距离接触。

新媒体技术的肉身化在其他领域也很明显。另外一个"媒介建筑"的例子就是"飘渺阁"(Blur Building, 2002)。这是位于瑞士纳沙泰尔湖(Neuchâtel)中的一座亭子,由迪勒和斯科菲迪奥(Diller and Scofidio)设计。飘渺阁神秘地耸立在湖面上。它是一个动态的结构,而且它跟人体一样几乎全部由水构成。说得更具体些,飘渺阁是一个"智能天气"设施,12500 个喷头覆盖着整个建筑,它具体产生何种云遮雾绕的效果,这要由当时的天气情况决定。但正如汉森指出的那样,飘渺阁也是"被改造成了可以供人穿戴的空间,就像衣服一样"。建筑的布局本身在任何时刻都由住在里面的人的运动及人与建筑的互动决定。飘渺阁最重要的审美特点就是做出了让空间"附着于"动态身体的效果。

迪勒和斯科菲迪奥指出,天气现象恐怕最能展现我们当代社会对控制的执着,以及无力掌控环境造成的焦虑。从这个语境来看,飘渺阁代表的天气不仅仅是自然现象,它也是一种文化现象。正如建筑师们自己所说:"这里要表现的是我们如何通过天气彼此影响。它不仅仅是表现了对控制的共同执着,而且还表现了一个全球沟通的过程。"新媒介已经如何深深渗透进了我们当代社会对身体的理解，这就是一个完美的例子。对身体的看法反过来又如何为调节本身开启了新要素——事实上是一个更新了的概念，这个例子也精准地抓住了这一点。传统上，人们将建筑理解为给身体建造一个栖身之所的艺术。如今，建筑反映出一种走向动态具身化的情愫。在新媒介领域，建筑不必再仅仅局限于搭建起独立的、外在的结构，以供身体栖息。相反，建筑能够把自己放到具身化的外现这一位置上去。也就是说，建筑作为一种设计实践，它应与身体是一种媒介这一点保持根本联系。

我们这里对具身化的现象学理解与麦克卢汉在《理解媒介》(Understanding Media)中对衣服的分析有共同之处。对麦克卢汉而言，衣服必须被理解成皮肤的延伸。也就是说，衣服除了能改变体貌之外，它还能对外界造成影响。意大利艺术家阿尔巴·杜尔巴诺（Alba d'Urbano）对衣服的双重功能的探索之深恐怕其他媒介艺术家无人能及。在20世纪90年代，杜尔巴诺拿自己的皮肤形象做实验。她把自己的皮肤做了数据记录，并对其进行加工、再造，裁剪出"皮肤装"。在她1995年名为 Hautnah（德语单词，意为"像皮肤那样紧贴"，或者是习惯用语"立竿见影""迫在眉睫"的意思）的项目中，艺术家"脱下了自己的皮肤"，让他人能走进被皮肤掩盖的世界。这个作品造成一种深刻的影响，即重新让人们把注意力放到了皮肤本身就是"衣服"这一点上。也就是说，皮肤是身体的媒介或身体的外化。杜尔巴诺真正从自己的皮肤出发，制造了衣服，暴露了裸露状态下的身体，但她是以这衣服他人可以穿，可以使他人的皮肤得到延伸的方式去制造衣服和暴露自己的身体的。皮肤是内在意识与外部观点的交汇点。"自然"与"文化"的融合在皮肤上真正得到实现。而 Hautnah 之所以是天才之作，正是由于它揭示了这种融合，以及这种融合如何只有通过调节才能得以实现，也就是说，人们要在想象中抛弃自己的皮肤，或穿上他人的皮肤。

杜尔巴诺的皮肤探索将皮肤视为表面，视为内外交融。她决定把她的"皮肤装"挂到衣架上展出，这一点决定了杜尔巴诺的批评的影响力。女性被置于供人观看的客体位置，杜尔巴诺的决定将这一客体化逻辑旧话重提，并且表明艺术家利用了自己的皮肤。从这个角度来看，皮肤装（制作材料上印着艺术家裸露的皮肤形象）无手、无脚、无脸，这些相互作用的身体器官一概被去掉，注意到这一点也很重要。杜尔巴诺是不是想告诉我们，经调节后的身体不再需要身体器官以获得身体的活力呢？我们能否不仅仅把此处身体器官的缺席所代表的互动性的缺乏理解成我们早已熟知的女性主义批评，即由男性主宰的凝视将女性身体从其（自然）环境中剥离开去？我们能否将杜尔巴诺的皮肤装理解成技术可能带来分离与外化的例子？人们说身体"从根本上来讲"总是被调节了的身体，但脱离了身体的皮肤这一例子是否可被理解成一个技术带来的承诺，它将刷新我们对这一观点的理解？

具身化的拓扑结构不相信内外之间的区别恒定不变，来自新媒介艺术及建筑中的例子与此拓扑结构相关。莫比乌斯带就是这种拓扑结构的一种操作形式。莫比乌斯带是指通过将一个平面对折，然后将两端相连，构成的只有一个面（既是正面，也是反面）的环。其结果看似有两个面，但实际上只有一个未被中断的面。如果你沿着表面往前，结果你会发现，你甚至都不用跨过什么就到了另一"边"。莫比乌斯带成了一个标准的比喻，从雅克·拉康到伊丽莎白·格罗斯（Elizabeth Grosz）等理论家都用它来理解身体与主体性是不可分割的复合体，没有明

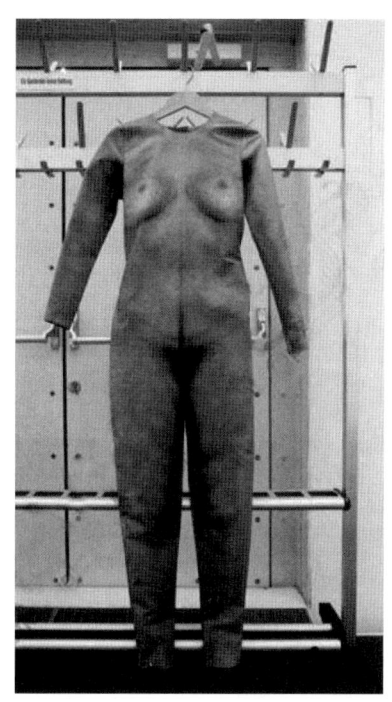

阿尔巴·杜尔巴诺,《皮肤装》,1995。装置照片。照片使用获艺术家许可。

显的间断,外部就变成了内部。因此,人们重新构想了皮肤,它具有了可渗透、可流动的特点,人们把它重新想象成一个身体与媒介相遇的地方,一个能将这种相遇曝光的地方,而不是一个封闭、排斥的地方。这对女性主义思想特别有用。它允许人们重新构想身体,它不会因为在身体上书写了文化就丧失了物质性,身体的界线是流动的,允许从子宫到试管的延伸,允许开启一扇通往无穷实践的大门。这些实践可以指生殖,也可以指自强,它们都能为女性搭建一个前所未有的性别身份认同的广阔平台。也许从更深层次来讲,这些例子标志着具身化已经成为批评艺术表达中的重要主题。当然,这些发展显然不是为了证明数字时代发明的身体可以被当作媒介,但这些例子的确表明,在当代潮流中,人们在思考技术、艺术实践时总把它们与身体相连,这样做的目的是对现代社会中的去具身化现象进行纠偏。

那么,让我们以回到开篇提出的那个问题来结束本文:身体应该被视为媒介吗?如果应该的话,那么这会带来什么后果?我试着对身体向来是一种媒介这一点做了简要回顾。实际上,身体是最原始的媒介,是后来一切形式的调节的基础。不同时代不同文化中的人们采用极为不同的方式来利用身体的调节作用,将身体理解为媒介,其关键贡献就在于它能揭示作为结果的身体实践其根源在文化。那些看似最"客观"的实践,如,将身体当作科学对象来分析的实践,它也同样根植于文化。虽然科学家在研究身体时会很容易忘记文化的具体性,但当我们需要准确理解身体对生活的调节作用时,文化具体性仍处于核心地位。正如我所指出的,在最近的理论作品、媒介艺术、建筑学中,纠正先前人们在观照身体时对具身化的忽视(也就是说人们忽视了身体如何向来是知识与经验最根本的媒介)这一任务高于一切,这个现实位居舞台中央。

参考文献及建议书目

Bergson, Henri. 1990. *Matter and Memory*. Trans. N. M. Paul and W. S. Palmer. New York: Zone Books.

Hansen, Mark. 2004. *New Philosophy for New Media*. Cambridge, MA: MIT Press.

——. 2006. *Bodies in Code: Interfaces with Digital Media*. New York: Routledge.

Hayles, N. Katherine. 1999. *How We Became Posthuman*. Chicago: University of Chicago Press.

Jonas, Hans. 1982. *The Phenomenon of Life: Toward a Philosophical Biology*. Chicago: University of Chicago Press.

Merleau-Ponty, Maurice. 1969. *The Visible and the Invisible*. Trans. Alphonso Lingis. Evanston, IL: Northwestern University Press.

Ndalianis, Angela. 2005. *Neo-Baroque Aesthetics and Contemporary Entertainment*. Cambridge, MA: MIT Press.

Stiegler, Bernard. 1998. *Technics and Time 1*. Trans. Richard Beardsworth and George Collins. Stanford, CA: Stanford University Press.

——. 2009. *Technics and Time 2*. Trans. Steven Barker. Stanford, CA: Stanford University Press.

Wegenstein, Bernadette. 2006. *Getting Under the Skin: Body and Media Theory*. Cambridge, MA: MIT Press.

Zizek, Slavoj. 1992. *Looking Awry*. Cambridge, MA: MIT Press.

3. 图　像

W. J. T. 米歇尔

图像与媒介的关系是什么？人们常常会说，图像多得让人透不过气来，图像对现代媒介文化（在全球媒介时代，这几乎意味着所有的文化）中的人们进行视觉轰炸。当一个全球性的重要事件发生时（如战争、自然灾难），一场"图像风暴"就会席卷全球（《纽约时报》所说的2005年媒体对飓风卡特琳娜的报道就印证了这一点）。诸如互联网和环球电视等新技术与图像数字化相结合，似乎加剧了风暴，炒热了媒介，并且用"粗俗、残暴的"图像刺激、淹没着电视观众。

其余的大众媒介则不遗余力地生产精神上的垃圾食品：一夜走红的名人、流行明星、体育英雄、政客、专家，公关宣传人员仔细地挖掘他们的"形象"。同时，当暴力、灾难及其他严肃新闻供应不上时，这些人的不幸和个人失败则为娱乐丑闻提供核心材料。正如马歇尔·麦克卢汉所说，新闻总是坏事情，总是被毁灭、伤痛的图像所主宰："有流血，就有头条。"但这仅仅是垃圾食品的原料，或是它有咸味的部分，用来与商业广告中的甜味保持平衡。广告带来的是"好消息"——它保证能消除痛苦，带来美貌、健康和高超的性能力（不时发出有副作用的不祥警告）。

说到大众媒介，我们似乎不得不赞同网球明星安德烈·阿加西（Andre Agassi）在佳能相机广告中所说的话："图像就是一切。"或者赞同后来可口可乐广告中所说的与此截然相反的话："图像什么都不是。"或者赞同雪碧在一则广告中所揭示的更为深刻的真理："饥渴就是一切。"不管图像在媒介中的真相是什么，话说回来，我们不得不接受它极为矛盾的名声：它既是"一切"，又"什么都不是"。媒介传播了消息中最有价值、最有力量的元素。或者是，媒介传播了消息中最琐碎、最堕落、最无价值的东西。为了理解图像的悖论性，我们必须多花点时间来看看媒介中的图像，问问图像究竟是什么，问问为什么远古以来，图像就既被喜爱，又被辱骂；既被崇拜，又被禁止。人们用精湛的技艺创造它，用无比残暴的方式毁灭它。

不必等到现代大众媒介出现，图像就能获得"是一切"或"什么都不是"这个地位。宗教中犹太教、基督教、伊斯兰教都赞同两件事：人类是按照上帝的"形象"造出来的；人类不应该造像，因为人造的形象是虚幻的东西。人们不应该妄称主的**名**，但是主的**形象**却天生被虚荣和空虚所玷污。"十诫"中的第二条对这一点说得很清楚：

你不可为自己雕刻偶像，也不可仿照天上、地上、地底下、水中任何形象造像。不

可跪拜那些像,也不可侍奉它。(出埃及记20:4—5,钦定版圣经)

多少年来,天才评论家们都试图将这段话理解为只是禁止崇拜偶像,而非在更宽泛的意义上禁止形象的生产。但"十诫"里话说得很明白,禁止以任何形式、任何理由制造形象。也许这个零容忍政策下面隐含着"斜坡打滑"的原则,隐含着一个信念:如果我们一开始就允许形象被制造出来的话,那么形象就迟早会变成偶像。

显然,禁止雕刻形象这一点没怎么管用。成功地让某些形象从人们的视野中消失,这样的反偶像文化也有一些(塔利班就是一个有趣的例子),但大多数文化,尽管从官方意义上来讲是反偶像的,如犹太教和伊斯兰教,他们虽有禁忌,却容忍了数不清的例外(想想伊斯兰圣人和英雄们的巨幅画像,从阿亚图拉·霍梅尼到奥萨马·本·拉登)。[1]而基督教也早就对《十诫》中的第二条不是真的感兴趣了。基督教的仪式场面壮观,还有电视福音布道,更不要说那百科全书般丰富的偶像人物——圣人、天使、魔鬼——以及耶稣受难这一中心场景,耶稣本人就是"上帝形象的化身"。早在中世纪的时候,罗马天主教就让大规模传播圣像这门艺术达到了完美的境界,创造了人所共知的教堂,而教堂是大众媒介景观中的先驱。不仅如此,教堂有时候是在供奉异教偶像的希腊、罗马神殿的废墟上建立起来的。现代世俗、"启蒙了的"文化在塑立狂热崇拜的形象和神圣的偶像这一方面也没好到哪儿去:法国大革命中的无神论者为理性女神竖起了雕像;不信神的共产主义生产出了它自己的英雄偶像的万神庙:从马克思到列宁到毛泽东;法西斯主义狂热的元首崇拜借鉴了异教肖像学和挪威神话,将日耳曼祖先们变成了瓦格纳音乐中的男女神祇;在美国,国旗常常被视为表明政治上具有神圣意义的仪式。所有美国政客必须用国旗来装点自己,或在照相时让国旗进入镜头。关于防止亵渎国旗行为(这种情况极少)的讨论更是热得过了头。

现代大众媒介中图像所起的作用与向大量人群传播图像的传统方式两者之间有着重要的差别。摄影、电影、电视及互联网的发明在全球文化中带来了一定程度的图像饱和,这在以前的时代是不可想象的。这导致一些学者们提出了现代文化"图像转向"这一观点:在增殖的量的推动下,图像的重要性发生了质的改变。[2]首先出现的是图像的机械复制,通过摄影、电影录制技术而产生(正如沃尔特·本雅明所说);然后是电子通信,通过"实时"播放和诸如收音机、电视机及互联网等通信媒介的方式而产生(这是马歇尔·麦克卢汉的核心焦点);最新的是生物控制论下的复制。生物控制论是被人们称为"生物媒介"领域(见第8章)里的最新的图像生产技术,其例子就是"活的图像"的生产,即我们所谓的**克隆**。克隆已经重新唤醒了人们在创造图像方面所具有的一切古老的恐惧和禁忌,因为它恰恰就是要将制造生灵这一角色夺取过来"扮演上帝"。

那么,图像与媒介的关系就是技术史的一个高度敏感的晴雨表,这也许是因为图像的全部种类是相对稳定的(如面孔、身材、物体、风景、抽象形式),而复制、传播这些图像的技术手段一直都在发生着急剧的改变。图像生产及新复制方式的发明——从铸币到印刷术再到胶版印刷、摄影、电影、录像及数字图像——总是与一个广为人知的概念相伴:"图像转向"正在发生,而且总有预言说它将给文化带来灾难性的后果。因此,在阐释图像与媒介的关系史时,人们就要明确警惕二元对立式叙述,即假定从"传统"或"古代"的媒介形式到"现代"或"后现代"的媒介形式里，只存在唯一一个决定性的转折点。媒介技术史表明，从一开始媒介就一直受制于重要发明，至少要从书写的发明开始。在古代罗马和古代中国，金属铸造技术的发明至关重要。欧洲文艺复兴时期，油画的发明给图像传播带来了一场革命。它把图像从附着于建筑物上的壁画上解放了出来，把它改造成了可以移动的财产，可以进行交易买卖的商品，可以在印刷这一新行业中被复制。远近法的发明使图像制作和诸如几何、勘探等经验科学之间形成了一种新的关系。

虽然技术革新是媒介史及媒介与图像的关系中的一个关键要素，然而，它却不是唯一的要素。政治、经济、文化影响也在起作用。媒介不仅仅是物质或技术，它也是诸如行会、贸易、职业及公司之类的体制。美国媒介史与欧洲媒介史两者非常不同，尽管事实上大西洋两岸所用的技术几乎相同——都是网志（blog）发布系统、胶版印刷、电子管、光缆。

在一轮接一轮的媒介革新与陈旧的更迭过程中，媒介问题总是保持不变的地位。在技术革新的时刻，一种新媒介可能产生出新型图像，而且这种图像比以前所有的图像都更生动逼真、更有说服力，似乎更加易变、有害，仿佛图像就是危险的微生物，会让消费者的大脑染病。每当此时，人类与人类所创造的图像之间的根深蒂固的矛盾关系就会爆发，造成危机。这可能就是为什么图像理论家和媒介分析家们默认的立场就是发出警告，要反对非利士人，要跟主张粉碎偶像的先知们站在一起。非利士人是古代偶像崇拜者中的典型例子，是现代低俗大众文化的化身。然而，同样还是这个批评家，他却多半会致力于将某种经挑选的媒介形式中的图像拔高到艺术的地位。人们常常认为美学地位能给惨遭贬值的图像带来救赎效果，仿佛经过某种已被认可的媒介框架（通常是画廊、博物馆、知名收藏）的补救，图像不知怎么就被淬去了商业或意识形态所带来的杂质。即便是赤裸裸的来自大众文化中的商业形象也可以通过这种方式获得救赎，如安迪·沃霍尔所展示的丝印。

然而，作为一个媒介研究中的术语，人们必须更加平心静气地分析**图像**，必须至少暂时将价值问题悬置起来。因此，在本文的其余部分，我将集中定义图像及图像与媒介的关系，以帮助我们理解为什么图像具有引发这种感情的力量。

首先，我们来定义图像：图像是某物的符号或象征。图像与它所代表的东西在感官上具有相似性。正如哲学家皮尔斯（C. S. Peirce）所定义的，一个图像或"偶像"不能仅仅象征或代表着某物，它还必须具有他所说的"第一性"——一种天生的品质，如颜色、质地或形状这些首先打动我们感官的东西（即欧文·潘诺夫斯基所说的图像的"前偶像"品质，那些我们甚至还没有关注图像究竟代表着什么时所想到的东西）。[3] 这些品质必须能让人们想到它与别的东西相似。因此，图像带来双重理解：它是什么就是什么（比如说，它是一张画了画的帆布），同时它又像别的东西（一道英国风景）。相似之处在哪里找得到，具体怎么相似，这是个仁者见仁智者见智的问题。有些人将它归结于物体的某些具体特点，有些人将它归结于观看者的大脑，而另一些人则寻找一条折中路线。一些哲学家却将整个相似性概念戳破，认为相似性这个概念太模糊，不足以成为任何指涉关系或象征关系的基础，因为人们可以说，**任何东西**与任何别的东西都有相似之处，总有一方面是相似的。[4] 对相似性的理解可能原来是形象制造的**结果**，而非形象制造的基础。有一位评论家向毕加索抱怨，格特鲁德·斯泰因（Gertrude Stein）的画像跟她本人不像,毕加索的回答"别着急,会像的"成了名言。

我们体验到的图像是一个双重时刻:它包括出现与认可,即在同一时刻既注意到一个质料性的东西,又注意到一个幽灵,一种形式,或被扭曲了的形式。所有图像都总是既在那里,又不在那里。它在一种质料性的东西之中、之上,或作为一种质料性的东西而存在,但它同时又如鬼魅幽灵,转瞬即逝。一说到图像,人们总会自动想到:它代表着某个空间中的物体。但是,我们与任何图像的相遇,某种形式的时间性被嵌入其中,认识到这一点也很重要。现象学家们注意到了我们所说的图像的"开始",认识到图像的存在,以及"看第二眼"或双重结果,维特根斯坦把它称为"某方面的曙光来临"[5]。图像可能还带有其他标明时间性的符号——起源日期或生产日期(这是照片的关键本质)、历史风格、描绘叙述(如在历史绘画中),或是迷宫般的内部陈设——它引导着观看者去追寻深度,如我们在观看一幅画的形成中所看到的那样:在一无所有中描绘出物体的痕迹,然后进入我们的视野。图像常常是以系列的方式出现,如耶稣受难像,它讲述了耶稣的苦路十四站,号召观看者进行仪式表演。甚至在发明电影之前,图像向来是一个可以**动**、无形之中在**动**,或真的是在**动**的物体,这一点我们绝不该忘记。如果暗箱中的物体移动,暗箱中的实时图像就会移动。在静止的图像(如网络摄影或监控图像)里,时间无处不在(在当代,这些图像可以被记录下来,精确到毫秒,同时打上时间戳)。雕刻好了的图像**连续不断地移动**,这就形成了柏拉图的岩洞里所投射的剪影。戏剧表演的整个历史都离不开亚里士多德所说的表演、台词、音乐。台上的演员并不代表他们自己。他们在模仿,也就是说,在**生产图像**。演员通过化妆和手势对人物和行为进行模仿。演员所在的环境同时也是一个布景设计——它可能是布景艺术家们的功劳,也可能是观众想象力的功劳。(如在环球剧院正厅后排响起的莎士比亚那句著名的提醒:"想象你自己在法国的乡间。")[6]圣经传统中的第一个图像就是一个用泥土雕成的物体。它并非静止不动。造物主朝它吹了口气,它便有了生命,能够活动了。

因此,图像是媒介的神秘内容,是媒介的外形或形式。图像让自己现身媒介之中,同时使得媒介本身显得就像是一种介质而已。它是记忆中的一个地方、一张见过的面孔、一道风景、一个身躯、一片土地、一个人物、一个可以重复的手势,或"移动着的图像"。这就是为什么一个图像既可以出现在故事或诗歌中,也可以出现在一幅画中,而且被认为是"同一个"(或至少是相似的)图像。例如,金牛能被"一改再改",出现在文本中、绘画中,以恰当的外表出现在雕塑中。[7]图像(跟"文化偶像"相反)没什么特别的,也不是什么非同寻常的东西。图像无处不在,几乎成了一种日常生活的背景噪声。它可以源于偶然性的理解,也可以源于刻意的行为,因此我们在云彩中看到面孔,在车马疾驰溅到墙上的泥点里去寻找风景和战争场面(莱昂纳多·达·芬奇推荐这么做)。

这样一来,一切关于图像与媒介的关系似都揭示了矛盾倾向。它们既是表征的,也是指称性的,或"抽象的"(一个纯粹的几何图形圆圈,在对的地方加上一个简简单单的符号,就变成了一张嘴角带笑的脸)。图像的形式所允许的范围包括从严格限制的图形到无序的混杂,从几何上的精确设计到极简主义的随意杂陈。图像的外形可以是有形式的、形式扭曲的,或**不具形态**的。它可以是标准化了的刻板形象、被扭曲到不堪的漫画、迷信者眼里的鬼魅幻影、生性怀疑者眼里可被验证的科学模型。无论是在建筑物中,还是在图片中,都可以找得到图像的存在。图像既能为经验主义的现实提供地图,也能为乌有乡、乌托邦提供地图。图像可以美丽、丑陋、凶恶、美妙、可爱、可笑、神秘、透明、崇高得让人心痛。一言以蔽之,图像可以是人在沉思默想或神游四方时所能想象、理解、感觉得到的一切。

这就是图像这个概念最令人不解的地方。虽然我们一般首先会把图像想成世间看得见摸得着的图片或对象,是实实在在的东西,它能被创造出来,也能被毁灭掉。但是,我们也常常把图像说成是**头脑中**的东西——记忆、幻想、梦,具有催眠特点的幻想、幻觉,以及其他只能通过间接的方式才能接触到的东西,如通过口头讲述或生动描绘。从媒介研究这个立场来看,"脑中的图像"的地位是什么?显然,如果**记忆**被视为一种媒介,那么图像就将与故事、抒情诗、单词、短语等一道,成为组成记忆内容的重要元素。每当我们想要讲述脑中的图像时,我们似乎都必须求助于某些外部的物质设备,并将其视为头脑的模式,如剧场、电影院、空想美术馆、暗房、计算机、照相机。如果不把图像与某种媒介相比较,这种媒介常常包括能在内部对图像进行显示、投射、储存、检索,我们会发现要论脑中所想很难。似乎除了媒介**中**的图像之外,我们还有**关于**媒介的图像,我们把它内化为我们自己的思维过程的主观图像——大脑是摄影设施或白板,如弗洛伊德的"神秘的书写板",它能接受印象。从这个意义上来讲,一切图像,不管它的出现有多么公开、多么确凿,它都是精神方面的事,因为它要依赖有头脑的生灵对其进行理解。(有些图像,如伪装,为了吸引动物的注意力,被拦在了人类意识的门槛之外。)

当然,只要一想到头脑是储存、检索图像的媒介,人们马上就会面对这样一个事实:我们所知的一切思想都栖居于**身体**。说到思维中的图像,人们立即就会被引向具身化问题,引向感官经验的物质世界,不管它是现象学所说的普遍的"人类身体",抑或是被打上了历史印记、被规训的具有种族、性别、性取向、残疾、生物技术特点的身体(见第2章,"身体")。我们在媒介中追踪图像似乎显得没完没了,或许还是在原地打转:它始于真实事件,实实在在的图像和表征物存在于各种媒介之中;然后很快进入这些媒介的生产者和消费者们的精神生活;之后又回到他们在具体环境中的具体存在。那么,从媒介理论的角度来看,图像既能以外部形式或交流内容在所有能想象到的媒介中流通,又能在对整个变化过程回头进行反思时为整个流程提供模型,因此,图像成为媒介功能的核心要素在所难免。换句话说,图像既在媒介问题的圆心,也在媒介问题的圆周。图像总是出现在某种媒介形式**之中**,不构建**媒介的图像**,我们就无法理解媒介。

感官与符号

图像的默认含义是"视觉图像",虽然那个短语本身表明,其他非视觉感官也能理解图像,图像也包括其他非视觉感官的图像。听觉、触觉、味觉,甚至嗅觉都是绕不开的概念,它们同样能满足图像的基本定义。它们都表示在感官上具有相似性的符号或象征,都是通过不同的感官载体传递、被不同的知觉渠道接受的相似信息。代糖不能仅仅"象征着"甜味,它还要唤醒我们与糖相连的感官。当纽崔斯威特公司（Nutrasweet）试着去模仿糖的颗粒、晶状外表，同时还有糖在舌尖上的味道时，代糖将会成为更加完美的偶像。正如皮尔斯所说，诸如"等于""全等于""相似于"这些几何概念是偶像，因为它们使得相似或等于这种高度抽象的概念马上变得可以看得见。当感官渠道互相渗透或混为一谈时，我们说那是"综合"图像，颜色被当作声音来听，或反之。寻常的音乐词汇能在视觉、绘画上激发出相似的东西，如色彩、线条、动作；言语"回声"、谐元韵、押头韵、节律、押尾韵对于单词声音里听觉图像出现的方式至关重要。

默认设置是，在媒介研究中，"视觉媒介"或"视觉艺术"大体上是一回事：诸如绘画、摄影、雕塑、电影、电视从根本上来讲是针对眼睛的艺术。人们一般将其与"语言媒介"——如文学、书籍、报纸（"印刷"媒介）区分开来。同时，为文字的衰退，为观看取代了阅读而进行的哀悼仪式总与这种区分相伴而生。但稍加思索，人们就会明白，情况不是那么简单。首先，所有"视觉媒介"的例子，尤其是大众媒介，结果都是**混合的**媒介，它综合了视觉图像与听觉图像、景象与声音、图片与文字。其次，所谓印刷媒介它从一开始就包括了**图片**印刷和其他绘画图像。不仅如此，作为一种物质媒介，印刷本身就是用眼睛来吸收，对字体、字形的选择本身就是一种关乎文章"外貌"的选择。马歇尔·麦克卢汉有一个著名的观点：古登堡的活字印刷是一种将先前的口头文化改变成视觉文化的革命。他认为，线性的阅读过程跟远近法以线性、几何的方式定义空间这一发展紧密相关。

那么，当我们说到"文字"媒介和"视觉"媒介时，我们是在将两个极为不同的东西混为一谈，它们中一个与符号学（对符号的分类）有关，另一个与感官相连。在符号领域里，文字与视觉图像之间的差别就是皮尔斯所说的象征（一个任意的、约定俗成的符号）与图像符号（表示图像符号与图像符号所代表的东西之间在感官上具有相似性）之间的差别。大多数印刷媒介（如报纸、杂志）两者都用：文字符号用来阅读，具有任意性；视觉图像、图像符号则提取了它们与世上之物的相似性。

感官领域里则对照鲜明。文字/视觉的区别是听与看的区别、说明与展示的区别、口头沟通与视觉沟通的区别。符号与代码的区别隐退为背景；图像与象征能出现在阵营的两边。从传统上来讲，具有任意性的象征符号既能针对眼睛，也能针对耳朵，图像符号也是如此。以"视觉图像"为基础的媒介全面包括了印刷文化；以"听觉图像"为基础的媒介也越过了语言与音乐的疆界。符号与感官强调了文字与视觉媒介（这种分类常让人迷惑）的差异，下面的图标将标明这种双重区分中的交叉地带。[8]

数字图像

不对"数字图像"进行一些讨论的话，媒介研究对图像的讨论就不算完整。有些学者认为，经计算机处理后的图像给图像的本质带来剧烈变化，它改变了图像作为人类经验对象的根本特点。其中有一脉认为，数字图像（跟传统的以化学为基础的照片相比）已经丧失了与"真实"之间随意性的、具有索引特点的联系，其外表不受约束，只听命于意志的操控。当然，对手工制

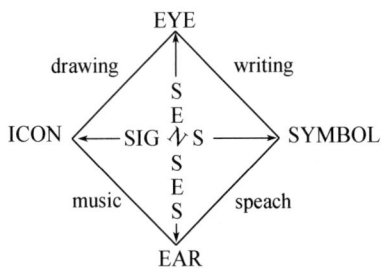

造的图像而言,这种可能性总是有的,这些图像常常表征着那些人们从来没有见过的东西。(想到数字一词与手指相连,强调**操控**,而操控这个术语含有人的双手这一意象,这一点比较有趣。)如果我们将问题仅仅局限于摄影史,则有一点是很明确的:前电影事件和暗房过程向来都是受操控的,即使它没有 Photoshop 提供的程序那么轻松、迅速。然而,数字图像,如阿布格莱布监狱的酷刑照片,似乎还是维持了其可信度。总的来说,我们可以说,至于照片与"真实"之间的联系,这几乎完全取决于我们究竟如何定义与真实相关的概念,取决于与照片相伴的情况,比如说,何人何时拍下了照片。拍照片用不着法庭上的那种"忠实":必须要用辅助证言和人证来保证其可信度。任何媒体图像头顶上那不证自明的光环,其感官存在,或其"第一性"(回顾一下皮尔斯的术语),都能让图像轻易获取人们的信赖。它们有可能被视为忠于真实,或者(恰好正是因为同样的原因)成为受人怀疑的对象。如果说数字化已经给图像的本质带来变化,那么,图像"在世界上得以存在"的条件已被改变,人们到被改变了的地方去寻找图像的本质,这才是一种更为妥当的方法,比如说,去寻找已被改变了的图像生产和流通的条件、成指数增长的图像的数目、图像传播的快速程度,尤其是网络图像传播的快速程度。

  关于新兴的数字图像另外还有一个更加偏激的观点,它认为数字媒介使"传统意义上的"图像变得过时。从原则上来讲,作为纯粹数字信息被记录下来的图像相当不受人的身体和感官的控制。模拟代码能代表差异无限的印象及外观,而数字图像不再依赖它,由机器来读取(并且写定)的语言代替了图像的感官"第一性"。陈旧的感官图像体制被削减成了表面现象或弗里德里希·基特勒所说的"只不过是洗了下眼睛的骗局",真正要紧的是二进制中的 0 和 1。一种带有黑暗的反乌托邦景象的"后人类"秩序常常与这个观点相伴而生,这也是意料之中的事。如果人是按照上帝的形象被创造出来的,而通过人的形象,上帝被重新塑造,那么,随着世俗人文主义的来临,人工智能及"思维机器"的发明就会标志着人类及图像的终结,这样说也不无道理。在后人文主义的想象中,机器人和赛博格(生物与机械的杂合体)被假定为在我们这个时代突然出现的一种生命形式。"男人"与"女人"已经成了过时的分类(刻板定型的图像类别),人们希望这种分类能被真真实实地存在着的男男女女所取代。

  将数字图像跟传统一刀两段的这种假设并不是没有受到挑战。后人类数字时代最鲜活的图像继续存在于未来世界中,存在于科幻电影及小说中(两个都是传统体裁)。[9]"数字基础设施"在模拟经验的"骗局"的遮蔽之下隐而不显,它仍然还是技术人员而非普通用户的领域,技术人员处理数字图像的方式与他们处理模拟图像的方式没什么不同(只是复制、传播得更快些）。有时候人们说，数字化在观看者与图像之间引入了一种互动元素，而这一点传统图像则做不到：人们能一个接一个地"点"热点数字图像，或者改变图像外观，或者打开文本解释，甚至（如莱夫·马诺维奇［Lev Manovich］的"图像界面"和"图像工具"概念所说）将图像视为控制面板，用来操控信息。但是，至少从柏拉图的洞穴或狂欢节的发明开始，互动、沉浸一直就是图像文化的特点。至于说模拟图像过时了，我们不可能不注意这一点，在《黑客帝国》中，当一组字母数字密码被破解，数字矩阵深藏的真实被揭穿时，这些数字结集成了模拟的人形，而它就是矩阵的"代理人"。这个数字图像背后的一切计算、推演归根结底成了布莱恩·马苏米（Brian Massumi）所说的"模拟的优越性"。如果0和1组成的图像不能让人类感觉中枢所熟悉的传统习惯变得更美的话，那么，数字革命就不可能走得远。

这不是说，一说到图像就太阳底下无新事。不论这个新事是什么，把数字图像与之前的一切图像截然分开的二元论历史都不可能充分地描述这件新事。其一，数字这个概念本身就是模糊含混的。纳尔逊·古德曼（Nelson Goodman）认为，把代码变成数字（digital）的不是数目（number），而是对数目有限的字母或元素的运用，而且这些字母或元素之间的区别是清晰的。按照这个定义，字母表就是数字。马赛克瓷砖跟报纸图像中的班戴点一样，都可以进入数字媒介的行列。但如果数字化仅仅被局限于数字的使用，尤其是成了计算机处理基础的二进制系统，那么人们就可以看清当代数字图像的某些特别之处。马克·汉森的观点跟马诺维奇相反，马克·汉森认为：

> 图像不是仅仅为用户提供控制当代物质文化中"信息风景"的工具这么简单……而是"图像"本身已经成为一个过程，它甚至已经不可化约地与身体活动紧密相连。具体而言，图像不寻找通过一种优势技术形式（包括计算机界面）使自身得到具体体现。人的身体与各种有助于人们理解信息的设施相连，图像如今把身体赋予信息以形式或预告信息这个过程区分开来。我们必须接受这一点。总而言之，对图像的理解不能仅仅局限于表面形象这一层面。由于要通过具身化经验，信息才能被人理解，因此对图像的理解要扩大到全部理解过程。这就是我所说的**数字图像**。（Hansen, 2004：10）

这段话中所说的我都赞同，除了谓语的时态。我建议改为，图像**向来**与身体活动紧密相连，只是那种相连关系如今由于二进制数字图像的来临变得更加明显了。正如摄影揭示了不为人所见或被人忽视的视觉现实，用沃尔特·本雅明的话来说是一种"视觉无意识"，正如电影带来了一种新的分析手段和一种人类视觉经验的历史变革，数字图像可能会打开认知世界的另一个层面，我们将会认识到，那个层面一直就在那里。我们知道，最古老的图像向来参与了跟"身体活动紧密相连……"的过程，而且图像总是赋予了信息以形式。但多亏数字图像的发明，现在我们能以新的方式来理解图像。我们这种情形可能跟阿尔伯蒂（Alberti）的情形非常相似，他认为艺术家已经知道如何表征深度，如何运用缩短法，以及其他与透视法对等的东西，但他的论文《绘画论》让人们能以新的方式利用这些实践：可以进行系统化研究，可以进行数学分析，可以进行超越前人所见的推导。

的确,新技术媒介显然能为图像的生产、流通及消费带来新的可能性,更不用说图像高质量的外形。正如马歇尔·麦克卢汉所言,在未来新媒介的实验中,艺术家们总是走在前沿。早先诸如摄影、电影这些媒介革新被人们普遍视为与艺术表达天生不合,如今却稳稳当当地位居经典,成了最重要的艺术媒介。但媒介革新也受到其他因素的驱动,如科学技术研究、利益驱动,另外还有诸如战争之类的紧急状况。如果保罗·维里利奥和弗里德里希·基特勒之类的研究者所说的没错的话,人们想到立体音响,就该想到为了能让轰炸机飞行员在雾中"盲飞"而发展起来的导航设备;想到电影,就该想到它是从机关枪演变而来;想到互联网,就该想到它源于军事通信。然而,人们也必须认识到,这些发明的行进轨迹具有保守主义特点,它们大都倾向于回归感官"第一性",回归模拟经验。轰炸机飞行员的立体声耳机找到了它们的文化使命:用来调节真实的声音空间图像——音乐厅中交响乐的声音。机关枪的连续射击成了连续拍摄,这些连续拍摄组成了一个运动中的人体的"运动图像"(或一个静止不动的身体的"时间图像",如克里斯·马克[Chris Marker]的经典电影作品《堤坝》中静止的图像所讲述的故事)。互联网成了一个元媒介,它包括了邮政系统、电视、计算机编程、电话、报纸、杂志、告示、广告、银行、娱乐八卦。图像继续从这些新媒介中出现并得到传播。图像转移、演变如此之快,其全部内容恐怕任何档案都装不下。

要使图像、感官第一性、相似性、模拟代码这些东西过时,恐怕任何新技术都不可能做得到。正是因为这些坚韧的品质,图像才保持了自己神秘莫测的特点。这个特点从一开始就让图像成为既让人着迷,又令人不安的东西。图像有什么含义?图像对我们有什么影响?图像想从我们身上得到什么?这些问题我们还会永远问下去。

注释

1. 关于犹太文化中图像所起的作用,参见 Bland(2000)。
2. 参见 Boehm and Mitchell(2009),Mirzoeff(2000)。
3. 皮尔斯所说的偶像(icon)不可与我们所说的"文化偶像"混淆。"文化偶像"(宗教偶像、偶像、男权象征)具有特殊的重要性。而皮尔斯意义上的偶像仅仅是一种表示相似性的符号。
4. 相似性是表征的基础,对此观点最持久的批评参见 Nelson Goodman,*The Language of Art*。
5. Wittgenstein,*Philosophical Investigations*.
6. Henry IV,Part I,序言。
7. 参见 Jay David Boulter and Richard Grusin,*Remediation:Understanding New Media*(Cambridge,MA:MIT Press,2000)。
8. 我对感官模式的讨论仅限于被黑格尔称为"理论感官"的眼睛和耳朵。更为全面的分析可能会表明,恰当的分类不仅包括眼睛和耳朵,还包括将眼睛与双手、耳朵与嘴巴联系了起来的视觉和听觉方面的动力。而且还有一点,景象本身是由视觉和触觉共同协作构成的。如果我们的感官动力系统没有学会通过运动和触摸的方式,为我们在这个世界导航,那么我们就会什么都看不见。参见我的论文"There Are No Visual Media,"in *Media Art Histories*,ed. Oliver Grau(Cambridge,MA:MIT Press,2007),395-406。
9. 同样,围绕着沉浸式3D图像这一新鲜事物产生的夸张修辞——"虚拟现实"——似乎已经退烧,或已成了以各种特效方式实现影视再调节这一命题中的寻常话题。

参考文献及建议阅读书目

Benjamin, Walter. 2002. "The Work of Art in the Age of Its Technical Reproducibility," in *Walter Benjamin: Selected Writings*, Vol. 3, 1935–1938, ed. Howard Eiland and Michael W. Jennings, 101–33. Cambridge, MA: Harvard University Press.

Berkeley, George. 1709. *An Essay towards a New Theory of Vision*. London.

Bland, Kalman. 2000. *The Artless Jew: Medieval and Modern Affirmations and Denials of the Visual*. Princeton, NJ: Princeton University Press.

Boehm, Gottfried, and W. J. T. Mitchell. 2009. "Pictorial versus Iconic Turn: Two Letters," in *The Pictorial Turn*, ed. Neal Curtis. London: Routledge.

Goodman, Nelson. 1976. *Languages of Art*. Indianapolis: Hackett.

Hansen, Mark. 2004. *New Philosophy for New Media*. Cambridge, MA: MIT Press.

Kittler, Friedreich. 1999. *Gramophone, Film, Typewriter*. Stanford, CA: Stanford University Press.

McLuhan, Marshall. 1964. *Understanding Media*. New York: McGraw-Hill.

Manovich, Lev. 2002. *The Language of New Media*. Cambridge, MA: MIT Press.

Mirzoeff, Nicholas. 2000. *An Introduction to Visual Culture*. London: Routledge.

Mitchell, W. J. T. 1994. *Picture Theory*. Chicago: University of Chicago Press.

Mitchell, William J. 1992. *The Reconfigured Eye*. Cambridge, MA: MIT Press.

Peirce, C. S. 1931–58. "The Icon, Index, and Symbol," in *Collected Works*, Vol. 2, ed. Charles Hartshorne and Paul Weiss. Cambridge, MA: Harvard University Press.

Wittgenstein, Ludwig. 1953. *Philosophical Investigations*. New York: Macmillan.

4. 质料性

比尔·布朗

扎进你肿胀大拇指里的一根刺是物质；你脑中的思想却不是物质。然而只要承认思想是，比如说，电化脉冲的结果，或甚至（借用一个媒介所引发的比喻）是神经网络中神经元突触交流的结果，那么这种差异就有麻烦，无法成立。不管你认为你对思想的理解有多么非物质，你不得不承认思想有一定的神经生理学基础。简言之，思考过程有它自己的质料基础。

这并不意味着你就应该放弃思与刺之间最初的差别（无论它是现象学、认识论方面的差别，还是本体论上的差别）。相反，通过它，人们可以开始认识到，质料如何可以用常用的语言，或者用更加专业化的语言，指向经验的不同维度，或者说，指向超越了（或者说，是不及）我们通常所认为的经验的维度。质料跟许多概念一样，当人们将它与另一个术语对立时，人们似乎最能明白它的含义。按常理，人们常常将物质的与诸如精神的、抽象的、现象学的、虚拟的、形式的相对立，更不用说会将它与非物质相对立。然而质料性有一个具体特点，使得它与那些表面上看起来跟它是同源的词汇不同，如物理特性、现实、具体。当你称赞一件针织套衫的质料，你是在认可它的外观、手感，而不仅仅是在认可它作为一个物理对象的存在。当你抱怨另一件针织套衫缺乏这种质料特点，你不是在肯定它的非质料性。如果把第一件针织套衫用洗衣机洗过之后，你承认自己愚蠢地毁掉了它的质料性，你的意思是你改变了它的某些物理特点，而不是简单地把这个物体给销毁了。然而，若人们能更深刻地接触到物质的组成部分的话，或者说，彰显其质料性，尤其是当我们的接触方法已被技术调节的话，物体的模糊不清可能是必然的结果。核磁共振成像（MRI）能够为我们显示物体内部的物质——颅内的脑组织，因此，可能还会显示某些病理学条件的物质源头——但这么做牺牲了皮肤和骨头。那么，你可能会说，这种视觉媒介在同一时刻将人的身体既物质化了，又非物质化了。

当我们在对任何宣称通过数字代码让物质世界非物质化这种言论进行审视时，应该总是将这种更换牢记于心。然而，只要这类宣言带来了真正的改变——改变了我们的体验，改变了我们体验的方式——这类宣言还是值得关注，这完全不是因为这类宣言已经成为一个传统（从卡尔·马克思、马克斯·韦伯[Max Weber]到居伊·德博尔，以及让·鲍德里亚），在这个传统中，现代化的进程，或者说是后现代进程被理解成了一个抽象化的过程。另外，我们完全可以说，从表面上来看，数字是质料性的威胁，但在数字的帮助激发之下，产生了20世纪90年代兴盛于不同学科的新的质料转向,如人类学、艺术史、历史、电影研究、科学史、文学及文化研究。在媒介史、媒介理论、赛博文化研究中,这些新激发的研究聚焦于媒介的质料性、信息、通信,激发了广泛的研究话题,其中包括媒介的物质基质、人体与技术的互动、支撑互动的社会经济体系(见 Gumbrecht and Pfeiffer,1994;Lenoir,1998;Mitchell and Thurtle,2004)。

质料性因此成了一柄寒光闪闪的双刃剑。一方面,媒介(不管它是电报、电话,还是电视、录像)不是略去了物体的质料性吗(或者是略去了暴力、堕落)?另一方面,媒介本身的质料性、质料的支撑、媒介嵌入某种质料环境、媒介的衍生物,难道你没有忽略吗?不管质料这个术语怎么用,带着新的紧迫性,它摆到了人们面前。

不管有多紧迫,当我们在思考媒介及其质料性时,开始时我们都难免会就一些基本问题绞尽脑汁:当学者们断言某种媒介具有去质料化的特点,他们是什么意思?当学者们在面临"通信的质料性"时,他们会怎么做?通过对媒介进行质料分析,学者们可能会取得什么成就?另外必然还会推论出一个额外问题:什么样的唯物主义有助于我们评价去质料化的媒介的质料性?在电影院中,你偶然回头,看到放映机里淌出斗状光线,这一刻不经意,却是天翻地覆,有什么批评行为能与之相比?

去质料化假设

考古学家科林·伦弗鲁(Colin Renfrew)在描述"物质文化的去质料化"时,他哀叹"通信与物质之间"当前的分离,图像越来越变得"电子化,从而不再可触摸"。因为"电子脉冲正在代替我们所熟知的图像中仅存的物质元素","与物质世界有关,物质对象是储存意义的仓库,这一点正在受到威胁"。一切所说的"物理的、可触摸的物质现实都正在消失,只留下柴郡猫脸上的笑容"(Renfrew,2003:185—86)。这是一个反乌托邦的奇境,留给我们的只有物理世界的残留痕迹,一个以某种方式被电子媒介蒸发了的世界。鲍德里亚的故事版本我们更加熟悉(他的故事跟后现代的故事紧密相连),图像已经变得"跟任何现实都没有关系;它就是它自己纯粹的拟像(simulacrum)"。那么在超现实时代,能理解"质料性"为何物,这全是因为它标志着一个逝去的时代。[1]

然而,在质料性被围困这一戏剧性事件中,后现代环境并非必需。事实上,在哲学家恩斯特·卡西雷尔(Ernst Cassirer)看来:

> 物质现实的后退似乎与人的象征能力的进步成比例。人类不与物本身打交道。相反,从某种意义上来说,人总是不断地在跟自己对话。他用语言形式、艺术形象、神秘象征、宗教仪式把自己完全包裹起来。要理解任何东西,他都只能通过这种人工媒介的方式(1940)。[2]

这个观点中的"媒介"指的是阻止人们以更直接的方式了解"物体本身"的东西。因此,从定义上来看,媒介具有去质料化的效果。当然康德所说的"物自体"在人类经验中不可能实现,因为物自体缥缈难懂,我们所知道的世界只是经过理解范畴(时间、空间、原因、结果,等等)调节了的世界。而且,我们了解这个世界,仅仅是被感官调节了的世界,其中一个感觉——触觉——似乎在理解物理世界方面更占优势。事实上,非质料/质料之分常常被确认为(如在伦弗鲁理论中)是可看见与可触摸之间的差别。事实可能会证明,认识到避免谈现象与物质之间的差别有好处。相反,去描述质料性的现象,或者说,去描述质料性的效果,去描述最终结果,通过这些结果,你对某种东西的质料性坚信不疑(管它是你踢到了,并且伤了你脚趾的石头,还是你在沉浸式虚拟现实系统中将要抓住的操作杆)。但是,要对经验之外或之下的质料性进行基本讨论,差别必须保持可操作,不管它是构成你书桌的旋转的原子、你电脑中的芯片,还是雷达上看得见、窗外还看不见的正在逼近的风暴。

当批评家将媒介视为质料性的威胁时,他们一般是指,我们人类的质料性经验已经被打了折扣,因此他们延伸了关于现代性的范式论,即倾向于回望人类堕落之前投射与真实之间的亲密关系。当然,媒介的发展变化构成了现代性,人们对此理解各不相同。人们把它理解成工业化、城市化的经历;理性化、科层制的经历;技术化、大众化的经历(大众文化的出现)。[3]埃米尔·涂尔干(Émile Durkheim),马克斯·韦伯,格奥尔格·齐美尔(Georg Simmel)等人对现代性的宏大社会学叙事都将抽象化程度的提高视为现代社会的一个主要特点。[4]齐美尔以金钱这个媒介为主要隐喻和一种统治力量,来代表社会生活和心理生活中程度越来越高的抽象化和理性化,不仅因为(马克思就会这么认为)任何物体的独特性,或行为在价值体系中的消失(一切质的存在都被转换成了量的存在),而且因为金钱能促进展现其计算方面的优势。(在齐美尔看来,电子转款简直就是金钱去质料化历史上的新篇章。)[5]在那些听过齐美尔讲演的人中(其中包括卡西雷尔,沃尔特·本雅明,及西格弗里德·克拉考尔[Sigfrid Kracauer]),格奥尔格·卢卡奇(Georg Lukács)既吸收了这个观点,同时还将其嵌入了齐美尔本人避开了的马克思主义范式。卢卡奇在描述商品形式一旦渗透社会所造成的后果时,他总结道:不可避免的"理性物化首先掩盖了一切物之为物所具有的最直接的特点,不管是质量方面的特点,还是质料方面的特点"[6]。

即便是这样仓促的谱系也表明,当我们要衡量媒介的抽象力量时,为什么常常会用到金钱和商品形式。(关于数字技术乌托邦方面的学术传承,见 Coyne,2001。)在摄影家、批评家爱伦·泽库拉(Allan Sekula)那篇有影响力的文章《照片中的交通》("The Traffic in Photographs")中,泽库拉讨论了照片效果与商品化之间的紧密的关联性。"正如使用价值被交换价值所遮蔽,摄影符号也遮蔽了指称对象。"[7]这个观点从"立体画与立体照相机"("The Stereograph and the Stereoscope")这篇有趣的文章发展而来。在这篇文章中,奥利弗·文德尔·霍姆斯(Oliver Wendell Holmes)(美国物理学家、散文家、手持立体照相机的发明人)宣称,随着照相技术的来临,"**形式从此与物质分离**。事实上,物质作为一种可见的对象从此以后不再有多大用处了"。泽库拉将霍姆斯的观点与马克思的观点相类比。马克思断言,金钱形式具有将异质世界转换成等价世界的调节力量:"正如金钱是交换价值的普世尺度,将世间所有商品统一于一个单一的交换系统,因此摄影被想象成能够将一切所见化约为形式对等的关系。"(23)乔纳森·克拉里(Jonathan Crary)跟泽库拉非常同步,他描绘了"视觉自主和视觉抽象"的新图景,与之相伴的是从几何学转向生理光学,以及摄影的发展。摄影的发展将重塑"所有的疆域。在所有的疆域中,符号、形象在传播与扩散的过程中都将有效地与指称对象相分离"。金钱和照片都是"奇妙的形式,能在个人与物之间建立一套新的抽象关系"。19 世纪新的视觉经验与"有效消灭了真实世界的视觉理论""捆到了一起"。[8]

新媒介似乎总能刺激这个戏剧性事件的发展。数字时代(视觉方面的)有一个反讽:摄影与电影如今已被普遍认为与物质世界具有紧密的关系。至少,摄影与它所表现的主题之间具有一种索引的关系。至少,数字模拟媒介并不将世界转换成数字,不将质量转换成数量。正如莉萨·吉特尔曼(Lisa Gitelman)所说,"要体验任何假定为去质料化的东西……唯有通过它与先前存在的物质感及质料感之间的关系"。因此(在听觉领域)"关于数字化和分布式网络最让人感到吃惊的地方常常是,人们以为它具有去质料化的力量,以及以不同的方式将信息商品化的力量"。与此相反,"它曾经具有惊人的能力,能够捕获声音、将声音质料化,并且用不同的方式将其商品化"(Gitelman, 2006: 86)。质料在走下坡路,数字媒介宣称能扭转这个局面。模拟录制模式(比如说磁带)能更准确地刻下并重现最初的声音震动,但磁带会有磨损老化,而数码录音不会遇到同样的物理损坏。模拟艺术品(电影、录像、摄影、录音、书籍)已经被转换成了数字形式,这不仅仅是为了让受众面更广,而且还为了方便保存。然而,数字媒介本身会老化失效——你只要想想你从在线影片租赁提供商 Netflix 那里收到的劣质 DVD——因为 DVD 仍然需要物理支撑。

当然,如今数码转换已经泛滥,结果造成原始媒介本身的去质料化。一切媒介可能最终都将在数码帝国里被同质化。在《留声机·电影·打字机》(*Gramophone, Film, Typewriter*)一书的开头,在常常被人引用的序言中,弗里德里希·基特勒谈到了光纤网,他说:

> 频道及信息普遍被数字化,这抹杀了不同媒介之间的差异。音响与图像,声音与文本,它们统统都被化约为表面效果,就是消费者所认识的界面……在计算机内部,一切都成了数字,都成了量,没有图像,没有音响,没有声音。一旦光纤网把先前完全不同的数据流变成了系列标准化、数码化了的数字,那么任何媒介都能够被转换成另外一种媒介。只要有数字,一切都可以。[9]

人们已经描述了其他媒介造成的影响,尤其是其他媒介对艺术的影响,基特勒的断言本身让这个逻辑重新焕发了生命力。在安德烈亚·马尔鲁(André Malraux)所想象的博物馆中,系列复制照片消解了艺术媒介的质料独特性,如壁画、袖珍珐琅肖像、木刻。在马尔鲁之前,本雅明曾经讨论过艺术品的机械复制问题。机械复制将艺术体验从质料限制和社会限制中解放了出来,消灭了艺术品的"光晕",消灭了艺术品的独特性,以及历史独特性,消灭了艺术品与观众之间的空间关系,以及艺术品身处其中的文化特点和质料特点。[10]

但关于摄影与电影,本雅明也相信这些新技术能够丰富人们的理解领域,能够"如同观相术一样,揭示质料世界的方方面面"——"熟悉对象中所隐藏的细节","物质的新结构"——这些东西都超出了人们的日常意识。[11]质料世界被其他对质料世界的表征所遮蔽,或者被其他理解所遮蔽,要对这个质料世界进行记载,进行救赎的具体化,关于这一点,克拉考尔(1997)认为电影在具体化方面的能力当排第一。事实上,面对安德列亚斯·古尔斯基(Andreas Gursky)的大幅照片中方方面面的建筑空间时,其效果是巴黎徒步游,或香港徒步游所无法达到的。手持惠特曼手稿的数码放大版,你能够亲临手持书稿时所看不到的细节。在齐美尔看来,跟显微镜和望远镜一样,只有当它让我们意识到距离的范围时,它才能让我们克服距离。我们以习惯的方式接近我们所栖居的世界,从总体上来讲,媒介总是暴露我们接近世界的方式有局限性,暴露我们的质料日常有局限性。齐美尔认为,"最遥远的,变得不那么遥远。其代价就是,让先前较近的,变得更加遥远"(Simmel,1978:475—76)。

说到媒介中近与远、质料化与去质料化之间的辩证关系,你倒不如说说齐美尔是如何谈艺术的,他说艺术"改变了愿景领域"。即使艺术让我们远离了"直接的物体",让"具体的刺激退场",但它还是让我们"离现实更近"。他做这个论断的时候没有忽视康德的观点,康德强调,在现实主义中(无论是艺术上的现实主义,还是科学上的现实主义):

> 先天不可豁免,形式不可缺少。形式从我们的天性需求中迸发,为我们的感官世界提供一件外衣,或一件变形的外衣。在从现实走向意识这个过程中,现实变形受损。这一扭曲变化当然会是横亘在我们与直接现实存在之间的障碍,但与此同时,它又是我们理解现实、表征现实的前提条件。(473)

当然,任何新媒介都能剧烈改变我们对此障碍的认识,改变我们对此障碍的表征。

通信的质料性

你可以赞同马克·波斯特(Mark Poster)的观点,他认为"符号的质料基础"(其中既包括能指与所指的关系,也包括符号与指称对象的关系)已被新媒介"急剧重置",先前具有的一些质料性由此丧失,但他对此的态度是不悲亦不喜。[12] 事实上,不管有多少数字图像表明你把刺从拇指中拔出来了,但刺如果在那里的话,那它还是在那里,如果你将这些图像打印出来,结果媒介会放大(而不是消灭)"可以触摸的质料现实"。

然而,去质料化假设仍然坚持存在着,有时候是个噩梦,有时候是"人类超越质料性的美梦",或者是"终于通过科技实现了诺斯替教信徒的美梦,他们梦想能通过自己的力量除掉质料现实中的腐败和迟钝"。[13] 去质料化假设的存在完全不是因为控制论范式本身的历史发展,不是控制论早期研究中所构想的那样,认为信息是嵌入式的,是非具身化的。凯瑟琳·海尔斯(Katherine Hayles)就信息如何丧失了形体进行了考古学研究,她在她的考古学故事中表明,笛卡尔式的大脑/身体之分以信息/质料性之分,信息模式/质料实体化的形式重新出现,甚至到了具身化似乎成了不着边际的题外话的程度。[14](见第 10 章,"控制论"。)信息与任何具体的质料基质分离。信息能够流通,能够被去质料化及重新质料化,而且什么都不会被改变。她认为信息的定义本身就能让人将信息视为"一种非质料的流动的东西,它能毫不费力地在全球流通,同时还能保持一个具体概念的完整性"。[15]

然而信息(以及我们如何获得信息)要仰仗通信技术的物理支持:集成电路要靠基板;不同光纤特质不同,用途不同;说是无线通信,需要的线却要用卡车装。但是当学者们谈到媒介的质料性时,他们的焦点不仅仅是在物理基础上。他们在几个不同的范围内追踪海尔斯所谓的"具身化的质料性"。你可以这么说,通过展示人与技术之间的物理互动关系,揭示任何技术通信现象下面所包含的多重历史,重新将媒介质料化,这就是他们的工作。最近苏塞克斯大学新建立的质料数字文化研究中心表明,不仅仅有单个的学者,而且还包括机构,他们都以不同的方式在完成着海尔斯所做的考古学任务,都在追问:新媒介"有什么质料特点?有什么象征特点?有什么有效规则或者说是有效的感官理解规则?体现了什么样的政治经济学?"这类工作记录了更宏观意义上的媒介研究(例如,早期电影研究,或者是书籍研究)的脉搏跳动,记录了科学研究领域里的脉搏跳动(一种唯物主义认识论,它赋予了实验室布局、仪器特点在科学理论及科学事实生产中的根本地位)。[16]

再质料化研究有个方法,就是对质料化的构成进行追问,经过它,所有图像、声音、文本才能得以实现。马特·基尔申鲍姆(Matt Kirschenbaum)在一次在线交流中说:

> 用书目/文本的方法,我们恰好能够强调那些迄今为止在媒介批评书写中所忽视的电子文本的方方面面:平台、界面、数据标准、文件格式、操作系统、代码发行版本、补丁、端口,等等。**因为电子文本就是由这些东西构成**。[17]

上面所说的东西(数字通信的调节结构),人们在马克·内皮尔(Mark Napier)的 Shredder 1.0 互动中能找到些感觉。Shredder 1.0 既简单,也不简单。当你进入一个网址时,Shredder 搜索到一个具体的网页,但网页的超文本标记语言代码已经被改变,网页的图像及文字被剧烈扭曲。[18]这个作品将人们对艺术品的注意力转移到了艺术品自身的媒介上(正如在《项狄传》中出现的那样),但是,这个陌生化行为与任何具体内容无关,艺术品唯一要传达的信息就是对媒介进行调节。这可能是一个例子,表明"新媒介正在做的,正是它的前任们所做过的:把自己呈现为其他媒介的再造、改良版"。[19]但内皮尔可不想就这么轻轻松松地把旧媒介当成新媒介的相似物:

> 为什么要用 Shredder 1.0 把网页玩坏?
>
> 网页不是一种发表。网站不是报纸,但目前网页设计的思路跟杂志、报纸、书籍、目录表的思路一样。从视觉上、审美上、法律上来看,网页被当作物理页面来对待,文本与图像写于其上。
>
> 当浏览软件对超文本标记语言的指令进行解读时,网页上就会暂时出现图像。只要所有浏览器都认可超文本标记语言的条款(至少在某种程度上认可),人们就会有一种错觉,认为网页会稳固不变,甚至永远存在。但是在图像错觉的背后,文本文件数量巨大——包括超文本标记语言代码,全球所有角落计算机的硬件里都装满了这些文件。这些指令一起构成了我们所说的"网页"。但是,万一人们对这些指令的理解跟原有意图不一样呢?也许还非常不一样呢?

经过这个无组织的过程,芝加哥媒介研究学派(http://csmt.uchicago.edu/home.htm)网站生

产出了乱作一团的图片、文字、代码。它们在或扭曲或宁静,或有语义或仅为涂鸦的东西中间摆动,让人莫名其妙:

    ng＞02.02.20
    04＜/strong＞＜/span＞＜br/＞
    The

虽然功能重启(每次重新进入,网址都会发生改变)能产生让人印象深刻的视觉效果,这个视觉艺术最一贯地突出的是调节这一层。正如许多批评家们所说,通过这一层,单词与图像变成了"嵌入"计算机屏幕上的东西。

    在描绘媒介的质料性所作的努力中,具身化修辞向来至为关键。而且人的身体本身(既属于笛卡尔的二元对立,同时又超越了笛卡尔的二元对立)不断被当成评估新老媒介的质料性的场地(见第2章,"身体")。以电报为例,人们认为电报"能使通信不受具身化了的信使的影响",能使思想与身体分离,因此能打破许多障碍,其中包括"用身体差异术语来定义的种族障碍"。[20]但是,新媒介似乎赋予了具身化了的信息"接受者"一个新的积极角色——事实上是媒介的角色(请允许我们这么说),这个角色必须跟"用来书写文本、图像的物理页面"进行类比,"得出"二者之间的相似性。马克·汉森的观点以现象学和神经生物学为基础,他的论述经得起考验。他论述了"人体的**架构功能**"如何通过信息塑造形象。若非因为人体的架构功能,这些信息仍然"没有形态"。因此,他认同有个版本的去质料化假设:数字化具有同质化、去质料化的效果。这个去质料化过程可以使任何图像脱离它的传统空间搭配关系。这个去质料化过程只能是一个过程,除非"能带来效果的身体"能够将信息流捕捉住、固定住,并赋予它以意义。因此,人的身体成为"把身体交给数码化数字"的源头。[21]那么,总而言之,新媒介以不同方式戏剧化地表现了人类主体赋予环境以意义这个现象学过程。最近,汉森认为(他的观点跟梅洛-庞蒂最新作品观点一致),新媒介前置的不仅仅是"具身化与技术性之间的关系",而且还包括身体及精神生活中的技术性,事实上,他把它称为"存在的根本技术性"。[22]

    "生物媒介"格外彰显了这种技术性。尤金·撒克发明了"生物媒介"这个术语,用它来总结生物信息、纳米医学、生物计算方面所做的工作。在这些领域里,生物与技术之间的界线消融了(见第8章,"生物媒介")。"干实验室"与"湿实验室"彼此镜照。计算生物学所取得的成就反映在生物计算方面:对DNA分子的运用,因为分子具有合成能力,可以用来解决计算问题。[23]生物计算可能还处于早期发展阶段,但人们普遍认为下一波计算机浪潮就是生物计算。在报道魏茨曼科学研究所2002年所作研究时,《国家地理》的观察是:"科学家们已经设计了能进行每秒330兆(trillion)次操作的计算机,速度比最快的个人电脑快100000倍。秘诀在哪里呢?因为它是DNA电脑。"[24]基因领域已经表明,生物生命对"信息"储存、处理的依赖已经到了如此地步,以至于人们甚至在想,是不是最好把身体理解成一个网络。这个想法不无道理(Thacker,2004:31)。仿佛信息已经为自己寻找到了一个身体,而那个身体恰好是**你的身体**。在这个后笛卡尔时代,面对各种身体即信息的实验,坚持信息具有嵌入、具身化特点,这个观点不得不靠边站了。

唯物主义

最近关于媒介的再质料化方面的工作与唯物主义传统不符,这一点一眼就可以看出。马克思在其最基本的唯物主义历史观中断言"物质生活的生产模式决定了社会生活、政治生活和精神生活的大致过程"。也就是说,经济结构是文化形成、变革的基础。但正如雷蒙·威廉斯所说,"唯物主义内容的变化"使得下面这个观点广入人心:即便是经济关系决定社会、文化形式,但社会、文化形式也决定着经济关系。[25]经济塑造着我们当代的媒介景观,但那个经济本身的形态(能够具有空间上的全球性、时间上的即时性)也是新媒介的结果。事实上,技术通信在精神、社会、政治等方面造成的影响是如此深刻(而且人类意识是如此深刻地内化了这些影响),以至于人类常常根本觉察不到这些影响。[26]即便如此,威廉斯在攻击马歇尔·麦克卢汉的观点时仍然说,技术决定论轻易变成了形式主义。技术决定论让技术与生产出技术的社会经济历史分离,忽视了发明要依赖人类的决定(从而依赖社会、经济动机)这一点,[27]基特勒坚持"媒介决定我们的境况",他这样说也许是对的。但每种媒介本身都萌生于某种具体境况,这个境况由技术、意识形态、物理、经济、法律、政治,以及其他要素构成。

媒介研究关注质料性,这一点与"新唯物主义"的目标相同。新唯物主义与历史唯物主义、结构主义、符号学之间划清界限,重建与现象学之间的关系(具身现象学,比如说,亨利·柏格森,同时还有本雅明的唯物主义现象学),以物质文化为中心,关注能指的质料性,如今人们把能指理解成物质本身指称的结果。因此,蒂莫西·勒努瓦(Timothy Lenoir)认为,"关注书写本身的质料性,这将展示书写设备可以在何种程度上真正构成技术科学中的指称场景"(1998,12)。在人类学领域,将象征方法与唯物主义方法对立,这曾经让"物体被化约为要么是经济、实用的物品,要么是符号载体",遮蔽了这些物品的质料性,未能认识到质料性本身就是一个指称要素。[28]对文学研究和文化研究而言,只有调整主体的焦点,物体才能进入人们的视野。例如,在《文艺复兴文化中的主体与客体》中,现代主义早期被表征为一个"主体性、主体的复杂性、主体的不稳定性在上升"的时期。让此书的编辑们尴尬不已的是,为了服务于这个主题,他们在这个领域里费尽心思,避而不谈物体及物质世界。[29]

我们在对质料性进行批评时,批评焦点常常不得不与形式、结构、系统的解释力量相对抗,就像质料性只有当它被用来标记对抗,或者测量对抗时,我们才最能明白质料性的含义。但是,在对用户与技术之间的界面进行现象学阐述,对媒介的物理基础设施进行考古学阐述,以及在对不断塑造着技术本身,并塑造着我们与技术之间的关系的社会、经济力量进行社会学阐述之间,人们可以想象某种完美的唯物主义,它能展现作为单数的质料性(materiality)的多种规则,或者,作为复数的质料性(materialities)的唯一规则。因为我们所处的世界不是一个理想世界(用两个字来概括,是"物质"世界),这类展现似乎是无法实现的,同时,当然那也说不上是理想。尽管人们极为关注质料性,这个理想无疑会在事实中受挫。正如科尔内留斯·卡斯托里亚迪(Cornelius Castoriadis)所说,通过由历史、文化所塑造的特殊的"精神社会化"和

"具体想象"这个途径，人们可以理解何谓质料性。[30]在一个形式与物质（就像思维与身体）被强力分离的文化中，常常只有当你与世界之间的习惯性交往中的某些东西被打破时，你才会猛然明白世界的质料性（以及你的质料性）。那么，要理解媒介的质料性，用被刺痛的拇指敲击空格键就行了。

注释

1. Jean Baudrillard, *Simulacrum and Simulation*, trans. Sheila Faria Glaser (Ann Arbor: University of Michigan Press, 1994), 6.

2. Ernst Cassirer, *An Essay on Man* (New Haven: Yale University Press, 1994), 26. 至于关于去质料化方面更流行的说法，见约翰·鲍尔德斯顿（John Balderston）1927年舞台剧版本的 *Dracula* (New York: Liveright, 1960)。在这部作品中，范·赫尔辛（Van Helsing）解释说："电子是一切物质的基础，如今科学可以把电子转变成能量，这不是物质的非物质化是什么？然而在印度，去物质化已经被实践了几百年。在爪哇岛我亲眼见到过这些东西。"(25-26)

3. 在本文中，我避免给媒介下定义，但我想在这里指出一个事实：基特勒，还有其他人，将城市本身定义为一种媒介。见 Friedrich A. Kittler, "The City Is a Medium," trans. Mathew Griffin, *New Literary History* 27, no. 4 (1996): 717-29。

4. 对抽象化的这些话语可以是描述性的，而非定性的。即便是在对现代主义进行批评，也不能简单地贬低抽象化了事。例如，民主这个抽象概念依赖个性化，但民主并不赋予人以个性化特征：当你被同质化，成为一个简单的抽象概念——公民时，你的阶级、性别、族裔特点消失了。

5. 格雷伯认为交易的象征物先是虚拟的，后来才被认为是物质的。见本书第15章。

6. Georg Lukács, *History and Class Consciousness: Studies in Marxist Dialectics*, trans. Rodney Livingstone (Cambridge, MA: MIT Press, 1971), 92. 正如人们可以将马丁·海德格尔的《存在与时间》理解成是对卢卡奇的回应，两人都提出并回答了具体物可能是什么。同样，人们可以将他在"物"方面所做的讲演理解为提出并回答了"物之物性"可能是什么意思。虽然对海德格尔来说，出发点不是商品形式，而是无线电、电影、电视等技术，这些技术消灭了距离（既消灭了近距离，也消灭了远距离）。

7. Allan Sekula, "The Traffic in Photographs," *Art Journal* 41, no. 1 (Spring 1981): 22.

8. Jonathan Crary, *Techniques of the Observer: On Vision and Modernity in the Nineteenth Century* (Cambridge, MA: MIT Press, 1990), 13-14.

9. Friedrich A. Kittler, *Gramophone, Film, Typewriter*, trans. Geoffrey Winthrop-Young and Michael Wutz (Stanford, CA: Stanford University Press, 1999), 1-2.

10. Walter Benjamin, "The Work of Art in the Age of Its Technological Reproducibility" (third version), trans. Harry Zohn and Edmund Jephcott, in *Walter Benjamin: Selected Writings*, vol. 4, *1938-1940*, ed. Howard Eiland and Michael W. Jennings (Cambridge, MA: Harvard University Press, 2003), 253-57. On "aura," see Miriam Bratu Hansen, "Benjamin's Aura," *Critical Inquiry* 34, no. 2 (January 2008): 336-75.

11. Walter Benjamin, "Little History of Photography," trans. Edmund Jephcott and Kingsley Shorter, in *Walter Benjamin: Selected Writings*, vol. 2, *1927-1934*, ed. Michael W. Jennings, Howard Eiland, and Gary Smith (Cambridge, MA: Harvard University Press, 1999), 512; Benjamin, "Work of

Art," 266.

12. Mark Poster, *What's the Matter with the Internet?* (Minneapolis: University of Minnesota Press, 2002), 132.

13. Dan Thu Nguyen and Jon Alexander, "The Coming of Cyberspacetime and the End of Polity," in *Cultures of the Internet: Virtual Spaces, Real Histories, Living Bodies*, ed. Rob Shields (London: Sage, 1996), 99; Slavoj Zizek, *On Belief* (New York: Verso, 2001), 33. 毋庸赘言,从表面上来看,这一梦想实现了。这一点对人们对性别、种族、性存在的理解造成了相当大的影响。

14. 当然,亚里士多德把最本质的东西(也就是最基本的东西)放到了形式之中,而非物质之中。

15. N. Katherine Hayles, *How We Became Posthuman: Virtual Bodies in Cybernetics, Literature, and Informatics* (Chicago: University of Chicago Press, 1999), 246. 马克·汉森已经展现当代理论如何有效地通过将技术转变成文本,从而让技术的物质他性消失。See *Embodying Techness: Technology Beyond Writing* (Ann Arbor: University of Michigan Press, 2000).

16. 比如说,有宾夕法尼亚大学出版社的"物质文本"系列图书,引发人们关注书籍史,它被理解成书写、印刷、再版。书目包括:费尔南多·博萨(Fernando Bouza)的《早期现代西班牙的通信、知识与记忆》(*Communication, Knowledge, and Memory in Early Modern Spain*),索尼娅·洛佩斯(Sonia Lopez)及迈克尔·阿格纽(Michael Agnew)译(Philadelphia: University of Pennsylvania Press, 2004)。朱丽叶·弗莱明(Juliet Fleming)的《早期现代英国的涂鸦与书写艺术》(*Graffiti and the Writing Arts of Early Modern England*)(Philadelphia: University of Pennsylvania Press, 2001)。梅雷迪特·麦吉尔(Meredith McGill)的《美国文学与再版,1834—1853》(*American Literature and the Culture of Reprinting, 1834-1853*)(Philadelphia: University of Pennsylvania Press, 2002)。关于早期印刷文化的重要综述,见 Adrian Johns, *The Nature of the Book: Print and Knowledge in the Making* (Chicago: University of Chicago Press, 1998)。关于对实践的重要强调,见 Bradin Cormack and Carla Mazzio, *Book Use/Book Theory* (Chicago: University of Chicago Press, 2005)。关于科学研究,可参见 Bruno Latour and Steve Woolgar, *Laboratory Life: The Construction of Scientific Fact* (1979; Princeton University Press, 1986); Bruno Latour, *Science in Action: How to Follow Scientists and Engineers through Society* (Cambridge, MA: Harvard University Press, 1988); Peter Gallison, *How Experiments End* (Chicago: University of Chicago Press, 1987) 和 *Image and Logic: A Material Culture of Microphysics* (Chicago: University of Chicago Press, 1997);以及 David Baird, *Thing Knowledge: A Philosophy of Scientific Instruments* (Berkeley: University of California Press, 2004)。

17. Matt Kirschenbaum, "Materiality and Matter and Stuff: What Electronic Texts Are Made Of," www.electronicbookreview.com/thread/electropoetics/sited(accessed July 26, 2005).

18. Shredder 1.0, 见 http://www.potatoand.org/shredder/shredder.html. 关于对此所进行的讨论,见 Mark Tribe and Reena Jana, *New Media Art*(Köln: Taschen, 2007), 70-71。为了让人们看见媒介的质料性,N.凯瑟琳·海尔斯出版了一本书,《书写机器》(*Writing Machines*)(Cambridge, MA: MIT Press, 2002),成脊状突出的封面、震荡字体,以及版面设计,这些东西无不提醒着读者物理形式的改变如何改变着信息。

19. J. David Bolter and Richard A. Grusin, *Remediation: Understanding New Media* (Cambridge, MA: MIT Press, 1999), 14-15.

20. Paul Gilmore, "The Telegraph in Black and White," *ELH* 69, no. 3(2002):806.

21. Mark B. N. Hansen, *New Philosophy for New Media* (Cambridge, MA: MIT Press, 2004), pp. 11, 13. 在汉森的观点里，身体是十足感官、十足情感的，不能被简单地化约为视觉。尤其参见 pp. 197–232。

22. Mark B. N. Hansen, *Bodies in Code: Interfaces with Digital Media* (New York: Routledge, 2006), 79.

23. Eugene Thacker, *Biomedia* (Minneapolis: University of Minnesota Press, 2004). 分子计算机首先被描述是在 L. M. Adleman, "Molecular Computation of Solutions to Combinatorial Problems," *Science* 266, no. 5187 (November 11, 1994): 1021–24 中。关于对"自然界"中网络的分析，见 T. S. Gardner, D. di Bernardo, D. Lorenz, and J. J. Collins, "Inferring Genetic Networks and Identifying Compound Mode of Action via Expression Profiling," *Science* 301, No. 5629(July 4, 2003): 102–5。

24. Stefan Lovgren, "Computer Made from DNA and Enzymes," http://news.nationalgeographic.com/news/2003/02/0224_030224_DNAcomputer.html(accessed February 25, 2002).

25. Raymond Williams, *Problems in Materialism and Culture* (London: Verso, 1980),122.

26. 对此观点人们的阐述极为不同，见 Marshall McLuhan, *Understanding Media: The Extensions of Man* (New York: McGraw Hill, 1964); Friedrich Kittler, *Discourse Networks 1800/1900*, trans. M. Metteer and C. Cullens (Stanford, CA: Stanford University Press, 1992); and Avital Ronnell, *The Telephone Book* (Lincoln: University of Nebraska Press, 1991)。

27. Raymond Williams, "The Technology and the Society," in *Television: Technology and Cultural Form* (1974; London: Routledge, 2003).

28. Webb Keane, *Signs of Recognition: Powers and Hazards of Representation in an Indonesian Society* (Berkeley: University of California Press, 1997), 32.

29. Margreta de Grazia, Maureen Quilligan, and Peter Stallybrass, eds., *Subject and Object in Renaissance Culture* (Cambridge: Cambridge University Press, 1996), 5–11. 关于对客体在人性中的地位所进行的更加宏观的讨论，见 Bill Brown, *Things* (Chicago: University of Chicago Press, 2004); 关于客体在社会理论中的地位，见 Andreas Reckwitz, "The Status of the 'Material' in Theories of Culture: From 'Social Structure' to 'Artefacts,'" *Journal for the Theory of Social Behavior* 32: 2(2002): 195–217。

30. Cornelius Castoriadis, *The Imaginary Institution of Society*, trans. Kathleen Blamey(Cambridge, MA: MIT Press, 1987), p. 34. 在整个过程中，我用"嵌入"来引发一种常常对新媒介的质料性进行讨论的修辞。当研究全球化城市的社会学家萨斯基亚·扎森(Saskia Sassen)将其兴趣转向互联网，强调这一貌似最不具质料性的通信系统中的质料性时，她的焦点是互联网如何"嵌入"社会实践、制度环境、地方场景。见 "Electronic Markets and Activist Networks: The Weight of Social Logics in Digital Formations," *Digital Formations: IT and New Architectures in the Global Realm*, ed. Robert Latham and Saskia Sassen(Princeton: Princeton University Press, 2005), pp. 54–88。

参考文献及建议阅读书目

Brown, Bill, ed. 2004. *Things*. Chicago: University of Chicago Press.

Castoriadis, Cornelius. 1987. *The Imaginary Institution of Society*. Trans. Kathleen Blamey. Cambridge, MA: MIT Press.

Coyne, Richard. 2001. *Technoromanticism: Digital Narrative, Holism, and the Romance of the Real*. Cambridge, MA: MIT Press.

Gitelman, Lisa. 2006. *Always Already New: Media, History, and the Data of Culture*. Cambridge, MA: MIT Press.

Gumbrecht, Hans Ulrich, and Pfeiffer, K. Ludwig, eds. 1994. *Materialities of Communication*. Trans. William Whobrey. Stanford, CA: Stanford University Press.

Kracauer, Sigfried. 1997. *Theory of Film: The Redemption of Reality*. Princeton, NJ: Princeton University Press.

Lenoir, Timothy, ed. 1998. *Inscribing Science: Scientific Texts and the Materiality of Communication*. Stanford, CA: Stanford University Press.

Mitchell, Robert, and Thurtle, Phillip, eds. 2004. *Data Made Flesh: Embodying Information*. New York: Routledge.

Renfrew, Colin. 2003. *Figuring It Out*. London: Thames and Hudson.

Simmel, Georg. 1978. *The Philosophy of Money*. Trans. Tom Bottomore and David Frisby. London: Routledge.

5. 记　忆

贝尔纳·斯蒂格勒

前　言　（马克·B. N. 汉森）

"互联网时代是一个人工记忆（hypomnesis）的时代，相互关联的技术环境构建了这个时代。"在贝尔纳·斯蒂格勒看来，记忆这个概念涉及广泛的历史范围。斯蒂格勒瞄准了一个时刻，即记忆的"工业化模式"经历着根本改变的时刻，而且他认为我们目前正处在这个时刻。斯蒂格勒认为，今天的技术辅助记忆手段（iPod、智能手机、GPS 导航，以及个人数字辅助设施，更不用说互联网）的关键之处在于这些东西总是与天然记忆（anamnesis）结合在一起。斯蒂格勒从柏拉图那里借用了天然记忆这一概念，用它来指具体的记忆行为。一切都与人工记忆（通过技术手段将记忆外化）如何与天然记忆不可分割有关。斯蒂格勒的记忆史可以被理解成这些术语的生态变化史。当今的计算机记忆辅助设施（数字化记忆辅助设施）与通过技术手段进行记录的工业化记忆辅助手段（如摄影、录音、拍电影）不同。当今的计算机辅助记忆创造了一种"相互关联的人工记忆环境"。在这个环境中，"接受者被放到了发送者的位置"。大众传媒（从广播到全球电视直播）将消费与生产分开。而今天的微技术及微技术所服务的社会网络却与此不同，它让消费与生产相连。斯蒂格勒认为，如果你能用这些技术来进行消费，那么你也能够用它们来进行生产。

这就是为什么斯蒂格勒将数字化记忆辅助设施视为鼓动者，"人工记忆联合生态环境"就是在数字化记忆辅助设施的鼓动下形成的。这也是为什么他认为这些数字化记忆辅助设施与书写的相似之处多于它们与电影、电视之类的传播媒介之间的相似之处。正如有文化的公民之所以能读能写，是因为他们受过文化训练，或多或少地经历了艰难的塑造过程。数字时代的公民也是如此，他们在网络化通信中获得能力，他们身上体现了步骤逻辑。在步骤逻辑中，发送和接受是对称的、交错复杂的行为。在两种情况下，塑造这一步骤得到的回报都是创造力，是运用标准化的技术来表达自我的能力。在斯蒂格勒看来，这一能力与广播媒介的特点——被动接受——截然相反。斯蒂格勒主张的新的"人工记忆联合生态环境"将会相应地开启技术与记忆之间的新合作。这个合作将胜过记忆技术（mnemotechniques，以人工手段储存个人记忆是从表意文字到印刷革命的人工记忆的特点),也将胜过记忆科技(mnemotechnologies,将记忆嵌入技术系统之中,这个系统根据记忆自身的逻辑来对记忆发布指令)。自我表达是可能的,因而自我外化也是可能的。重提这一点,当今的数字化记忆辅助设施就能重新恢复人与技术共同发展这一关系中积极的一面。我们甚至可以说,数字化记忆辅助设施将记忆技能与记忆科技融合起来了。用人工的方式支持个人(以及集体)记忆,这些记忆存在于一个更大的记忆科技环境之中,并在其中得到滋养。这个系统就是互联网。

在对记忆以及西方历史中记忆与技术之间的关系进行了长时间的考察之后,斯蒂格勒援引了当代数字化记忆辅助设施。从他的第一部著作——《技术与时间》(Technics and Time)系列丛书的第一卷《伊比米修斯之错》(1994),到他论福柯"关爱"概念的这部最新作品(《小心留意》,第一卷,2008年出版),斯蒂格勒对人类与技术之间的"根本"关系一直感兴趣。在法国古生物学家安德烈·勒鲁瓦-古尔汉的研究成果的基础上,斯蒂格勒将原始人化石与燧石取火工具之间的偶然关系解释为:人类不是一个仅仅在基因方面能进化的物种,人类在"基因之外"〔或用斯蒂格勒的话来说,"以非生命的方式"(epiphylogentically)〕也能进化。人类通过工具、物品、语言,以技术手段建立记忆库的方式将自己外化,使自己得到进化。从这方面来讲,技术不是某种外部、偶然的东西,而是人类的一个根本维度——事实上,它是压倒一切的必要维度。斯蒂格勒在文中解释说,这种技术观为柏拉图的技术观提供了一个必要的对应物。尽管柏拉图对人工记忆的价值有深刻认识(《美诺篇》),但他最终还是把人工记忆当作谬误抛弃了(《斐德罗篇》)。在斯蒂格勒看来(他追随了他的导师雅克·德里达的观点),柏拉图的这种抛弃表明了西方哲学对技术这一主题的敌对态度。

就记忆而言,人与技术这种根本的原始联系以"记忆的有限性"这种形式出现。由于我们的记忆能力有限,因此我们需要记忆辅助设施。并且,自柏拉图开始对记忆现象进行理论讨论以来,之后相继产生的"天然"记忆和人工记忆生态就决定了两种记忆在我们整个历史中的不同功能和不同价值。如果我们了解柏拉图的观点——或者这样说,如果我们了解柏拉图观点中的一个方面——人工记忆是一种药,这种药既是一个礼物,也是一个威胁(因为如果依赖人工记忆,我们就不会那么迫切地要去训练自己的记忆了),那么我们就会从德里达那里了解到,技术外化——或替补——是记忆逻辑和记忆功能中最本质、最不可化约的一个方面。正是由于技术染指了记忆,记忆才被历史化,记忆才分裂成不同的时代,斯蒂格勒——他追随了德里达,以及语言学家西尔万·奥鲁(Sylvain Auroux)——称之为"语法化"(grammatization),即:符号、痕迹或文字等形式为天然记忆营造了一个人工记忆环境,记忆以这些形式得以外化。正如斯蒂格勒所指出的那样,这些时代包括石器工具时代、表意书写时代、字母文字时代、模拟及数字记录时代,以及现在的数字化及互联网时代。不同具体历史时代中的天然记忆有不同的技术配置。这些时代无论是被当作单独个体来看,还是被当作一个集体来看,它们都表明了一点:所有的记忆都是人工记忆。这里又阐明了为什么一切都跟人工记忆如何与天然记忆不可分割这一点相关。

由于记忆对人工手段的依赖,技术问题成了一个不折不扣的政治问题。正如斯蒂格勒所言,人工记忆环境要么与天然记忆(产生记忆的具体行为)"发生联系",要么与天然记忆"中断联系"。当人工记忆环境与天然记忆发生联系时,人工记忆辅助设施把记忆用于有意义的、具有象征特点的实践,用来构建社群。相反,当人工记忆环境与天然记忆中断了联系时,它促进的是文化产业的利益(如阿多诺和霍克海默所言),促进的是"控制社会"(如德勒兹所言)。它使人变得仅仅是个消费者,被动接受预先打包了的、标准化了的商品以及泛滥的媒体信息,根本没有希望能变成生产者。用更简单的话来说,如果那些为了私利而对我们的欲望进行剥削的产业掌控了记忆科技时,依赖人工记忆辅助设施会使我们在操纵面前表现得软弱无力。然而,从另一方面来说(与记忆术能医治遗忘、具有药效这个逻辑保持一致),同样还是这些记忆辅助设施,通过它们,人们生产意义的能力有望得到拓展,面向未来的社群有望形成(这就是斯蒂格勒所说的"超越个体",他在这一点上追随了哲学家吉尔伯特·西蒙栋[Gilbert Simondon]的观点)。再次重申,一切都与人工记忆与天然记忆如何密不可分相关,与政治斗争相关。这些政治斗争必须,而且只能通过技术才能得胜,虽然技术使我们变得更加强大,但同时也威胁着我们个人和集体的能动性。

＋　＋　＋

以工业方式被外化的记忆

一张小纸条,一本做了注释的书,一个日程表,一件古玩,一个自己迷恋的物件,这些带有记忆的东西被放错了地方,这样的经历我们每个人都曾有过。于是我们发现,部分的自我和部分的记忆找不到了。这种被黑格尔称为对象的物质记忆不是人类记忆的全部[1],但它却是人类记忆中最珍贵的部分。精神(或思维)通过具有各种外在形式的物质记忆得到全面实现。根据柏拉图的观点——尤其是柏拉图在《斐德罗篇》中的观点——我们把通过外在记忆手段得到实现的回忆称作人工记忆。

写稿子就是以外在手段来整理思想,将思想外化成痕迹,即符号。通过它,思想成为可复制、可传播的真实客体。简言之,思想变成了知识。雕刻、绘画就是开始与可被触摸的视觉相遇。在创造出让别人看的东西时,人们首先要用自己的双手去看。创造是在对观看者的眼睛进行训练,因而雕刻、绘画的对象是眼睛——是在对眼睛进行**改造**。

人类的记忆从一开始就被外化。这就是说,它从一开始就具有技术的特点。它最早是以石器工具的形式出现,时间是两百万年以前。然而,作为一种支持即时记忆的手段,石器工具却不是用来储存记忆的。直到旧石器时代晚期(公元前一万年),有意识的记忆储存手段才出现。人们将其称为记忆技术,这是一种恰当的叫法。表意书写在新石器时代之后大量涌现,这导致了拼音文字的出现。时至今日,它仍然在帮助商场领袖们记住开会的时间,或者是亲戚的生日。只是到了现在,个人日历才成了一种设备——个人数字助手。它不再仅仅是一种记忆储存的方法,一种个人的记忆技能。相反,它是一种全面发展的记忆技术,一种对记忆进行系统管理的技术。

记忆一开始就被当作客体,被外化。记忆使人类的知识得到延伸。与此同时,记忆在技术上也得到不断发展。同时,记忆的力量超出了我们的掌控,超越了我们,使我们的精神、我们的社会组织显得问题重重。在从记忆技术到记忆科技的转折点上,这一点显得尤为明显。记忆技术指的是个人记忆外化的功能,记忆科技指的是用大规模技术系统或技术网络手段来组织记忆。今天,记忆已经成了工业发展的要素。日常物件越来越多地是在为客观记忆服务。结果,日常物件成了知识的形式。但是,知识通过装置、设备等新技术手段被客体化,恰好是在人们开始谈论"知识社会""知识产业"时,在所谓"认知资本"或"文化资本"出现时,这些知识的新技术形式反过来给知识造成了损失。从某种程度上来说,通过机器界面(它超越了参与者的理解范围),人们参与了这些新社会,参与了这种新型资本主义,而从知识中获益的一方,则完全是生产者。

从电视机、电话,到电脑、GPS 导航系统,我们从未中断过与各种记忆科技设施的关系。我们越来越多地把自己的记忆委托给这些认知技术,这使我们失去的知识越来越多。丢失了手机就等于我们的联系人的电话号码消失得无影无踪。同时,我们还会认识到,这些电话号码不再出现在我们的心理记忆中,也许它从来就没有在我们的心理记忆中出现过,它仅仅在这些设备的记忆中出现过。面对这种情形,我们必须追问:记忆科技的大规模工业发展是不是实际上代表着记忆在系统化地遭受着损失,或说得更确切些,是不是意味着记忆的断裂。这种断裂使我们的记忆变成了知识控制的对象,是在将记忆放到记忆科技系统中去。而吉尔·德勒兹(Gilles Deleuze)所说的控制社会就是在这个记忆科技系统的基础上得以运作的。[2]

人工记忆的问题

这个假设的背景是哲学中的一个古老话题。正如我们已经提到,柏拉图将其阐述为人工记忆,米歇尔·福柯(1997)旧话重提,称其为人工设施(hypomnémata)。

通过当代记忆设备,我们越来越多地将认知功能外化。通过这种方式,我们越来越多地将知识委托给设备,委托给服务行业,而服务行业将知识网络化,对知识进行控制,使知识变得形式化、模式化,甚至可能还会摧毁知识。某些技术专门针对某些形式的知识,这些知识形式超越了我们的能力。就此而言,它们使"人类显得过时"。面对它们的霸权,我们发现自己越来越迷茫,内心越来越空虚。[3]因此,汽车越是被改进,我们越是不知道该如何开车。最终,随着这类帮助变成了自动选择,这是导航系统的主要形式,司机将完全被 GPS 辅助驾驶替代,我们将丧失对自己的觉动机制的控制。我们越是把构成了我们生活经纬的渺小任务委托给装备和现代服务产业,我们就会变得越来越肤浅:我们不仅将失去我们的技能,而且还会失去我们"如何过得好的诀窍"。我们只剩下一件事可做:盲目、被动地消费。我们被剥夺了知识以及知识带来的好处。即使我们不会变得过时,我们也会变得软弱无力——只要能让人变得强大的还是知识。

以技术为支撑的服务型经济管理着我们这个高度工业化的时代,使它变得形式化,柏拉图所描绘的人工记忆被有效地重新搬上了舞台。如果我们所谓的工业化从广义上来说是指通过记忆科技手段去复制生产者的动力行为成为普遍现象,那么高度工业化就是指通过记忆科技手段去复制消费者的动力行为成为普遍现象。随着生产者的动作被复制,生产者的技能被传递给了机器,生产者变成了"无产阶级"。同样,高度工业化剥夺了消费者们"如何过得好的技能",同时还一箭双雕地剥夺了他们的个性。[4] 简言之,消费者不过是变成了消费能力的例子。也就是说,消费主义肆无忌惮,消费者从而成了对世界进行肆无忌惮的破坏行为的代理人。

在《柏拉图的药》("Plato's Pharmacy")中,雅克·德里达(1981)"对形而上学的解构"主要以对柏拉图的《斐德罗篇》的阅读为基础。德里达展示了这个对话如何让书写这一复杂的人工记忆方式与哲学概念中的天然记忆水火不容。哲学概念中的天然记忆指的是"记忆",或"回忆"。在柏拉图看来,天然记忆指的是一种可被理解的、必要的、真实的认知形式。德里达在《论文字学》(Of Grammatology)中将痕迹描绘成一种替补逻辑,随后,他颠覆了柏拉图将内部记忆与内部记忆的外部痕迹置于对立位置的企图。德里达表明,让鲜活记忆与外部的、已死去的记忆(记忆辅助设施)互相对立,这是一件不可能的事,因为恰好是作为一种替补的外化了的记忆构成了可被认知的鲜活记忆。[5] 结果,德里达说,西方形而上学中的静态对立必须被动态构成取代:人们不该从等级制或总体系统方面来思考,而是必须从过程方面来思考。具体而言,德里达把这个过程称为延异(différance)[6]。

不管怎么说,有一点很明确,苏格拉底在《斐德罗篇》中描绘了记忆被外化,结果记忆受到损害。而在我们的日常生活中,在我们所有的生存层面上,在我们越来越多地感受到的无力感(即使说不上是无能感)中,苏格拉底所说的这种情况我们今天都经历了。而恰好是在数字网络卓绝的记忆力让我们越来越适应了人类记忆的无限性(它可被无限重新激发,无限获取)的这一刻,我们清晰地体会到了这一点。[7]

我们意欲抵抗内部记忆的特权,但是,在场经历将外化视为失去记忆,这两者之间的张力让人工记忆问题成了一个政治问题。人工记忆关乎一场斗争的成败。那是一场为了记忆政治的斗争,更准确地说,是一场为了构建可持续人工记忆环境的斗争。一旦达到了高度工业化阶段,记忆外化、知识外化的影响将会变得无限巨大,其控制力将被增强。想想控制社会里的认知产业和文化产业如何将神经化学行为及核苷酸序列变得程式化,想想记忆与知识的神经生物学基质如何被铭刻于历史之中——我们必须把这个历史当作一个语法化的过程来分析,生物技术是其最新阶段,纳米技术将紧随其后——关于记忆的生物政治问题赫然呈现。

作为"替补史"的语法化

我所说的语法化是指塑造着我们的生活的趋势,以及有连续性的东西变成了非连续的要素。人类记忆史就是这一过程的历史。书写——将言语流打破成非连续性要素(我们暂且为这种可能性生造一个词:"非连续性"[discretization])——就是语法化过程中的一个阶段的例子(参见21章,"书写")。

德里达分析了作为替补逻辑的痕迹。换句话说,没有外部,就没有内部。相反,所谓内部恰好是在古人类学家安德烈·勒鲁瓦-古尔汉所说的外部化的过程中被区分、被配置的。[8] 正如勒鲁瓦-古尔汉所说，而且他的说法在德里达那里得到印证，这种配置区分在不断地自我断裂。通过自我断裂，精神个体和集体个体之间能建立起新的关系——这是一个形成"心灵个体化和社会个体化"的新过程，吉尔伯特·西蒙栋在2007年的著作中规定，记忆是这种个体化的"相关背景"[9]，从而赋予了这个表述这层含义。

随着记忆科技的来临，外部过程就是技术过程这一点在语法化过程中得到具体体现。[10] 作为记忆科技史的语法化过程同时也是人工记忆与天然记忆（天然记忆通过精神或思维作用得以外化）之间张力不断的过程。在每种情形下，天然记忆都依赖于某一特殊的人工记忆机制。总而言之，每个时代的精神个体化都是通过它独有的断裂形式来进行自我配置的。这一自我配置过程产生于我们已经讨论过的时代：石器工具时代转变成表意书写时代、字母时代、数字时代。

与工业革命相伴，语法化的过程忽然间超出了语言的范围，超出了逻各斯的范围，进入身体领域。首先，生产者的动作从其自动复制过程中被分离了出来。同时，看得见、听得到的东西可以通过机械化的手段依赖设备而被复制的能力（本雅明对此深感兴趣）也开始出现，并且进入大众媒体时代。[11]

这种对动作的语法化——它是马克思描绘的无产阶级化的基础（丧失技能）——会继续向前，甚至随着电子设备和数字设备的发展，它会达到这样一种程度：一切形式的知识都将被语法化，都将披上认知记忆科学的伪装。通过语言处理技术及语言处理工业、用户配置文件，以及对效果的语法化，从语言知识（语言处理技术及语言处理工业）到如何生活的知识，或人们一般行为中的知识，这些知识被分离了出来。其结果就是今天高度工业化、服务型经济下的认知资本。

语法化就是各种记忆形式被外化的历史：神经记忆及大脑记忆，首先是语言记忆，然后是听觉、视觉记忆；身体及肌肉记忆；生物基因记忆。通过外化，记忆成了社会政治及生物政治进行控制的渠道。对社会组织进行经济投资，结果心理组织得到重新配置，它以记忆技术器官为要素和途径，其中包括机器工具和其他自动化设备（包括家用设备）[12]。（亚当·斯密［Adam Smith］早在1776年就分析了机器对工人大脑产生的影响。[13]）

如果我们要在记忆科技对象高度工业化时代重提《斐德罗篇》中出现的问题，我们就会发现，只要无产阶级是一种没有记忆，即没有知识的经济要素，人工记忆问题就成了通往无产阶级化的第一步。将知识让渡给对自己所做的工作一无所知、只会复制动作的机器，无产阶级再次变成了奴隶。

今天来考察技术记忆问题就是对人工记忆问题旧话重提，它既是关于无产阶级的问题，也是关于语法化过程的问题。如今，被剥夺了记忆及知识的是消费者，人工记忆就是要去研究普遍无产阶级化这一阶段，这一阶段由人工记忆科技的普遍化造成。柏拉图在《斐德罗篇》中所说的真理若在马克思那里能找得到，前提是能得出这两个互相补充的结论。第一，马克思本人不认同技术与人类存在中的人工记忆特征，也就是说，他本人不认可人类生命在本质上是外在的——马克思不认为人类生命是谋生手段而非生命本身。第二，柏拉图最早与诡辩家之间就记忆及其外化问题的斗争正是那场政治斗争的核心,而那场政治斗争亘古以来就在以哲学的名义进行着。对柏拉图的人工记忆范围的重新评价,以及德里达对它进行的解构,可能会成为一场新的哲学政治论题的基础,技术问题是这一论题的关键。

作为外生系统(Epiphylogenesis)的人类记忆

如果说哲学始于柏拉图,那么真正坐实这一点的正是柏拉图与诡辩家们就作为记忆术(mnemotechnics)(指人工记忆,但也包括修辞及以语标为基础的语言技术)的记忆这一问题展开的斗争。哲学的首要问题是记忆,即知识被理解成天然记忆,并且是语法化这一过程激发了这一问题的产生。在这里,语法化的构建被视为一种负面现象,正如柏拉图肯定天然记忆,用天然记忆来反驳诡辩家们通过书写进行的人工记忆实践,柏拉图将这种实践定义为是在对语言记忆进行技术处理,它创造的是虚假的知识(《高尔吉亚篇》)[14]。从总体上来讲,柏拉图哲学将技术理解成伪知识(它只能理解偶然的、感官的、意外的事件),将真正的知识摆到了必要知识的位置上,具有永恒不变的、可理解的本质。

柏拉图将天然记忆与人工记忆理解成对立的两极:存在对成为,精神对身体,不朽的灵魂中可被理解的思想对易朽的身体(它是激情的宝座,堕落的陷阱)中的感性思想。在对立的背景下,语法化是一件不可想象的事。一切的对立都归结于逻各斯与技术之间的对立,理性形式与技术知识之间的对立。将活生生的心理记忆与已经死亡的技术记忆相对立,就会归纳出上面所说的整个系列。相反,将记忆重新想成一个语法化的过程,在这个过程中,生与死的形成永无终结,我们就能够超越柏拉图馈赠给西方哲学的这些对立。

人类考古学及古人类学提供了一种方法,它可以用来应对柏拉图式天然记忆与人工记忆之间的对立。这个理论将技术视为是对生存的建构,即技术建构了生命中的欲望和知识。在这个观点里,成为人类这一过程的主要特点就是:人工记忆及天然记忆的外生系统同时出现——它既是个人外生经验的产物,也是系统发生的支撑手段,其目的是为了积累知识,以构建代际文化群落。[15]

根据勒鲁瓦-古尔汉(1993)的观点,现在让我们来回顾一下这一外生系统中的记忆是如何出现的。东非博伊西人,一种原始人化石,于1959年在坦桑尼亚奥杜威峡谷首次被发现。最早的两足灵长目动物出现于175万年前(后来同一区域的发现将两足灵长目动物的历史往前推到了360万年以前)。它重约三十公斤,是真正的两足动物,其枕骨大孔与颅腔垂直,后腿可站立,可自由活动。它的四肢注定了它能制造工具,能进行表达。也就是说,它**能够外在化**。事实上,同时期的证据表明它们能使用工具。在这些事实的基础上,勒鲁瓦-古尔汉(1993)认为,正是生命的外在化过程构成了人类的人性——那些生命史中的关键性断裂点。那些那时已成为生命中的关键要素的东西,即狩猎与防御行为,已经超越了生活范围:为生活而斗争——或者说是为了生存而斗争——已经不再仅仅局限于基本的达尔文机制。在所有的动物中,唯有人类能用非生物性器官(由技术组成的人工器官)来进行这种斗争。这也就是为什么我们今天能将人类为生存而斗争描绘成一种精神上的斗争,一场并非发生在生命领域里的斗争。

人类生命不再仅仅与生物性有关了。它是一种服务于欲望的技术经济,支撑着这个经济的是人工记忆科技环境、象征环境。在这个环境中,冲动发现自己必须臣服于现实的原则,而现实要求他们推迟对欲望的满足。[16]这种象征调节的结果就是,出现了一种能将冲动能量转换成力比多能量(即欲望和升华)的经济。通过外生系统里的物体,如恋物癖者迷恋的东西,同时也包括支持自恋思维的物体,这种虚幻的经济通过技术记忆的方式得到维持。[17]弗洛伊德的无意识行为理论就是一个关于记忆以及对记忆的审查的理论,这个理论不断围着这个问题打转,却没能正式指出这一点。因为忽视了技术的建构性作用,弗洛伊德所做的最大努力就是走向了一种新拉马克主义立场,即通过一些让人完全难以理解的方式,使记忆从一代人传递给了另一代人。[18]

技术是记忆的一个矢量,我们应将这个观点归功于勒鲁瓦-古尔汉。他表明在他所谓的从南方古猿到尼安德特人期间,大脑皮质——外皮层区域(扇形区域)的通道——出现了关键性的生物分化。他同时还表明,自尼安德特人以来,皮质系统的进化实际上走到了尽头:尼安德特人的神经设备跟我们的神经设备惊人地相似。然而,从尼安德特人到我们,技术的演化却程度惊人。从这一点上我们也许可以下结论说:技术演化不再依赖于生物演化。自尼安德特人以来的技术分化已经"在生物性维度之外的地方出现,并且独立于生物性维度,独立于内在环境"。在克劳德·伯纳德(Claude Bernard)看来,构成组织的要素在这个内在环境中茁壮成长。[19]从这个层面上来讲,外在化的过程就是构建第三个层面的记忆的过程。

从诞生于分子生物学的新达尔文主义,到19世纪晚期魏斯曼进行的研究中[20],人们具有一个共识:有性生物由两种记忆构成——物种的记忆(即基因,魏斯曼称之为"种质"),以及个体记忆,即肉体记忆,它根植于经验,位于中枢神经系统。后一种记忆在淡水螺这种原始生命组织以及跟我们相像的黑猩猩那里都能被观察得到。但是人类,也只有人类,才能获得由技术支持、建构的第三层记忆。例如,通过把无机物变成有机物这一过程,一块燧石成型。燧石取火者的动作里嵌入了一种秩序,这种秩序通过无机物得以传递。个体获得的知识有可能通过一种非生物的方式传播,生命史中首次出现了这个概念。这种技术记忆发生于外生系统。在这个系统中,个体的外生经验为代际文化群落提供了系统发生方面的支持。

《美诺篇》中的奴隶男孩美诺在沙上画出几何图形的样子,因为能以这种原始的方式将记忆外化就是他的知识所具有的功能。要对对象进行思考,它必须通过将无机的沙子变得有机的方式来将这个对象外化。因此,沙子成了概念投射的空间和支撑手段。[21]不管沙子是多么容易变化,但那奴隶男孩写写画画的沙子比他的脑子更能持久地保存这些图形的特点。因为男孩的思维从本质上来说是流动的,他的想法总是在不断地消逝。总之,他的记忆的保持是有限的。他的记忆会不断地被中断。他的注意力总会投向新的目标。他很难从几何物的有机身份、必要性、最深层次的本质等方面将几何物"意向化",总之,他很难从其形式方面来吸收它。

因此,作为人工记忆的绘画与这个未来哲学家、奴隶男孩,以及对他走向行动,也即走向天然记忆来说密不可分。绘画成了一副理解的拐杖、一个本能的空间,该空间完全是在奴隶男孩于沙上追踪推理的形态效果这一动作中产生。[22]沙子"看见了"奴隶男孩的本能以及他的理解的结果。因此,几何证据的延续及建构,要通过沙子得以实现。但柏拉图式的可理解的与可感知的两者之间的对立,逻各斯与技术之间的对立,这些对立在《美诺篇》之后的对话录中变得更加连贯一致,这使得这种技术性的支持变得简直不可能。结果,在对记忆的原初技术性进行贬低的过程中,西方哲学的雏形就被建立起来了。

记忆科技在外生系统被语法化的过程中产生。它始于工业革命时代,它产生出了模拟记忆科技和数字记忆科技。今天,数字记忆科技正在被配置到微技术、生物技术、纳米技术之中。

从书写到数字化

虽然从总体上来讲技术为人类的记忆外生系统构建了最初的环境,但并非所有的技术都是为了用来储存记忆痕迹的。一块燧石是用来切肉的,是用来解决问题的,只不过碰巧另外它同时也是一个记忆的矢量。然而,只有到了旧石器时代晚期,严格意义上的记忆技术才出现在了外生系统的视野中。它以神话书写的形式出现(用来支持典仪的叙述、巫师身上的刺青),以第一个计算工具的形式出现。只有到了新石器时代,语法化被视为人工记忆条件时,才出现了文字的演化,演化的方式包括改变表意书写系统中的计数方式,以及对强盛帝国的社会记忆进行记录。强盛帝国出现于农业发达、案头工作增加之时。[23]

严格地说,是字母构成了希腊的城邦国家。书写文本将生活原则外化、对象化,所有公民都能获取这些书写文本,这就为社群生活创造了条件。政治媒介以集体记忆的形式出现,历史社会就此诞生。

希腊字母是一种可区别的符号系统,字母不超过三十个,不管是作为读者还是作者,谁都可以使用它。正是因为使用了字母,后人才能真正了解社会史和思想史中发生了什么。即便到了今天,读柏拉图用希腊语写的《美诺篇》就等于拉近了与柏拉图思想的关系。靠文字辅助的记忆(柏拉图的文本)构成了柏拉图思想的质料性,从更广泛的意义上来讲,是西方思想的质料性:它是用字母组织的方式去获取记忆。这就是胡塞尔在临终前得出的结论。[24]

字母是第一个具有定位(orthothetic)本质的记忆技术。Orthotès 的意思是"精确",thesis 的意思是"位置"。字母表述具有"定位"特点,这是因为它们能用准确的空间形式来表达所记录言语已流逝的时间。字母书写是真正意义上在对语言记忆进行合成。正因为如此,字母书写为历史的时间性配置了恰当的位置。

在 15 世纪末,作为第一种机械复制技术,印刷术扩大并改变了这一合成的效果。由于书籍的迅猛增加,读者必须寻找新的方法来对已经积累起来的知识进行导航。这些方法包括图书目录、索引、参考文献,以及印刷书籍的编号、页码、概述、目录、词汇表等文件。一些技术手段中开始显现了一种遥控阅读,这些技术手段是当今电子编辑器和随机存取搜索系统的基础。随着当代信息处理技术的发展,在不远的将来,一种名副其实的自动化记忆活动会将大脑皮质的功能外化,从更广泛的意义上来讲,会将神经系统的功能外化。

正如伊丽莎白·艾森斯坦（Elizabeth Eisenstein）所说，印刷术最重要的政治后果是宗教改革。[25]印刷术使人人都能读得到由路德译成德文的圣经。马克斯·韦伯表明，由于印刷革命，印刷品才能得到流通。同时，由于计算活动及账簿登记的普及，印刷革命导致了资本主义的来临。[26]

19世纪见证了模拟定位记忆科技的发展，它使人们能够对视觉理解和听觉理解进行综合。与字母一样，摄影机、留声机能准确保存及传播一种过去的要素。在这种情况下，它是指用一种人工记忆方面的技术设备来对一个理解对象所产生的光波和声波频率进行记录。正如当我阅读《斐多篇》的希腊语原文，我会毫不怀疑我读到的正是柏拉图的思想一样，当我听到萨拉·贝恩哈特（Sara Bernhardt）录制的《斐多篇》，我的情感源于我能准确地知道我所听到的，不是有可能是她的声音的意象，而是她的声音本身。当我凝视着纳达尔（Nadar）拍摄的波德莱尔的脸时，情形也是如此。

记忆的功能早先被分配给雕塑、绘画、纪念碑建筑，以及弗朗西斯·耶茨（Frances Yates）所研究的各种记忆的艺术，而这些新的定位形式占据了这些记忆功能。[27]结果，与书本所储存、重构的过去相比，这些形式能对过去元素进行更丰富、更广泛的储存和重构。这些定位方式在20世纪时通过电影、广播、电视等方式飞速发展。这就构成了阿多诺和霍克海默所说的"文化产业"。[28]具有时间性的对象的声音、图像得到传播，而在其被传播的过程中，这些对象与意识的流动保持一致，构成并限制着大众意识的集体流动。对象以这种方式对观众进行构建。对大众意识具有时间性的流动进行控制，这导致了文化产业对行为的控制。例如，它可以保证对商品的消费。永远革新，不断向全球市场发布新产品，这是工业生产不言自明的原则。

这种力量来自模拟定位记录的精确性。与语言记忆的文字合成相反，在这里，编码和解码都由机器来完成。这给创造者接受者一体化的经济带来了根本的改变。在文字合成中，会读的人必然会写。而在模拟记录中，接受声音图像信息的人常常自己不能制造出这些声音图像信息。因此，工业化（它被定义成生产者与消费者的分离）就形成了。我们这里这个例子是想印证人类记忆（它通常既具有心理特点，也具有社会特点）是如何成为一种技术能力的。

模拟定位技术为具有时间性的视听对象产业创造了机会。这个产业利用对大众注意力的引导，从而带来无可辩驳的经济力量和政治力量——实际上是不折不扣的精神力量。它延伸了生物力量的统治（福柯认为这是规训社会造成的），并且开启了一个语法化的新阶段，这一阶段在阿多诺和霍克海默看来等于是一种大规模的社会倒退。

机械化发展中引进了具有巨大产能的设备，为了分摊设备费用，从19世纪开始，工业开始逐渐把社会组装成了一个"消费社会"。[29]这样一种体制意味着要应对永远革新带来的问题：尽管社会还没有做好准备，但它必须吸收新的工业产品。[30]工业社会预设的立场是：个体行为永远在变，他们身上公民的成分越来越少，消费者的成分越来越多，商品成了个体社会化的主要实施者。就是从这个层面来讲，媒介才对工业社会的民主至关重要。从媒介这个口子出来的东西是一个矢量，它引导社会永远都要接受可消费的新鲜东西。就是靠这种方式，资本主义才能得以维持。

厄尼斯特·勒南（Ernest Renan）已表明，每个社会都建立在接受一个虚构的过去的基础之上。这个虚构的过去抹杀了个体起源的差异,并通过记忆政治和遗忘政治促使人们去认同一个共同的未来。[31] 学校是完成这一过程的中心。学校开设行为项目,以文字合成手段将其作为知识来进行传播。皮埃尔·诺拉(Pierre Nora)也对教育政治进行了研究,他认为接受这个过程包括建构发生记忆的地方。这就是为什么工业社会通过模拟媒介带来的精神力量已经给教育带来了急剧变化。用项目产业取代文法学校、高中、大学等项目机构,此举有效地创立了一种新的接受机制。

然而,在现在这个时代,为了利用通信中的模拟技术与信息产业中的数字技术相融合带来的好处,所有这些设备都重新得到利用。数字定位合成在20世纪下半叶以信息处理的形式出现。今天,在21世纪初期,它以各种各样的电子设备的形式出现:摄像机、移动电话、语音记录器,这些设备不再是模拟设备。数字技术出现于信息产业中,而信息产业本身策略性地将信息视为固定不变的,将其商品化,从而得到发展。这样,我们就不至于在不断变化的环境中迷失,信息因此也构成了一个新的基本系统。

记忆与信息

信息产业经济成为现实始于19世纪。查尔斯·路易斯·哈瓦斯(Charles Louis Havas)于1835年利用时兴的电报网络创建了第一个通讯社,此举预示着人们为了利用信息将使用大规模工业化设备。就信息是一种商品而言,信息将时间与价值相连,因此破坏了历史性的时间。通过设备将记忆加工而成的商品成了全球范围内的日常事件。时事网络作为设备中的关键要素,它必须以光速运转。这是因为,信息作为商品的价值会随着时间陡降(而知识跟它相反,知识的价值保持不变,或者会随着时间的推移而增加)。

通过与信息产业融合,通信产业的力量越来越大。大规模传播意味着生产资料的集中:只有向数百万的观众播放时,一个电视形象的成本才能被分摊。因此,相对而言,只需不多的一些形象就能供应全球的电视台网。通过将所提供的信息指定为"重要事件",这些电视台网就能生产出记忆所需的原料。与这一挑选过程及几乎同时进行的信息传播的结果是:工业化编造了一个现在。只有当一个事件"被报道了",这个事件才能被称为一个事件(一个真正发生了的事件)。工业化了的时间总是至少是同时被媒体制造出来的。决定"报道"(报道什么)的要素是看它能否带来剩余价值。大规模广播是一个能生产思想成品("陈词滥调")的机器。信息必须要"新鲜",这也就解释了为什么所有通讯社最大的理想就是要消灭传输中所耽搁的时间。[32]

信息以光的速度得到传播。文字定位意味着推延,在所谓事件(或抓住事件)与对事件的接受(或阅读)之间,存在着一种根本性的延迟。而模拟定位和数字定位跟文字定位相反,它能使信息以光的速度得到传播。正是在捕获、处理信息的过程这个层面上,以模拟或数字方式呈现的事件才服从于光速-时间(light-time)逻辑。要想使用网络(或工业化记忆的矢量),就需要有被称为界面或终端的入口、出口机构:照相技术的进步迅速走向了毕林诺图解

（Belinography），[33] 然后是电影拍摄，最终导致了图像远程传送，而电报与留声机的原则进入了电话，然后进入了无线电直播。正如通过无限缩短传输时间，光速-时间网消除了捕捉事件与接受事件在时间上的推延。同样，模拟设备或数字设备消除了事件与对事件的捕捉在时间上的推延。

随着事件与对事件的捕捉同时发生造成的真实（现场）效果，随着由于对事件的捕捉与对事件的接受同时发生带来的实时转播或"现场"转播，一种新的时间经验出现了，它既是一种新的集体经验，也是一种新的个体经验。这种新的时间经验象征着恰当的历史时代的退场，只要这一历史时代主要是由时间的延迟来定义，也就是说，是由叙述与被叙述之间的一种建构性对立来定义。这也就是为什么皮埃尔·诺拉能宣称，模拟传输与数字传输的速度促使"眼前的事具有了历史地位"：

> 登月行动是现代事件的典范。通信卫星转播了登月行动的现场情况……现代事件意味着其本身能立即成为公众景象，总会有报道者-观众，或观众-报道者相伴，他们目睹事件的发生。对现代事件来说，这种情形并无不当。这种"窥视"既赋予了当今事件以历史确切性，同时也赋予了刚刚走出过去的事件以历史感。[34]

书写恰好是历史的媒介。在书写中，事件一般先于对事件的捕捉，而对事件的捕捉又先于对事件的理解或阅读。对过去的再现成为一种面向过去，且原初已缺失的行为，成为一种对事件的叙述与对事件的接受在时间上的推延，而事件只有在这种被推延的行为中才能得到构建。与被叙述的事件相比，关系的时间和"叙述"的时间总会滞后，总是在被重述时得到阐述。

通讯社对事件进行的日常、工业加工不仅仅是在讲述新闻。时事产业不会仅仅满足于对发生的事情进行记录，因为那样一来发生的每一件事都必须被记录下来。事实上，"发生了的事"之所以发生了，这仅仅是因为那些"发生了的事"不是跟别的事没什么不同的寻常事，是因为它跟所有别的事有所不同。只有经历了这种等级制的淘汰，结果胜出，信息才有价值。只有"被报道了"，事件才能获得事件的地位。这就是记忆的普遍痛苦（这也是豪尔赫·路易斯·博尔赫斯[Jorge Luis Borgès]的《博闻强记的富内斯》的主题）。[35] 记忆必须是对现在进行挑选、现在流逝、现在成为过去、逐渐淡忘的过程。但就目前而言，挑选的要素成了一种工业化行为，而且挑选实时发生，并非由时间（历史）来决定，不管这个历史指的是历史学（Historie）（"所发生的事情"的事实），还是历史（Geschichte）（"所发生的事情"的意义）。[36]

被保存的记忆，它是从可被记住的东西中挑选出来的，它同时也总是在对自己进行精心制作，而绝非仅仅是在对所发生的事情进行报道而已。发生了的之所以发生，是因为它并不是真的在发生。只有通过遗忘、抹杀、从一切可能被保留的东西中挑出值得保留的东西，人们才能有记忆。同样的道理，只有通过期待（肯定的或否定的）可能发生的事情（这就意味着记忆的滞留早已是记忆的延伸[展望]），人们才能有记忆。尽管弗洛伊德坚持说，这种选择同时从心理学层面来讲也是一种压抑，但实情就是如此。[37] 心理分析理论的问题是，心理记忆和社会记忆怎样才能得到表述，前提是这种表述恰好是构建超我的条件，至少是只要有所谓的超我存在，结果便会如此。消除时间的推延，也即消除行为的延迟，其中的关键点是这会开启一个去崇高化、去个体化的过程。工业化人工记忆时代造成了知识的损失，带来了去崇高化、去个体化的后果。

可以说媒介共同制造了所发生的事件，这里是指媒介制造了事件的影响，并且由此造成了对将要发生的事件的期待。这种情形从本质上来说毫无新意：这恰好是记忆出现之前就有的法则。结果，现在的过去从不在现在之后才出现，"总是已经先于现在存在"（如海德格尔所言）而不决定现在。然而，当记忆的条件，也就是抹杀、挑选、遗忘、期待、滞留-延伸——一个词，即时间化——这些元素在以最终目的为剩余价值的技术-工业机器中得到集中体现时，某种绝对新鲜的事情发生了。在这个发展过程中，对记忆行为进行霸权统治的是对时间的迫切需求。正如抽象的、资本化的钱什么都不是，它只是事先把未来的信用记录下来。那么同样，记忆什么也不是，它仅仅是广大观众未来的时间。工业化记忆的滞留这一术语完全受观众是信用之源这一法则的约束。这一法则不可阻挡地事先决定了事件的本质：对于自己的行为被记录下来的条件是什么，社会"演员们"心中有预期，他们的行为成为时间的工业化外观的约束函数。从这个意义上来讲，媒介从未满足于"共同制造"事件，更多的是媒介一手制造了事件。"9·11"正是这样一个产物。

今天，生活与媒介的关系出现了名副其实的逆转。媒介跟我们每一天的生活都有关，力量如此巨大，以至于这种"关系"似乎不仅预期，而且还不可避免地先于生活本身，也就是说，决定着生活本身。在各种媒介的竞争中，这种关系变成了受冲动引领——因为这就是引起轰动的法则——而且它还促进了恐怖主义行为的登台，以及电视上司空见惯的色情节目。这些现象意味着，今天的媒介对超我的破坏同它对超我的建设一样多。也就是说，它恰好破坏了将冲动转化成欲望（也即社会能量）的条件。

人工记忆生态：联合背景的时代

跟模拟定位和数字定位不同，文字合成中有一个预设：文本的接受者是能识文断字的文化人。有文化的读者本身就是一个设备，读者被"装备起来"，能够读懂一个文字记录的内容。假定一个有文化的读者已经长年累月地把时间花在让自己的记忆功能工具化、自动化、机器化上面，她会为了自己而对自己进行改造，把自己改造成一个阅读的工具。

然而，由于模拟技术和数字技术的出现，编码、解码功能被分配给了机器。"读"录像带的是录像机，"读"文件的是计算机。然而，这里重要的不是对记忆的工具化，这个早有大量先例，而是与最初的工具性的**断裂**。这种断裂从本质上改变了记忆，因为随着模拟技术和数字技术的发展，发送者和接受者不再碰巧就是编码者、解码者。这种改变显然给阅读造成了后果，也就是说，给阅读记忆和书写记忆都带来了改变：当记忆被进行模拟化或数字化处理，观点与观点之间的关系，发送者与接受者之间的关系，都在很大程度上得到改变。这两极与网络中发现的两个极端相呼应：一边是工业生产者，另一边是消费者。

如果人们能从不断流动的信息中培植出真正的记忆消费主义，一是因为人们将阅读与书写的技能委派给了机器，二是因为人们将记忆转换成了商品。如果没有前者，也就没有后者。

工业人工记忆的组织方式导致了知识的丧失：它的运作是通过消灭（至少貌似要消灭）一切天然记忆的机会。没有天然记忆的人工记忆环境是一种断裂的环境：它在工业上组织混乱、与社会脱节、不具象征意义。工业人工记忆将工业分工中的规章制度整个强加到象征生活上。对象征领域的工业化造成了这样一种情形：社会被分裂成象征符号的生产者和消费者，结果造成了象征本身的毁灭。

从结构上来讲，象征记忆环境是一种联合环境。它允许建立个性、表达个性。在对话中（这恰好是语言的生命），接受者（听且听见的人，语言中注定了该有的人）之所以是接受者，完全是因为她能坐到发送者（能说出别人未说过的话）的位置上。简言之，你听不见语言，除非你能说那种语言，并且是以一种绝对独特的方式说出那种语言。从这个方面来看，语言从本质上来讲具有对话性特点——作为象征交换的言语构成了一个循环：人们接受了一个以语言形式构成的象征话语，然后把所接受的东西变成另外的语言形式，再向其他的接受者讲述。在讲述的过程中，个体化过程产生，因此人们也参与了语言的转变过程。

心理个体化和集体个体化要求语言环境要永远有对话，也就是说，每个人在其形成过程中都要参与对话。说话者通过自己的宣言使她自己个体化（她改变自己，成其所是），但这些宣言同时也对语言的改变做出贡献，说话者正是在这个语言环境中发表自己的宣言，这些宣言完全符合说话人的个体化的程度。说话人在心理上的个体化同时也是一种集体的个体化，它构成了说话人共有的语言，而说话人也在说中建构了自我。

语言的生命存在于对话之中，而视听大众媒介所熔断、消灭的，正是对话。心理存在和群体都身处宏观环境，人们在社会环境里实现心理存在的个体化，在群体中实现交流和改变，前提是他们必须能参与到社会环境和群体中去。环境的个体化要通过处于环境中的人的个体化才能实现，反之亦然。一般来讲，服务行业（媒介是其主要部分）剥夺了心理个体参与集体个体化的所有机会。由于服务行业根植于通过工业人工记忆的方式熔断用户的知识，因此服务行业有效抑制了个人生活环境的发展。

但是到了20世纪晚期，互联网已经深刻改变了这种情形。如今由于已经融入了一种数字化环境，视听记忆可以通过互动技术被生产出来，**不再把对立身份强加给生产者/消费者**。这就是为什么互联网时代是一个人工记忆的时代，它把自己构建成一个联合技术环境。断裂环境的时代将生产者与消费者的功能分开，剥夺了生产者与消费者的知识，结果剥夺了他们通过改变世界而参与对这个世界的社会化这一过程。联合技术环境标志着断裂环境这一时代的终结，逃离了那个时代。

吉尔伯特·西蒙栋（1989）在他分析潮汐发电厂的著作中讲到了联合技术环境：作为技术环境的发电厂被称为"联合"技术环境，这是因为它的技术物体从结构和功能上将构成这个环境的能量及自然元素联系了起来，以至于自然变成了技术系统中的一个功能。甘巴尔（Guimbal）汽轮机也是如此。它赋予了海水（自然元素）三重技术功能：提供能量、冷却汽轮机的结构、促进不同水位时的防水。[38]

数字网络化的人工记忆时代开启了工业人工记忆环境，在此环境中，地理中的人文要素与成为技术环境相关。有了互联网，才能有一种典型的参与型经济，它重视免费软件及合作技术,是一种联合人工记忆环境。在这个环境中,接受者被放到了发送者的位置。从这个角度来讲,联合人工记忆环境构成了一个新的语法化阶段,这个阶段允许我们去想象一种新型记忆经济,它支持的工业模式不再以分裂或去个体化为背景。工业人工记忆如今已当仁不让地是当代社会的心脏。由于有交流功能,日常用品与媒介的联系越来越紧密,这一点非常明显。iPod、智能手机、GPS导航,以及其他许多设施运用了微技术及纳米技术,所有这些都是人工记忆物品。

模拟方式的大众媒介给出了一个工业化日程表,其时间表及项目列表同时也是要点,它能通过对新闻及人口进行分层,指引我们在图像世界里前行。播客、自媒体,以及生产者/消费者之间的对立的消除将媒体分众化,构成了一个新的记忆时代,记忆再度变得可超越个体。[39] 将人工记忆从其工业功能中解放出来,这成了这个新时代的催化剂。因为如果是断裂造成了超个体化(transindividuation)的熔断,那么数字网络的联合人工记忆标志着一个关键性的决裂:只要是合作的、参与的,它们就能重新接通超个体化所必需的电路。我想说,这种变革要求改变工业模式,要求新的人工记忆和天然记忆经济,这种新型经济强调人工记忆和天然记忆两者之间根本上的互补性。具有合作特点的数字技术能够为个体化服务,但只有当人工记忆的工业政治在其实施过程中是在为新的天然记忆时代服务时,情况才会如此。让我们将这个新时代构想成一种联合人工记忆的生态环境吧。

注释

1. G. W. F. Hegel, *The Encyclopaedia Logic*, trans. T. F. Geraets, W. A. Suchting, and H. S. Harris (Indianapolis: Hackett, 1991).

2. Gilles Deleuze, "Control and Becoming" and "Postscript on Control Societies," in *Negotiations*, trans. M. Joughin (New York: Columbia Unversity Press, 1995).

3. Gunther Anders, *L'obsolescence de l'homme* (Paris: Encyclopédie des nuisances, 2002).

4. 根据吉尔伯特·西蒙栋(Gilbert Simondon)对马克思的解读,我们将自己的技能让渡给机器,这使得我们每个人,不仅仅是工人阶级,都变成了无产阶级。(编者注)

5. Jacques Derrida, *Of Grammatology*, trans. Gayatri Chakravorty Spivak (Baltimore: Johns Hopkins University Press, 1998).

6. Jacques Derrida, *Writing and Difference*, trans. Alan Bass (Chicago: University of Chicago Press, 1980).

7. 斯蒂格勒对"可重新激发"这个术语的运用间接指向了胡塞尔对人工记忆的阐述。在胡塞尔(1970)看来,未来的几何学家"可重新激发"传统几何学,仅仅因为传统几何学已经被写下来了。(编者注)

8. Derrida, *Of Grammatology*, 84.

9. 西蒙栋(Simondon)是莫里斯·梅洛-庞蒂(Maurice Merleau-Ponty)和乔治·康吉扬(Georges Canguilhem)的弟子。他发展的个体化理论包括了从以生物性方式得到表现的物理过程、精神过程,以及集体过程。他论述的核心要点是:一切个体化过程在本质上来讲都是不完整的,即使这些过程能产生实实在在的个体,能维持外部化的两大维度之间的关系,即前个体化与相关背景之间的关系。因此,在斯蒂格勒的推论中,我们可以将相关背景美化成一种个体化过程能在其中得以进行的环境,一个经历着个体

化过程的个人的外部维度。（编者注）

10. 语法化这一概念来自奥鲁（Auroux）于1992年对语言知识史的分析。

11. Walter Benjamin,"The Work of Art in the Age of Mechanical Reproduction," in *Illuminations*, ed. Hannah Arendt(New York: Schocken, 1969), 217-52.

12. 贝尔纳·斯蒂格勒讨论了普通器官学（即关于身体器官、人工器官、社会器官的结合的理论）的要点。见 Bernard Stiegler, *De la misère symbolique*, vol. 2, *La Catastrophè du sensible* (Paris: Galilée, 2004).

13. Adam Smith, *An Inquiry in the Nature and Causes of the Wealth of Nations* (Chicago: University of Chicago Press, 1977).

14. Plato, *Gorgias*, trans. Robin Waterfield (Oxford University Press, 1994).

15. 斯蒂格勒在 *Technics and Time*, vol. 1, *The Fault of Epimetheus* (Stanford: Stanford University Press, 1996)中介绍了外生系统这一术语，用它来指（人类）生命通过生命之外的形式得到的进化，也就是说，通过技术手段实现的外化。这一概念与许多当代进化认知科学著作相呼应。当代进化认知科学强调文化在进化过程中所起的作用。（编者注）

16. 就这一点，着重参见 Bernard Stiegler, *Mécréance et discrédit*, vol. 3, *L'esprit perdu du capitalisme* (Paris: Galilée, 2006)。

17. "外生系统对象"（epiphylogenetic object）是指一种技术对象，它支持外生系统的进化，或基因之外的形式的进化。（编者注）

18. 这一点在西格蒙德·弗洛伊德的 *Moses and Monotheism* (New York: Vintage, 1955)以及 *The Ego and the Id*, trans. James Strachey (New York: W. W. Norton, 1962)这两部作品中表现得尤为明显。

19. Claude Bernard, *Leçons sur les propriétés physiologiques et les altérations pathologiques des liquides de l'organisme* (Paris: Ballière's, 1859).

20. August Weismann, *The Germ-Plasm: A Theory of Heredity* (New York: Scribner's, 1893).

21. Plato, *Meno and Other Dialogues*, trans. Robin Waterfield, (Oxford: Oxford University Press, 2005).

22. Bernard Stiegler, *La technique et le temps*, vol. 3, *Le temps du cinéma et la question du mal-être* (Paris: Galilée, 2001).

23. 参见 Harold Innis, *Empire and Communications* (Lanham, MD: Rowman & Littlefield, 2007)。（编者注）

24. Husserl(1970). 参见 Jacques Derrida, *Edmund Husserl's "Origin of Geometry": An Introduction* (Lincoln: University of Nebraska Press, 1989).（编者注）

25. Elizabeth Eisenstein, *The Printing Press as Agent of Change: Communications and Cultural Transformations in Early Modern Europe* (New York: Cambridge University Press, 1979).

26. Max Weber, *The Protestant Ethic and the Spirit of Capitalism*, trans. Talcott Parsons (London: Routledge, 2001).

27. Frances Yates, *The Art of Memory* (Chicago: University of Chicago Press, 2001).

28. Theodor Adorno and Max Horkheimer, *The Dialectic of Enlightenment*, ed. Gunzelin Schmid Noerr, trans. Edmund Jephcott (Stanford, CA: Standford Univeristy Press, 2002).

29. 参见 Jean Baudrillard, *The Consumer Society: Myths and Structures* (London: Sage, 1988).

30. 脚踏车（Velocipède）公司创立于1867年，巴黎自行车公司是该公司的委托制造商。如果没有印刷媒介，这个公司的社会发展不可能这么快。在1880年至1900年之间，五种专门杂志出现，而每天拥有巨大读者群的《小报纸》为自己促销、办比赛,并且最终将比赛办成了环法自行车赛,媒体不断大量报道。在表演之前,这些媒体向未来的自行车手们展示,在两个滚动的轮子上不掉下来,这是可能的!

31. Ernest Renan, *Qu'est-ce qu'une Nation?* (Toronto: Tapir Press, 1996).
32. "劳拉?——嗯?——你把报纸放哪儿了?——放到该放的地方去了。——在哪儿呢?——在冰箱里……——为啥放冰箱里呢?——为了得到新鲜的消息啊。"
33. 毕林诺图解由爱德华·贝林(Édouard Belin)于1913年发明,它能通过光电池获取照片,并用普通电话线传输照片。(编者注)
34. Jacques Le Goff and Pierre Nora, *Faire de l'histoire 2* (Paris: Gallimard, 1974), 295. Telstar 是第一颗通信卫星,"为跨大西洋电视节目交换服务"。此事也给海德格尔留下了深刻印象。参见他的论文"Traditional Language and Technical Language," trans. W. Gregory, *Journal of Philosophical Research* 23 (1998).
35. Jorge Luis Borgès, "Funes the Memorious," *Labyrinths: Selected Stories and Other Writings* (New York: New Directions, 1964).
36. *Being and Time*. Trans. J. Macquarrie and E. Robinson (New York: HarperOne, 2008). 海德格尔在此书中对历史学(Historie)与历史(Geschichte)做了区分。历史学关心的是所发生之事的经验性的问题,而历史与Geschick(命运)相连,它关心的是面向未来的过去的重要性或方向性等更深层次的东西。(编者注)
37. "滞留记忆"(retention)和"连带展望"(protention)这两个术语来自 Edmund Husserl, *On the Phenomenology of the Consciousness of Internal Time*, trans. J. Brough (Dordrecht: Kluwer Academic Publishers, 1991)中对时间意识的结构的探索。retention指"刚刚消逝的过去",protention指"行将步入的未来",两者都属于此刻的现在,或印象,两者将现在构建成一个厚重的现在。(编者注)
38. 甘巴尔涡轮机证明了个体化过程(这里指的是一种技术上的个体化)与个体化的联合环境之间的互补性。正如其操作将自然变成了"一种技术系统的功能",人工记忆环境将天然记忆变成了一个更大的记忆科技网络系统的组成部分。(编者注)
39. 西蒙栋认为,超个体化构成了一种集体个体化。它首先要求一种对个体(心理)的个体化进行去个体化,直接利用"前个体"(它超越任何给定的个体化过程,但它同时又与之相关)。西蒙栋在《精神与集体的特点》(*L'individuation psychique et collective*)中对超个体化进行了理论探讨,而且在《关于技术物体的存在方式》(*Du mode d'existence des objets techniques*)中将它与技术物体的功能相连。斯蒂格勒在此处表明,新的数字化人工记忆环境导致了一种对集体的个体化,它不以已经个体化了的个人为起点,而是直接将集体进行个体化,并让这种对集体的个体化得以不断维持。(编者注)

参考文献及建议阅读书目

Auroux, Sylvain. 1992. *La révolution technologique de la grammatisation*. Liège: Mardaga.

Derrida, Jacques. 1981. "Plato's Pharmacy" [*La pharmacie de Platon*]. In *Dissemination*, trans. Barbara Johnson, 61–171. Chicago: University of Chicago Press.

Foucault, Michel. 1997. "Self Writing" [*L'écriture de soi*]. In *Ethics: Subjectivity and Truth*, ed. Paul Rabinow. New York: New Press.

Husserl, Edmund. 1970. "The Origin of Geometry." In *Crisis of the European Sciences and Transcendental Phenomenology*, trans. David Carr. Evanston: Northwestern University Press.

———. 1991. *On the Phenomenology of the Consciousness of Internal Time*, trans. J. Brough. Dordrecht: Kluwer Academic.

Leroi-Gourhan, André. 1993. *Gesture and Speech* [*Le geste et la parole*]. Trans. Anna Bostock Berger. Cambridge, MA: MIT Press.

Plato. 2003. *Phaedrus*. Trans. Christopher Rowe. New York: Penguin.

Simondon, Gilbert. 1989. *Du mode d'existence des objets techniques*. Paris: Aubier.

———. 2007. *L'individuation psychique et collective*. Paris: Flammarion.

6. 感　官

卡罗琳·琼斯

> 蓝图、示意图，不管它们控制的是印刷机还是大型电脑的主机，它们都可能留下匿名者的历史痕迹。我们把这个匿名者称为身体。
>
> 弗里德里希·基特勒，《留声机·电影·打字机》(*Gramophone, Film, Typewriter*)

感官既包括我们对未经调节的知识的"感觉"，它同时也是最能与意识抗衡的媒介。在媒介理论家中，有的人如基特勒认为，感官是受媒介影响的结果；有的人如麦克卢汉则认为，调节技术是人的"延伸"[1]。技术决定论（身体受到调节后发生急剧变化）也好，我们所谓的归化（视感官为身体的基础，调节技术仅仅"延伸"了感官的范围）也好，由于感官调节影响着理解，这两种方法都将感官推向了一个关键领域。

想想哲学。它是世俗世界里关于知识生产的第一学科。通过将抽象认知和身体感觉区分开来，希腊人将大脑分为"感觉"与"思维"(*aisthetá kai noetá*)（康德认为这一划分"相当著名"），这门热爱求知的学科诞生了。笛卡尔的怀疑论清楚地表达了这种概念与物理认知之间的界线，巨大的鸿沟由此形成：思维是确定的，而眼、耳、鼻、舌、身提供的线索有可能使人误入歧途[2]，因此，前者统治后者。随着时间的推移，近似感官（触觉与味觉）渐渐被人遗忘，极具动物性的感官（听觉与嗅觉）被果断降级，而视觉（我们所有感官中走得最远、触及范围最广的）则被拔高到骄傲、显赫，却不稳固的地位，成了知识本身至高无上的比喻。[3]

柏拉图的洞穴寓言（《理想国》，第七卷）为我们提供了一个表明视觉有多么要紧的根本范例，看的范式通过一系列重要的类比发挥作用：阴影与无知相连，黑暗与欺骗相连，视觉与理解相连，洞见与启蒙相连。然而，数百年的评论却表明，这些二元对立既不单纯，也并非固定不变。在这个最负盛名且被清晰描绘的洞穴里，这些二元对立不是调节行为的独特结构。洞穴中的人被描述成身披枷锁，甚至连头也无法转动的囚徒。光线照亮了囚徒身处的阴暗世界，但他们却看不见光线从哪里来。他们能在阴影中看到各种形状，他们"知道"那是物体、动物、人的形状，但事实上，他们看不见产生出自己眼睛所见的理想形式——柏拉图的永恒实体，是实体产生了这些变幻莫测的投影。柏拉图告诉我们，这些囚徒是片面看法的可悲的受害者，他们代表着绝大多数人与世间隐而不显的真实之间自以为是的关系。在柏拉图的文学阐释中，苏格拉底是在告诉我们，关于洞穴的寓言以及被蒙上眼睛的洞穴居民将给我们解释"有觉知的存在"与"仅仅是存在而已"两者之间的"分界线"：下面的洞穴里光线明灭不定，魅影重重，洞穴中的囚徒仅仅是存在而已；只有哲人才能走出洞穴，能充分理解事物本身的要旨，**从而全面发现已经调节的真实**。媒介（明灭的光线、物体、物体的投射、洞穴粗糙的墙壁）形成了一个既表征又欺骗的系统，而且被蒙蔽的视觉器官也参与其中。因此，逃离魅影重重的洞穴就成了通往所见（或洞见）的唯一途径。这样的所见（或洞见）既真实，又自由。

然而这个寓言中却隐含了一个悖论。不思考的囚徒看不见日常景象。他们无法获得高级知识，除非他们能够自由**走动**，当然还要能在哲学层面上看到眼见为实之外的另一个层面的真实。而在他们能获得**内在**真实之前，他们必须再次变成失明，既不见洞内的幽灵，也不见洞外耀眼夺目的日光[4]。这个叙述中真正的景象必须包括摇摆运动：转过身去，不看眼前的景象，或者如果不能转动整个身体的话，至少也要闭上眼睛，不看这个世界——或这个世界被调节后的形象——而是质疑自己所看到的东西。因而，在柏拉图的叙述中有两种模式的盲目：囚徒由于无知造成的盲目，以及哲学家故意选择的盲目。从柏拉图到保罗·德曼（Paul de Man）的结构主义作品《盲点与洞见》（*Blindness and Insight*，1971）以及德里达的《盲者回忆录》（*Memoirs of the Blind*，1993），人们转而制造这种富有洞见的盲目，或回归这种富有洞见的盲目，或离开书本，再造文本，或让视线离开镜中的面容，转而在纸上勾勒那镜中的面容，这种模式几乎成了一个学科分支的"核心"。从无知的盲目到哲学洞见的转变是以身体为路径的：身体的离开与回归，身体主动从视网膜所见转向脑中形象。未被谈及的本体感觉是内部器官的综合效果，它能带来方向感、平衡感，能将感官在时间空间中定位。只有通过它，人们想要的那种盲目才能够发生，而那会给整齐划一、"抛锚搁浅"的哲学主体带来最高形式的启蒙。

事实上，古典主义者安德烈亚·威尔逊·奈庭格尔（Andrea Wilson Nightingale）已经说过，柏拉图对抽象理性毫不掩饰的赞美是以本体感觉的转向（如关于身体的文化实践）为基础的。在古希腊文化背景下，派出咨询神谕或参加竞技会的政府大使（*Theôria*）是朝圣者，他必须离开自己出生的城邦，去进行一次仪式化的旅行，去朝拜神山圣地，其出行日期可能是为纪念某特殊神圣人物而举行的盛大节日[5]。只有回归城邦，从远处再谈起那段经历，他的经历才算完整。未经训练的观看难入柏拉图的法眼，但柏拉图不过是将朝圣者的身体行动内化罢了。朝圣者寄居、暴露于他人的思考之下，而柏拉图将这个过程纯粹概念化了："这些哲学家般的政府大使蒙上了自己的眼睛，对人的境界视而不见，其目的就是为了能看见一种能改造自己灵魂的景象，能带着崭新的视角回归自己的世界。"[6]因此，柏拉图的洞穴寓言放逐感官，其目的就是想说，感官与知识之间有着特殊关系。当人们的感官被剥夺时，盲人看不见，被捆绑者失去了本体感觉。失去本体感觉后，由于感官闭塞，大脑被封锁于受媒介驱役的幻象之中，必须依靠艰苦卓绝的智力旅行，这种幻象才能被打破。

在柏拉图的论述中，朝圣这一文化背景遭到压制。然而，通过恢复这一被压制的背景，我们能弄清楚智力活动如何总是受到被调节的感官情境的纠缠。哲学知识由感官过程中复杂的突触回波构成，但哲学工作必须否认这一点。而且，这门学科还对哲学家们进行训练，让他们最后将当下的"理论"历程内化。回顾希腊哲学家们的文化背景在别的方面也能带来启发。这些有闲的男性,有依赖军事征服的奴隶经济制为他们撑腰,他们能获得男性才能有的感官享受,但相应地,他们却深受身为主人的怀疑感所害——他们怀疑自己与外部世界之间被调节的关系,黑格尔把这个难解的问题称为"主奴辩证法"。[7]只有通过服务他人——奴隶、女人、动物、盲人、洞穴中戴枷的囚徒、外国人及其信仰——哲学才能获得一种称得上是普世真理的"理论"。只有通过想象奴隶与真实之间强劲的本能关系,主人才能打破感官上的错觉。

我这里描绘的波动与焦虑具有系统化的特点,它们伴随着与感官进行斗争的整个历史,而且这场斗争一时还解决不了。媒介理论通常始于身体,但媒介理论追求的却是概念化,其任务就是要让这些轨迹不露痕迹。以"美学"为例。我们认定它是界定艺术如何发挥功能、对给定"媒介"如何成为"艺术"进行思考的最高形式。最初,柏拉图的弟子亚里士多德所说的美学意味着通过所有的感官进行理解,通过感官的方式学习被赋予了独立认知的价值(同时为科学开创了一条道路。柏拉图却从未对这条道路予以认可)。亚历山大·戈特利布·鲍姆加登(Alexander Gottlieb Baumgarten)在他 1750—1758 年的拉丁语论文《美学》中赋予了"美学"以批判哲学的含义,他试图通过颂扬一种与理性制度相平行的"感官知识",从而对"理性主义……在品味方面的缺陷"进行抵制。虽然康德认为鲍姆加登的努力"徒劳无益",因为他的努力不能得出本该得出的能操纵品味的先天法则,但是他赞赏鲍姆加登在经验方面的努力"将我们对美的批评判断引导至理性原则之下,将这些判断的法则提高到合法科学的高度"。[8]让抽象优于经验,将古人认知中整体与感官间的平衡关系变成了智力与身体间的主奴等级关系,这是系统哲学所做的工作。

事实上,感官是复杂的认知系统。譬如,以头颅本身的声音"阴影"为基础,以输入信号抵达双耳时的微秒相差为基础,复杂的身体系统将声音理解为语言。但是,空气"媒介"、声音信息所传递的"讯息"、复杂的身体系统,这三者之间并无明确的分界线。(同样,从组织学上来讲,以及从解剖学上来讲,眼睛是被挤出来的大脑。在大脑还没反应过来,尚未形成思维的时候,鼻子的气味接收器凭情绪就能"识别出"特殊的化学同分异构体。)但如果居统治地位的智力必须继续一再登台,必须继续在体制上得到巩固,那么智力过程本身也要在其行为活动的媒介——身体——上留下蛛丝马迹。人们假定,感官具有根本的地位,但为了实现理性,感官必须被超越。这一假定本身是一种历史现象。这一假定导致了现代人在精神上执着于卫生学、视觉学,厌弃与视觉无关的东西。感官与理性的辩证关系时起时落。在某些时刻,人们重奴隶的身体知识胜过主人与外界间被调节了的关系。

譬如,启蒙时代的经验主义者就对奴隶的理解感兴趣。他们将支持感官的观点摆到了首要位置,这是前所未有的事。约翰·洛克(John Locke)认为,知识只能通过感官经验获得。英国国教主教乔治·贝克莱(George Berkeley)将这个观点进一步推进。贝克莱认为,人的所见需要经过触觉来进行调节。通过"调节"的方式理解指对一个观点的理解需要通过别的方式达到(例如,我们之所以能理解远处一座塔的高度,这是因为我们在以往经历中已经近距离地接触过其他的塔,其中有些塔我们已经登上去过)[9]。怀疑论三巨头之第三号人物是大卫·休谟(David Hume),他提出的关于台球的例子很出名。如果我们让一个台球去撞击另一个台球,我们"知道"第二个台球会朝一个给定的方向运动。然而,我们能对事态的发生进行想象,这一事实本身表明的是习俗和经验的力量,而非理性和抽象知识的功劳。我们有一种错觉,认为我们向来"知道"第二个台球会移动,"我们不必等着看它发生,然后再确切宣告它的发生",这只不过是不加思考的习惯的力量。"这是习俗的影响。当习俗影响力最强大时,它不仅让我们看不到自己天生的无知,而且它甚至隐藏了自身的存在,似乎没有习俗这回事发生,这不过是因为到处都可以发现习俗的存在。"[10]

这类经验主义在那个时代是有危险的。神圣的人的思维、神圣意志的灌输、宿命论、可以获得的先天知识,这些东西全都遭到经验主义者们的质疑。来自身处世界的感官数据看似是毫无意义的堆砌,但它们却取代了那些类似于中世纪形式的确定性。这类对主/奴(头脑/身体)等级制的破坏行为不乏追随者,他们敏锐地发现了其中的政治含义。百科全书派的丹尼斯·狄德罗(Denis Diderot)卖力地把这类英国观点传播到法国。他用牛津盲人数学家尼古拉斯·桑德森(Nicholas Saunderson)的经验几何来论证人的理性显然是一个以感官数据为基础的逐渐积累的过程,人类的理性一直都是受到调节的。事实上,调节为开始抽象这一步提供了唯一可理解的基础:

> 但是,如果对盲人来说,想象不过是脑中想起的能力以及将触觉感官结合起来的能力,而对看得见的人来说,想象是将看到的东西或带颜色的东西结合起来能力,那么,天生的盲人对事物的理解方式就要比我们抽象得多。同样,在纯粹思考的问题上,天生的盲人可能不那么容易上当受骗。因为抽象是指要么将身体的不同理解特质彼此分开,要么将身体的理解特质与天生孕育了此理解的身体分开(Diderot,[1749]1999:159—60)。

对于像狄德罗这种反教会且具有共和思想的启蒙哲学家,具身化的感官能生动驳斥智力奴役一切这个幻想。[11]死亡本身成功地证明了意识是具身的(在桑德森临终时,狄德罗听到桑德森说,他无法相信上帝,因为他不能**感觉**到上帝的存在,仿佛狄德罗能听懂桑德森的腹语似的)。具有"调节"功能的感官开始不容小觑,而且它似乎威胁着要打垮君主制和教会制,宣称"知识"属于一个更高的领域的君主制和教会制。[12]

事实上,狄德罗饱受诟病的立场最早可追溯至中世纪的求知传统,追溯至古代与现代之争。感官代表着现代,是意识在此时此地的媒介。然而,通过对各种感官调节进行挑选,关注某些感官接触中所获取的"抽象"特质,意识可以对知识进行加工。从令人目眩的感官中获取知识可以说向来是人们手边的问题。正如下面这段令人玩味的引文所示,中世纪伟大的思想家奥卡姆的威廉(William of Ockham)以敏锐的感觉对这一问题进行了阐述:

> 抽象即在理解一物时不用理解另一物,即使在现实生活中一物与另一物不能分离。例如,有时候,学者理解白就是牛奶的白,但他此时不用去理解牛奶的甜。在这个意义上,抽象甚至可以属于感官,因为感官可以理解一种感觉而不用理解另外一种。[13]

狄德罗的话是对奥卡姆的话原封不动的回应:"抽象是指要么将身体的不同理解特质彼此分开,要么将身体的理解特质与天生孕育了此理解的身体分开。"从严格意义上来讲,媒介研究是指对思考进行思考,而且你永远不必为此感到抱歉——因为甚至连感官都有抽象的能力,而思维本身就是调节行为留下的痕迹被擦拭、重写后留下的重写本,真实需要经过筛选才能获得。

对身体感官的抽象化也导致人们在意识形态上忘记了感官是一条通往知识的路径,而这是启蒙运动之后的经验主义的动向。在重新布局后的审美领域里,感官的出现成了一个"问题",正如戈特霍尔德·埃弗拉伊姆·莱辛(Gotthold Ephraim Lessing)([1766]1962)所言。莱辛用公式来规定体裁(绘画、诗歌、戏剧),判定某一给定艺术形式应如何恰当针对其独特的感官(看、听、感觉)。[14] 这一系统概念的流毒从未被肃清。文学史家欧文·白璧德(Irving Babbit)借用了莱辛的刻板教条来控制"精神上的过度亢奋"。到了20世纪晚期和21世纪,艺术史家迈克尔·弗里德(Michael Fried)是这个时代形式主义思想最有才华的提供者,他要求视觉艺术要避免刺激"戏剧性"(在艺术馆感觉到自己身体的存在,这是一件让人尴尬的事),他推崇"在场感"(通过极其纯粹的视觉刺激来实现对身体的超越)。[15] 如何做到这一点,人们应该如何运用莱辛所代表的传统,用感官来管制现代主义下的媒介,克莱门特·格林伯格1941年的一篇论文例证了这一点,弗里德早期受他的影响最大:

> 每种艺术都不能包括用任何别的感官所用的术语也能理解的东西,只有通过这种方式,艺术才能获得它本身渴望拥有的"纯粹性"及自足性……艺术的纯粹性就包括要接受,心甘情愿地接受某一具体艺术媒介的局限性……那么,艺术已经回过头来要对媒介进行追踪、捕猎。在那里,艺术被一一区分,被深入研究,被给定含义(Greenburg,1986:304—5)。

由感官(看)转向媒介(绘画),这一点对视觉艺术中的现代主义至关重要。人们用唯物主义经验论开发出的"普鲁士蓝""酞菁绿"成了绘画用品(媒介),这就意味着那么人们会同样把唯物主义经验论用到身体上,使感官变得更加纯粹单一,对感官进行管制。[16] 批评、商业跟哲学结盟,它们一道让感官与感知力分离。"可调节"的感官领域成了心理学、物理学、医学、化学、通信理论、广告、娱乐中系统研究的课题。

但是感官跟化学颜料或新的铸造技术不同,感官只能通过身体,而且总是要通过身体才能实现。(现在我们才仅仅开始用机器神经元界面来代替或辅助视网膜、人工耳蜗、皮肤、鼻腔黏膜。至少在写这篇文章的时候,不管身体的功能如何被假体放大、改变,身体仍然是我们全部的所有。)从定义上来讲,感官即**意识**。丧失意识即失去"知觉"——"陷入昏迷"。同理,子宫里的胎儿对构成其舒适环境的羊水的温度、沉闷的声音、黑暗、咸味是"不敏感的"。意识——**对媒介的觉知**——的产生要通过摩擦和差异。哺乳动物的感官适应了羊水这个媒介,并在其中发展,但意识的产生要求胎儿被迫与这个媒介分离。伴随着婴儿第一声痛苦啼哭,能赋予人以生命的空气媒介呼啸着进入了婴儿的肺部。人们听到的哭声由空气产生、经空气传播。肌肉、神经元、纤维毛发、毛囊,这些东西本身就是媒介,它们传递着刺激。靠电阻的推拉以及化学的差动,胎儿经过碰撞、挤压,进入我们称之为"有知觉"的状态。

除了新生儿及神经元之外,还有复杂的历史和文化,这两种分析模式本文在一开始就已指出。书写、排版、数字技术已经不可逆转地改变了我们吗?抑或这些东西仅仅是跃进式演变带来的副产品,在演变过程中,喉咙、大脑、耳朵都参与了语言的发展?在讨论这些问题时,历史分析模式和文化分析模式都发挥了作用。马克思似乎属于技术决定论这一派,在感官与技术及政治经济的接触过程中,人类形成,马克思主张我们去对此进行探索:"五种感官的形成是迄今为止整个世界史中劳动的结果。"[17]以马克思为基础,齐美尔建立的理论探讨了现代性如何让都市主体在身体上也几乎发生了改变:"总的来讲,我们变得不仅近视,而且感官迟钝;但在这些短距离范围之内,我们变得无比敏感。"(1997:119)在这一遗产中(其极致能产生技术决定论),媒介理论超越了简单的批评(如,对视觉中心主义或可视性的批评),转向了更深层次:历史性地看待感官协议、检查这些协议如何体现在具身化了的主体性之中。例如,20世纪中期,美国的现代主义就让主体经历了前所未有的,且程度更高的调节。它有时包括专业训练(如艺术史课程),有时包括一种新兴的、接触得到的媒介形式的诱惑(如业余无线电,高保真音响),有时还包括进入市场板块的划分(如家用空气清新剂)。人们以特殊的方式来组织身体,占据新近才确立的感官和身体功能,如同占据一块殖民地——通过科层制的方法巩固与这些功能之间的美学关系,为这些功能给出产品地址。

因此,美国在短暂的时间内(从1945年到世纪之交),感官被放到了纯属"输入"的领域,目的就是要对媒介进行改造,以实现效果最大化。早期现代主义者对合成或重排实验感兴趣,但到了后来,它们被科学、医学以及资本主义制度对强度和纯度的兴趣所取代:如"高保真"听音录音系统、化工合成香水和调料的同分异构体,甚至是单波光(激光)。[18]人们热衷于符号的纯粹性,这成了时尚、艺术、制药、神经病学,以及其他科技领域里最为广泛的知识生产的动力。广播这一大众媒介被精确分类:调频、调幅、电视,以及很快出现的微波。在色彩高调、边缘模糊的色域绘画(Color Field Painting)中,人们仍然可以看出,对纯粹符号的热情是它的动力。人们用新的词汇来训练消费者,让消费者去区分"松林味"和"清新乡村味",要求消费者在两者之间挑选,以满足消费者家庭清洁的需求。这个现象背后的动力也是对纯粹符号的热情。

现代性这种易变的特质可以被分成好管理的单元,这些单元受制于视觉,而且被划分为不同的等级(干净得"闪闪发光")。在现代认识论中,"视觉性"是一个被人们热烈讨论的话题。然而恰好在这一时刻,嗅觉进入了现代主义的白立方画廊。沉默与触摸被用来与工具化了的视觉对抗。对现代主义规范进行破坏可以追溯至20世纪10年代的先锋派实践。而恰好是在现代主义对感官的分割最为尖锐的时刻,对现代主义规范的破坏表现得很突出。这些自觉行为形成了一种反霸权"先锋"。如约翰·凯奇(John Cage)和他的弟子爱伦·卡普罗(Allan Kaprow);卡萝尔·施内曼及通常意义上的女性主义行为艺术;朱利安·贝克(Julian Beck)及生活戏剧;国际艺术家群体如激浪派(Fluxus)、具体派(Gutai)、维也纳行动派(Vienna Actionism)。这些当时位居边缘的越界者力求拓展艺术介质的感官范围,把现代主义分割得极为复杂。同时,新技术(如录像带、静电复印、传真机)进一步引入了抽象的方式、加快速度的方式,以及看似能使感官得到"延伸"的方式。

到了1970年,由形式主义来执行的对形式的管制被彻底颠覆。反文化批评是一种颠覆力量,电子媒介也是。电子媒介貌似能让感官互换,并且让感官得到延伸。早在数码被整合进日常现实之前,对媒介有远见卓识的人就已经接受了技术决定论。他们的观点似乎有先见之明,

卡萝尔·施内曼(Carolee Schneeman),《肉悦》(*Meat Joy*, 1964)。纽约加德森教堂。用生鱼、鸡肉、香肠、未干的油漆、塑料、绳子、碎纸片进行的团体表演。此图使用蒙艺术家允许。

尽管这些观点看起来有点过分乐观:"眼睛取代了宾格的我。我们进入了这种状况:我们所秀即我们所说。"[19] 吉尼·扬布拉德(Gene Youngblood)率先将录像视为"扩大了的电影院",他将4亿人在1969年7月20日观看登月的情形描绘成一个被全球人经历的美学事件,"同时它也是一部沃霍尔式的电影":"看四个小时的《罗马帝国》跟看四个小时的登月舱没什么明显区别。"这些就是"人的延伸",而且还带着一种大快人心的意味(人们能在滔滔文采中听到麦克卢汉跳动的脉搏):

> 坐在自己家中直接观看月球上的尘土,同时听着与我们相隔25万英里之外的四个或五个对话,从阿姆斯特朗(Armstrongs)那里传回来的信号嗡鸣声中获取变化的信息,闭合回路使整个人类思想的目光延伸到了月球,又回到了地面,没人说起坐在家中看这一幕是件多么方便的事。谁还用得着心灵感应呢?[20]

"直接观看","坐在自己家中",这些都是已被人类驯化了的技术:身体被技术无限放大("整个人类思想的目光"),却毫发无损。这里既不会掉线重拨,也不会因为电子媒介本身的原因阻断与现实的联系。不受牵掣地获取无限放大、无限膨胀的信息,这一令人陶醉的技术美梦后来变得怎样了呢?

到了20世纪60年代及20世纪70年代,现实给了晚期资本主义松垂的小腹一记重拳,因为行动主义支持者们认为,技术造成感官分离,这也是问题的一部分。其他的问题包括石油危机、"塑料食品",以及战争被搬上电视。郊区生活的无聊带来了一波接一波的环保主义、女性主义、同性恋行动主义,以及漫无边际的"后现代主义"。到了20世纪80年代,后现代主义企图让这些林林总总的批评全都被纳入学术体制的羽翼之下。到了20世纪90年代,日常生活的虚拟性(其形式包括移动电话、无线网络、万维网、流媒体、笔记本电脑)带来了强烈反响,我们可以称之为感官"改造"。首先是强迫性地对物的回归。人们固执地拒绝"谷歌图像",拒绝可供搜索的数据库。物是海德格尔的分析的焦点,也是文化研究的焦点。学者们对可触摸的工具充满了忆旧怀念。这些可触摸的工具塑造了现代主义,却昙花一现,从日常使用的电子界面中消失。其次,现代主义的可视性这一领域插入了两类不同的艺术发展:一方面是无数种可以摸得到、闻得到的装置艺术(成堆的咖啡、弥漫在空中带着浓浓桉树味的蒸汽、悬挂起来的牛骨头,诸如此类);另一方面是录像,它似乎接管了记录功能,虽然它不具物质性。录像实际掌控着艺术世界。而通过"感官研究",感官改造对录像的统治进行了反驳。"感官研究"是视觉研究和文化研究的分枝。微观历史年鉴派、马克思主义生产批评、女性主义"身体书写"[21],三者结合,调制出了味道醇厚的佳酿。

感官改造如果说不是一项不可能完成的任务,那么它也是一项非常复杂的任务。每当人们试图重新唤醒被残害或已退化的感官时,他们的努力的背后都隐藏着一个幻想:回归完整身体。然而,健身、香氛治疗、激进烹饪、个人化的 Mp3 音景,以及其他流行审美表现形式淡化了感官、分割了感官,对感官进行殖民统治,完整的身体已经遭到破坏。我们渴望感官的救赎。在这种渴望的刺激下,"声音艺术"乃至"嗅觉主义"等新体裁产生了(Jones,2006)。这种欲望也激励着艺术家们的艺术复兴,尤其是那些对 20 世纪中期现代主义在感官方面的科层制特点持批评观点的艺术家们,如巴西新具象派领袖人物埃利奥·奥伊蒂希卡(Hélio Oiticica)。奥伊蒂希卡对审美经验的碎片化感到愤怒不满,这导致他在 20 世纪 70 年代时与利贾·克拉克(Lygia Clark)一道进行创新实践。他们的创新实践包括了方方面面的东西,如舞蹈、身体治疗、色情,以及一般意义上的非视觉感官经验。这些东西浓缩体现在克拉克的装满香料的头饰,奥伊蒂希卡复杂的桑巴舞演出服上(演出服被称为 Parangoles,即杂色拼砌)。奥伊蒂希卡如今流行的作品被挂到了我们视觉艺术展览馆的白墙上"展出",旁边写着"请勿触摸"。这一事实本身很能说明感官改造运动的命运。只要我们还坚持在网上搜索这些东西,坚持将这些东西视为"视觉艺术"的经典之作,那么我们也参与了视觉幻想。我们幻想有不受牵制的知识。在我们的想象中,我们仍然自由不羁,不受感官脏器的束缚。我们仍然在调节着(因此也在生产着)我们与现实之间唯一可理解的关系。

注释

1. Marshall McLuhan, *Understanding Media*, *The Extensions of Man*(1964). 1994 年 MIT 版的封面为眼睛照片的底片,有几束光线向宇宙延伸。然而,麦克卢汉所说的发热的、被延伸的身体其核心还是人的身体,技术延伸从来没有回过头来改变身体组织、感觉器官本身。而基特勒则没那么确定。由于内化了法西斯电台讲话的发音,德国母亲的舌部肌肉组织发生了变化,基特勒在 1986、1999 年的作品中对此现象进行了思考。这位母亲成为传播中的一个中转站,并非一个得到延伸的、被赋予了力量的自我。

2. Immanuel Kant, *Critique of Pure Reason*(1781), A21, note. 勒内·笛卡尔在《第一哲学沉思录》(*Meditations on First Philosophy*,1641)中提出,在感官知识方面,要怀疑一切。这导致抽象思维是意识的唯一基础——"我思故我在"——的产生。

3. 不信这套哲学的科学家们反对轻视动物性感官。理查德·范曼(Richard Feynman)的展示就很出名。如果他像狗那样靠近人的手、嗅人的手,他能够"闻出"这只手碰过了书架上的哪一本书。

4. 正如苏格拉底所说:"但凡有常识的人都知道,人眼花有两种情形、两个原因:要么从亮光下走出来,要么是走进亮光。心灵的眼睛也是如此,跟身体的眼睛差不多。"(《理想国》,第七卷)

5. Andrea Wilson Nightingale, *Spectacles of Truth in Classical Greek Philosophy: Theoria in Its Cultural Context* (Cambridge: Cambridge University Press, 2004), 40.

6. 同上,104-5。

7. 主人通过奴隶与物发生关系。奴隶调节着主人与物之间的关系。Friedrich Hegel, *Phenomenology of Spirit* (1807), #190, 见 http://www.marxists.org/reference/archive/hegel/index.htm. 黑格尔在《伦理生活体系》(*System of Ethical Life*, 1802-3)中首次提出这个概念。

8. Peter Osborne, ed., *From an Aesthetic Point of View: Philosophy, Art and the Senses* (London: Serpent's Tail, 2000):2-3; Kant, *Critique of Pure Reason*.

9. John Locke, *Essay Concerning Human Understanding* (1690); George Berkeley, *An Essay towards a New Theory of Vision* (1709).

10. David Hume, *An Enquiry Concerning Human Understanding* (1772). 选文摘自因果篇,见 http://www.marxists.org/reference/subject/philosophy/en/hume.htm。

11. 正如 W. J. T. 米歇尔给我指出的那样,这在柏拉图的《美诺篇》中也能找到。毕达哥拉斯定理中的代数奴隶理解不了,但通过画图和几何演示,奴隶却能明白。这跟桑德森的实体化了的几何圆洞板是一样的道理。

12. 这里不是要消灭眼睛与光明这一范式,它在认为法国大革命具有启蒙意义的观点中仍然盛行,也不是要消灭法国大革命的反对者们所说的法国大革命不理性这一骂名。这里,埃德蒙·伯克将法国大革命描写成"一个光明与理性征服一切的帝国",他明显将智性的力量远远高置于流浪汉们的具体行动之上。但我怀疑伯克是在策略性地谈论理性。伯克支持卢梭赞赏经验及对理性的刻意追求,并非站在贵族的立场支持所接受的知识。这种与具有阶级性的感官政治之间进行的模棱两可的谈判在黑格尔对法国大革命的反应中也会浮现。参见 J. F. Suter, "Burke, Hegel, and the French Revolution," in *Hegel's Political Philosophy—Problems and Perspectives*, ed. Z. A. Pelczynski (Cambridge: Cambridge University Press, 1971)。

13. William of Ockham, *Expositio physicorum*, fol. 111c.

14. "第一个人感情细腻,他把绘画与诗歌相比较,观察到两种艺术形式都在他身上产生了相似的效果……第二观察者试图发现这种快乐的本质,他发现两者都源于美……第三个人考察这些普遍规则的价值及分布,他发现有些规则在绘画中表现得更为明显,而另一些规则在诗歌中表现得更为明显……第一个人是业余爱好者。第二个人是哲学家。第三个人是批评家。"(Lessing [1766] 1962,3)。

15. Irving Babbit, *The New Laokoön: An Essay on the Confusion of the Arts* (New York, 1910); Michael Fried, "Art and Objecthood" (1967), in *Art and Objecthood* (Chicago: University of Chicago Press, 1998).

16. 普鲁士蓝,一种亚铁氰化物,由柏林画家海因里希·迪斯巴赫(Heinrich Diesbach)于 1704 至 1705 年间偶然发现(因此它也被称为"柏林蓝")。它被视为第一例人工合成颜料。酞菁染料在 1907 年左右被人们偶然发现,但直到 20 世纪晚期,人们才发现了它的色彩价值。

17. Karl Marx, *Economic and Philosophic Manuscripts of 1833 and the Communist Manifesto*, trans. Martin Milligan (Buffalo: Prometheus Books, 1998), 108-9.

18. 致幻剂及感官实验于 20 世纪 60 年代中期至晚期出现在反文化运动之中,它是对 20 世纪 50 年代纯粹性、系统性一统天下这种状况作出的回应。1962年彩通配色系统建立，紧随其后出现了反光色、黑光、生物性发光涂料等"非理性"感官系统。

19. Edwin Schlossberg，引自卷首语，Gene Youngblood，*Expanded Cinema*（New York：Dutton，1970），257。
20. Gene Youngblood，"Television as a Creative Medium，" in ibid。
21. 这类作品的样板在艾伦·科尔宾（Alain Corbin）颇具开拓性的《味觉史》（1986）一书中可以找得到。

参考文献及建议阅读书目

Corbin，Alain. 1986. *The Foul and the Fragrant：Odor and the French Social Imagination*. Cambridge，MA：Harvard University Press.

Diderot，Denis. [1749] 1999. "Letter on the Blind for the Use of Those Who See，" trans. Margaret Jourdain (ca. 1916)，in *Thoughts on the Interpretation of Nature and Other Philosophical Works*，147–201. Manchester：Clinamen Press.

Greenberg，Clement. 1986. "Towards a Newer Laocoön，" in *Collected Essays and Criticism*，vol. 1，Chicago：University of Chicago Press.

Jones，Caroline，ed. 2006. *Sensorium：Embodied Experience，Technology，and Contemporary Art*. Cambridge，MA：MIT Press；List Visual Art Center.

Kittler，Friedrich. [1986] 1999. *Gramophone，Film，Typewriter*，trans. Geoffrey Winthrop-Young and Michael Wutz. Stanford，CA：Stanford University Press.

Lessing，Gotthold Ephraim. [1766] 1962. *Laocoon：an Essay on the Limits of Painting and Poetry* [*Laokoon，oder Über die Grenzen der Malerei und Poesie*]，trans. Edward Allen McCormick. Indianapolis，IN：Bobbs-Merrill.

Ong，Walter J. 1967. *Presence of the Word*. New Haven：Yale University Press.

Osborne，Peter，ed. 2000. *From an Aesthetic Point of View：Philosophy，Art and the Senses*. London：Serpent's Tail.

Simmel，Georg. 1997. "Sociology of the Senses，" in *Simmel on Culture*，ed. David Frisby et al. London：Sage.

7. 时间与空间

W.J.T.米歇尔　马克·B.N.汉森

　　时间与空间概念向来在媒介分析中起关键作用。在艺术领域中，有些媒介（绘画、雕塑、摄影）似乎不可避免地具有空间性，而其他媒介（戏剧、电影、文学）则以在时间中展开事件为焦点。空间艺术可能会以间接的方式引发时间维度——照片所抓住的某个时刻、绘画中所描绘的历史事件，或雕塑所记忆的一个历史事件，但这仅仅是一个次要效果。同样，在时间媒介中，空间特点可能会以次要、辅助要素出现，如戏剧的舞台布景，小说中或电影中所描述的场景。换句话说，我们虽不能准确说出其中的意义，但我们会大致凭直觉判断，有些媒介主要具有空间特点，而另外一些媒介却具有时间特点。时间、空间难道是媒介的本质、特点吗？时间、空间是我们在理解被调节物的过程中出现的某种东西吗？还是说它们本身就是"主宰"媒介，或"元"媒介？抑或它们是媒介借之方能成型的高度普遍化的框架、代码、环境？

　　时间、空间的本质已经成为整个哲学史中的讨论话题，而且讨论热烈：它们是真实、牢靠的东西吗？抑或它们仅仅是对经验的抽象？是"绝对"唯独的存在（如牛顿所认为的）呢？还是共存物或序列事件的相对关系呢（莱布尼茨的观点）？在整个过程中，似乎有两种占主要地位的时间、空间概念（及其关系）：一种是客观、机械、数学的模式，在这个模式中，时间空间可以量化；另一种是定性、主观的模式，在这个模式中，经验（对过去的记忆，对现在的理解，对未来的期待）及地方感构成了人类的意识。但似乎这两种模式明显不停地在互相对话：对时空进行测量的技术革新（例如钟表及航海设备），对人类时空经验产生了巨大的实际影响；人类渴望主宰时间和空间，渴望速度更快、机动性更强，渴望长寿及新鲜的刺激，渴望造访更远的远方（"太空是最后的边疆"），这些渴望成了新技术发明的动力。通过艺术手段、象征系统、技术实践来进行调节的时间和空间因此总是一个不断演化的过程，偶尔出现的显著变异，如印刷术、计算机或录音设备的发明，会加速这个演化过程。比如，诸如书写这类技术，开始可能只是符号游戏，或者仅仅是漫不经心的涂鸦，但它能够发展成一种能够征服时间和空间的媒介，能够记载过去的历史，能够建立通信网络，从而能够控制庞大的帝国（Innis, 2007）。

　　两大维度彼此对立，这在意识形态等级中也是一个强大的传统。柏拉图认为空间仅仅是物质世界，而时间是精神栖居的地方。所有的古希腊美学都明确表示，时间的艺术具有优越性。九大缪斯，她们都是记忆女神（Mnemosyne）的女儿，她们是时间艺术的灵感女神：音乐、诗歌、历史、舞蹈、歌曲,等等。绘画、雕塑、建筑等领域就没有受到缪斯女神的青睐。这些都是动手、动肌肉的实践艺术,跟记忆艺术、回忆重大事件、赞颂已逝英雄的记忆艺术中的智力劳动形成鲜明对比。诗歌与绘画、口头艺术与视觉艺术之间旷日持久的竞争,或"比较论"(用莱昂纳多·达·芬奇的术语来说)是时间与空间艺术之间长期对话或辩证法的源泉,其间充满了无数插曲,有相互模仿、借用,也有彼此交恶。在文艺复兴时期,"绘画中如此,所以诗歌中也是如此",这一点被夸大成了一条综合原则,其目的就是将视觉艺术提高到与文学等同的位置。

然而,将时间和空间具体视为根本范畴,用以区分艺术(同时也暗示着对媒介的区分),这一点恐怕是首先出现于18世纪莱辛的《拉奥孔:论绘画与诗歌的局限》(*Laocoon*:*An Essay upon the Limits of Painting and Poetry*,[1766]1984):

> 在所运用的符号、所具有的模仿方式上,绘画跟诗歌完全不同。它们一个运用的是空间中的形式及色彩,另一个运用的是时间中的声音。如果符号与所表现的东西必须保持一种方便的关系的话,那么并置的符号只能表示并置的物体,或者物体的组成部分具有并置关系,而交替性的符号则只能表示互相超越的物体,或者物体的组成部分是时间上前后相随的关系(95)。

莱辛承认时间符号与空间符号之间的区别不是绝对的。绘画"方便"表达身体、物体,但身体、物体"不仅存在于空间之中,而且存在于时间之中",它们在视觉艺术中的"短暂露面"能够暗示行为、动作、因果,以及其他的时间性特点。同样,诸如"行为"等时间现象,"必须总是与某个代理相连",而代理必须具身化,因此,"诗歌也描述身体,但只能间接地通过行为的方式"。绘画能表现行为,但"只能通过形式的方式暗示"。

尽管有这些让步,莱辛在涉及价值问题时却毫不含糊。绘画的真正、天然,或"方便"的使命是表现空间中的身体,正如诗歌的主要本质是表征时间中的行为。费力去克服这一天然区分(描述性的诗歌,寓言性或叙述性的绘画)有悖自然,会被斥为品味低下。每一种艺术都应当安于其天然的位置,要么安于语言的时间维度,要么安于视觉艺术的空间维度:

> 绘画与诗歌应该就像两个公义而友好的邻居,双方都不宜擅闯对方核心领域,但双方都在边境地带操练,相互克制,尽管有各种迫于时局的小规模仓促犯境,侵害了对方权利,但双方仍能和平相处(110)。

结果,"公义而友好的邻居"中一个却比另一个强大得多。"诗歌的领域更广",因为它吸引的是想象力。因此,"诗人比雕塑家或画家有更大的权势"。尽管莱辛十分崇拜古典雕塑之美,但他坚持时间艺术和文字艺术的优越性,坚持认为空间艺术应当仅限于表征"美的身体",不应奢望诗歌所达到的崇高高度和史诗范围。

康德和黑格尔对时间与空间的形而上学思考巩固了莱辛的美学范式。他们是莱辛同时代的人,也是他的后继者,他们两人都强调了时间对空间的优越性。对康德而言,两个术语都表明了一种先天的"直觉形式",诸如感官经验条件。空间是"外在"形式的直觉框架,而时间是"内在"经验的维度。对黑格尔而言,艺术史受控于从更原始的物理空间的物质艺术(如建筑、雕塑)到虚拟空间的现代艺术,再到非具身化、非物质化的时间艺术(如诗歌、音乐)这一进程。

在这些划分中,人们可以看到一种持续不变的模式:将时间与非物质、不可见、精神价值相连,而将空间与物质领域、外部感官、身体相连。在诸如戏剧及表演等空间元素与时间元素密不可分的传统媒介中,时间优先这一倾向总是明显存在。亚里士多德认为诗歌及情节(或对行为的模仿)是"悲剧的灵魂",而表演是次要的东西,"对悲剧效果而言并非关键"。本·约翰逊(Ben Johnson)痛斥依赖表演、服装、"技艺"而非诗歌这一趋势,因为诗歌才是"假面剧的灵魂"。尽管作为抽象概念,时间与空间的理论地位是平等的,但当这两个概念被用来区分艺术和媒介时,它们都与意识形态的对立相连。对莱辛而言,时间与空间的对立与民族风格相连。英国与德国被描绘成文学文化,而法国则被诋毁成画匠文化:"眼睛发亮",展露无遗。柏拉图将空间刻画成一种被动的"容器",或者处所,造物主将理念或形式刻画于上。威廉·布莱克也许受此启发,他大胆地运用了常被人们使用的性别定见的术语,将这些抽象概念拟人化:"时间和空间是真正的存在。时间是男人。空间是女人。"

发生于19世纪的媒介技术革命激烈改变了媒介中的时空分类。大众媒介、快速交通、远距离同步通信等发明造成了时空大爆炸。电报、铁路、日报(以及后来的飞机、无线电、电视、互联网)似乎压缩了时间和空间,或者至少让时间和空间变成了人类经验中具有高度可塑性的维度,而非康德所说的稳固的、根本的直觉形式。正如沃尔特·本雅明(2008)所说,摄影和留声机给艺术品的"时空在场"这个观念本身带来了改变。"原初"作品被扯离其自然时空位置,被允许

> 在半道上与观众见面,不管它是以照片的形式,还是以留声机唱片的形式。大教堂离开了所在之地,在艺术爱好者的工作室里被人所接受;处所的产物——礼堂或露天表演——在画室中回响(221)。

物体在历史时间及地理空间上的"天然"距离被打破了,同时被打破的还有"光晕",或者说是传统艺术品的特点——独特感。在本雅明看来,这些发展不仅满足了"当代大众想要将事物在空间上拉得'更近'、使其人性化的欲望",而且还为现代大众社会的出现创造了条件。电影发明是空间媒介和时间媒介的结合,这个新的合成似乎完全克服了它们之间的差别。欧文·帕诺夫斯基(Erwin Panofsky)谈到了电影中"空间的时间化"以及"时间的空间化",仿佛莱辛的时空领域之间的界线如今已经完全被抹掉了似的。

然而这并不意味着传统分类已经被全然弃之不顾,不再是区分艺术与媒介的方式,或是巩固与特殊艺术形式相关的某些价值的方式。例如,艺术批评家克莱门特·格林伯格为了现代艺术在他的经典论文《走向更新的拉奥孔》("Towards a Newer Laocoon")中对莱辛的拉奥孔进行了更新。关于媒介的根本"纯粹性",他在文中所做的结论比莱辛的思考要激进、严格得多。自17世纪以来,由于文学的主导地位,"艺术的混乱"被强加于绘画和雕塑之上,格林伯格对此进行了谴责(24)。"现实主义模仿对视觉艺术所造成的损害远不及现实主义幻想对文学造成的损害"(27)。格林伯格提出的挽救办法并非像莱辛那样,让视觉艺术画地为牢,仅限于描绘空间中的漂亮身体。相反,他全然放逐了幻想和模仿。他褒扬"扁平性"的出现,褒扬绘画中的抽象表现,直白地赞赏"纯粹的绘画"——不指涉现实世界中的物体,更不指涉物体在时间

中的行动：

> 这样,艺术就被追溯到了它们的媒介。在那里,它们被孤立看待、被专注看待、被定义。正是因为其媒介本身,每件艺术品才具有其独特性,从严格意义上来讲才是它本身。恢复艺术身份中媒介的不透明性,这一点必须要强调。对视觉艺术来讲,我们发现媒介具有物理特点,因此,纯粹绘画、雕塑作品的首要追求就是能从身体上对观众造成影响(32—33)。

格林伯格实际上将时间和空间一举从绘画中消除掉了,他敦促一种自我指涉的纯粹艺术,这种艺术"通过接近意义的边缘,但绝不溢出",从而能够"激发意识中无限的可能性"(33)。从某种意义上来说,格林伯格似乎让时空范畴回到了形而上学及宗教的范围,无限与永恒的观点让媒介本身与感官及智力的瞬间直觉相融合。

那么,要想概括现代媒介创新对时空概念或对理解时空所造成的影响,是一件非常困难的事。从某种角度来看,这两个范畴仿佛已经融于彼此,成了一个"时间空间连续统",它无比灵活,具有无比的可塑性。从另外的角度来看,仿佛关于时间和空间的激进新概念、新经验已经唾手可得,新的文化形式已经确认了这个范畴。例如,弗雷德里克·詹姆森(Frederic Jameson)说,现代主义受控于时间范畴,因为现代主义关注的是历史及革命性变化,而后现代主义是一个丧失了时间的空间阶段——从黑格尔到弗朗西斯·福山(Francis Fukuyama)等思想家都预言了"历史的终结"。这些大刀阔斧的尝试以时间和空间为历史主宰术语,关于20世纪媒介革新的更细致的阐述可以对此进行补充,也许还可以对此进行修正。例如,弗里德里希·基特勒就认为,现代三大媒介新发明:电影、留声机、打字机(或键盘界面),并没有怎么改变人类对世界的理解,它们只是让人类能以一种相对保守的方式来分析世界——比如说,为了跟上电影编辑和声音编辑,要求我们的天性要跟时间、空间相符。基特勒还认为,随着计算机和电子网络的发明,媒介时代已经终结,我们已经进入了一个新的后人类环境,据说在那里时间和空间将具有相当新颖的样式。

基特勒预断计算机将与媒介分离,机器与人类分离,他的预断例证了客观的、数学性的时空模式与定性的、经验性的时空模式之间的确凿分离。自亚里士多德的系统阐述以来,这一特点就统治着西方时空理论。事实上,亚里士多德想要客观地对时间进行定义,把时间视为运动的数目,而无须依赖对数目进行计算(并且具有空间特点)的灵魂,亚里士多德在完成这一点上遇到的困难充分证明了这些模式之间以及时间与空间之间的关系错综复杂。自亚里士多德以来,哲学家们就在与这个问题进行斗争:究竟能不能不用依赖人类经验,不用依赖独特的人类理解、思考模式,客观地定义时间和空间?对基特勒和其他一些数字革命理论家而言,计算机恰好提供了一种能够客观对待时间和空间的媒介。在对这个立场的论断及优点进行评价之前,让我们先来追踪一下整个20世纪期间有关时间与空间的思想轨迹。

在科学发现普遍加速的背景下,尤其是在世纪之交物理学革命的背景下,哲学家们对于将人类经验中的时间以及空间(其程度不如时间)与其简单的物质存在,即与这些区别开来的客观存在萌生了新的兴趣。在这一兴趣中,我们见证了对时间优于空间这个观点的着重强调,从笛卡尔、莱布尼茨（Leibniz），到康德、黑格尔，现代哲学模式的特点一贯如此。对于20世纪早期两大时间思想家埃德蒙·胡塞尔（德国现象学家）及亨利·伯格森（法国行而上学家）而言，时间是一个经验性的连续统，而空间是一个对延展的时间所进行的离散的表征，仿佛时间是可以与连续统分离似的。

在他的第一本书《时间与自由意志》(*Time and Free Will*)中，伯格森断然将关于时间的定性经验（他称之为"绵延"[duration]）与时间的定量维度区别开来，与时间的空间化，或时间被表征为时间流中的一个离散单元区别开来。在伯格森看来，在绵延的定性经验与将时间量化为空间两者之间，存在着"类别的不同"。而且，将时间当作空间来分析——也就是说，科学对时间的处理大致如此，如果不是全部如此的话——这样就没有希望能够抓住变化的现象，因为离散单元之间转变或流逝之时，也是变化发生之时，所有空间分析也是以其为基础。要抓住变化，要抓住变化中的时间，必须要对将绵延视为一个整体进行定性的改变，伯格森（他步了德国数学家伯恩哈德·里曼[Bernhard Riemann]的后尘）指的是对定性化的多样性的改变。对伯格森的《时间与自由意志》而言（后来又出现了一个问题：他在多大程度上改变了自己的观点？），体验到整个绵延的改变，这种能力仅限于有意识的存在，也就是说，仅限于人类。

《内时间意识现象学》(*The Phenomenology of Internal Time Consciousness*)是胡塞尔1905年发表的系列演讲，胡塞尔一生对此不断进行修改、补充。在这本书中，胡塞尔分析了世界的给定性，或者说是意识的表象。胡塞尔对时间的兴趣源于他在方法论上的目标："回到事物本身。"也就是说，回到构成经验的条件本身。转向内时间意识，转向分析由内时间意识构成的经验的内容，这样，胡塞尔对所谓天然态度的悬置（epoche）达到了顶峰。而这一普遍悬置，即通过给对世间物体的理解加括号，可以允许注意力集中于自明的、不容置疑的意识内容。关注意识内容的给定性的具体时间模式，这使胡塞尔能够阐述意识的生活经验（Erlebnis）的构成，这就是为什么对胡塞尔而言，意识，或者更准确地说，内时间意识，并不仅仅是一种被构成的东西，而是一种正在主动构成的东西：将意识时间化，实际上构成了由意识所产生的经验内容。胡塞尔区分了两种模式的时间化：持留（retention）和回忆（reflection）。以音乐曲调这个例子为核心，胡塞尔展示了每个印象，或"当下时刻"，是如何与一系列的持留不可分割。通过持留，先前的当下时刻逐渐成为过去。印象加上一系列的持留（还有延续，它进行对称性的探测）构成了一个厚实的现在——法国现象学家热拉尔·格拉内尔（Gérard Granel）称之为"大大的现在"——每个新印象不断刚刚成为过去，新现在不断产生，也就是说，时间连续本身在形成。而回忆与此相反，它是一种自觉的意识行为。通过回忆，一个生活经验曾经是现在，它变成了过去的一部分，但它又被表征为一个新的现在。人们一般认为，回忆与记忆的功能相对应。另一方面，关于空间，相对而言胡塞尔言之甚少。他只是假设，时间构成要求一种延伸，也就是说，通过一种"时间对象"的方式来将时间具体化——比如说音乐曲调——它必然具有空间的特点。

胡塞尔的弟子马丁·海德格尔（他编辑了胡塞尔的内时间意识讲演）将时间优于空间变成了一种原则。在他对胡塞尔的内时间意识的批评发展过程中（这个发展过程包括了对伯格森的绵延概念的批评），海德格尔将人类经验，或用他的术语"亲在"（Dasein，字面意义为"那里-

存在"[there-being]），可以获得的两种时间模式做了区分。一方面，有一种夷平了的，或垮塌掉的"非真实"时间，即我们日常经验中的时间，钟表或其他设施的时间，这个时间意味着我们所经验的时间是连续性的有规律的离散单元。（在很大程度上，海德格尔的非真实时间与伯格森所批判的时间的空间化相吻合。）另一方面，存在着一种"真实的"时间，由于其不屈不挠的特点，或者说，由于其忠实于自身最深层次的可能性，"真实的"时间与人类的亲在相连。这个时间具有绽出（ecstasis)的特点（要想单纯固定任何现在的时刻，这都将超出时间的三重性），并且是未来模式优先。在其后期生涯所谓的转向中，海德格尔努力将时间的给定性从与亲在相关的一切中拆解出来。尽管他背离了以亲在为中心的时间观，事物（空间）在给定时间中的作用将处于更加核心的地位（这一点可能会引人争议），但是，跟在他之前的胡塞尔一样，海德格尔一贯让空间从属于时间。

与海德格尔寻求激进时间意识大致在同一时间，海德格尔的同胞西奥多·阿多诺在他自己的研究中，以及在他与同事马克斯·霍克海默的合作研究中，发展了媒介批评——德国哲学家们贴切地称之为"文化产业"。他们的研究以娱乐产业的时间维度为焦点。根据阿多诺与霍克海默的分析，娱乐产业标准化或工业化的关键之处在于它在时间上与流水线产品具有同质性，甚至到了这种程度：从根本上来讲，好莱坞电影所要求的时间上的一致性跟工厂、作坊并没有什么不同。休闲时间与工作时间构成了一种虚假对立，从而掩盖了被资本主义制度统治这一事实。对生活的所有方面进行殖民统治，资本主义制度精于此道。尽管阿多诺和霍克海默对现象学传统极为反感（阿多诺的《反对认识论》对胡塞尔的意向性进行了指控，《权威的行话》对海德格尔的修辞进行了正面攻击），但他们的媒介理论还是跟伯格森、胡塞尔、海德格尔一样，认为时间优于空间。即便当他们以空间特点——如资产阶级的室内装修——为焦点（如在阿多诺对克尔凯郭尔的批评中），他们的空间主题还是明显具有负面特色，空间无情地从属于资本主义在消费主义早期阶段所强加给它的在时间上的标准化操作。

最近，时间毋庸置疑的优越性成为哲学细查的对象。法国哲学家雅克·德里达从文字学上对胡塞尔的时间意识以及海德格尔的本体神学进行了扬弃。德里达不仅揭示了时间和空间的半超验、非经验性起源的必要性（他把它晦涩地称为延异[différance]），而且与我们在此处的目的更为相关的是，他展示了时间和空间在理论上的相互依赖，或者，更好的说法是，展示了延迟/差异与空间之间的相互依赖。德里达的观点的关键之处在于：延异（尽管从根本上来讲，它要么是对经验的保留，要么是对经验的抵抗）必须在具体现象中展现自己，也就是说，时间化必须发生于某些有具体空间的现象中。德里达的观点又回到了康德的需求：在表征空间这一外在感觉时，要为时间这一内在感觉寻找内容；同时也回到了胡塞尔对时间客体的不可避免的依赖：时间客体可以用来代替展示不能被直接理解的意识时间流。

在过去十年，德里达的弟子贝尔纳·斯蒂格勒已经将这个德里达分析的状况发展成了技术哲学的基础，让我们直接回到了媒介话题。对斯蒂格勒而言，延异必须总是"具体的技术"，也就是说，在任何给定的历史时刻，给定的时间和空间必须与对人类经验进行调节的技术相连。对斯蒂格勒而言，电影体系（他指的是全球化、实时电视媒介）构成了居优势地位的时间客体，通过它，我们在当今世界里的时间存在能得到反映。斯蒂格勒重申了阿多诺和霍克海默的主要观点,他认为,今天的文化产业具有超级标准化的特点,这个特点束缚了我们的主体性。通过在全球范围内同步意识时间,他们将商品化了的记忆变成了集体创造未来的基础(见第5章,"记忆")。将这个向来有之的悲观观点置于一边不论,斯蒂格勒作品的核心之处,以及斯蒂格勒与基特勒的观点的区别之处在于(正如我们将看到的那样)人类经验与媒介时间之间的相互关联:作为许多人类生活的外化,媒介所操作的时间框架是对人类生活的现象学时间的补充。

这种相互关联同样也可以用来区分斯蒂格勒与吉勒·德勒兹。德勒兹更新了伯格森的时间哲学,他对电影媒介的阐释大为不同。德勒兹所说的电影的"时间形象"直接对时间进行调节,不受所谓对人类意识进行(现象学)配置的限制。在德勒兹看来,战后电影给了我们两种不同的时间形象。通过这两种配置,时间被直接表征,不用从属于空间中的行动。"现在是山","过去是纸",毫不令人感到意外的是,这些变化与伯格森对过去的理解的二价性相关:过去既是过去,也是现在。通过电影"对精神进行的自动处理",时间不再从属于人类意识,其虚拟性可以得到充分展示,以供人类认知。

电影与媒介的不同配置刻画出不同的概念领域,在与计算时间的关系方面,这些概念领域尤其得到凸显。用地理学家奈杰尔·思里夫特(Nigel Thrift)的话来说,这些概念领域构成了"技术无意识"及物质基础设施,人们凭此在当今世界获取经验。以让·鲍德里亚和保罗·维里利奥(Paul Virilio)为例,他们对计算时间的文化批评倾向于强调计算时间与人类经验时间的根本对立。鲍德里亚讲到物的爆炸,它无异于品钦的《万有引力之虹》(*Gravity's Rainbow*)中所想象的 V-2 炸弹,在我们还没有察觉之前,它就已经击中了我们。维里利奥则以推断军事技术殖民人类功能(尤其是由机器执行的实时监控)所带来的试验性后果为业。诸如此类的阐述有一个核心:对客观时间和主观时间进行某种程度的两极分化。简而言之,外部世界的时间,具体而言,就是计算的客体和过程,已经从根本上与经验时间相分离。结果,我们发现自己面临一个新的、结构性的、前所未有的疏离形式:与我们周围世界里的信息流相疏离。

时间的分裂——分裂为媒介时间与计算时间——直接涉及哲学家保罗·利科(Paul Ricoeur)在其权威研究《时间与叙事》中所提出的复杂观点。对利科而言,西方思想家对时间的思考追随了两种轨迹:现象学的轨迹,以及宇宙学的轨迹。这两种轨迹都能第一次,也可能是最后一次,在亚里士多德的《物理学Ⅳ》里的"论时间"中找到。对亚里士多德而言,时间可以被定义为一些运动,也就是说,作为一种物理测量或宇宙测量,它将显得(或保持)与现象学无关。然而当他谈到这个计算是如何执行时,他又诉诸灵魂,以之为代理。亚里士多德这个观点的逻辑让人们费了不少口舌(包括他有没有必要求助于灵魂)。而且物理时间与现象学时间(与动作之前、之后相对的是,时间被区分成过去、现在、将来三种绽出状态)之间的鸿沟已经抓住了分析哲学家们的注意力。分析哲学家们追随 J. M. E. 麦克塔格特(J. M. E. McTaggart),将 A 系列时间(时间关系只与自我指涉行为有关)与 B 系列时间(时间关系不受视角影响)对立。然而在我们这个语境下,最显著地方在于,亚里士多德坚持测量的不可化约性,利科认为关于时间的最大难点从那时就开始了:没有什么时间是不被测量的(不管这种测量是具体的技术测量,还是人类身体有机节律的一种功能),这就等于是在说,时间本身并不存在,只存在时间化的过程(temporalization),只存在通过具体技术或具体经验对时间进行处理的过程。

这些时间化无一例外地将时间与空间缝合到一起,这是亚里士多德本人认识到的现实,而且这一现实已经变得跟以卫星图像为基础的技术发展完全一致。技术发展允许人们对在时间与空间中移动的身体、商品、信息进行跟踪,其程度前所未有。GPS定位系统,无线电射频识别(RFID),诸如此类的无处不在的计算机技术让时间与空间切切实实地缝合到了一起,实际上让爱因斯坦所说的抽象空间-时间连续统成为日常现实。物体在世界上的独特性(这个独特性首先跟物体在全球资本流动网中的监控、跟踪能力相连)源于其虽处动态变化,却独一无二的空间-时间身份。在这个语境下,媒介可以被理解成是对时间、空间、具身化的配置。如果时间必须要被其测量方式调节,如果时间总是既包括空间,又包括具身化,那么我们就能在时间、空间、媒介之间确立一种相互关系,从而可以让我们回到开篇的问题:人们普遍将时间和空间视为经验的条件。媒介将给定的时间和空间具体化,从而构成了我们或然经验的条件。

日本媒介艺术家藤幡正树(Masaki Fujihata)的近作完美地捕捉了时间、空间、具身化之间错综复杂的关系。在我们所处的当代社会,全球控制与普遍调节盛行,而这种错综复杂的关系是社会的核心。他将这种复杂关系用来服务于自我表达,让我们在沟通边界经验时放慢速度。在我们高度流动的生活中,边界经验是主要特点。藤幡正树合并了不同的媒介技术,从消费者所用的数码摄像机、全景镜头,到个人数字助手、GPS,其目的就是在个人越过空间、越过界线时,能够捕获到多价的信息。例如在《到家:日内瓦》(*Landing Home: Geneva*, 2005)中,他要求实验对象(他们都迁移到了那座瑞士的国际城市)跟他一起,从各自的家中走到城市里他们感觉就像在家里一样自在的地方,路上实验对象跟他聊各自的情况,他们的生活跨越了各种不同的文化、语言、地理、技术界线。观众后来可以通过一些装置获取这些信息。观众不仅可以通过线性时间获取信息,而且还可以通过空间位置数据获取信息。身体在一个绝对具体的、被技术具体化了的时间-空间中移动,这些图像实实在在地在"地点线"(一种用技术来测绘空间时所留下的轨迹)上的位置上被放大,成为移动身体浮动的签名。在藤幡正树的作品里,在高度精确的时空网中对行动进行尺度精微的技术监控,这成了对正在发生着变化的家的含义和在家的含义进行思考的基础。藤幡正树告诉我们,在一个监控日渐加剧的社会里,我们可以将新发现的时空精准定位技术当成一种丰富、新鲜的手段,来肯定我们自己独特的存在。我们自己在全球范围内移动,而藤幡正树用独特的媒介手段对时间、空间、具身化进行配置,这使我们能有机会测绘与我们的移动有关的全球时间和空间。

参考文献与建议阅读书目

Benjamin, Walter. 2008. "The Work of Art in the Age of Its Technical Reproducibility." In *The Work of Art in the Age of Its Technological Reproducibility, and Other Writings on Media*, ed. M. Jennings, B. Doherty, and T. Levin. Cambridge, MA: Harvard University Press.

Bergson, Henri. 1998. *Time and Free Will: An Essay on the Immediate Data of Consciousness*, trans. F. L. Pogson. New York: Cosimo Classics.

Deleuze, Gilles. 1989. *Cinema 2: The Time-Image*, trans. H. Tomlinson and R. Galeta. Minneapolis:

University of Minnesota Press.

Greenberg, Clement. 1940. "Towards a Newer Lacoon." *Partisan Review* 7, no. 4 (July – August): 296–310.

Husserl, Edmund. 2008. *On the Phenomenology of the Consciousness of Internal Time* (1893–1917), trans. J. B. Brough. Dordrecht: Kluwer Publishing.

Innis, Harold. 2007. *Empire and Communications*. Lanham, MD: Rowman & Littlefield.

Kant, Immanuel. 1998. *The Critique of Pure Reason*, trans. P. Guyer and A. W. Wood. Cambridge: Cambridge University Press.

Kittler, Friedrich. 1999. *Gramophone, Film, Typewriter*, trans. G. Winthrop-Young and M. Wutz. Stanford, CA: Stanford University Press, 1999.

Lessing, Gottfried. [1766] 1984. *Laocoon: An Essay upon the Limits of Painting and Poetry*, trans. E. A. McCormick. Baltimore: Johns Hopkins University Press.

Stiegler, Bernard. 1998. "The Time of Cinema: On the 'New World' and 'Cultural Exception.'" *Tekhnema* 4: 62–114.

技　术

8. 生物媒介

尤金·撒克

身体能做什么？

在许多语境下，当代生物技术与生物、信息相结合，影响着医疗、经济、技术、文化。一方面是"生命"科学，它从组织、器官系统、细胞、分子等多个层面对各种生物生命现象进行研究；另一方面是计算机科学（包括信息技术），把对信息的技术理解融入我们每天都在使用的具体工具之中，这是它的目标。一边是对"生命本身"的兴趣，另一边是对代码、消息、信息的兴趣。人们通常认为这两种兴趣互不相干，有着质的区别。这种假设有其自身的历史根源和哲学根源，如将生命与技术割裂，自然与人工割裂，生命与非生命割裂。然而，人们能以技术的方式走近生物生命，人们能对它进行设计，能从分子、基因层面去改造它。信息也越来越被视为自身具有"关键"特点，一种适应、演化、突变的能力。当生命科学与计算机科学互为对象时，这两个视角关系最为紧密。那么我们的问题来了：当"生命"主要被视为信息时，结果会怎样？当某些类型的信息被视为与关键性的生物过程有不可磨灭的关系，且构成了关键性的生物过程时，结果会怎样？

"生物技术"这个框架包罗万象。首先，在谈到基因科学和生物技术产业时，我们看到了生物与信息之间的交叉。无论是在新闻媒体、大众科普书籍中，还是在科幻小说中，人们总是在不断谈论着基因"密码"，并且渴望"破解生命的密码"。我们的科技词汇中充满了比喻、范式，以及将生物与信息结合在一起的人物。但是这种结合同时也延伸到了人工制品、工具、技术之中，在生命科学实验室中无处不在：基因测序计算机、基因检测软件、基因和蛋白质在线数据库、带有DNA片段的硅片，甚至还有"芯片上的实验室"（生物微机电系统）。它们中有许多是传统实验工具的补充，同时还进入了临床医学或医生办公室，成为诊断工具。它们中有些也存在于各种不同的机构、学科之中，其中有些机构、学科还相当新。在全球范围内，大学里现有的分子生物学培养方案里出现了新成员——跨学科、授学位的"生物信息"系。新的学科领域要求发展新产业，生产新实验技术。在生物技术产业里，有些新兴公司专注于基因组学，或生物信息领域，有些专注于研究工具的建设，还有些专注于将科学技术运用到药品研发、诊断、治疗之中。

上面所提到的一切在人类基因组项目这种"重大科学"探索中达到了顶峰。这一项目出现于20世纪80年代晚期,由美国国家卫生机构及能源部牵头。然而,到了世纪之交,随着技术的发展,以及私营领域里生物技术的迅速发展,环境发生了改变。绘制人类基因组图的努力陷入了一种既属公家也属私人的尴尬局面,它不再是一种长期的、基于美国的、根植于大学实验室的行为。原先的项目扩展了,欧洲、日本的实验室也被包括了进来,而且项目被重新命名为国际人类基因组测序联盟。同时,私营企业塞雷拉基因组公司开启了自己的基因组项目。从那以后,基因组竞赛中显然有了第三类玩家:如铂金-埃尔默公司,这是一家高科技公司,它生产的基因组测序计算机两个项目都在用,全球许多实验室也在用。计算机及信息技术在绘制众多物种的基因组图中起了关键作用,许多基因组项目相关科学家都认可这一点。绘制人类基因组图让代码语言与信息走到了一起(如在新闻报道与科学论文中),让新工具与技术走到了一起(基因组测序计算机),让不同学科与机构走到了一起(生物信息工程,公私合作),让社会、文化态度与身体、健康、"生命本身"走到了一起。这一点在许多地方都得到了呈现,如医学"革命"可能带来的各种承诺、关于克隆或干细胞的争论、大众文化中的基因主题,等等。

"生物即信息"

然而,如果说生物与信息的结合所带来的改变完全是由于高技术的发展所引起的话,那么我们就又错了。我们还要问一问基因密码这个概念是如何决定人们对"生命本身"的态度,决定了随之而来的科学、社会、技术、文化影响,这一点同样重要。从这个意义上来讲,的确有一部基因密码史。这部历史丰富多彩、起伏多变、概念变幻莫测。正如许多其他作家一样,我也撰文写过这个话题。写过这个话题的作家有理查德·多伊尔(Richard Doyle)、伊夫林·福克斯·凯勒(Evelyn Fox Keller)、萨拉·富兰克林(Sarah Franklin)、唐娜·哈拉维(Donna Haraway)、理查德·莱汶汀(Richard Lewontin)、多萝西·内尔肯(Dorothy Nelkin)、汉斯约尔格·莱茵贝格尔(HansJörg Rheinberger),以及菲利普·瑟特尔(Phillip Thurtle)。[1]这些作者深挖了基因密码这一概念,仔细考察了这些概念如何影响着我们对生命与非生命的理解,对自然与技术的理解。

莉莉·凯(Lily Kay)的著作《谁写了生命之书?》(*Who Wrote the Book of Life?* 2000)所做的历史阐述最为全面。作为一门学科,分子生物学出现于二战中及二战后。它是如何形成的,它在形成过程中经历了怎样的话语变化,凯对此进行了详细阐述。[2]凯将分子生物学视为一种还原主义过程的组成部分。在这一还原主义过程中,最重要的是要去寻找基础,去寻找能在分子层面定义"生命本身"的根本要素。跟福克斯·凯勒及莱茵贝格尔的历史性著作一样,凯的研究指出,对作为一个显赫研究领域的分子生物学的发展而言,控制论、信息论等技术领域的影响起到了核心作用。她还特别列出了三个概念阶段,这是20世纪中期分子生物学及生物化学领域的主要特点。第一阶段,在分子层面上,蛋白质被视为主宰生命的钥匙,"特异性"(两个分子如同锁与钥匙一样精准合适)是指导性原则。第二阶段是核酸阶段,尤其是 DNA(脱氧核糖核酸),人们认为它包含了"生命的密码",在这个阶段,"信息"概念是核心。第三阶段是二者重合的阶段,人们努力想要破解基因密码,这导致人们去思考基因密码的句法和语法,在这个阶段,"语言"及语义最受关注。

从欧文·薛定谔(Erwin Schrödinger)于 20 世纪 40 年代所做的具有里程碑意义的讲座《生命是什么?》(*What Is Life?*)(詹姆斯·沃森[James Watson]、弗朗西斯·克里克[Francis Crick]、莫里斯·威尔金斯[Maurice Wilkins]及罗莎琳德·富兰克林[Rosalind Franklin]在 20 世纪 50 年代阐述了 DNA 结构),到 20 世纪 60 年代马歇尔·尼伦伯格(Marshall Nirenberg)及海因里希·马特伊(Heinrich Matthai)对基因密码的"攻克",凯所讲到的历史大致覆盖了这一阶段。她的观点是:DNA 作为一种基因密码这一概念的发展并不是线性的、前进的,相反,它的发展包含了许多不连续、断裂、停滞,过去如此,现在仍是如此。福克斯·凯勒及莱汶汀也赞同这一观点。虽然薛定谔的讲座的确成了"遗传的代码脚本",在组织中成了"法典和执行力",但他的猜想是建立在物理学模式之上,而非生物学模式之上。同样,虽然沃森及克里克在其关于 DNA 结构的论文中指出,"精确的碱基序列就是携带了基因信息的密码",但是这并不意味着人们对 DNA 的密码**方式**达成了任何共识。[3] 说 DNA 是一种基因密码,这才仅仅是个开端。准确说出 DNA 如何编码,它的编码以何种方式表现出来,这才是最主要的工作。

这就是弗朗西斯·克里克在 20 世纪 50 年代及 20 世纪 60 年代时所说的"密码问题"的基础:简简单单的四个碱基对(腺嘌呤、胸腺嘧啶、胞嘧啶、鸟嘌呤,一般缩写为 A,T,C,G)是怎样组成了一个完整的信息管理系统,并对细胞活动发出指令的呢?凯的著作指出了 DNA 代码理论的各种方法——其中有些已被人遗忘,却颇具创意。在许多方法中,有一点是核心,那就是控制论、信息论、早期计算机科学等技术领域的影响。这些领域对分子生物学中 DNA 作为一种遗传密码的形成具有决定性影响。诺伯特·维纳在《控制论:或关于在动物和机器中控制和通信的科学》(*Cybernetics, or Control and Communication in the Animal and the Machine*)一书中对控制系统的描述是:通过对信息流进行不间断的监控,控制系统得到维持。因此,这种系统能根据任何来自内部或外部的干扰来进行自我调节。例如,生物学家弗朗索瓦·雅各布(François Jacob)及雅克·莫诺(Jacques Monod)就以维纳的信息及反馈闭环为基础,建立了分子中的"遗传监控机制"。他们的发表包括一些控制图片,展示某些蛋白质("抑制剂""启动子""增强子")是如何对 DNA 产生作用的,从而形成一种开关机制,在蛋白质的生成过程中起到打开与关闭的作用。雅各布及莫诺将 DNA 视为一种"控制酶",处于核心位置的"信息基因"能对"控制酶"进行监控。

克劳德·香农在信息论及通信方面的工作也很重要。他(以及他的合作者瓦伦·韦弗)对信息的量这一方面进行了强调,同时还强调了区别信息噪声,他们的工作帮助欧文·查加夫(Erwin Chargaff)、乔治·加莫夫(George Gamow)、莱斯莉·奥格尔(Leslie Orgel)、亨利·跨斯特勒(Henry Quastler),及亚历山大·里奇(Alexander Rich)等生物学家及生物化学家形成了基因密码理论。约翰·冯·诺伊曼研究了计算机的功能组织——后来被人们称为"冯·诺伊曼结构"——也有影响,分子生物学家从中受到启发,DNA 不仅是一种密码,而且是一种能做事情的密码，一种能计算的密码。它不仅仅是信息，而且还是计算系统的组成部分，具有输入、输出、存储、处理能力。在分子生物学作为一门学科的形成阶段，衍生于控制论、信息论、计算机科学，及相关技术领域的概念帮助形成了 DNA 是遗传密码这个概念。20 世纪 60 年代末期形成的画面丰富多彩，各种比喻相互交织，帮助人们从分子层面去理解生物生命的本质：DNA 是一个运用信息反馈的自我监控的系统；DNA 是一个通信系统，以 RNA（核糖核酸）或蛋白质的形式发出消息；DNA 是计算机的核心部件，具有配套的存储设备（染色体）和处理算法设备（基因）。

虽然这些模式看起来很有技术性，但看到下面这一点也很重要：至关重要的不仅仅是科学范式的改变，基因密码中还有一个哲学，乃至是神学的维度。许多由分子生物学家写的大众读物证明了这一点。凯讲述的历史阶段包括了这些作品，如《生命本身：生命的起源及本质》(*Life Itself*：*Its Origin and Nature*，克里克)、《生命的语言》(*The Language of Life*，乔治及缪丽尔·比德尔)，等等。许多书解决的都是同一个问题，那个由薛定谔于 20 世纪 40 年代提出的问题："生命是什么？"答案常常是"生命就是信息"。然而，这些书所用的方法却大相径庭。莫诺的《偶然性与必然性》(*Chance and Necessity*)技术性高，包括了数不清的图标，强调了基因代码的数学特点。而雅各布的书《生命的逻辑》(*The Logic of Life*)则哲学色彩浓厚，以亚里士多德开头，以 DNA 结尾。

因此，生命这一概念本身——它未经调节，是生物生命的基本核心——既是生命科学中的一个技术问题，也是一个哲学问题。然而，"生命本身"总是在不断变化，历史学家、科学哲学家乔治·康吉扬在他许多生物学、医学、生命科学著作中已经指出了这一点。康吉扬指出，关于生命本身这一问题，西方思想中主要出现了四种主要方法：运动，以亚里士多德关于自然的著作为代表；机械论，笛卡尔的哲学概括了这一点；组织学，由林奈（Linnaeus）分类学、居维叶及若弗鲁瓦（Geoffroy）的比较解剖学、分子结构显微研究发展而来；最后是信息，它发端于 19 世纪的热力学研究，在现代 20 世纪遗传研究中发展壮大。对康吉扬而言，生命科学总是围着一个悖论打转：一方面，人们假定一种所谓"生命"的东西，人们可以用科学的方法去研究它、分析它、量化它。另一方面，"生命本身"中总有某种东西，不可触摸、不可简化，具有质的特点。康吉扬认为现代遗传学就是这种情况，其研究主题曾经被简化为信息，同时，通过尚不为人所知的过程，能够运用信息来生成复杂的生命："消息、信息、程序、代码、指令、解码，这些都是生命科学中的新概念。"[4]

生物媒介

基因代码的历史背景对后工业、后现代社会具有重要的影响。20 世纪晚期见证了一个主要生产模式的改变，与此相伴的是计算机及信息技术的进步，以及全球化背景的创立。全球化背景不断影响着价值交换、权力关系，影响着信息、图像、符号的流通。在这一改变中，有两大原则对生物技术产业的发展起到了重要作用，并且影响了我们正在讨论的生物与信息的融合。

第一是**控制原则**,基因工程就是例子。第二是存储原则,基因测序和各种人类基因绘图就是例子。20世纪70年代早期,随着基因工程技术的引进(以及最早于20世纪80年代出现的新兴生物技术公司),控制DNA,在组织间调换基因物质,这一能力变成了现实;人们可以这样理解DNA:可以对DNA进行系列剪切与粘贴操作,可以对任何组织的遗传缺陷进行更精准的控制及干预。同样,在20世纪80年代,由于以计算机为基础的基因测序技术的发展,人们要图绘人类基因组的渴求也变成了一个可行的现实。大量DNA片段能够被存储起来,要么被存储在细菌质粒库中(在活的有机体内),要么被存储在计算机数据库中(在硅片里)。总之,能够精确控制基因序列,能够存储大量基因信息,这意味着在分子层面及基因层面,生物学能被当作一种技术来对待。具有生物特点的"生命本身"被当成了一种媒介。

对这一关系的理解是理解生物媒介概念的关键之处。我们已经看到,从人工制品到学科领域,再到如今已耳熟的基因"密码",我们当代语境下存在着各种生物与信息混杂的现象。我们还看到,这些发展貌似新奇,但新奇发展的背后总有一段纷繁复杂、断断续续的历史。这是一部控制论与遗传学、信息论与分子生物学、生命科学与计算机科学间发生概念、话语碰撞的历史。认识到这一点,我们就可以开始以一种更加精确的方式来对生物学与信息、"生命"与"密码"之间的关系特点进行总结了。**生物媒介包括了对生物组成部分和过程的再语境化,其结果可能是医学方面的,也可能是非医学方面的(经济方面的,技术方面的),它带来科学方面的影响,也带来文化、社会、政治方面的影响。**生物媒介可以是DNA芯片之类的"东西",或基因组数据库,但它也可以是DNA样本测序之类的"行为"。事实上,生物媒介要求我们在考虑媒介物时不能与调节行为分开。因此,生物媒介要求我们将具有生物特点的"生命本身"理解成,它既是一种媒介物,又是一个调节过程。

这一定义牵涉好几点重要之处。首先,从生物媒介来看,"信息"不是非物质化的。换言之,生物媒介不仅包括了对生物的计算,在这一过程中,生物实验室里"湿的"、物质的东西被计算机及数据库"干的"、非物质的比特所替代。相反,生物媒介不断提出两个要求:生物以信息的形式出现,同时,那个信息还要以基因或蛋白质化合物等质料形式出现。这一点再怎么强调都不为过:生物具有信息的特点,但它并非不具质料性,对生物媒介的理解全仰仗这一点。

第二,对生物媒介而言,我们不必将生物与信息分开,将生命与代码分开,将自然与人工分开。因为生物媒介是建立在基因密码这个概念之上,这个概念将生物与技术缝合到一起,不存在什么原初的生物生命,后来通过技术处理,变成了基因密码。在分子生物学中,基因密码概念既隐含着质料性这层意思,也隐含着非质料性这层意思:DNA分子既以湿的、有机化合物形式存在,同时又以一种干的、技术性的、非质料的量的形式存在。在生物媒介中,基因密码既是一种以分子形式存在的有生命的化合物,一个存在于试管中的生物样本,同时,它也是一组存在于数据库中的基因序列。

第三,生物媒介不是仅指用计算机对生物化合物进行操控。相反,生物媒介的目的是提供合适的环境,以利于生物生命以某种独特的方式展现、表达**自我**。从某种意义上说,生物媒介所做的仅仅是提供背景及条件,使基因代码能够在其中显现出它该有的样子来。那么,生物媒介就是最真实的意义上的媒介,它为生物提供环境,使生物能成其为生物。

生物媒介提供了什么样的背景及环境？人们是如何将 DNA 分子视为基因密码的？我们要注意三个必要的条件：(1) 具备基本的源代码，一种可以从某个生物基质中抽取出来的模式；(2) 这一基本代码与物质基质相连，但不依赖（也就是说，代码能够与物质分离）；(3) 这一代码是可移动的，能在一种或多种物质基质间移动。显然，这些条件之间差别巨大，但它们都被视为基因密码操作中不可分割的部分。这导致大量技术被运用到 DNA 基因密码中：密码可以被排序、复制、存储于质粒或数据库中，可以被上传、下载，还可以被用来进行数据分析、建立可视模型，在计算机上（用生物信息软件）或实体实验室中（基因工程）被改写。这些操作中有许多是分子生物研究中的奠基石，也是生物技术产业中药物研发、诊断的奠基石。

有了这些技术，许多实践才具备了可能性。每样这种实践都预示着 DNA 与密码之间的一种具体关系。第一，代码与物质基质之间的分离意味着 DNA 即等同于 DNA 的信息。例如，基因测序始于从病人身上提取生物样本。然后，样本经过分析，变成了电脑中的线性序列 A、T、C、G。此时，病人已与这些步骤无关，因为代码已经被提取出来，已被抽象化。DNA 紧紧盘踞在染色体中，塞满了每个活细胞的细胞核，它已经被转换成了一种基因密码。第二，DNA 作为一种代码，它能够通过不同的媒介携带。DNA 如今能够从试管走向数据库，并且能够通过基因合成，又重新回到试管。这种移动性是许多分子遗传学研究报告中的重要部分。第三，作为一种代码的 DNA 的可携带性在某些情况下意味着代码能够对身体进行诠释。基因诊断被运用于处方药、生殖医学、基因筛查，这些都涉及将 DNA 当作一种能代替病人身体的密码来进行分析。第四，作为一种密码，DNA 具有生成性，它既能生产出更多的信息（比如在基因组学研究中），也能生产出生物化合物（DNA 或蛋白质，如在生殖医学研究领域）。虽然具体科学研究领域之间差别巨大，但我们所说的生物媒介指的就是这种能够创造环境的能力，在这个环境下，"生命本身"被理解成具有信息的特点，然而却未必是非质料性的。DNA 分子展现了这一点。在以一种基因密码存在这一方面，DNA 分子具有对等性、可携带性、可诠释性、可生成性。

密码、肉体，以及精神

显然，"身体能够做什么"这个问题对生物媒介而言范围广阔，内涵丰富。但是，生物媒介的后果是什么？将 DNA 视为基因密码，这一概念的后果是什么？从最宽泛的层面来看，基因密码这个观念本身似乎无处不在，从科学研究到科幻小说到处都有它的身影。我们主要可以指出四个生物媒介领域——医学、经济、安全、文化领域，基因密码已经占领了这些领域并且还将继续对其产生影响。

医学前沿有许多宣告（也许不太成熟）说一场基因革命正在来临，从策划药到治疗性克隆，无所不包。生物与信息的融合对制药、基因诊断、医学遗传研究产生的影响已经到了最大。这里计算机技术已经起到了核心作用，因为人们已经能够用计算机进行药物设计（药物基因组学），同时还能使用高级诊断工具，这些工具利用了病人的基因组及人类基因组数据库。然而，这些技术措施还远远说不上完美，人们对新药的反对行为并未减少，虽然诸如药品研究生产者协会之类的行业组织还在继续推销处方药是治疗疾病的主要方式这个观点。

这导致出现了第二个领域，生物媒介在这个领域中已经产生了经济影响。在生物技术产业中，生物科学与计算机科学的融合孵化产生了许多次生产业，包括生产研究工具的产业、提供信息服务的产业（如数据库订阅），以及那些专注新药或治疗方法的实际发展的产业（生物技术新兴公司）。另外，虽然人们在问：基因密码本身是属于公众的还是属于私人的？或者，基因密码本身是不是一种"公开资源"呢？但是，一些转基因组织已经被申请了专利（包括细菌、植物、动物）。虽然美国的专利法不允许对未经改造的基因序列申请专利，但是，这并不能阻止人们对"衍生"基因序列或生产"衍生"基因序列的技术申请专利。

虽然生物媒介在医学、经济方面的影响已经发展了好长一段时间，然而，安全与公共卫生方面的新顾虑让人们能从新的角度来看待生物学与信息之间的关系。人们对生物恐怖主义、通过生物工程制造"超级瘟疫"的担忧日益增加。同时，"生物防御"代价高昂，许多疫苗性能不可靠。考虑到这些，在许多人看来，这些项目带来的破坏跟它宣称能消灭的威胁一样大。生物恐怖主义让人担心，但"新发传染病"的流行更让人担心，它由细菌突变引起，经全球性的交通、贸易网络得以传播。在美国及欧洲，这些威胁已促进产生了新的公共卫生措施，这些措施很多时候都用上了计算机和信息技术：开发实时"症状监测"网，对公共卫生进行监控；刺激生物技术产业开发新疫苗；赋予公共卫生机构储备并迅速分发所需药物的能力。

生物学与信息的融合是生物媒介的特点，这一点在文化领域的影响恐怕最为明显。虽然有些话题（如"共同基因"的可能性）在大众媒介中不大受人关注，但另外一些话题（如干细胞或克隆）却点燃了激烈争论，揭示出人们在科学、宗教、道德这些问题的态度上具有难以跨越的社会、文化鸿沟。科幻文学、电影、电视、喜剧、视频游戏对表现基因密码情有独钟。在这些戏剧化的表现形式中，通过基因这一镜头，疯子科学家、失控的技术、集体贪婪、人机冲突这些传统主题得以重新创造。在我们这个后现代、基因神话时代，人们常常在视觉上用计算机图形来代表 DNA，强调 DNA 是一种密码，能轻易被操纵、控制、重新编程这一印象。

生物媒介之后是什么？

正如我们所见，生物媒介概念不仅仅局限于对某种语言的使用，不仅仅局限于某种技术或某些学科、体制背景。它远不止是在分子生物学研究中对计算机技术的运用，也不仅仅意味着对生物学进行数学运算。通过强调生物的质料性，生物媒介让信息的非质料性这一概念变得更加复杂。生物媒介既不全是"物体"，也不全是"行动"，它是一个调节过程，能使"生命本身"得以呈现。这一方向的影响不仅在生物科学研究中得到了见证，在医学、经济、安全、文化中也得到了见证。从这个意义上来看，对生物医学的考虑与媒介研究相关，因为它以独特的方式将生物学、技术、文化撮合在了一起。**生物媒介呈现的景象不仅是作为信息的生物生命，而且，生物生命之所以是生命，恰好因为它是信息。**

考虑到这一点，我们可能会问：生物媒介是"好"还是"坏"，它是提供了一个更加复杂、更有新意的理解生物生命的方法呢，抑或是另一种形式的技术工具？一方面，生物媒介使生物科学和计算机科学的关系更加紧密，在某些情况下还提供了新视角，如"系统生物学"——它绕开了制药行业寻求银弹治疗及速效药这一狭隘焦点。另一方面，生物媒介触发了新技术发展，这些技术常常因为是生物技术产业的经济刺激因素而得到发展。生物媒介给我们提供了一幅复杂的画面，画面中生物与信息之间的关系有许多局限性。在此我们可以总结出下面几条。

首先，任何对生物媒介的批评评估必须从还原主义开始。寻找一种能描述生活、生命的复杂性的基本核心或原子单元，这常常被视为西方科学的特点。一个复杂的整体被破开、被化约为主要部分来理解。正如科学史研究人员常常指出的那样，在发现DNA之前，19世纪晚期及20世纪早期的生物学家的理论中包括了一系列包含着生命的奥秘的单元：孟德尔式的遗传因素、泛子、芽球、基因，等等。目前，我们尝试着通过遗传学术语去理解疾病、发展及行为，这是不是一种还原主义呢？生物媒介提出的问题是：在何种程度上对生物生命的信息理解是一种还原主义，而且有此必要。"生命本身"能被还原成数字吗？抑或是，我们对"数字"或量的理解这一问题本身就具有还原主义特点？当代复杂科学及自组织科学（它们本身就是建立在严格的数学原则基础之上）能提供一种将生物生命理解成具有信息的特点，但不具还原主义特点的方式吗？[5]生物媒介要求我们要跳出这一非此即彼，数量与质量的二分法。在这个意义上，网络、系统、途径、群可能会提供别的可选模式。

虽然对还原主义的批评与生物学历史形影不离，但另一个批评——工具性——与技术研究形影不离的程度更甚。生物媒介给我们提供了一个独特的例子：生物"生命本身"一度既是工具，也是对象；既是产品，也是生产过程。作为一种提供背景及条件的方式，生物媒介包含了生命对生命做工，这是最真实意义上的生物技术。基因工程技术、新药物靶点实验、DNA芯片的使用，这些都涉及DNA对DNA做工，涉及已在活体细胞中出现的过程（蛋白质合成、碱基配对、基因表达、细胞信号）。在这种情况下，"技术"的准确位置究竟应该被置于何处？在这一点上，生物媒介的回答是含混不清的。有时候，例子明显具有工具性（如将陌生基因嵌入宿主组织）。而另外一些时候，工具与对象之间没有分得那么清楚（如对自繁殖组织的研究）。这里，在生物学是一门技术这种情况下，生物媒介提出的问题是：如果人控制、操纵"生命本身"的能力有界线的话，那么它的界线在哪里？也许正是在这个意义上，人们在对生物媒介的技术层面进行反思时，对环境、表观遗传学、自创生自监督等问题的强调成了核心话题。[6]

还原主义及工具性这两个问题中都存在着这样一个假设：我们思考"生命本身"与我们谈论生命，两者之间的关系不存在任何问题。一个更理性的声音可能会辩解说：我们谈论某种东西的方式能反映这种东西本身的性质。从这一点来看，密码语言及信息仅仅反映了DNA天生具有信息结构，反映了某种早已存在但最近才被揭示出来的东西。然而，我们运用的语言跟我们的思考方式之间具有不可磨灭的关系，我们的思考方式又与我们对"外部"世界的理解之间具有不可磨灭的关系。因此，一种更有批评性的观点可能会说：我们对某些比喻的运用（生命之"书"，生命之"密码"）影响了我们所提出的科学问题，影响了随后的知识生产。在这种情况下，语言先于知识，并且参与了知识的形成；语言影响了我们委身于这个世界、给这个世界施加影响的方式。另外，单一的术语有多种不同的用法。例如，基因"密码"这个概念在生物学意义上可能是指基因，在技术意义上指计算机中的一串比特符，在社会或文化意义上可能指的是包含某种秘密的东西。生物媒介要求我们去反思语言与物体之间的关系、比喻与质料性之间的关系，这些关系不是一条单行道。以生物媒介形式呈现在我们面前的物体显得古怪、诡异（无论它是 DNA 计算机、纳米探针，还是生物途径），这些东西都受到了一系列先在比喻的影响，给我们提出挑战，要我们以新方式去使用语言，并且用这种语言去读懂这些东西。

生物媒介要求我们在对还原主义、工具性、比喻进行批评的过程中对生物学、技术、语言方面的普遍观点进行反思。这种反思鼓励我们将生物学与技术视为不可分割的，而且我们的思考要超越天然与人工相互对立的范式，这个观点已长久占据了西方科学及生物哲学核心。在生物媒介所呈现的世界中，"生命本身"这个古老话题以全新的方式出现，代表着它的系列物体、技术、社会背景具有独特的历史性。尤其是当我们将生物媒介与人工智能、人工生命、机器人结合在一起思考时，生物媒介引发的问题显然与**生机论**有关：生命与非生命的差别是什么？生物与技术的差别是什么？面临这些似乎对立的问题，人类（"后人类"）的未来将会如何？

注释

1. 参见 Richard Doyle, *On Beyond Living：Rhetorical Transformations in the Life Sciences* (Stanford, CA：Stanford University Press, 1997) 与 *Wetwares* (Minneapolis：University of Minnesota Press, 2004); Evelyn Fox Keller, *Refiguring Life：Metaphors of Twentieth-Century Biology* (New York：Columbia University Press, 1995) 与 *The Century of the Gene* (Cambridge, MA：Harvard University Press, 2000); Donna Haraway, *Modest_Witness@Second_Millennium. FemaleMan©_Meets_OncoMouse™：Feminism and Technoscience* (New York：Routledge, 1997); Daniel Kevles and Leroy Hood, eds., *The Code of Codes：Scientific and Social Issues in the Human Genome Project* (Cambridge, MA：Harvard University Press, 1992); Richard Lewontin, *Biology as Ideology：The Doctrine of DNA* (New York：Harper Perennial, 1993); Robert Mitchell and Phillip Thurtle, eds., *Data Made Flesh：Embodying Information* (New York：Routledge, 2004); Dorothy Nelkin and Susan Lindee, *The DNA Mystique：The Gene as a Cultural Icon* (New York：W. H. Freeman, 1995); Hans-Jörg Rheinberger, *Toward a History of Epistemic Things：Synthesizing Proteins in the Test Tube* (Stanford, CA：Stanford University Press, 1997); 以及我的书 *Biomedia* (Minneapolis：University of Minnesota Press, 2004) 与 *The Global Genome：Biotechnology, Politics, and Culture* (Cambridge, MA：MIT Press, 2005)。在文化研究、科学研究、社会学、科学人类学、历史、生物哲学等领域，关于基因密码史的著作及理论著作还在源源不断地出现。

2. 同时参见凯(Kay)的文章 "Cybernetics, Information, Life：The Emergence of Scriptural Representations of Heredity," *Configurations* 5, no. 1(1997)：23–91.

3. James Watson and Francis Crick, "General Implications of the Structure of Deoxyribonucleic Acid," *Nature* 171(1953)：964–67.

4. Georges Canguilhem, "The Concept of Life," in *A Vital Rationalist*, ed. François Delaporte, trans. Arthur Goldhammer (New York：Zone, 2000), 316.

5. 生物学家斯图尔特·考夫曼(Stuart Kauffman)对复杂性的研究阐述了这方面的例子。林恩·马古利斯

(Lynn Margulis)在内共生研究方面所做的工作,以及苏珊·奥扬玛(Susan Oyama)对系统理论的发展也给出了这方面的例子。

6. C. H. 瓦丁顿(C. H. Wadington)在表观遗传学方面的著作与此相关,生物学家温贝托·马图亚纳(Humberto Maturana)及弗朗西斯科·瓦雷拉(Francesco Varela)对自创生概念的阐述也与此相关。

参考文献及建议阅读书目

Canguilhem, Georges. 2008. *Knowledge of Life*. New York: Fordham University Press.

Cooper, Melinda. 2008. *Life as Surplus: Biotechnology and Capitalism in the Neoliberal Era*. Seattle: University of Washington Press.

Doyle, Richard. 2004. *Wetwares: Experiments in Postvital Living*. Minneapolis: University of Minnesota Press.

Jacob, Francois. 1993. *The Logic of Life: A History of Heredity*. Princeton, NJ: Princeton University Press.

Kay, Lily. 2000. *Who Wrote the Book of Life? A History of the Genetic Code*. Stanford, CA: Stanford University Press.

Keller, Evelyn Fox. 1996. *Refiguring Life: Metaphors of Twentieth-Century Biology*. New York: Columbia University Press.

Mitchell, Robert, and Phillip Thurtle, eds. 2004. *Data Made Flesh: Embodying Information*. New York: Routledge.

Parisi, Lucianna. 2004. *Abstract Sex: Philosophy, Biotechnology, and the Mutations of Desire*. New York: Continuum.

Stocker, Gerfried, and Christine Schöpf, eds. 1999. *Ars Electronica: Life Science*. New York: Springer.

Thacker, Eugene. 2004. *Biomedia*. Minneapolis: University of Minnesota Press.

9. 通　信

布鲁斯·克拉克

> 阳光让她的眼睛眯成了一条缝。她朝山下望去,满眼的房屋,绵延不断……;她想起那次打开半导体收音机换电池时第一次看到的印刷电路……绵延的房屋,印刷电路,感觉两者从外形上看起来都像象形文字,隐藏着意义,有沟通的意图。(品钦,1990:24)

在《拍卖第 49 批》(*The Crying of Lot 49*)的这个重要段落中,通过以光为媒介,以及刻画在印刷电路板上的神秘图案的记忆为媒介,女主人公奥狄芭·马斯(Oedipa Maas)将自己放在了"沟通意图"的接收端。光线、象形书写、印刷术、电子通信、意义:从物理学到现象学,从自然到思维,直至社会,叙述在进行转变的同时,媒介概念与通信概念也联系起来了。最近的话语及学术发展已经记录、反映了这种联系。正如文字曾经是口语的补充,文字学(研究书写的科学)是语言学(研究言语的科学)的补充。"媒介研究"这个意义上的"媒介"与通信研究和通信理论研究相伴而生。

目前所用的术语**通信**(communication)主要指"传授、传递或交换观点、知识、信息等"(OED)。这个现代用法的权威性特别要归功于约翰·洛克的《人类理解论》(*An Essay Concerning Human Understanding*,1690)第三卷:"让语言服务于沟通的目的"(OED; Kittler,1996)。此术语源自拉丁语 Communicare 和 Communis。Communicare 是指"传授、分享""使成为共性",Communis 是指"为所有人或许多人共有的、公开的、一般的东西"。Communication 用来表示传递或共享物质/能量,或有机特点——譬如说,把一个概念从一个对象交流给另一个对象,把疾病从一个有机体传播给另一个有机体,如今这个用法虽已不常见,但这些用法保留的重要含义仍然是现代信息学的基础:

- 通信的共性——它复杂多样且具有附带条件:社会基础先于个人意志
- 通信的物质性——任何消息的传达和信息的传播都需要物质及技术基础设施

这两个方面——社会关联性和物质接触——都使通信概念与媒介概念更加靠近。媒介如今是指通信传输或播送的各种技术。然而,媒介的学术魅力大多从通信中分流而来。

将通信概念扩大这件事本身是一个新近的发展。从19世纪中期开始,"通信才刚刚获得了一个概念应有的显赫地位和人们的情感认同"(Peters,1999:5)。然而,正是由于松散附着于技术二字前面的修饰词**媒介**的出现,通信概念的放大才成为可能。"电报、无线电之类的技术重新改变了'通信'这个陈旧的术语,它曾经用来指任何形式的物质迁移或传播,如今变成了一种新的类似于物理连接方式的东西,并且能跨越时空障碍。多亏了电,如今距离不是问题,无形体也不是问题,通信总可以无视这些障碍,总能发生"(Peters,1999:5)。随着电子通信系统去物质化能力和信息媒介多样化能力的加强,通信开始了它的"现代生涯,成了一个具有统治地位的术语,'20世纪中期至晚期一个时髦的统治学科'"(Hartley,2002:32)。

通信研究在学术上雄心勃勃,"它要传承哲学的衣钵,试图在阐释人性时能够有自己的主张"(Hartley,2002:32)。通信研究利用了多种学术研究的成果:结构语言学、比较语言学、结构人类学、社会科学、商业、新闻、公共关系、广告、媒介、批评理论、控制论、信息论,以及计算机科学。克雷格列出了"通信理论的七大传统"——修辞学、符号学、现象学、控制论、社会心理学、社会文化、批评——并进一步指明这些主题学科如何被两大正统模式横切:

> 在最简单的传播模式中……,通信被理解为一个过程:就像香蕉被装进箱子里一样,意义被包裹在符号化的信息中,从发送者那里送到接收者那里。香蕉常常在运输过程中被磕伤或者变坏。于是,**通信失误**随处可见……通信理论家们最近喜欢上了另外一种模型——本构模型(constitutive model)……通信要素并非预先确定,而是在通信行为过程中自行构成(Craig,2001)。

然而,从两个模式中的任何一个来看,通信与媒介都紧密相连。将两种模式看作借喻——两个概念彼此相连,互为工具——而不是相互竞争的同义词,这样理解将不无裨益。"甚至在'通信'这个术语摇身变成电子时代的'信息运动'之前,它就已经被广泛用于指连接道路、桥梁、航线、河流、运河"(McLuhan 1994,89)。在这个语境下,媒介就是运输方式。麦克卢汉接着说:"每种运输方式不仅搬运了,而且还对运输者、接收者和信息进行了翻译、改变。对任何形式的媒介的运用,或人的延伸,无不改变着人们相互依赖的关系,就像媒介改变了我们的感官比例一样。"(90)在这里,通信与媒介相互依赖是"人与人通过媒介相互依赖"这句话的回音。从言语到书写,从书写到印刷,从模拟电路到数字电路,媒介技术的变革与通信媒介带来的社会变化密不可分(Kittler,1999)。

那么,从广义上来看,究竟是什么能将通信与媒介区别开来?用最抽象的方式来表达这种区别就是:通信最终是一个社会现象,而媒介是多种技术现象。然而一旦做此区分,人们就不得不立即意识到社会与技术紧密相连,就像拉图尔和唐娜·哈拉维考察杂交生物、电子人以及半物体(那些兼跨自然与文化、有机体与机器、人与非人领域的实体)在现代社会的繁殖时让我们认识到的一样。面对这种区别,我们将采取既建构,同时又解构的策略。既朝前迈,看透它,但同时又向后退,审视它。让我们权且为了启发的目的,首先承认社会/技术区分,然后沿着两条路径深入展开:

1. 通信与信息的源头和信宿最为直接相关,而媒介最直接关心的是信息从一个地方移动到另一个地方的方式。参考香农与韦弗的具有开创性意义的文本《通信的数学理论》(*The Mathematical Theory of Communication*, 1949)中那个著名的通信示意图,这个区分就会显得一目了然。用这个示意图中的术语来重新表述的话,通信最终关心的是社会学语境,即"信源"与"信宿"之间发生的关系,而媒介占据了示意图的中间位置——信道——并且以技术领域为中心。通过信道,传输装置将信息编码为信号,信号要受媒介特有的噪声模式的干扰,然后由接收装置解码,送达信宿。香农和韦弗从对电话的思考中概括出了这个示意图,但显然这个示意图可以普遍用于所有通信媒介。人们在谈论调节技术的潜在复杂性时,往往会忽略交际交流,而香农示意图表明,要对任何通信进行全面考虑,就不能不谈媒介的具体时刻性。

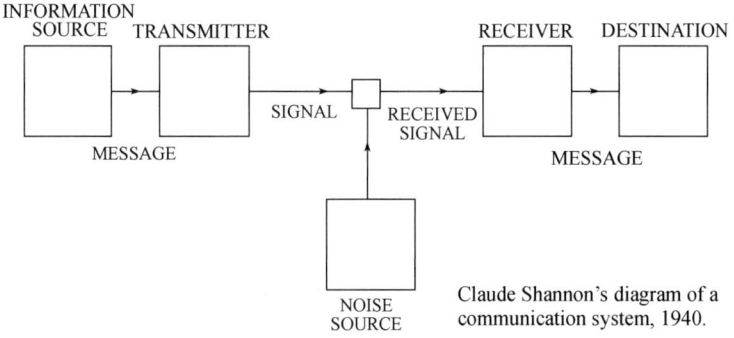

Claude Shannon's diagram of a communication system, 1940.

1960年,语言学家罗曼·雅各布森(Roman Jakobson)从香农的图表中受到启发,将通信功能转换成了语言学功能,他的这一转换颇有影响。雅各布森主要是想表明,传统语言学和诗歌分析假定言语或书写是人们思考的媒介,而控制论的人/机界面促进了通信理论的发展,通信理论可以转而有效地用于传统语言学和诗歌分析。在这个过程中,雅各布森扩展了香农框架中未明说的问题。例如,"指称"功能既表明通信内嵌于社会语境,同时也暗含语义指称(即语言表征世间物体的能力)本身也是一个依赖社会约定而存在的功能。雅各布森的"元语言"功能让人们注意到语言(以及其他代码)是各种结构,表征意图必须通过结构才能得到加工处理,将"信息"转换成适合手边可用媒介的"信号"。"交际"功能让媒介的具体时刻性本身格外醒目,它再次将"通信"指向了物质联系感:就算是在人们能想到的最"无线"的通信系统中,那里还是得像过去那样,必须有一个能将锡罐拴到一起的真正的物质/能量线。

雅各布森让语言学插手通信理论,他为结构语言学话语标出了一个制高点。通信事件中

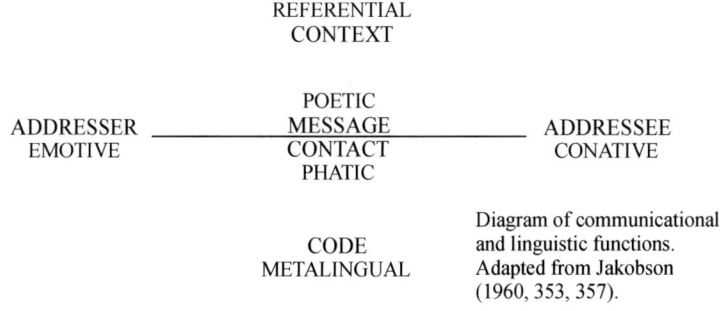

Diagram of communicational and linguistic functions. Adapted from Jakobson (1960, 353, 357).

出现了多种传播结构,雅各布森让传播结构成为结构语言学中的核心话题。如果我们从这里转到一种后结构主义立场,雅克·德里达的"延异"中的一小段引文可以为通信/媒介的区分提供一种解构主义的视角:"语言的使用,或者是任何代码的运用,只要它暗示是一种与各种形式有关的游戏……它同时就会假定……有一个空间或时间的存在,它是一种印迹的游戏。这种游戏必须是某种先于书写的刻画。是一种不源于此刻,且没有本原的书写"(Derrida,1973:146)。通信("信源"与"信宿","说话人"与"受话人")之于"语言的使用或任何代码的运用"正如任何传输、接收信号的媒介技术之于"一个时间和空间的存在,一种印迹的游戏"。或者说,为了达到通信的目的,信息被转换成信号,书写(语言或其他潜在形式的书写)已经预先给定了"信源"生产信息的能力,用来传递信号的媒介具有相应的媒介特殊性,媒介特殊性也预先给定了生产信息的能力。信号的媒介不可避免地会反馈到信息的形式中。因此,麦克卢汉的"媒介即按摩"(the medium is the massage)这句双关语已有解构主义思想的苗头。

在社会和技术领域里重建通信与媒介的区别的同时,现在我们沿着第二条线将区分展开。

2. 同步和时序性是通信的要素。信源的产生和接收分别处于不同的时刻,即"实际时间"。在此期间,媒介技术产生"虚拟时间",书写、储存、检索等步骤能中断通信,或者操控通信时间。这里,通信之于媒介正如言语之于书写这种情况再次出现。然而,通信与媒介在这里的区别与前面谈到的第一点区别相比,它的角度不同,而且更具解构主义特点。它重新将通信/媒介的区别置于媒介领域之中,"媒介技术"这个标签下包含了"通信"与"再现"的区别:

> 现代媒介技术沿着两个明显的轨道发展。第一个轨道是再现技术——电影、录音、录像、磁带等各种数字储存形式。第二个轨道是实时通信技术,即以**电**(tele)开头的一切——电报、电话、电传、电视、电子监控。像无线电这种20世纪的新文化形式以及后来的电视机则出现在这两个轨道的交叉地带(Manovich,2001:162)。

马诺维奇的研究方法展现了新媒介研究中的反向潮流,即撇开通信中的社会性时刻,只关注(媒介)技术时刻。正如我们前面谈到的区别,马诺维奇的通信概念最直接地指向信息的发送与接收,但他强调媒介独有的差异性。通信技术——手势、语言、烟雾信号、电报、电话——这些方式传递或播放信息,却不将信息作为媒介对象创造或储存起来(如第一个例子,手势)。媒介技术本身与传统通信技术和现代通信技术的差别就在于:媒介技术会**记录**自己所处理的信息,它们不仅交流,而且还记住——捕捉并储存——其内容。因此,写、绘画、印刷、平板印刷术、摄影、留声机,以及电影,这些东西只是媒介形式中的一部分。"新媒介"由此被视为是对**技术**的解构:它汇聚包容了将通信与再现区别开来的东西。"计算机在原则上包括了一切其他形式的媒介"(Kittler,1996)。先前的通信表征将世界双重化。数字平台通常会同时传输和储存——它们模仿,或者以拙劣的方式模仿人本主义的主体。这样,二进制的情报学将世界再度双重化。

信息与通信

自 20 世纪中期以后，基特勒的媒介后人类主义为人们提供了一个概念方面的通用卡，提高了通信与媒介之间的筹码。电话系统是一种通信媒介，信息话语即是起源于对电话系统操作所进行的数学-物理处理，它意图将通信概念和媒介概念一并囊括。香农和韦弗的《通信的数学理论》主要实际目的是想量化电话所传输的内容。信息无须对意义进行定性考虑，只需对所承载的信号进行演算（见第 11 章，"信息"）。这个概念带来了一个效果：人们在考虑通信媒介时，既不用考虑社会特殊性，也不用考虑技术基础设施，而是只需考虑控制论中的控制概念，这个概念普遍存在，统治一切。信息论"可能看似激动人心，因为它让一些人们在战争、官僚机构、日常生活中早已熟稔的东西变成了一个科技概念。信息不再仅仅是原始数据、军事后勤或电话号码。它是理解宇宙的原则"（Peters，1999：23）。

DNA"解码"碰巧与信息论的历史发展相吻合。"遗传信息"这个暗喻让信息是把万能钥匙这个概念更加广泛地被人们接受，它能打开物质、能量、生命中所有的未解之谜。"占统治地位的信息学"这个说法阐明了此观点的基本逻辑："通信学及现代生物学都是以一个共同行动为基础建立起来的——将世界转换成一个编码问题"（Haraway，1991：164）。用我们一直在考察的术语来说，将世界转换成"一个编码问题"就是将信息总体化：人们将信号从物质或具有历史特殊性的发送端、接收端、信道中概括出来，给通信重新定位，它既不看重误差反馈，也不看重循环纠错，而是关注不可更改的单向信息流动——信源只能是指令发布者与控制器。哈拉维接着说："信息是一种可被量化的元素（单元或单元基础），它的量可被普遍转换，从而让工具力量畅行无阻（也即所谓有效通信）。中断通信是对工具力量的最大威胁"（164）。这个批评表明，对"占统治地位的信息学"的抵抗离不开对控制系统的破坏。但在《电子人宣言》（"A Cyborg Manifesto"）的别处，哈拉维建议的实践则要更加温和，"中断通信"并不意味着破坏，而是意味着重新部署通信媒介的信息工具，其中一点就是转向**叙述**媒介，以求社会反馈。通信对抗将使系统开门迎接新可能，建设新结构。

尽管《电子人宣言》在反经典科幻小说时并未提及斯坦尼斯拉夫·莱姆（Stanislaw Lem），但莱姆对苏联控制论研究采取的东欧视角在当时已经与香农的信息论联系在一起了，莱姆已经开始了哈拉维所预见的工作（参见 Gerovitch，2002）。譬如，《赛博利亚特：控制论时代的寓言》（*The Cyberiad：Fables for the Cybernetic Age*）表明，从 20 世纪 60 年代中期开始莱姆就谈到过"把世界转换成一个编码问题"的欲望。在"第六个莎莉：特鲁尔（Trurl）和克劳伯修斯（Klaupaucius）如何制造出第二类恶魔来打败海盗普格（Pugg）"这个故事中，莱姆用熵这个概念将能量与信息联系了起来。他的"第二类恶魔"重新从信息学的角度利用了麦克斯韦的恶魔。"第二类恶魔"是维多利亚时期的物理学家詹姆斯·克拉克·麦克斯韦（James Clerk Maxwell）1870 年思想实验的一部分。这位科学家试图在热力学第二定律中"挑个漏洞"（参见 Clarke，2001：chap. 4）。

莱姆一直强调，香农的通信数学理论通过计算信息概率将信息量化。"第六个莎莉"则通过从能量领域的熵跨越到信息领域的熵，指出观察者的社会可变性以及媒介的物质复杂性，讽刺了通信的意义如何因此变得不确定。机器人制造大师特鲁尔和克劳伯修斯被一个百眼怪物食人魔囚禁。食人魔住在一个被称为"黑垃圾"的废弃了的垃圾场，那里无比荒凉。食人魔囤积的信息堆积成山："金银……对我毫无用处……因为我只收集宝贵的事实，纯粹的真理，无价的知识。总之，一切有价值的信息"(Lem, 1985：148—49)。"一切都是信息"，普格接着说，在这里，莱姆做了一个过分简单的概括，把"信息"比作大脑(150)。但正如 11 章讨论的那样，在信息论中，由于每个系统有其特殊性，而且观察者的角度不同，信息的"价值"也就各不相同。因此，如果"一切都是信息"——或者，这里再次表明，如果一切都可以不针对任何个人而转换成"一个编码问题"——那么，哪条信息都并不比别的信息更重要。也就是说，每条信息都毫无价值。具体的通信群体以及媒介通道各有其相关可能性，如果未对各种可能性加以区分，那么信息的价值就已然作废。香农把熵作为衡量信息的尺度，莱姆紧抓香农在使用熵这个术语时谈到的增加信息冗余度这一点，他的寓言以新的方式幽默地讲述了垃圾能量导致维多利亚时期的热力学噩梦"热寂"产生的故事——这是宇宙中热力学熵的最大值——世界热寂于信息垃圾。它不是一个能量耗尽的死寂世界，而是充斥着无用的、仅存于纸上的东西。

我想说的是，信息的本构模型是信息论的最佳重述。信息不是一种意义绝对、数量绝对的本体论式的功能。信息是相对的。观察者是信息的构成部分，信息与观察者的素质相关。通信必须通过信道处理，因此，信息也与观察者在整个信道中所处的位置有关。在香农的图表中，媒介通道包括了"噪声源"，这表明，通信媒介的物质性总会造成发送出的信息与接收到的信息之间可能有所不同。噪音即"是抵达信息的组成部分，却不是发送信息的组成部分"的所有信息。但什么是"有意义的信号"？什么是"无意义的信号"？这要看观察者的位置："概率中的术语**随机**的意义是相对的，噪音相对被它干扰的信息来说是随机的，虽然这个噪音在另一个系统中其原因可能是十分确定的"(Paulson, 1988：67)。混乱感变得越来越复杂了。发送者在选择发送内容时可能含糊不清，或者信息在传输过程中衰减，这些都可能导致稳定性变差。但从通信目的来看，也可以正面看待噪音和混乱。针对信息接收的不同情况，不确定信息也可以被转换成新信息。

> 这个铜玩意儿是人间通信奇迹。电流沉默不语，却在闪烁中将消息传到远方，整夜不休。消息发出了上千，听众却没有一个。有多少人听到了特里斯特罗(Tristero)的秘密？同时还听到了它的流亡？……有谁知道？……现在，就像在一个巨大的数字计算机的迷宫中行走，0 和 1 在上面结对出现，就像电话一样稳稳地挂着，左面，右面，前面，很多，多得没有尽头。在象形文字一样的街道背后，要么有一个超验的意义，要么唯有大地(Pynchon, 1990：180—81)。

《拍卖第四十九批》的结尾部分精彩地设定了一种信息接收状况不定的情形（标题所说的事件在小说结束之后才发生）。这个结尾让奥狄芭·马斯处于一种对一个名为特里斯特罗的秘密组织的现实存在感到不确定的状态。第四十九批被拍卖时，她将收到信息，但信息的值却悬在

0 和无限之间的某个地方。更确切地说,品钦将他的读者悬了起来:一边是对来自外部的意义有无穷的欲望——世界上任何一种媒介都无法传递这种意义——另一边是对超越欲望的超越,即接受我们这个不确定世界的内在价值。无论是通过媒介所作的表述,还是强加给表述的意义,信息都是观察者的事,而观察者在社会网络和技术网络中处于不同的位置。观察系统运转时,他们身处系统之其中,同时被系统建构。

社会与系统

沟通理论一般在主体概念和社会概念之间起作用。沟通的目的或效果据说是为了创造一种共性或共识状态,个体差异被置之一旁。"如何超越个人特征是所有沟通理论面临的核心挑战"(Chang,1996:39)。当单个主体的个人知识进入公共领域时,"交互主体性"(intersubjectivity)这个概念意味着某些沟通会将原本内在的、个人独有的东西变成外在的、集体所有的东西。这样的沟通将包括外部与内部、精神事件与社会事件的合并与交融。

近来,沟通这个概念追随了被称为"后形而上学"的潮流。它不再像传统哲学那样专注于思维、理性或意识这些个人是其唯一源泉的东西。"意识哲学的范式已被穷尽"(Habermas,1986,1:386)。正是沟通的社会性宣称要为哲学提供别样选择。要走出对理性和"理性主体"的理想主义态度造成的主观主义框架,"沟通理性"就是出路。哈伯马斯(Habermas)重视理性话语。理性话语在社会话语中形成,"其目的是为了实现、保持、重温共识——事实上,互相承认可接受批评的有法律效应的主张是这个共识的基础"(1:17)。哈伯马斯以路德维希·维特根斯坦的语言哲学及 J. L. 奥斯汀(J. L. Austin)与约翰 R. 塞尔(John R. Searle)的言语行为理论为基础,利用沟通理论,将语言哲学推向了关于沟通行为的社会理论。"沟通行为这个概念预先假定语言是实现某种理解的媒介。在理解的过程中,参与者与外部世界发生联系,提出对彼此有法律效应的主张,这个主张可以被人接受,也可以被人质疑"(1:99)。

然而,张正平(Briankle Chang)中肯地指出,这个模式的交互主体不仅没有使人走出,反而强调了身份形成中的主观意识:"将沟通理解成'超越差异'反映了一个未明说的主观主义观点……现代沟通理论对这个观点借用颇多……最终导致了[一种]不容置疑的稳定价值:身份重于差异,不变重于改变"(1996:xi)。理论设备本来是为了给沟通社会身份中的个体差异提供媒介,而沟通理论建立在交互主体这个概念之上,依靠的是语言**代码**这个概念(如雅各布森的"元语言"功能)。这样,通信中的传输模式恰恰又被悄悄地运回了理论设备中。在这样的理解中,"代码是成功交流的钥匙,因为它为沟通者提供了翻译的标准"(Chang,1996:58)。在这个语境下,这就意味着存在着这样一种机制,通过它,一个大脑中的内容能被有效地"翻译"或者完好无损地搬迁到另一个大脑中去。问题不仅仅在于这种传输模式难以维持,而且还在于这是一个循环论证:"交互主体是解释如何超越个体特征的关键术语,代码这个概念只不过是其理论代表之一……代码之所以能保证信息的顺利传播,正是应为**它具有交互主体**"(59)。正如德里达在明显看起来不是比喻性的哲学文本中注意到了比喻的游戏,张在沟通理论文本中发现了循环的比喻游戏,他在那里找到了"一个重要的**类比推理**,一条将交互主体与沟通视为可以互相替代的原则",通过这种方式,"二者以结成对子的比喻出现"(64—65)。

通过引出交互主体对传输模式的暗中依赖,张成功地解构了交互主体,但这又将沟通社会理论引向了何处呢?社会系统理论家尼古拉斯·卢曼的工作是打破这个僵局的一种途径。"沟通"也是他的社会系统论中的主要术语。在卢曼的理论中,卢曼用"**操作循环**"(operational circularity)或"**递归功能**"(recursive functionality)取代张所揭示的交互主体传输模式中的逻辑循环。而"操作循环""递归功能"是自创生(autopoietic)系统的基础。自创生系统"通过系统本身生产并再生产系统作为一个单元所需的一切"(Lumann,2002:161)。

从这个角度来看,因为社会系统和心理系统明显属于不同种类,而交互主体模糊了两个概念的操作界线,所以,交互主体这个概念不够清楚连贯。卢曼的模式有一个基本前提——"操作封闭性",它使自创生系统能自我指涉。这种系统不能在自己的界线之外操作:只有封闭,系统才可能存在。大脑(交互主体的"主体")也是一个自创生系统:精神系统对理解进行加工,生产/再生产出意识。从定义上来讲,精神也具有操作封闭性,意识不可能直接对社会环境施加影响;同时,社会系统生产/再生产出来的沟通也无法对社会环境中的大脑产生影响,而是精神系统的自创生行为形成恰当的形式,构成内部理解和认知,沟通以这种形式造成影响。

卢曼的模式显然让以交互主体的方式传输的社会沟通这个论述显得问题重重。"系统论方法强调**沟通本身的出现**。什么东西都没有被转移"(Luhmann,2002:160)。一切都在飞速传送的过程中被建构(重新建构)。沟通当然会发生,但它是自我建构、自我维护的。"只有沟通才能使沟通成为可能"(Luhmann,2002:156)。而沟通的发生完全以社会系统操作的封闭性为基础。在这个社会系统中,不是"主体",而是意识系统、精神系统与各种媒介系统一道,共居于环境之中。在这个机制中,语言和其他符号代码(以及属于它们的不成熟的技术手段)位于沟通结构之中,但并未涉足实质性的跨界传输模式(见16章,"语言")。在所有情况下,自主的社会系统和自主的精神系统都通过内在元素实现自我建构。这些过程之所以能有某种程度的协作,不是由于自主的社会系统和自主的精神系统被分配了共同的内容,而是由于"结构性连接",是由于事实上精神系统和社会系统是"共同演化"的现象。精神系统和社会系统的出现及维护是严格自我指涉的。然而,精神系统与社会系统在各自的环境中若不与另一方连接出现,不通过意义媒介彼此沟通,那么两者连出现的机会都根本不会有。

卢曼对社会系统论的认识论建构是通信本构模型现有的最强有力的代表形式。哈伯马斯避开前面我们考察过的信息论模式,卢曼却将信息论激烈地扩大化、复杂化。卢曼将沟通阐述为"三种不同选择的综合,即信息的选择,对所选信息的表达(*Mitteilung*,传达)的选择,对这个表达方式或信息的理解或**误解**的选择"(Luhmann,2002:157)。可见卢曼模式包含了香农模式的每个方面。卢曼模式剥除了主体或精神所暗示的"源头"和"目的地",重新将其描述成社会系统自创生循环网络中的地址或"连接点"(163)。社会系统的脉搏随着不断生成的冗余与选择而律动(160)。也就是说,每一个律动或周期都包括从记忆或对环境的建构中去选择信息,然后挑选"表达"——选择代码模式——进行进一步加工。

整个机制如此自我循环:"首先只有理解了表达与信息之间的差异……沟通才可能发生。

这一点将沟通与仅仅是对他人行为的理解区别开来"(Luhmann，2002：157)。理解仅仅属于精神系统，它与沟通系统接连出现，却与沟通系统有所不同。以在某个环境下挥手这个行为的意识参与为例：意识可以把这个行为处理成仅仅是理解挥手这个行为，或者是把它理解成随意的行动，或者是把它视为传达了某种信息——一种特殊手势或表达，表示问候或警告，或者任何其他意思。理解则必须从各种可能性中做出选择。然而，"理解不是仅对他人意识的表达进行复制，而是存在于沟通系统中。理解是连接并进一步走向沟通的前提，因此也是社会系统自创生的前提"(Luhmann，2002：158)。如果有人挥手回应，那么他就是在继续维持社会系统。

人们将在对某些理解的阐释中形成的心理共鸣、意识参与视为沟通，而卢曼对**沟通**的理解却与此不同。这就是为什么"误解"——未能达成共识——能够很容易地就被认为阻碍沟通。只要社会系统能够让沟通事件彼此相连，从而能让社会系统自创生，对社会系统的理解便可到此为止。从这个角度来看，社会系统的演化是开放的，媒介生态与社会系统共同演化，并且媒介生态是社会系统演化过程中随环境而生的副产品。媒介生态与社会系统的改变给沟通主题的变化造成重要影响，并且改变着社会组织形式。但是，媒介生态与社会系统并不能最终决定沟通如何自我延续。

参考文献及建议阅读书目

Chang, Brianlke G. 1996. *Deconstructing Communication: Representation, Subject, and Economies of Exchange*. Minneapolis: University of Minnesota Press.

Clarke, Bruce. 2001. *Energy Forms: Allegory and Science in the Era of Classical Thermodynamics*. Ann Arbor: University of Michigan Press.

Clarke, Bruce, and Linda D. Henderson, eds. 2002. *From Energy to Information: Representation in Science and Technology, Art, and Literature*. Stanford, CA: Stanford University Press.

Craig, Robert. 2001. "Communication." In *Encyclopedia of Rhetoric*, ed. Thomas O. Sloane. New York: Oxford University Press.

Derrida, Jacques. 1973. "Difference." In *Speech and Phenomena and Other Essays on Husserl's Theory of Signs*, Trans. David B. Allison, 129–60. Evanston, IL: Northwestern University Press.

——. 1984. "Signature Event Context." In *Margins of Philosophy*, trans. Alan Bass, 307–30. Chicago: University of Chicago Press.

Gerovitch, Slava. 2002. *From Newspeak to Cyberspeak: A History of Soviet Cybernetics*. Cambridge, MA: MIT Press.

Gumbrecht, Hans Ulrich, and K. Ludwig Pfeiffer, eds. 1994. *Materialities of Communication*, Trans. William Whobrey. Stanford, CA: Stanford University Press.

Habermas, Jürgen. 1986. *The Theory of Communicative Action*, trans. Thomas McCarthy. 2 vols. London: Polity Press.

——. 1995. "Peirce and Communication." In *Peirce and Contemporary Thought: Philosophical Enquiries*, ed. Kenneth L. Ketner, 243–66. New York: Fordham University Press.

Haraway, Donna. 1991. "A Cyborg Manifesto: Science, Technology, and Socialist-Feminism in the Late

Twentieth Century." In *Simians, Cyborgs and Women: The Reinvention of Nature*, 149–81. New York: Routledge.

Hartley, John. 2002. *Communication, Cultural and Media Studies: The Key Concepts*. 3rd ed. London: Routledge.

Hayles, N. Katherine. 1990. "Self-Reflexive Metaphors in Maxwell's Demon and Shannon's Choice: Finding the Passages." In *Chaos Bound: Orderly Disorder in Contemporary Literature and Science*, 31–60. Cornell: Cornell University Press.

Jakobson, Roman. 1960. "Linguistics and Poetics." In *Style in Language*, ed. Thomas Sebeok, 350–77. New York: John Wiley & Sons.

Kittler, Friedrich. 1996. "The History of Communication Media." http://www.ctheory.net/articles.aspx?id=45

——1999. *Gramophone, Film, Typewriter*, trans. Geoffrey Winthrop-Young and Michael Wutz. Stanford, CA: Stanford University Press.

Latour, Bruno. 1996. *Aramis or, The Love of Technology*, trans. Catherine Porter. Cambridge, MA: Harvard University Press.

Lem, Stanislaw. 1985. *The Cyberiad: Fables for the Cybernetic Age*, trans. Michael Kandel. New York: Harvest.

Luhmann, Niklas. 2000. "Perception and Communication: The Reproduction of Forms." *Art as a Social System*, trans. Eva M. Knodt, 5–53. Stanford, CA: Stanford University Press.

——. 2002. "What Is Communication?" In *Theories of Distinction: Redescribing the Descriptions of Modernity*, ed. William Rasch, 155–68. Stanford, CA: Stanford University Press.

Manovich, Lev. 2001. *The Language of New Media*. Cambridge, MA: MIT Press.

McLuhan, Marshall. 1994. *Understanding Media: The Extensions of Man*. Cambridge, MA: MIT Press.

Paulson, William R. 1988. *The Noise of Culture: Literary Texts in a World of Information*. Ithaca, NY: Cornell University Press.

Peters, John Durham. 1999. *Speaking into the Air: A History of the Idea of Communication*. Chicago: University of Chicago Press.

Pynchon, Thomas. 1990. *The Crying of Lot 49*. New York: Harper and Row.

Shannon, Claude, and Warren Weaver. 1949. *The Mathematical Theory of Communication*. Urbana: University of Illinois Press.

Weaver, Warren. 1949. "Recent Contributions to the Mathematical Theory of Communication." In Shannon and Weaver (1949, 3–28).

Williams, Raymond, ed. 1981. *Contact: Human Communication and Its History*. London: Thames and Hudson.

Winthrop-Young, Geoffrey. 2000. "Silicon Sociology; or, Two Kings on Hegel's Throne? Kittler, Luhmann, and the Posthuman Merger of German Media Theory." *Yale Journal of Criticism* 13, no. 2: 391–420.

10. 控制论

N. 凯瑟琳·海尔斯

控制论兴旺了大约三十年,时间大致是从1940年到1970年,然后它就突然从学术界消失,作为一门独立学科的控制论从此没了踪影。目前,只有美国和欧洲几所大学设置了控制论系(其中最著名的是洛杉矶加州大学和雷丁大学)。然而,控制论并不是完全消失了,它只是流过了广袤的学术探索的冲积平原,转眼之间变得既无处可寻,又处处可见。在某种意义上,它比什么时候都更重要,它的开创性工作给人们带来的灵感和宏观框架胜过了它作为一门独立学科所作的贡献。对媒介研究来说,控制论仍然是一个核心方向,这主要体现在人与智能机器各自内部,以及彼此之间各种信息流通的方式上。戈登·帕斯克(Gordon Pask)将控制论定义为一个与一切信息流动有关的领域,它包括生物系统、机械系统,甚至宇宙系统。帕斯克的这个定义预示了媒介研究与控制论的关系。如今,人们重新在仿真和计算机背景下对信息展开了新的想象。控制论复出,成为一个讨论活跃的领域。

众所周知,**控制论**这个术语是诺伯特·维纳杜撰的,由希腊词"掌舵人"改变而成。人们很早就知道反馈机制(克特希比奥斯[Ktesibios]的水钟就是这样一种装置)。18世纪(詹姆斯·瓦特[James Watt]的蒸汽机的调节器)、19世纪及20世纪早期(动物生理学中的稳态系统)都能见到反馈机制。然而,直到20世纪早期,传统的反馈闭环与现代信息概念相连后,控制论才成为了一个讨论的话题。20世纪30年代中期到40年代,控制论作为一个跨学科研究领域初现端倪,1943年发表的两篇文章标志着它走向了成熟。一篇是奥图罗·罗森布鲁斯(Auturo Rosenblueth)、诺伯特·维纳和朱利安·比格洛(Julian Bigelow)的《行为,目的与目的论》("Behavior, Purpose and Teleology")。另一篇是瓦伦·麦卡洛克(Warren McCulloch)和瓦伦·皮茨(Warren Pitts)的《内在于神经活动中的思维逻辑计算》("A Logical Calculus of the Ideas Immanent in Nervous Activity")。从一开始,控制论就被构想成这样一个领域:它创造的框架既包括生物系统,也包括机械系统。这一雄心在诺伯特·维纳于1948年出版的《控制论:或在动物和机械中的通信和控制的科学》一书中阐述得很明白。在梅西基金会于1943年至1952年召开的会议中,大部分讨论都围绕着人—动物—机器之间的比较是否具有合法性这一论点展开。人们拿相对简单的机制——香农的电子"鼠",威廉·格雷·沃尔特(William Grey Walter)的电子"龟",维纳的"飞蛾"和"臭虫"——与相较之下复杂得多的动物系统和人类系统做类比。

麦卡洛克和皮茨的文章中所呈现的神经元模型恰好印证了这种比较的合理性。皮茨证明的定理表明,神经元模型能表达任何能被普适图灵机验证的命题。人和动物的神经元(不管是单独行动,还是在神经网络中以组的方式行动)能够完成运算,这一点有力地支撑了机器组织和生物组织都是控制实体这一观点。另一个早期控制论的关键点就是香农的信息论,以及诺伯特·维纳提出的相似理论。香农-维纳的方法将信息定义为一种信息概率功能,他将信息与背景剥离,结果就导致信息与意义剥离。将信息构想成一种不同基质、不同实体间的无形流动,抹掉信息的背景是其中的关键步骤。香农的理论十分有力,很快就被电子工程以外的广大领域采用,其中包括通信理论、语言学、心理学,并最终导致汉斯·莫拉维克宣称:人脑不过是一种信息模式,它可以以任何一种媒介方式得以再现。因此,莫拉维克说,将人脑上传到计算机上,而且不丢失任何关键的东西,这一点在未来几十年之内可能做得到。这个观点造就了当代控制论的发展趋势:将复杂的生物过程与相对简单的机械过程相提并论。如今,人们认为这个趋势预示着后生物时代的来临:人类的肉身一直背负着演化的负担,但人类将摆脱肉身的纠缠而获得自由,他们可以栖居于任何一种自己中意的计算设施,只要它内存够大,处理能力够强。

然而,一直都有研究者提醒说,事情不是那么简单,实体和背景都是至关重要的因素,不可忽视。英国神经生理学家唐纳德·麦凯(Donald MacKay)大胆地提出了一个理论:由于接收者是具体的个人,并且处于特定历史环境之中,信息给接收者带来改变,因此麦凯将信息定义成一种与这种改变有关的东西。然而,香农-维纳模式占了上风,因为它产生的信息是一种可持续量化的东西,而麦凯模式,恰恰因为它传播的是一种更丰富、更复杂意义上的信息,人们难以对它进行确切量化。

事实上,控制论可以被视为一场斗争:一方认为,要得到可靠、有效的结果,就必须简单化;另一方则认为,要得到更丰富的模式,就必须复杂化,虽然这样会损害"鲁棒性"(见 14 章,"技术")。我曾经在别的地方指出,控制论的历史可以被理解成三个阶段。从那以后,显然我们已经完全进入了第四个阶段。我们需要相应地更新年表。我们先从 1996 年说起,我在那一年提出了三个阶段论。

在 1943 年至 1960 年这个阶段,自我平衡、脱离载体的信息,以及自我调节是控制论研究的核心,同时,人们还用简单的机制来代替复杂的生物组织。因为控制论将内嵌于环境之中的组织/机制视为可以从环境中独立开来的实体,这个时期通常被称为控制论的第一阶段。第一阶段的控制论力争简单化。到了 1960 年至 1985 年这段时间,天平向包含了复杂性的第二阶段倾斜。说它复杂,这是因为观察者被视为系统的构成部分。人们讨论自返性(reflexivity),即转移焦点,将框架机制带入视野,将观察者引入系统,而不是假定有一个外在的观察者(人们一般情况下注意不到它的存在)。既关注控制系统,又关注控制系统的观察者,这个阶段被称为控制论的第二阶段。海因茨·冯·弗尔斯特(Heinz Von Foerster)的《观察系统》(*Observing Systems*)可谓一语双关,它既可指某人在观察一个系统,也可指某人是一个系统:他在观察,并且反过来可以被另一个观察者观察,而且这个"另一个观察者"也可以被下一个观察者观察,如此延伸,无穷无尽。《观察系统》这个标题可谓绝妙地显示了控制论第二阶段的自反特点。

自创生理论由温贝托·马图亚纳和弗朗西斯科·瓦雷拉开创。在这个理论中,观察者起负面作用,观察者对系统有自己的理解,而系统则按自己的方式生产,两者完全是两码事。虽然观察者与环境或动物行为之间可能发生因果关系,自创生理论却认为,在这样的生命系统中,一切都是按照系统自己的组织方式发生,而且系统总会管用,系统总能不断生产和自我生产。系统外部的事件能够诱发系统内部事件,但信息并非经由环境传递给自创生系统。这个前提允许重建信息与意义之间的联系,但仅限于以自反性闭环的方式在系统边界线以内流通。

正如我在 1996 年提到的那样,第三阶段可以被理解成虚拟性。如我们所见,控制论从一开始就注重理解情报、消息、信号如何在系统内运作,倾向于暗示人们能在这个框架内理解人类、动物和机器。从这个理论视角来看,媒介之所以重要,主要是因为媒介有储存、传输、处理信息这些区别性的能力。控制论视角意味着人类和动物都是控制论机制,人类和动物也是媒介,因为他们也有储存、传输、处理信息的能力。正如麦卡洛克-皮茨神经元暗示的那样,在当代,将身体构建成信息媒介,其表现形式就是将身体与其他媒介结合,尤其是与互联网与万维网等计算机媒介结合。Cyber 这个前缀能使人们想起控制论的历史,赛博空间的虚拟性名噪一时,正是虚拟性铭刻了人与控制论历史之间看不见的关系。

虽然跟第二阶段自创生系统的自反范式不同,但今天的虚拟性看起来已经转而进入了一种再次让画框与图画纠缠不清的社会境况。一二十年以前,人们对虚拟世界的讨论颇为热烈,虚拟世界即"赛博"世界,它与真实世界不同,其中的典型就是 20 世纪 80 年代的波尔希默斯(Polhemus)头盔,它用密密麻麻的电线限定使用者的身体活动范围。如今,那个约束框架更有可能不是由虚拟现实头盔构成,而是由微机的图形用户界面构成。无处不在、灵活性强、稳定性强的媒介越来越想让虚拟现实头盔靠边站。今天的媒介不将虚拟现实构建成一个与真实世界截然分开的世界,相反,它倾向于跳出条条框框,将虚拟信息和虚拟功能放到真实的地方、真实的物体上。移动电话、全球定位系统技术、无线电频率识别牌,另外还有嵌入式传感器和促动器,在这些东西创造的环境里,物理世界与虚拟世界水乳交融,天衣无缝。第四阶段的特点就是虚拟与真实的融合,"混合现实"不失为一种妥当的叫法。

布鲁斯·斯特林(Bruce Sterling)在《状物》(*Shaping Things*)一书中提出用一个新术语"虚实体"(spime)来描述这种状况。虚实体的轨迹可沿空间和时间进行追踪,无线电识别技术能轻而易举地实现这个功能。然而,斯特林构想的这个术语不仅仅指这些设备本身,它还暗示着一种转变,即从将物体视为主要现实转为将物体理解为计算机环境下的数据,人们可以设计它、获取它、管理它,并让它参与循环,流入其他物体。物体不过是这些综合过程的硬拷贝输出。虚实体"首先是,而且经常是一组关系,偶尔才是物体"(Sterling,2005:77)。虚实体"与物质物体无关,相反,与虚实体有关的是它从哪里来,在哪里,在那里停留多久,何时离开,下一步会发生什么"(109)。在这里,信息在**所有媒介**中流动,数据流在无处不在的计算机环境中畅行无阻,戈登·帕斯克认为,这是控制论定义开花后结的果。

在对走出常规框架的计算机设施进行补充时,有研究者认为控制论可能存在着三个阶段。第一阶段的控制论与系统内的信息流动有关,第二阶段的控制论与观察者与系统的互动有关,第三阶段的控制论与社会环境和语言环境如何构建观察者有关。例如，阿努尔夫·奥安（Arnulf Hauan）和容-阿里尔·约翰内森（Jon-Arild Johannessen）就认为，观察者位于社会网络之中，并被社会网络建构，第三阶段的控制论就是要对这种建构进行考察。文森特·肯尼（Vincent Kenny）和菲利普·博克瑟（Philip Boxer）援引了拉康和马图拉纳，以探讨在语言群体中，观察者如何被建构。其余的理论家将第三阶段的控制论与复杂适应系统相连，他们认为控制论第二阶段的自创生模式不足以应对复杂系统的潜能，不能演变并适应多主体、多动因的环境。

从一开始，控制论的社会、文化、理论影响就一直与它喜欢重新规划边界线有关。第一阶段的控制论打破了将生物组织与机器区分开来的界线，然而它却暗中在周围划了一条界线，将观察者排除在了这个框架之外。第二阶段的控制论重新划定了边界线，将观察者以及系统（或者用马图拉纳或瓦雷拉的话来说，系统就是信息封闭的自创生系统加上看着这个系统的观察者）都包括了进来。第三阶段的控制论再次划定边界线，将观察者和系统定位于更复杂、网络化、有适应性、共同演进的环境之中。在这个环境下，普适技术和混合现实系统作为催化剂，信息和数据自由流动。

控制论传统中还有一个跟划定边界线同样强烈的爱好，即构建框架的冲动，在这个框架中，动物、人类、机器各得其所。随着计算机媒体的重要性和力量的增强，人们更倾向于把这个框架视为特指计算过程，而非仅仅是指信息的流动。一些科学家，如史蒂芬·沃尔夫勒姆（Stephen Wolfram）和爱德华·弗雷德金（Edward Fredkin）提出的观点可谓终极版本的扩展边界线行动，他们认为宇宙是一台巨大的计算机，这台计算机不断地通过计算过程产生物理现实。计算过程既孕育了现实，它本身也是现实。这个观点对于人们理解现实的本质具有重要意义。在弗雷德金看来，例如，时间和空间，实际上所有的物理现实，都是离散的，而非连续的。这一观点还将焦点由信息流动转向了计算过程，这就为重新构想信息开辟了新途径。

在最近的一次报告中，弗雷德金提出了"阐释过程决定信息意义"的观点，尽管弗雷德金并未详细阐述这个观点（除了以 MP3 播放器通过翻译数字文件来创造音乐为例），这个构想在控制论传统中却根深蒂固。在控制论传统精心构造的框架之内，人们可以用相似的条件来理解组织行为和机器行为。同时，这一构想远远超越了第一阶段和第二阶段的控制论。因为这个构想提出了一个更容易实施、更具体化的信息。确切地说，这个构想改变了"阐释"的含义，也改变了"含义"的含义，具有开拓性。这样看的话，信息天生是个过程，天生讲究语境，而且语境由阐释机制具体决定。这些过程不仅在意识中发生，也在潜认知语境和无认知语境中发生。这些步骤在生物中是如此发生，在机械中也是如此发生。以计算机为例，当电压与二进制代码对应时，计算机给出一种含义。当计算机运用C++之类的高级程序时，计算机呈现的是另一种对人类来说比一串串的 0 和 1 更易理解的另一种含义。当C++被用来产生出更便捷的屏幕显示和操作行为时，计算机呈现的又是另外一种含义。部分人类认知是在语境中产生，它包括了传感器处理，即分析来自环境中的信息，并在这个语境下赋予信息以意义。这些过程中所产生的含义到达中枢神经系统时得到进一步阐述、转化。而当中枢神经系统与新大脑皮层相互作用时，这些含义将再次被转化，最终产生有意识的思想。

我们前面说了,唐纳德·麦凯是具身化信息论的先驱,他已经构想了一系列具有等级关系且互相关联的语境,这些语境包括了潜认知过程,在这一点上,麦凯的构想比弗雷德金的构想先行了一步。麦凯坚持认为,例如,"只有通过充分综合由信息激发的全部基本反馈所定义的基本符号,人们才能全面掌握一则消息的含义。这些基本符号可能包含发自内心的反应、荷尔蒙分泌等诸如此类的东西"(1969:42)。弗雷德金的构想增添了一种理解含义的方式,这种方式将含义扩大到机械的、非人类的过程。将"理解"与局部、潜认知及非认知挂钩,"理解"就不再仅仅是指发生于意识之中的高级过程。相反,它成为一种分布于各个层面的行为。传统上,哲学家将意图的"目的性"视为认知的试金石,而输入通过特定的局部过程转化为输出,在某种形式的输入和一种输出之间确立关系,这就构成了弗雷德金所说的意图的"目的性"。将接受的整体语境分解为许多局部语境,弗雷德金的构想使得过程至少可以被部分可靠量化,许多局部语境已经有了可行的量化尺度,如电压、处理速度、计算机的比特每秒,以及人类的神经反应、恢复体力的速度等。这个构想重要的地方就在于,它改变了人们的看法,让人们将这些潜认知和非认知过程不仅仅视为是对有意识思想的贡献,潜认知和非认知过程**本身**就是理解行为和意义行为。

弗雷德金的构想为探索控制论对媒介研究的贡献提供了一个方便的例子(反之亦然)。尽管在一本以媒介研究批评术语为题的书中看起来会显得奇怪,但我还是想问,究竟何谓"媒介"?虽然媒介二字无处不在,但几年前我寻找这个词的定义时,却发现选择少得可怜。看似人人都知道何谓媒介,但几乎没人能说出这个术语的确切含义。我理想中的定义没有麦克卢汉的定义那么宽泛("任何我们自己的延伸",它包括例如道路这样的东西,也包括榔头和语言),但也不像字典提供的定义那样狭窄(一般来说是"任何储存、传输、处理数据的东西")。根据安纳格瑞特·海特曼(Annagret Heitman)提出的模式,我认为可以通过四个主要层面的分析来理解媒介,它实际上起到了通过具体事项来给出定义的功能:物质层面、技术层面、符号层面、社会语境层面。物质层面具体指媒介的物理构成。对台式机而言,这包括芯片、电路、显示屏等。技术层面具体指物质对象如何运作。对计算机而言,这包括硬件软件分析,硬件软件的相互作用及二者之间的联系。符号层面是指媒介的基本功能,我将它理解为通信的实施。对计算机而言,它包括二进制代码、脚本语言、编译语言和解释语言,以及互联网协议。社会语境层面不仅包括人们使用计算机的方式,而且还包括生产硬件软件的公司,将硬件软件传播到人群中去的市场机制,以及维修、维护产业,等等。

显然,计算机被称为媒介当之无愧。因为即使是一台独立的不能上网的计算机,它也能使个人用户得到交流。而且,计算机从来都不仅仅是一台孤立的设备,因为它依赖密集的、各有分工,同时又高度集成的网络,这个网络包括写代码的程序员,设计计算机的软件工程师,为这些操作制定具体标准的组织,以及许多社会、文化、技术过程。有了这个网络特点,再加上媒介与集成数字设备的结合,我们完全可以认为,网络化的可编程机(或者用约翰·凯利[John Cayley]所说的程序机——Programmatons)是当代最重要、最广泛的媒介。

回到控制论与媒介的关系这个问题上,我将重点讲控制论做出的三大主要贡献:将反馈闭环与信息的量化定义相连;为分析动物、人类、机器之间的控制与通信提供了理论框架;生产出了实现这些想法的产品,如从麦卡洛克-皮茨的神经元模式到沉浸式虚拟现实显示系统之类(CAVE)的虚拟现实平台,以及最近的互联网和万维网。计算机媒介的物质水平和技术水平与控制论产品相对应,而符号层面向来被理解成信息的流动,社会语境包括任何计算机之间的各种反馈闭环。各种反馈闭环不断地重新规划布置全世界人们的社会、经济、技术状况。从这个意义上来讲,计算机媒介就不仅仅是在延续控制论传统,我们可以说,计算机媒介是控制论与媒介相互构建的主要领域。

我们现在回头再考虑一下计算宇宙学如何既促进了控制论的发展,又如何同时在控制论的促动下得到发展,这一行动让人想到控制论中很重要的递归反馈闭环。正如我在其他地方也谈到过的一样,当代可编程机力量强大,无处不在,是可编程机催生了计算宇宙学这个概念。网络化的可程序化的媒介能做的事太多,正因为如此,我们才迫切需要将媒介操作与自然界类比。不仅如此,反馈闭环又回到当代计算机技术领域,赋予了计算机以自然语言的权威地位,让它取代了传统上由数学公式担当的角色。正如哈罗德·莫罗维茨(Harold Morowitz)及其他人已经讨论过的那样,可以用公式来建立模型,而且有确切答案的相对简单的系统正在式微,取而代之的是拒绝数学公式,且只能通过计算仿真进行研究的复杂适应系统,21世纪正在见证这一变化。莫罗维茨认为,仿真之于20世纪和21世纪,正如微积分之于18世纪和19世纪。反馈闭环在人与计算机之间、仿真的自主主体与主体所运行的环境之间、当代宇宙计算机的技术与理论之间递归循环。这些反馈闭环既是媒介研究的中心话题,也是媒介研究的驱动力,媒介研究最重要、最核心的话题都在那些驱动力下产生。

正如控制论作为一个独立的领域消失,却重新出现在许多不同的领域,计算在宇宙计算机里被扩大到宇宙的范围,消失于构成宇宙的一切材料中,这个事实的确有些反讽。当一个东西成了物质现实的基础,并且通过计算不断地生成这个世界及我们所知的一切,这时,你还能只是把它称为媒介吗?这里我们又碰上了一个控制论中如果说不上是矛盾但也隐约有些悖论意味的遗产——人工系统——因为它简单,能被全面理解,能帮助人们理解作为控制系统的复杂得多的生物体,但它同时又颠覆了人工与自然之间的区别性特征。如果自然界本身就是一台巨大的计算机,那么计算机岂不是你能想象得到的最"自然"的物体吗?正如布鲁诺·拉图尔已经表明的,自然/文化的杂合远非什么非同寻常的事。控制论野心勃勃地要创造一个对机器和人体同样适用的框架,它已成为推动20世纪和21世纪思想的力量之一。这个思想认为,要用计算机术语来理解大脑/身体,将计算机视为认知者,它能演化发展,其方式跟人类作为思维主体的出现别无二致。

既然计算机也是媒介,那么将身体视为媒介就完全是一种控制论的行为。从传统上来讲,"媒介"一直主要被理解成人工物体或人工系统,但正如我们所见,控制论就是想打破这个区分。而且,由于通过超声波、核磁共振成像、电子计算机断层扫描,以及正电子断层扫描,人们能获得人体的影像。虽然人们将人体置于自然/文化这个区分的一端,而将媒介置于另一端,这些能透视人体内部的技术却使这个区分变得界线不定。在线节目"可视的人类"和冈特·冯·哈根(Gunter Von Hagen)的"人体世界"展览,这些广受关注的努力进一步将人体感官是媒介这个观念传播进人们的文化想象之中。伯纳黛特·维根斯坦提出要"重新规划身体批评这一支,将其纳入新媒介批评",这是一个可以预见得到的策略。她认为"媒介及围绕传媒的话题实际上已经占据了个人身体的位置,……[而且]……已经恰好出现在了原来代表我们身体的媒介的位置。换言之,媒介已经成了身体"(2006,121)。我对此有不同看法。我想提醒的是,不该就这么轻易地让身体与媒介混为一谈,从而让将人体与计算机媒介联系起来的反馈闭环就此从人们眼前消失。反馈闭环毕竟构成了一个重要的星座,它能以不同的方式揭示控制论是如何还在继续指引着当代思想的。

用进化论的术语来理解,这些发生于文化与计算机领域的递归反馈闭环生成了一种共同演进的动力。在我们称之为技术创世纪的现象中,计算机媒体与人类相互修订、相互影响、相互建构。这些共同演进意味着什么,它将走向何方,这些都是人们现在激烈讨论的问题。在形形色色的讨论中,跨人类主义(transhumanist)是其中的一个极端。汉斯·莫拉维克和克兹维尔预言:在未来几十年之内,人类意识将能够被上传到计算机上,从而真正地实现不朽。但是,人类组织与即便是最复杂的计算机之间也存在着巨大的鸿沟。考虑到这一点,罗德尼·布鲁克斯(Rodney Brooks)及其他人提醒说:实现这一步要花很长的时间,也许根本就不可能实现。还有以弗朗西斯·福山为主要代表的人认为,应该对人体与控制论技术之间的界限严防死守,确保人类不会丧失其生物遗产和进化遗产。马克·汉森提出了另一个观点,他认可技术创世纪的重要性,但他认为,在理解人与数字媒体的关系时,具身化的观察者应该处于理解的核心地位。

莫拉维克和其他人认为,21世纪中期人们将见证"独特时刻"——那时将发生剧烈变化,人类的本质将永远被改变。我的观点是,这个预言忽视了生物组织与计算机之间的巨大差别,也抹杀了智人成为一个显著物种以来的漫长历史。人类直立行走的开始、语言的出现、工具的发明和使用越来越复杂,速度越来越快,这些都不可扭转地改变了生物、文化和人类的认知。形形色色的观点中有另一个极端,福山的基要主义观点将"人类本质"拜物化,这同样是反历史的,也是站不住脚的。技术创世纪是当今塑造着人类的重要力量之一,实际上亿万年来一直如此。20世纪已经发生了重要改变,我们可以预见,这一趋势在21世纪还将以更快的速度、更强的力量继续下去(当然,我们得假定环境灾难和核战争之类的天翻地覆的事件不会从本质上改变这场游戏的性质)。在我看来,这些变化要求我们密切关注身体与计算机媒介的质料性,清楚地了解身体与计算机媒介之间的递归反馈闭环,将身体与机器放到具体的语境下,揭示意义是如何在许多阐释信息的过程中被创造出来的,这才是负责任的理论。

如果我们现在回到控制论的三大贡献——将信息与反馈相连;创造一种以相似条件理解人类和机器的框架;创造各种产品,使这些观点变成看得见摸得着的现实——我们可以得出结论:没有控制论的贡献,当代媒介研究简直不可想象。弗里德里希·基特勒有句名言"媒介决定我们的境况"。由基特勒开创,并由伯恩哈德·西格特(Bernhard Siegert)等人进一步推动的媒介考古学;马克·汉森和贝尔纳·斯蒂格勒探讨的技术创世纪;史蒂芬·沃尔夫勒姆(Stephen Wofram)和爱德华·弗雷德金提出的宇宙计算机假设,以及其他无数作品的贡献,无不以明显或微妙的方式归功于控制论四次浪潮中的前卫观点。如果控制论在今天看似已被缩减成了一个在文化中处处回响的前缀,那是因为控制论的基本概念已经稳稳当当地进入了构成当代思想的原料库。记住控制论的历史不仅能提醒我们控制论让我们获益良多,而且还提醒我们必须保持控制论的前提,不让它从我们的眼前消失。这样,在寻找以更好的方式去想象、创造一个加强生命、肯定生命的未来时,我们就能以开启了控制论运动的先驱们的非凡精神,继续对我们所做的假设进行拷问。

参考文献及建议阅读书目

Dupuy, Jean-Pierre. 2009. *On the Origins of Cognitive Science: The Mechanization of Mind*. Cambridge, MA: MIT Press.

Haraway, Donna J. 1990. "A Cyborg Manifesto: Science, Technology, and Socialist-Feminism in the Late Twentieth Century." In *Simians, Cyborgs, and Women: The Reinvention of Nature*, 149–82. New York: Routledge.

Hayles, N. Katherine. 1999. *How We Became Posthuman: Virtual Bodies in Cybernetics, Literature, and Informatics*. Chicago: University of Chicago Press.

Heims, Steve J. 1991. *The Cybernetics Group*. Cambridge, MA: MIT Press.

MacKay, Donald. 1969. *Information, Mechanism, and Meaning*. Cambridge, MA: MIT Press.

Maturana, Humberto R., and Francisco J. Varela. 1991. *Autopoiesis and Cognition: The Realization of the Living*. New York: Springer.

Shannon, Claude E., and Warren Weaver. [1948] 1998. *The Mathematical Theory of Communication*. Champaign: University of Illinois Press.

Sterling, Bruce. 2005. *Shaping Things*. Cambridge, MA: MIT Press.

Varela, Francisco J., Evan Thompson, and Eleanor Rosche. 1992. *The Embodied Mind: Cognitive Science and Human Experience*. Cambridge, MA: MIT Press.

Von Foerester, Heinz. 2002. *Understanding Understanding: Essays on Cybernetics and Cognition*. New York: Springer.

Wegenstein, Bernadette. 2006. *Getting Under the Skin: Body and Media Theory*. Cambridge, MA: MIT Press.

Wiener, Norbert. 1965. *Cybernetics, or Control and Communication in the Animal and the Machine*. 2nd ed. Cambridge, MA: MIT Press.

Wolfram, Stephen. 2002. *A New Kind of Science*. New York: Wolfram Media.

11. 信　息

布鲁斯·克拉克

> 万事万物首先是信息。
>
> 皮拉特·普格(Pirate Pugg)
> 《赛博利亚特》,斯坦尼斯拉夫·莱姆

> 环境不包含信息。环境就是环境。
>
> 海因茨·冯·弗尔斯特

虚拟性

　　信息如今跟物质和能量一样,同为科学实体。但信息跟物质和能量有不同之处,物质和能量容易在正常物理条件下得以保存,而信息却能随意地被创造出来或消灭掉。如果说物质和能量(或多或少)是**真实的**、可以量化的物理存在的话,信息却是**虚拟的**。海因茨·冯·弗尔斯特所谓的"环境不包含信息"说的就是这个意思。信息并不存在,除非有一个观察系统(如大脑)来**构建**它,将它变成"认知过程"中的一个"虚拟现实",并对环境中的噪声干扰做出反应。如果把具体性放到了信息头上,用阿尔弗雷德·诺思·怀特黑德(Alfred North Whitehead)的话来说,那是**把具体性放错了地方**。因此,狂热的本体论宣言(如斯坦尼斯拉夫·莱姆在《赛博利亚特》中通过皮拉特·普格这个人物之口所说的话)就应该受到讽刺,因为它**把具体性放错了地方**(用阿尔弗雷德·诺思·怀特黑德的话来说)。信息不是具体的。

　　说得更技术一些,信息是一种虚拟结构,它依赖于编码/解码机制的分布,信息在这个机制内运作。信息量由概率决定,它随着观察信息的相对位置的不同而不同,这一点我们会在后面详述。也就是说,控制论的"能说明问题的核心数量"——信息——全赖于一种动态"概率"尺度,它是一种"数量之间的比率,而且数量有着相同的维度"但"数量本身却是零维度"(Bateson, 1972: 403)。另外,"跟信息结构打交道的优势就是信息无固有的尺寸大小"(Langton, 1989: 39)。这就意味着任何东西只要它能承载、保留一种可以转化为代码的差异,无论它是磁化分子还是被做成了雕塑的花岗岩山坡,它都是能传递信息的媒介。

虽然任何媒介及其信息都有可能丢失,但传统媒介上写的东西只要媒介本身还在,它就不容易被除去。结果,在与信息熵漂移与热解体的不懈斗争中,地理学家、生物学家、考古学家以及历史学家们对地球演化遗迹及文化遗迹进行了抢救、阐释或重构。相反,通过印刷文本或电磁代码为媒介的信息,虽然它们也同样是物质,能由任何一个"原版"产生出毫无差别的拷贝,但如果它被抛弃、删除或覆盖了的话,它在任何表面上都不会留下一点痕迹。虚拟信息不占地方,也不会永恒,但它的缺陷可以通过速度和多变的形式得以弥补。

我们科技文化中信息模式的内爆促使人们共同努力,在先前物质与能量对岸的某处,提出了一套与新宇宙相匹配的玄学。虚拟空间不占地方,这一点再一次强调了信息模式与物质能量模式并不那么相当的理论。举个实例,以网页上的超文本实体来看信息的虚拟性:"超文本无区域,出现在所有现有的版本、拷贝、投影之中,且不受惯性支配,它是虚拟空间无处不在的居民。超文本帮助人们生产文本、实现事件、导航、阅读,只有这类事件才可被视为真正受环境限制的。虽然超文本的生存和实现需要一个实实在在的物质基础,但法力无边的超文本不占地点"(Levy,1998:28)。

语　　言

瓦伦·韦弗的"对通信数学理论的最近贡献"是将克劳德·香农的信息论推广开来的经典例子。费迪南·德-索绪尔的《普通语言学教程》(*Course in General Linguistics*)对结构主义语言学的经典表述与之出现在同一时期。索绪尔已经阐述了一种系统取向,他关注的是作为一种社会集体的语言系统的总体性([langue])与任何特殊信息([parole])之间的关系。以语言为媒介,对受话人有意义的单个信息能否得到交流,这取决于它能否将发话人与受话人跟一个集体的外部结构联系起来。因此,索绪尔认为,"语言学的总的、实在对象"——语言——"是一个由多个独立项组成的系统,且每一项的值完全由与其同时出现的其他项决定"(1966:7,114)。比较一下,韦弗是这么说的:"信息这个概念不是用于单个信息(意义这个概念则是),而是用于整体情况"(1949:9)。正如从系统及语法这些维度来讲,语言学的对象先于语义学方面的问题;从时间维度来讲的信息(尤其当电磁信号通过通信系统所承载的信息量越来越大时)先于意义问题。韦弗在这里引用了香农的观点:"通信的语义层面与工程层面毫不相干"(1949:8)。从香农的数学理论的角度来说,信息不是质量,而是相对于信道容量的数量的问题。

同样,香农,同时还有索绪尔认为,值的问题是系统的问题,而不是单个元素的问题。信息及语言的值源于"整体情况"——从由不同可能性组成的有限集合中做出明确选择——而不是从固有的、本质的东西中选择。索绪尔有句名言:"符号不是通过固有值,而是通过其相对位置起作用……语言中只有不确定的差异"(1966:118,120)。比较一下韦弗的观点(见第9章,香农通信结构图),看看他那可以说是信息论上的言语观(parole),以及他对确定信息值的看法:

"在一系列可能的信息中,**信源**选择一个它想要传递的信息……信息是一个尺度,当人们选择一则信息时,它衡量着人们选择的自由度"(1949:7,9)。

然而,正如语言中我们可以选择的范式数量有限,同样,在信息环境中,人们"选择的自由"由给定系统的有限的统计结构决定。诺伯特·维纳在讲到与电报媒介的关系时阐明了这一点:"人们构想出一种传递信息的模式……但人们并不认为它是一个孤立的现象。对电报而言……从一个集合中选出来的这些点和直线必须同时也包含着其他的可能性"(1950:4)。我们是语言的主体,并且从更宏观的角度来讲,我们是信息系统的主体,这些位置使得我们的交流行为与我们拥有的自由度密不可分,与必然性密不可分——它首先就被社会集体性和技术集体性所主宰:"英语中有百分之五十的冗余,因此我们写作、说话中约有一半的字词是我们自由选择的,而约有一半(我们一般意识不到这一点)实际上是由语言的统计结构决定的"(Weaver, 1949:13)。

能量与熵

为了进一步确定现代信息化及其统计结构的位置,我们必须翻阅一下能量科学的历史。香农以统计力学(物理学的一个分支)为模型,通过演算信息的概率将信息量化。在19世纪晚期,统计力学得到发展。路德维希·波尔茨曼把詹姆斯·克拉克·麦克斯韦用于气体动理论中的数学概率搬到了统计力学上,产生了一种用来衡量物理系统中能量混乱的尺度,或热力学熵的尺度。在所有涉及由一种能量转化成另一种能量的过程中,有一部分能量通过热的形式被消耗掉:热力学熵中有一个运用层面指的就是一种衡量这种"浪费"的尺度(参见 Clarke, 2002)。热力学第二定律有一个著名的说法:在一个封闭系统中,熵趋于最大化。也就是说,通过一段时间的观察,人们可以看到一个物理系统或机械系统——如一个钟摆或一台蒸汽机——会从正常变为失调。从热力学上来说,能量差别越大,熵值越低。因此,从信息的角度来讲,它所包含的信息就越多。有序或低熵,但能量差别大,这样的物理系统相对而言不大可能有。熵值小就等于信息更多,正如与发现一个常温下的杯子这个更加常见的情境相比,你在一个凉爽的屋子里发现桌子上有杯热咖啡(这是一个低熵值的环境)给你的关于环境的信息(附近可能有人)会更多。

在用数学概率处理有序与无序、做功与浪费之间的能量关系时,波尔茨曼的统计力学追随了麦克斯韦的脚步(见 Prigogine & Stengers, 1984)。他的创新之处在于将物理系统的熵定义为一种测量系统中可能出现的能量形态的功能——也就是粒子分布中可能出现的各种不同的方式。有序形态相对比较少见。有许多形态会产生无序(高熵)分布,它的热差会降到最低。人们更容易发现的是系统处于一种相对混乱的状态,并且随着时间的推移,混乱程度可能会增加,系统趋于一种最平衡的状态,而系统发展则减到最慢。那么,这就是在用概率来阐述热力学第二定律:在一个不受干扰的封闭的物理系统中,原子的无序状态最有可能增加。波尔茨曼对熵定律进行了量化:

$$S=k \log P.$$

随着一个系统可能有的形式——P——的增加,随机分布而不是有序分布的可能性也会增加,系统的熵 S 也会(成对数地)增加。

信息论和控制论的奠基性文献明确增加了对波尔茨曼的热力学统计分析的关注。1948年,约翰·冯·诺伊曼在谈到自动控制的数学逻辑时指出,"热力学,主要是从波尔茨曼那里获得的形式……它的部分理论物理的某些方面跟信息的操作、量化最为接近。"(1963:5;304)维纳认为,让信息与跟系列相关信息模式相连的概率这两个概念结合到一起,这"在物理学分支统计力学上已经为人们所熟知……同时也与著名的热力学第二定律挂上了钩"(1950:7)。韦弗认可了这个负责将能量与信息、热力学与控制论联系起来的系列思想家阵容——他还加上了克劳德·香农:"香农的工作可以追溯到波尔茨曼的观察,他的某些统计物理学研究(1894),即熵与'信息的丢失'有关"(1949:3)。

信息熵

为了利用与统计力学的关系,香农通过数学方法来定义信息,这种方法以信息元素组成的有限集合的概率分布为基础,他把这种度量方法称为"信息熵"。一系列可能的信息组成一个信息集合,这与热力学集合中有一系列可能的形态类似,这些形态的概率各不相同。在这个框架下,信息的量化是指衡量信息的不可能性,确切地说,是某一特殊信息从一个有限选择集合中被选中的概率的反函数(负对数)。正如上面所说,"信息是衡量人们选择消息时所具有的选择自由度"。比如,从一个二进制选择(是/否,开/关)中做出选择,你会得到一点信息——有一些,但不会太多——因为在信息的源头,可供选择的信息极其受限。然而,可供选择的集合越大,做出某一独特选择的可能性也就越小。这种计算信息值的方法毫无疑问是"自由"的,信息发送者的选择越多,被选中的消息所包含的信息就会越多。以这种"概率选择"为基础,香农对信息的数学形式化产生了一种"与熵相似的表达",它与波尔茨曼对热力学熵的对数表达式类似:

$$H=-\Sigma p_i \log p_i$$

信息论把物理系统中的比率,或从不可能的有序到可能的无序,转换成了通信系统中的信号与噪声,或"有用"和"无用"的信息。在这个移项过程中,信息,或"信息熵",成了一个复杂多变的衡量信息概率的尺度,一个**由观察者在通信系统中所处位置决定**的尺度。例如,观察者可以通过在源头增加有序,或在目的地降低无序,来估算一则消息的值。

总结一下,在一个通过做功将能量从一种形式转化为另一种形式的物理系统中,这个系统的热力学熵就是可以继续做功的能量,或者以热的形式"浪费掉"的能量。在通信系统中,信息的熵被用来衡量信息的概率,它与以下几点中的某一点相关:

- 在**信源端**,人们观察到**实际选择**与**可能选择**之间的比率;
- 在**信道中**,人们考虑的是**信号**("有用信息")与**噪声**("垃圾信息")之间的比率;

- 在**信宿端**，信息熵以**意料之外**（不可能的概率）与**意料之中**（可能的概率）之间的比率为基础。

在信源，信息值是一则消息从众多的可能出现的信息中被选中的概率，或不可能被选中的概率的函数；集合越小，可供选择的就越少，所有给定选择所携带的信息也越少。然而，在信源所作的选择只是一个通信事件的开端，它不能决定输出信息的值。比如，由于信道噪声，信号命令在传输过程中有可能丢失。信息值也可能最终是由它对信息接收者产生的影响决定："接收到的信息量就是接收者不确定性……被削弱的程度"（Paulson，1988：55）。从信息传输过程中的接收端来考虑问题，这一点暗中决定了 20 世纪晚期的接受论、读者反应论，以及认知科学，这些领域关注通信观众的形成性或建构性的时刻。

噪　声

诺伯特·维纳将信息论引向了控制科学，他将信息论定义为"对信息的研究，尤其是对控制的有效信息的研究"（1950：8）。他的直接目标是通过考察信息回路来促进计算机技术的发展。在信息回路中，生物组织可以与机器相类比。生物神经系统和现代电子设备都能将来自自己结构中的某些部件的信息反馈到一个处理网络，这些内部信息使得生物组织及机器都能去跟踪、调节自己的表现。通过信道传输信号，不管是通过神经系统还是通过电话线，都可以与封闭的热力学系统的瞬间表现相类比：在每种情况下，随着时间的推移，无序性趋于增加。在信息论中，传输过程中增加的这种系统演变被称为**噪声**。"信息的统计性质完全由信源的特点决定。但真正通过信道得以传输的信号的统计特点，以及在信道中的熵，既由人们试图送入信道中的东西决定，也由信道处理不同信号的能力决定"（Weaver，1949：17—18）。

与一则信息发送之前的熵相比，"信道中熵的量"由噪声水平决定，噪声就是"在信息发送时不是信息的组成部分，但却成了抵达信息的组成部分"（Paulson，1988：67），并对信号构成障碍的任何东西。在现实世界里，所有信道都不能完全免于随机波动带来的噪声，它给通信过程带来另一个层面上的不确定性。这与电子计算过程中出错的情况类似。在计算及通信中，人们通过冗余技术来减少误差。通过牺牲部分效率，冗余编码重复提供关键计算步骤，或信息要素，以确保运算结果如果说不上完美，但至少可靠、完整。

噪声这个概念最先只是被视为破坏了完美效率的令人遗憾的东西，跟一个世纪之前热力学熵的情形极为相似。熵在开始时被视为一种衡量"有用能量"损失的尺度，但将其仅仅视为能量的对立物是不合适的。同样，噪声起初被定为负面或破坏性干扰，是造成了"有用信息丢失"的原因。随着香农和韦弗把熵以一种正量的方式用到了信息论的术语中，噪声就成了一种不可消除的影响着通信的阻力。但是用香农对信息的数学处理术语来说，噪声不仅仅是"反信息"那么简单。相反，噪声具有富有新意的模糊性，噪声也是信息，而且是完全**没有料到**的信息，它是一种神秘的增量，在每一次通信和运算传输的过程中，它都掷下了随机的骰子。过去半个世纪大多数最精彩的批评作品都来自各知识学科的信息整合，而只有颠倒了噪声符号，这种事情才有可能发生(参见 Serres，2007)。

如果我们把重心从通信系统(香农的贝尔实验室环境)转移到媒介系统(马诺维奇的"表征技术")，也就是说，从以**传输**为中心(如电报、电话)变成**书写和信息存储**(摄影机、留声机，以及它们的衍生物)，噪声对信息话语的重要性就会显得一目了然。当然，图形数字系统这两样都能做到，但牢记系统功能中的这一区别还是很重要的。我们容易想象出这样一幅图景，即信息总是在不断地被传输，总是在社会上流通。但同样也有这种情况：信息得到积累、存储，它就待在那里，在某个真实或虚拟的地方，等待着被人检索。信息的书写和存储同样允许人们对其进行操控，它有一种开放性，允许人们超越实用功能，对其进行创造性利用。信息成为一种媒介，通过编辑、剪辑、另搭框架、重新排序等手段，它能产生新的形式和秩序。

从传输的角度来看，任何对存储信息的操控都是在初始信号中混入噪声。但从信息媒介带来的艺术形式(声音、视觉形象、语言符号)这个角度来讲，噪声**就是**艺术。例如，正是留声机的到来，人们才能在先前本来"纯粹"(毕达哥拉斯式的)音乐声中发现了噪声。音色本身就是在音乐制作过程中产生的噪声。它最初源于某一给定乐器的物质特性。音色的噪声并没有从物理上破坏它自身的声音，而是恰好相反，它强化了它自身的声音(参见 Kahn，2002)。它允许乐器的差异，并因此成为音乐合奏中的组成部分。另外再举个例子，随着录音带的到来，人们才可能对所录信号在时间轴上进行控制(TAM)。甲壳虫乐队和吉米·亨德里克斯将其录音片段进行处理，将带子倒过来放，这些都是有名的例子。媒介艺术以富有深意的噪声形式来重新构建了信息。

信息与物质

过于简单化地处理信息与物质之间的区别，这是控制论遗留下来的重大问题之一。这并不是说最初提出这个理论的人错了，他们做了必要的努力，尤其是在将热力学与信息论做了深刻对比这一点上，他们区分了控制论对象与物理对象。将物质与信息置于辩证对立关系之中，这一倾向可以说是追随了西方思想以及学术习惯中根深蒂固的二元论。尽管控制论学者们努力开发新思维，如，他们谈到系统/环境作为一个整体会带来突变，但二元论还是继续存在。格雷格里·贝特森的信息种子理论就是一个很好的例子。他的理论可以用他那个重要的观察来概括："我们所谓的信息——信息的要素单元——就是一个能产生差异的差异"(1972:453)。

控制论话语从自然科学传递到了社会科学，这一重要交接是由贝特森完成的。"行为科学比喻性地运用了'能量'"，从而将心理学事件程式化，在反对误导人的科学主义这个语境下，贝特森对"形式与内容的古老对立"做了如下评论："关于能量与物质的保守定律关心的是内容而非形式。但思维过程、观点、通信、组织、差异、模式，等等，这些是形式问题而非内容问题"(1972:xxv)。贝特森的观点与索绪尔的"语言中只有**要素不确定**的差异"完全吻合：差异这个概念是一个形式或关系的概念。它是**抽象的**，正如数学就是对被罗列的世间物质的抽象。但是，对语言的"去质料化"，或数学的"非具身化"，人们对此已经见惯不惊。"控制论解释"之下的信息以数学概率的形式跨越了语言差异的形式,这正是贝特森的观点。

贝特森对信息论的物理量进行了启发式选择,然而人们却倾向于将其理解为是对思维/自然模式本体论的选择。有一种乌托邦倾向,它将信息视为一种能把人类从物理约束中解放出来的力量,而唯物主义反对派视信息为一种统治话语,思维/自然二分模式要么赞同前一种修辞,要么赞同后一种修辞。作为后一倾向的例子,可以简单看一下弗里德里希·基特勒的媒介话语理论杰作《留声机·电影·打字机》中的一段话:

> 在1880年前后,光学、声学、书写等技术的差异打破了古腾堡印刷术对书写的垄断……伴随着这个差异——不是蒸汽机,也不是铁路——物质与信息、真实与象征之间出现了一道清晰的分界线。(1999:16)

基特勒的观点发人深省。19世纪时,由于摄影机、留声机等那个时代的新的图形媒介的出现,"书写垄断"——记载文化产品的主要手段印刷术——被打破。在这一阶段,他将文字、信息以及(拉康式的)象征视为同盟。在这三项中,每一项都必须接受代码。通过代码,世界被重新阐释,并被存储及传输。同样也是通过代码,关于这个世界的信息也被转变成代码化了的**符号**。"为了记录言语中的声音序列,文字必须将其关进一个有26个字母的体系。因此,所有噪声序列就被断然拒之门外"(1999:3)——如果不是被拒于信道之外,那也是被拒于**信号**之外。但是当留声机记录"言语中的声音序列"或任何其他声音序列时,这种抄写的形式却毫无必要。相反,这个"留声机或录音带记录下来的不间断的声波起伏"是"真实的标志"(1999:118)。如果象征是纯粹的信号(从定义上来理解的话),那么真实就是纯粹的噪声,总会超出人们的理解力,不管某一特定声音序列是多么"容易识别"。

对基特勒而言,由于模拟媒介技术的来临,"客体能够对自己的再生产自赋权威……它指向真实实体,必须逃脱一切象征的网格"(1999:12)。在这个以及其他与此类似的话语中,基特勒继续了对信息的二元论讨论,在"物质与信息,真实与象征之间建立了清晰的分界线",将它变成如果实际算不上是笛卡尔模式的对立面的话,那它也是拉康模式的对立面。在这里,物质与信息之间的关键性、分析性的区别被具体化了,信息成了"新机器**灵魂**"的技术能指符非质料化、去物质化,或非具象化的技术能指符。这样的话,信息概念仍然可供形形色色的哲学说教、政治说教说三道四,因为与千禧年相伴而生的哲学说教和政治说教对灵魂、形式、本质、精神及其无数历史化身展开了本体论式的争论(参见Terranova,2004)。

然而,如果噪声**也是**信息——噪声是"现实的标志",正如信号是象征的标志——那么信息概念就是信号与噪声之间的差异的统一体。信号也罢,噪声也罢,它们都是信息。或者,这种情况再次出现:信息系统的基础载体向来是消息的一部分——"媒介即按摩"。不论什么东西通过系统得到了传播,只要从整体的角度来考察媒体环境,那么研究媒介的学生在理解信息这个概念时碰到的困难就会迎刃而解。这个规定重申了最优秀的控制论思想中的背景或"整体"动力——必须总是要想着"有机体+环境",系统和环境、消息和媒介。简言之,要做到这些,只需从方法上把物质构成的系统和系统背景列为信息交换的要素。贝特森再次用从语言学中得出的类比来进入"语境及其内容"这个问题的核心:

只有与构成了一个单词的其他音素相结合,音素才存在。单词就是这个音素的**语境**。但是,单词只能在言语这个更大的背景中才存在、才有意义,而言语又只有在关系中才有意义。

语境嵌套语境,这种分层嵌套现象在通信(或位)领域普遍存在,它促使科学家们总是在一个更大的单元中去寻找信息。通过微观世界找到对宏观世界的解释,这在物理学上可能是真的。而在控制论中,情况却通常与此相反:没有语境,也就没有通信。(1972:402)

反　馈

20世纪中期形成的能量与信息之间的新关系及差异阐明了各种系统独立于环境与对环境开放两者之间的关键差异。经典热力学强调趋于平衡的封闭系统;控制论时代转而研究开放的、多组生物集合、元生物集合体的非平衡运作。即使熵的现象无处不在,但是通过将**操作**封闭性与**环境**开放性并举,生物、生理、社会系统仍然维持了其组织的自主性(参见 Klarke, 2008)。对这些自创生系统而言,世间的纷扰被不同地解释为信号或噪声——这种差异的含义依赖于有意义/无意义这个自我指涉的二元对立。这里关键是信息噪声对解释它的系统而言总是具有"意义",即使对信息噪声的观察者而言,它毫无意义,或者其意义用目前的代码无法理解。

如果我们现在从操作层面来思考信息对系统的作用,系统不仅存储、传输信息,它还**利用**信息,以保持或调节系统的功能,于是就有了反馈这个概念。如前所述,信息论是用数学方法来定义信息的,信息是消息的概率或可预测性的反函数。从信息接收者的角度来看,消息越不确定,那么当这则消息抵达时,它带来的信息就越多。由于传输中的噪声对信号进行了随机的或不可预测的干扰,信息在任何给定通信环境中究竟以何种形式存在,在到达终端之前,它将一直是个不解之谜。通过引入更多的不确定性到消息中,噪声就不仅仅是一种静止状态,不仅仅意味着效率或清晰度的损失,它还是一种与媒介环境相关的信息形式。这是通信不确定性带来的额外收获,它至少可能在传输过程中引入其他有价值的信息。贝特森(Bateson)对这个情况做了精辟总结,他把"信息"看作信号的提喻:"所有不是信息、不是冗余、不是形式、不是限制要素的东西都是噪声,它是**新模式唯一可能之源**。"(1972:410)

反馈概念同样也可以从信息论的角度来考虑。在20世纪40年代,当电子计算机刚问世时,反馈也作为控制与机械科学中的重要概念出现了。在某些系统中,通过将输出信息重新以输入信息的方式引入系统输入端,系统的输出或行为就能得到控制,或被维持在一个有效范围之内。我们在下图中所看到的信息循环就是一个闭环反馈系统。在这个经典反馈模型中,当B<0时,反馈为负。负反馈的作用就是稳定输出信息。在恒温调节器之类的自动控制装置中,负反馈是人们想要的功能,其目的就是使系统处于自动平衡状态,使它的操作参数固定在一个可接受的范围之内。而在正反馈中,引入输入端的反馈信号会使系统输出信号自我叠加,而不是自我削弱,它增强而非抑制了系统的输出信号。在这两种情况下,当输出被当作输入反

馈回系统时，就打破了输入与输出先前的界线，闭环回路压倒了严格的直线流动。

让我们在更广的领域来考察反馈的运用，如在流行音乐的电子音频放大器中的运用。在这里，要传递的消息是一个信号源，譬如说，来自一个吉他拾音器，声音系统对这个信号源进行记录、编码、解码，并把它放大到话筒中。当某些来自扩音器的输出信号通过麦克风或设备重新进入输入信号时，放大电路中的声音反馈就产生了。它能产生出不需要的噪声、信号磨损或扭曲失真。当麦克风离扩音器太近时，失控的正反馈会产生令人恐怖的啸叫声。然而，当操作

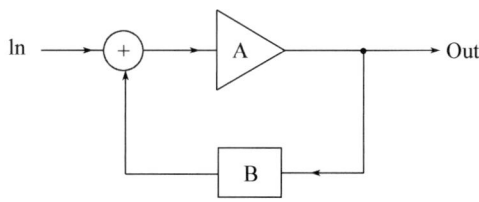

The classical feedback model. Wikimedia Commons.

人员对声音反馈进行恰当的校准，使反馈到系统输入端的输出信号量保持平衡时，它能变成一种和谐的乐音。水晶般靓丽纯净的声音就出现了，泛音及和弦谐波的独特之处得到展示。它是一种脆弱的声音动态平衡，是在放大了的混乱噪声中出现的一座有序孤岛。这个转瞬即逝的系统效果本身能在不同范围内得到调整、维持，并形成声音波束。

摇滚反馈是一种通过控制源源不断的噪声而产生的一种音乐媒介。吉他反馈盛行于20世纪60年代，它开创了一个人们闻所未闻的声音新世界。反馈噪声是在过于空旷的房间将扩音器开到最大的自然结果，它被视为一种声调和旋律都可以得到控制的声源。芝加哥布鲁斯电吉他手们发现，过载的真空管扩音器发出美妙的沙哑声，是他们最早在摇滚乐中运用的反馈音。20世纪60年代中期时，英国吉他大师如埃里克·克拉普顿（Eric Clapton）、杰夫·贝克（Jeff Beck）及吉米·佩奇（Jimmy Page）等人发现，反馈音飘忽不定的效果能表现吸食大麻和摇脚丸之后的那种迷幻感，于是那个电子布鲁斯的标记性特征就被重新改写了。但又一位艺人实际上成了反馈的反馈的化身——他以迷幻摇滚之声进入美国文化。在伦敦成长的美国摇滚乐手吉米·亨德里克斯（Jimi Hendrix）将以布鲁斯为基础的摇滚吉他反馈音提升为一种艺术形式，他玩起反馈音来就像是在拉小提琴。例如，在《狐媚女生》（"Foxey Lady"，1967）的开篇，吉米·亨德里克斯就留下了经典的一笔，他拨动芬迪电吉他琴弦，用成排的马歇尔扩音器将声音放大，直到它产生出足够强大的输入/输出循环，形成反馈声音波束。

通过利用循环、延迟噪声反馈信号等各种新颖的方式产生的厚重音效，亨德里克斯尤其将迷幻摇滚的"缥缈"感发挥得淋漓尽致。除了吉他、扬声器之外，亨德里克斯还运用了一整套全新的效果器，尤其是闷音效果器。通过敲击地板踏板，增强了吉他的音量，并带来不间断的反馈音。通过这种方式，亨德里克斯让吉他的反馈音变成了乐音。亨德里克斯还增加了哇音效果器、八度分频器，以及移项效果器（充满迷幻色彩的颤音加合唱）。通过哈曼德B3电风琴的音箱模仿高音扬声器的旋转效果，亨德里克斯的反馈音更具震撼效果。

譬如说，在《来自太阳系的第三块陨石》（Hendrix，1967）这首歌曲中，亨德里克斯和他的

乐队在一段缥缈的即兴演奏之后，曲调又从头开始。此时，亨德里克斯抓住反馈声音波束，用它奏出了旋律。同时他还用吉他颤音摇杆让稳固的声音波束有了荡漾起伏。几年后，在标志着60年代进入70年代的里程碑式的1969年新年演唱会中，亨德里克斯的"机关枪"这首歌曲（Hendrix, 1970）提炼了这种吉他表现手法。这首曲子开始几句之后，在间奏开始时，丛林战争的恐怖被浓缩成了一段长长的反馈音的啸叫声，高八度音被分频器分离了出来，并与移项效果造成的直升机旋转声撞击，充满了诡异感。

在这个例子中，艺术是在噪声中形成。被重新处理的信号不是一个已经存储好了的信号，而是在即兴表演那一刻才出现的、尚飘在空中的信号。控制论及信息论的先驱们研究了电子电路与神经系统在形式上的相似之处，而亨德里克斯则展示了如何将电吉他、扬声器、声音处理技术与神经系统相连，他将自己与控制论的融合传递给了在场及不在场的观众。一个世纪以前，美国第一个摇滚预言家沃尔特·惠特曼（Walt Whitman）在诗歌的苍穹里看见了"身体的电流"，吉米在人/机界面的最前沿演出，他的摇滚人格里蕴含着这种"身体的电流"。在吉米的表演中，惠特曼浪漫的身体被转换成了一个控制论的身体，可以无限循环的反馈信号是这个身体的给养。

参考文献及建议阅读书目

Bateson, Gregory. 1972. *Steps to an Ecology of Mind*. New York: Ballantine.

Clarke, Bruce. 2008. *Posthuman Metamorphosis: Narrative and Systems*. New York: Fordham University Press.

Clarke, Bruce, and Linda D. Henderson, eds. 2002. *From Energy to Information: Representation in Science and Technology, Art, and Literature*. Stanford, CA: Stanford University Press.

Hansen Mark B. N. 2006. *Bodies in Code: Interfaces with Digital Media*. New York: Routledge.

Hendrix, Jimi. 1967. *Are You Experienced?* Reprise Records.

——. 1970. *Band of Gypsys*. Capitol Records.

Kahn, Doug. 2002. "Concerning the Line: Music, Noise, and Phonography." In Clarke and Henderson (2002, 178-94).

Kauffman, Louis H. 1987. "Self-Reference and Recursive Forms." *Journal of Social and Biological Structure* 10: 53-72.

Kittler, Friedrich. 1999. *Gramophone, Film, Typewriter*. trans. Geoffrey Winthrop-Young and Michael Wutz. Stanford, CA: Stanford University Press.

Krippendorff, Klaus. 1984. "Paradox and Information." In *Progress in Communication Sciences*, vol. 5, ed. Brenda Dervin and Melvin J. Voigt, 45-71. Norwood, NJ: ABLEX Publishing.

Langton, Christopher G. 1989. "Artificial Life." In *Artificial Life*, ed. Christopher G. Langton, 1-47. New York: Addison-Wesley.

Lem, Stainislaw. 1985. *The Cyberiad: Fables for the Cybernetic Age*, trans. Michael Kandel. New York: Harvest.

Lévy, Pierre. 1998. *Becoming Virtual: Reality in the Digital Age*, trans. Robert Bononno. New York:

Plenum Trade.

Manovich, Lev. 2001. *The Language of New Media*. Cambridge, MA: MIT Press.

Paulson, William R. 1988. *The Noise of Culture: Literary Texts in a World of Information*. Ithaca: Cornell University Press.

Poster, Mark. 2004. "The Information Empire." *Comparative Literature Studies* 41, no. 3: 317–34.

Prigogine, Ilya, and Isabelle Stengers. 1984. *Order out of Chaos: Man's New Dialogue with Nature*. New York: Bantam.

Saussure, Ferdinand de. [1915] 1966. *Course in General Linguistics*, trans. Wade Baskin. New York: McGraw-Hill.

Serres, Michel. [1982] 2007. *The Parasite*, trans. Lawrence R. Schehr. Minneapolis: University of Minnesota Press.

Shanken, Edward A. 2002. "Cybernetics and Art: Cultural Convergence in the 1960s." in Clarke and Henderson (2002, 255–77).

Terranova, Tiziana. 2004. "Communication beyond Meaning: On the Cultural Politics of Information." *Social Text* 22, no. 3. [Fall]: 51–73.

Thurtle, Phillip. 2007. *The Emergence of Genetic Rationality: Space, Time, and Information in American Biological Science*, 1870—1920. Seattle: University of Washington Press.

von Foerster, Heinz. 2003. *Understanding Understanding: Essays on Cybernetics and Cognition*. New York: Springer.

von Neumann, John. 1963. "The General and Logical Theory of Automata"[1948]. In *Collected Works*. 6 vols. Ed. A. H. Taub. 5: 288–328. New York: Macmillan.

Weaver, Warren. 1949. "Recent Contributions to the Mathematical Theory of Communication." In Warren Weaver and Claude Shannon, *The Mathematical Theory of Communication*, 3–28. Urbana: University of Illinois Press.

Wiener, Norbert. 1950. *The Human Use of Human Beings: Cybernetics and Society*. Boston: Houghton Mifflin.

12. 新媒介

马克·B.N.汉森

新媒介这个术语已经流传如此之广,以至于它似乎毫无特指性。在我们身边,"新"媒介无处不在。我们用"新"媒介设施把生活安排得井然有序。无论是工作、玩耍,还是获取资讯、与朋友熟人交流,我们都离不开新媒介。同时,由于近来对旁路技术的研究,那些明日黄花——如对角镜、电磁电报、五官轮廓测量仪——重新引发了人们的兴趣。人们已经就新媒介著书立说,一方面将其视为数字技术汇聚的结果;或者走向另外一个极端:阐述所有媒介在诞生之时所具有的新颖性。剖析这些当代课题,它们之间的关系即便说不上是错综复杂,那也至少是相互补充,而**"新媒介"**这一核心术语的含混性或二重性是造成这种关系的根源。

"新媒介"既是单数,也是复数。当人们引入、传播新媒介这个概念时,新媒介指的既是一个本质不同的新型媒介,也是许多种媒介,甚至是每一种媒介。媒介革新自古以来就是西方文化的特点,新媒介的复数特点与此宏观辩证法携手共进;而新媒介的单数特点则表明,我们今天可能恰好是在这一点上陷入了僵局:事实上媒介可能会与技术手段分离,然而恰恰是通过技术手段,一个文化才能储存它的知识和历史(见第 13 章,"硬件/软件/湿件")。有没有可能出现这种开天辟地前所未有的情况:媒介(指的是经验的储存、宣传、散播)已经与其自身的技术基础设施相分离,与计算机网络和机器相分离,然而恰好是这些东西撑起了我们所说的媒介的半壁江山?如果真是这样的话,我们又将怎样理解人类及地球生命的未来命运?这些都是"新媒介"所谓的"新"无法回避的问题。

新媒介的两张面孔——单数面孔和复数面孔——都是在媒介革新辩证法这一共同基础之上出现的:通过改变经验生产的条件,也就是说,新媒介带来了新的东西,但新媒介也破坏了现有的生存模式——如生理模式、心理模式、集体生活模式。匮乏与补充的融合成了许多批评家所说的西方思想中媒介革新的基本场景,即柏拉图在《斐德罗篇》中对书写这一新媒介的思考。书写具有药的地位,它既是毒药,也是解药,既是对记忆的威胁,也是对记忆的延伸。修斯(Theuth)神话清楚地展现了这一深刻的含混性。埃及的神修思创造了书写,苏格拉底在《斐德罗篇》中说:

> 在谈到书写时,修斯对(埃及国王塔姆斯[Thamus])说:"哦,国王陛下,我这门学问将会使埃及人民变得更加智慧,能提高他们的记忆力;我的发现是治疗记忆和智慧

的良方。"但是国王回答道:"哦,多才多艺的人啊,对一个人而言,他可以用才艺来创造艺术品;而对另一个人而言,他倒是要衡量一下才艺给使用才艺的人所带来的利弊。书写出自你,因而你对书写充满喜爱,然而你与自己的喜爱之情争辩,这一点恰好暴露了书写的反面效果。如果人们学会了书写,遗忘将在他们的灵魂中扎根,他们再也不会去操练记忆,因为他们可以依赖写下来的东西;他们再也不会发自内心地记住东西,相反,他们只能通过外部记号的手段记住东西。你所发现的不是记忆的良方,而是记忆的提示器。你给你信徒提供的不是真正的智慧,仅仅是智慧的赝品。"

修斯对书写有所保留不无道理。这个神话抓住了最根本的二重性。从书写发明以来,这种二重性就一直在驱使着媒介革新:每一种新媒介的操作方式都是将某些人类认知、记忆功能外化,每一种新媒介都有得也有失。既然这样,即使书写会导致先天记忆术的衰退,但它也能为先天记忆提供外部补充,而这种补充将变得越来越有必要,因为信息在激增,生活也变得越来越复杂。

这个驱动媒介革新的根本二重性常常是以神话的形式出现。在《普罗泰戈拉篇》中,柏拉图就运用了赫西俄德(Hesiodic)关于普罗米修斯和爱比米修斯的神话,来描绘人的独特性,同时也抓住了我们严重依赖技术这一特点。现在我们来回顾一下柏拉图的重要细节:爱比米修斯肩负着一个使命:用合适的力量将凡人武装起来。在分配能力时,他遵循的是补偿原则,他将生存的能力赋予每个生灵。他不是特别聪明,因为他把所有的能力都用到了牲畜身上,给人类却什么也没有留下。他兄弟普罗米修斯不得不去偷窃天火,因此名垂千古。难怪普罗米修斯比爱比米修斯更出名。正因为我们有了来自普罗米修斯的遗产,所以柏拉图说,我们人类"也吃了天神的仙丹"。通过运用火的艺术,也就是说,通过使用技术,我们因此也有别于其他一切动物。对火的运用导致人类能清楚地发声,能给事物命名,能发明"房屋、衣服、鞋子和床"。火的运用导致了农业的产生。我们还可以将不断发展的新技术和新媒介添到柏拉图所开列的清单上去。在许多人看来,新媒介、新技术导致了我们对自然的控制越来越强大,而且随着基因工程的发展,如今甚至连生命本身也能控制。

由于从神那里偷窃了天火,普罗米修斯遭受了无穷的惩罚,这一点不应该忘记。事实上,恰好是神话中的这一点在我们的历史中一再出现,在大规模技术变革发生时一再出现。仅举一个例子,玛丽·雪莱(Mary Shelley)在《弗兰肯斯坦:或当代普罗米修斯》(*Frankenstein, or the Modern Prometheus*)中将维克托·弗兰肯斯坦塑造成一个普罗米修斯式的科学家,他盗取了生命的火花,导致了灾难性后果。这个故事是在对工业化进行批评吗?这个故事是在呼吁以恰当的方式繁殖后代吗?我们权且将雪莱故事中寓言方面的问题搁置一旁。此处重要的地方在于这个故事是在祈求普罗米修斯注意到这一点:人类与新技术有关,但关系暧昧。任何普罗米修斯式的进步似乎总免不了与恐惧相伴:我们越界了,我们引进了某种会残害我们"天然"生命的东西。我们只需要想想电影刚刚出现时,人们心中涌现的焦虑,其范围包括了从生理方面(电影会破坏我们的视力)到道德方面(电影会迎合我们的低级冲动)。或者想想今天围绕着基因工程和干细胞研究而出现的种种焦虑。这个神话的核心内容长盛不衰,它似乎指向了跟适应新事物有关的辩证法:新媒介引入的经验模式挑战了人们所熟悉的东西。在变得从文化上能够为人所接受的过程中，或者在"自然化"的过程中，新媒介必定会惹人焦虑不安、抵挡抗拒，甚至招人敌视。这个辩证法中的普罗米修斯维度强调了一个事实：这种焦虑并非琐碎，亦非误导。相反，这是人类在体验文化变革时的一个根本维度。

正是这个媒介革新中的辩证法让我们能深入理解加拿大媒介研究前沿学者马歇尔·麦克卢汉的作品。他的作品常常被人误解，却影响深远。在《理解媒介》(*Understanding Media*，1964)及其他各种文本中，从汽车到计算机，麦克卢汉对媒介进行了全面总结，他将媒介描写成既是人类身体的延伸，也是人类身体的自我截肢。对麦克卢汉来说，媒介技术的发展（直至那个时候所谓的当代电子技术）是神经系统的外化。如果用今天的术语，我们可能会这样描述：人类认知能力以技术的形式分布于环境之中。麦克卢汉在谈论新媒介这个话题时，也许最关键的地方就在于他一直致力于将媒介形式与媒介运用相结合。事实上，正是这一点绝佳地预见了如今所谓 Web2.0 社交网络技术的发展，它将网络时代内容（运用）与形式（技术）之间深刻的相互依赖性展现到了极致。人们普遍简单地将麦克卢汉视为技术决定论者，然而情况远非如此，如今麦克卢汉可以被视为一名深刻的社会分析家（他过去一直是）。在说到"媒介即信息"时，麦克卢汉显然并不是为了推进一种纯粹的形式主义教条；相反，让某种特殊媒介造成大规模社会影响，这才是他寻求建立并要推到最前沿的现象，但这种现象又不是指个人和群体对特殊媒介的具体部署及运用。麦克卢汉的观点是，广泛采用某种特殊媒介会带来不同程度乃至更高程度的影响，其影响程度远高于人们用这个媒介来传输这样或那样的内容。媒介不可能没有内容，即便是这样，也能够这样，但如果将一个媒介的社会影响简化为这个媒介所传输的内容，那么对于伴随着信息处理和信息消费文化的技术变革而出现的深刻变化，人们就会视而不见。

麦克卢汉的《古登堡星系》(*Gutenberg Galaxy*，1962)比《理解媒介》稍早出版。活字印刷的发明及其催生的印刷革命带来了变革性影响，这就是这本书的核心。虽然麦克卢汉分析了书籍储存、传播知识的作用，正如其标题所说，但他的核心要点是谈论与印刷术相伴而生，且已变得今非昔比的意识形态。对麦克卢汉来说，从手稿文化变成印刷文化，需要靠感官来传播、整合的经验势必崩溃，人们将会喜欢视觉的暴政。

为了集中精力讨论印刷这种新媒介带来的深刻的物质影响，麦克卢汉强调了个人经验的疏离，而其他学者们却避开了这一点。在《为变化作代理的印刷术》(*The Printing Press as an Agent of Change*，1979)这本重要研究著作中，伊丽莎白·艾森斯坦分析了印刷术所带来的社会、政治影响。具体地说，她指出，由于印刷是一种标准化形式，它储存、传播信息的能量之大，前所未有。通过运用经验主义方法，艾森斯坦令人信服地展示了这一点：活字印刷的发明以及印刷革命在清教改革、文艺复兴、科学革命中起到了重要作用。从某种程度来说，艾森斯坦强调语言符号的标准化是印刷术的核心，而这一点则预示着 19 世纪媒介革命的发生，正如德国媒介科学家弗里德里希·基特勒所分析的那样。在基特勒看来，留声机、电影、打字机，它们将不同的感官流（听觉、视觉、语言）中的书写、存储、传播区分开来，在某种程度上，标准化了的印刷术得到拓展，延伸到了其他实验性的范畴。有趣的是，本来这些学者无论是在方法上，还是在所肩负的使命上都极为不同，但数字技术的来临却使他们能以某种实验性的方式再次团结在一起,尽管麦克卢汉说的是乌托邦,基特勒说的是反乌托邦。

在《技术与时间:爱比米修斯的过失》(Technics and Time: The Fault of Epimetheus)一书中,法国哲学家贝尔纳·斯蒂格勒将麦克卢汉对媒介的想象转变成了十足的技术演化哲学。自从人类成为一个物种那一刻起,人类就一直受到技术的调节,这是斯蒂格勒思想的核心观点。斯蒂格勒努力想要推翻西方哲学中技术的压迫,他要追随他的良师益友雅克·德里达的脚步,通过书写技术及其他延异技术以解构在场的形而上学。正如德里达所说,他研究了从柏拉图的书写神话到让-雅克·卢梭的替补逻辑这些话题,书写的前身(这里可以理解为"元书写",可重复的记号或字符)与言语或具体的书写体系的关系意味着意义总是源于延异,即差异、延迟。对于德里达那个关键概念——元书写,斯蒂格勒坚持认为有必要构想一个替补的历史,从而延异行为与具体的储存、传输技术之间就构成了一种功能关系(见斯蒂格勒,"德里达与技术")。斯蒂格勒将延异或元书写称为"半超验"领域,这个"半超验"领域通过物质基础设施显露面目,并在世界上任何给定时刻里产生功效,这样一来,斯蒂格勒就让这个"半超验"领域与物质基础设施之间的关系变成了一种相对关系。因此,"先前"成为一个悖论,从任何"源头(或在场)抽离"成为一个悖论,"先前""从在场抽离"变得与让其面目延迟显现的技术条件紧密相连。

正如其《技术与时间》第一卷的副标题"爱比米修斯的错误"所说,斯蒂格勒以赫西俄德神话及其遗产爱比米修斯(这是一个关键人物,但被忽视了)为路径,开始与这个从一开始就具有悖论特点的人物进行协商。斯蒂格勒有个观点颇有说服力,他坚持认为,如果爱比米修斯没有犯那个"错误"的话——他最早犯下了遗忘这个过错,导致"自然的"人类赤身裸体,无法自保,从而需要技术来进行替补——那么普罗米修斯这个人物,以及他所表现的技术变革的辩证法就会变得毫无意义。在斯蒂格勒的解读中,这个神话表现了人类的"原初技术性",以及人类一直都依赖技术,并且与技术共同进化这个事实。通过利用古生物学对早期取火工具的研究,斯蒂格勒凸显了有机皮质与无机燧石之间的根本关联,并视之为人类的基本特征:从一开始,人类就不仅在基因方面产生进化,而且在文化方面也产生进化。也就是说,以文化艺术品以及客观记忆支撑物的形式将人类的知识技能和集体记忆外化。当然这就意味着可以用一系列漫长的"新媒介"革命来概括人类进化的特点。物质历史告诉我们,人类的进化与技术的进化相互关联;一长串曾经新颖的新媒介清单仅仅是这个共同进化的索引。人类与技术相交(斯蒂格勒称之为"顿悟创生",即以非生命形式进行的进化),与此相伴产生了各种人类进化形式。这样讲的话,斯蒂格勒的观点就是,人类发展及基因进化过程与技术媒介之间具有"本质的"联系。技术媒介是人类生命的各种感官模式、理解模式、认知模式、集体模式的对象或外部支撑物,这是普遍的观点。然而在这里,技术媒介就是不折不扣的人类必不可少、相依为命的关联物。当代认知科学家讲到"认知分布",用这个来描述知识、技能、记忆通过媒介得以外化的重要性。但是,当我们透过媒介研究的镜头来看这一点时,认知科学家们真正强调的却是:调节如何构成了人类存在的基础本身。人类真的就是活在媒介世界之中,也就是说,活在一种向来具有技术特点的媒介之中。

为了避免让媒介听起来显得人类中心主义色彩过于浓厚,仿佛媒介单单就是为了支持人类进化发展进程才存在似的,所以我们需要指出一点,即媒介在越来越向记录经验和时间的技术形式靠拢。因此,媒介如今参与到了技术演化发展的过程之中。至少从工业革命时期开始,媒介就在某种程度上具有了合格的自主性。在引发人们注意到这个严肃现实这一点上,弗里德里希·基特勒的作品胜过任何其他批评文集。在《1800—1900 的话语网络》及《留声机·电影·打字机》中,基特勒讲述了媒介的历史,他从字母长期垄断储存谈到 19 世纪媒介的衍化,最后谈到以数字代码及计算机处理形式出现的当代融媒体。技术带来物质生产(它生产现实),技术既不准备去适应,也不受人类经验中感官和理解阈值的限制。技术的这一点值得欣赏,这是基特勒的媒介史的核心(见第 14 章,"技术")。

从留声机革命(也就是留声机这种新媒介出现之后发生的革命)中发展而来的声音分析技术中,我们可以窥见这种技术的"合格的自主性"。人们在使用留声机时(从它被发明之初,到它近来的过时淘汰,当然现在它已转世投胎),主要用它来通过技术手段进行录音,并且让它与人类感官理解同步(也就是说,它包括把声音录下来,播出来,供人类消费)。但是,留声机具有记录超出人类听力范围的频率的能力,这让人们能够记录(或者标记)真实的声音流,真实的声音流并不受限于狭窄的人类模式。声音记录就是一个与自然语言决裂,与字母书写(通过技术手段来进行记录就有这个特点)决裂的例子。自然语言的记录是在字母的离散顺序上操作;声音的记录是在一个更加细粒度的离散的声音流上操作。其中有一种离散技术叫傅立叶分析,它通过区间(将不是周期的变成周期,变成无数频率系列)的方式对原通量进行分析。在基特勒看来,所谓傅立叶区间最重要的地方在于——以及为什么傅立叶区间会成为数字符号处理的典范——傅立叶区间用到了真实数据分析(一种数学技术,包括了整数间的连续取值),而且必须用真实数据分析。总结一下基特勒所讨论的技术,我们可以说,高频分析"标记"的真实流量以真实数字为母体,而字母分析则是以自然语言为母体。这就意味着用技术手段记录声音表示的是对系统保持真实,而不是对人类感官理解保持真实。实际上,在基特勒看来,这就是计算机操作的典范。这也就是为什么基特勒会说计算机"变得越来越不可或缺",而人类"变得越来越纯属偶然"。

计算机对一种操作进行归纳(它以机器的形式做标记),计算机可能(而且实际情况也的确如此)会入不了潮流,除非它能在社会上不断增生,广泛流传。正因为如此,计算机才标志着媒介与技术之间的必然分离。可以这么说,在人类历史上首次出现了这种情况:媒介的技术基础设施不再与其表面特征具有同源性。留声机唱片上的沟槽生动地复制了人类能够理解的声音频率范围;胶卷在感光表面上对光线进行记录,复制了人眼可见的东西,然而在真正的计算机媒介中,储存技术与人类感官理解之间不需要有什么直接关系。我们通过计算机屏幕(或其他界面)看,通过数字播放器听,通过计算机或数字设备处理数据,但我们所看到所听到的,并不是对数据的视觉、听觉模拟。事实上,正如一些数字媒介艺术家所展现的,可以用不同的载体输出相同的数字数据,从而产生极为不同的媒介经验。先锋派新媒介理论家莱夫·马诺维奇从媒介表面与底层代码之间的分离这个角度来描述这种独特的情形:

> 媒介一般可被视为由两个层面构成:"文化层"及"计算机层"……因为新媒介是通过计算机创造、传播、储存、建档,因此计算机逻辑对媒介的传统文化逻辑产生重要

影响,这也在情理之中;也就是说,计算机层会影响文化层。计算机构建这个世界的模型的方式,再现数据的方式,允许我们对其进行操作的方式,所有计算机程序后面重要的操作行为(如搜索、匹配、分类、筛选),人机界面常识,等等,简言之,一切可以被称为计算机的本体论、认识论、语用论的东西都在对新媒介的文化层面、组织形式、新兴类别、内容造成影响。(2002,46)

马诺维奇将计算机媒介中的表面与代码联系了起来,将计算机媒介视为两种互相融合但又截然不容的两大文化传统——媒介传统与计算机传统——的遗产。在他看来(他的《新媒介语言》1999年首次出版,这一点必须强调),这两大传统之所以能走到一起,是因为电影比喻占据了主导地位,这一点在很大程度上决定了数字数据如何被转换成了易被消费的媒介形式(人们只需想想视频游戏中的场景编辑,或者想想比如说2004年Circa网站上的引导页)。

虽然这可能是(或者可能已经是)一种对计算机媒体实际应用的恰当的分析,计算机有从本质上重绘我们的空间时间、经验的潜力,但对这个潜力的挖掘尚未开始(见Hansen,2004)。当我们谈论计算机处理在创造今日基本经验框架方面所起的广泛作用时,我们很难忽视这个现实:我们离不开技术调节机制。地理学家奈杰尔·思里夫特称之为"技术无意识",我们不仅注意不到它,而且对我们而言,它根本就是深不可测。换句话说,视觉、听觉、触觉这些媒介形式是我们与信息宇宙之间的接口,然而它们与自己所调节的实际物质材料——暂存的数据流——之间不再具有同源性。虽然这些媒介形式仍然能够完美地捕获我们的经验数据流(虽然对认知时间过程的精密研究最新成果表明情况并非如此),但是这些媒介形式,跟被这些媒介形式所记录的经验一样,它们都只间接地与支撑着它们的深层次的计算机处理发生关系。考虑到技术与媒介的分离,我们必须把媒介两个截然不同的功能区别对待,互不混淆:一方面,将人类经验以可持续、可重复,从而也是可传播的方式外化;另一方面,要调节人类经验中非现象(或元现象)、时间精密的计算机处理,计算机处理日益成为基础设施,限定着我们在当今世界里的所有经验。当然,这两种情况下被调节的都是人类的经验,但两种情况所依据的却是完全不同的程序:第一个程序是传统感官调节,它调节的是人类经验本身(其内容是那个经验);第二个程序是技术条件的调节,它使人类经验变得可能——也就是隐藏于当今世界真实经验之下的"先验的技术"。

Web2.0是一个笼统的术语,它包括了许多社交网络网站以及集体生成的档案(如维基百科),这些东西都是在2001年互联网公司泡沫破灭之后发展出来的,这个现象完美地阐释了上面提到的媒介功能的分化,同时也表明"先验的技术"完全具有社会维度和集体维度。通过充分利用网络提供的多对多连接,网络用户引发了"数字内容"的爆炸(博客、论坛、照片共享、视频动画,等等),这些东西使计算机媒介的功能的中心从储存转移到了生产,从记录个人经历转移到了生成集体在场以及连接本身。迄今为止(2009年),许多公司已经将确定媒介功能新中心这个事情本身当作商品来开发,其中包括诸如MySpace、Facebook、YouTube之类的平台。正如这些极受欢迎的平台及类似的社交网站所证实的那样,Web2.0与其说调节的是用户上传的内容,还不如说是连接本身,即通过上传内容就能与无数志趣相投的用户实现连接这一简单的能力。换句话说,这里调节的东西是大规模、多对多连接的技术能力,也就是能够实现这种新规模连接的整个计算机系统(虽然这种规模不需要,恐怕也很少会完全展现出来)。这真是一个麦克卢汉式的时刻,而其原因恰好是抛开一切可能被传播的内容而言,Web2.0涉及媒介环境的普遍改变——我可能会说,这完全不亚于媒介使命及调节本身的改变。

如果新媒介所谓的"新"是方式新,如果计算机媒介跟以前所有媒介形式刚刚出现时所谓的新有着本质的不同,这个本质的不同恰好指的是媒介在计算机网络时代的这个新使命。除了一如既往要对经验进行储存之外,今天的媒介还肩负着调节媒介状况的使命,也就是说,新计算机网络构成了当今的"技术无意识",媒介为新计算机网络做了代理人。除了对单个用户储存的经验进行调节之外,媒介的传输——通过Flickr传输照片,或通过YouTube传输视频——它本身还要对计算机网络环境下的用户进行调节。简言之,它调节的是对连接这种新能力的保持,个人只要在多对多的计算机网络上发布自己(或自己的踪迹),他就能保持连接。商业化的Web2.0技术将这种影响完全引向人类社交网络这个目的,这种影响会达到何种程度,这个演化分歧在哪儿,这个媒介的新使命的"最大意义"究竟在哪里,这些问题的答案尚不明晰。因为有一个基本事实:要通过Web2.0进行"社会"传播或网络传播,其基础是一个必须从结构上与媒介形式相分离的技术基础设施。如果要从社交媒介网站上获得经验,这就需要以一个技术逻辑为基础:从时间划分上来说,它要远比人类感官理解(及感官调节)的操作更加精细;从复杂程度上来说,它比(传统)媒介形式所能捕获的东西要复杂得多。媒介输出与技术基础之间的根本分离能够被缝合(而且已经被缝合),正如基特勒已经敏锐地指出,这一点见证了经济能力:利用计算机进行连接就能赚钱,Web2.0完美地展现了这个事实。脑中记住了这一点,也许我们就可以说,商业化的Web2.0技术恰好是通过消除媒介与技术之间的分离来进行操作的:用人们所熟悉的媒介形式进行传输,并且让人看不到计算机网络中新的"先验的技术",于是我们就有了多对多连接这一新功能。

然而,一种新技术却是社交媒介成败的关键,它隐约指的是,如果连接本身就是目的,那么准确地说究竟可以实现何种程度的连接? 这里连接不是指这些网络中的(传统)媒介真正共享了什么内容。Web2.0二代互联网模式下隐藏的技术逻辑成为人类经验的基础,连接与内容分享的分离已被接受(哪怕是程度最轻微的接受)就是证据。事实上,在大规模连接是人类的新能力这一方面,这一点的出现证明了我们愿意以与我们先前从未有过的方式去组织我们的经验,具体而言,就是这些媒介形式的功能与迄今为止所有的媒介功能都不同。考虑到这种新现象与社交媒介的商业利益之间的张力,我们可以这样认为,关于Web2.0的技术逻辑将带来何种革命性前景这一问题,社交媒介网站范式带来的审美变革就是这方面的洞见的一个主要源头。这类变革的系列范例可以在艺术家马里奥·克林格曼(Mario Klingemann)那里找到。他的作品以Flickr网站为基础,主要包括《窥视》《钟表》《在标签的海洋中航行》《图片迪斯科》《意识之岛》《树桩》。尽管这些作品各不相同,但克林格曼所有这些作品都包括要尽量利用社交媒介网络的技术处理。大规模数据集成及检索是社交媒介网络的基础。这样一来,这些作品提出了一种新的可能性:媒介的新使命——调节我们与计算机网络之间的间接关系——可能与一种新的审美经验齐头并进,同时出现。

克林格曼的第一个变革,《窥视》(Flickeur),正如其名字所暗示的,是窥探式地利用了

Flickr 上的照片共享。当上传到浏览器上时,《窥视》从 Flickr 这个网站上随机抓取图像,并且随机运用淡入、淡出、全景、跳跃剪辑等电影转换手法将其随机串起来,并配上循环的背景声音。随着《窥视》不停地抓取图像,一部"没完没了"的电影出现了。这部影片的未来开放、不确定。除此之外,它还缺乏内在的构成原则。选取图像依据的不是人类视觉听觉流的审美原则(也就是电影和以前所有视听媒介所遵循的原则),而是计算机算法本身所具有的能力。因此,人类观众看到的不是一个具有内在一致性的序列,而是一系列不断扩散的离散的视听事件。计算机网络执行克林格曼所设定的图像选择和图像组合算法,而且在时间上不断重复,这些东西才是视听事件的约束条件。这个作品并不产生任何固定的对象,事实上,**每个例子都独一无二**:如果有两台电脑同时从这个网站上下载东西,它们抓取的图像会不同,图像组合的方式也会不同。在《窥视》这个作品中,代替以前线性的、如同电影中的数据流的,是一个潜在图像组合的虚拟母体:它永远不可能变成真正的现实,无论有多少用户在何时从这个网站上下载东西。

这个作品的审美兴趣不在于图像的顺序,离散并置的图像可以令人吃惊,也可以饶有趣味,但这个作品的图像流绝对不是电影。然而,有一点的确有趣,这个作品要让观众明白计算机网络的技术逻辑:这些离散、随机组合的图像(从我们的角度来看是随机的)提供了与计算机网络的技术逻辑相类似的审美,从而使人们能以试验性的方式从审美上理解计算机的技术逻辑。通过这种方式,《窥视》这个作品揭示了以前人们在大量运用社交网站来共享媒介,并与其他用户连接时从未被明说的一点:社交网站的深层组织原则与人类的认知连接网络根本不具有同源性。但是《窥视》并非仅仅是揭示了一个技术逻辑而已,它提出了一个严肃的话题:这个逻辑能够带来积极的审美效果,这也是这个作品为何足以成为范例的原因。因此,《窥视》所提供的审美经验对能对图像进行随机转换的技术过程进行了调节。与此同时,这个作品还在追问:以技术手段组织信息,这是否就不能为试验性合成产生出新的,特别是非电影的原则呢?严肃地说,《窥视》要我们追问:从离散的角度来看,如果生命用时间来度量,结果会如何呢?应该用什么审美内容来填充时间呢?

这样看来,《窥视》这部作品反对任何狭隘地将媒介(以及传播行为)等同于技术的行为。《窥视》中所说的媒介远远不是某种特殊技术(网络计算机)的直接结果,而是在新的技术"自主行为"的基础之上发出的一个邀请(斯坦利·卡维尔[Stanley Cavell])。虽然在后一种情况里,技术逻辑的独特物质性是基础,但它之所以成其为一种媒介,恰好就是因为技术逻辑与人类审美经验之间有接口。然而,这个媒介发明的确有其新颖之处,它将人类经验朝一种储存、传输形式敞开,它的具身化形式(具体以网络计算机的形式)在时间处理水平上与人类的具身化行为大相径庭,并且大大超越了媒介的典型特征——时间范围。所以,"新媒介"指的远远不只是又出现了一种媒介,或某种后媒介状况,它应该被视为表达了这种新颖的东西,也就是说,这种表达指向了媒介本身使命的变化。新媒介不再仅仅是数字计算的技术后果,而且它还包括在我们生活中用处广泛的计算机的新作用:信息组织中新的技术逻辑可能会有助于我们了解自我,有助于我们了解媒介及媒介的作用。从这个角度来看,我们才可能理解"新媒介"这个术语中所蕴含的东西,才可能理解为什么不必努力去寻找每个新媒介的技术核心。因为如果今天的"新媒介"指的是一系列的当代技术、审美及社会发展,那么将这些东西聚拢的不是一种共同的技术基础,而是努力要在计算机的技术逻辑与人类经验之间建立接口。说到底,难道不是因为这个,新媒介才囊括了大众媒介的各种衍生物(网络及博客空间是形式有所变化的新闻传播),才囊括了那么的新玩意儿(iPods 播放器、数字电视、可上网的手机、GPS 设备),才囊括了那么多用这些衍生物及新玩意儿来对感官、情感、理解、社会、想象经验进行的试验(艺术品、新型社区、短暂而又反应灵敏的政党、文化比喻)?

这里所说的"新"跟以前的媒介形式在出现之初所表现出的"新"有所不同。要明白这一点,我们只需要援引德国媒介理论家沃尔夫冈·恩斯特(Wolfgang Ernst)关于计算机模拟其他媒介的讨论,尤其是埃里克·冯·霍恩博斯特尔(Erich von Hornbostel)的柏林声音档案这个例子。霍恩博斯特尔收集了濒临灭绝的民族蜡筒音乐唱片。今天我们能够欣赏到那些声音完全是因为计算机,或者更准确地说,是因为内窥式录音设备能够"读出"蜡筒唱片上的声音痕迹图,"通过算法将可视数据转化成声音,重新将蜡筒唱片翻译成可以听得见的声音"。一种失落了的"既老又新的媒介"从而又焕发了生命力,这完全是因为计算机与老的媒介形式不同。也就是说,计算机无视声音数据和视觉数据之间的审美差异和介质差异。准确地说,无视介质差异允许计算机能够通过一个接口来对另一个接口进行模拟。这里我们再次清楚看到媒介及传播已经如何改变了使命。它们不再主要对准人的感官经验层面,不再主要在人的感官经验层面上进行操作。从字面意义上来讲,计算机模拟了霍恩博斯特尔的蜡筒唱片,就是在对一种既老又新的媒介进行调节。然而,计算机模拟蜡筒唱片,其目的是为了我们人类的感官理解,这一点就是在宣告:人的角色绝非偶然。事实上,媒介在人类经验上有接口(尽管它忽视媒介在物质上的差异性),这恰恰是媒介之所以成为媒介的首要特点。

参考文献及建议阅读书目

Derrida, Jacques. 1998. *Of Grammatology*, trans. G. Spivak. Baltimore: Johns Hopkins University Press.

Eisenstein, Elizabeth. 1979. *The Printing Press as an Agent of Change*. Cambridge: Cambridge University Press.

Ernst, Wolfgang. 2006. "Dis/continuities: Does the Archive Become Metaphorical in Multi-Media Space?" In *New Media/Old Media: A History and Theory Reader*, ed. W. Chun and T. Keenan, 105–24. New York: Routledge.

Hansen, Mark. 2004. *New Philosophy for New Media*. Cambridge, MA: MIT Press.

Kittler, Friedrich. 1999. *Gramophone, Film, Typewriter*, trans. G. Winthrop-Young and M. Wutz. Stanford, CA: Stanford University Press.

Klingemann, Mario. "Quasimondo." http://www.quasimondo.com.

Manovich, Lev. 2002. *The Language of New Media*. Cambridge, MA: MIT Press.

McLuhan, Marshall. 1994. *Understanding Media: the Extensions of Man*, ed. L. H. Lapham. Cambridge, MA: MIT Press.

Plato. 2005. *Phaedrus*, trans. C. Rowe. New York: Penguin.

Stiegler, Bernard. 1998. *Technics and Time*. Vol. 1, *The Fault of Epimetheus*, trans. R. Beard-sworth and G. Collins. Stanford: Stanford University Press.

———. 2002. "Derrida and Technology: Fidelity at the Limits of Deconstruction and the Prosthesis of Faith." In *Derrida and the Humanities: A Critical Reader*, 238–70. Cambridge: Cambridge University Press.

13. 硬件/软件/湿件

杰弗里·温思罗普-扬

关于理论

计算机真是让人费解的东西。诚然,"东西",这个如此缺乏灵感的术语怎能用来指这个给人如此印象深刻的——呃,怎么说呢?——工具?机器?媒介呢?哪个标签都不合适。计算机不是一种工具。因为"工具"这个术语暗示着一种面向语境的方便性,或海德格尔的上手性,那样的话,又与计算机的功能多样性相悖。计算机也不能被称为机器,除非前面加上"非线性"或"非凡的"这样的限定词。计算机并不完全依赖独立于历史的、线性的操作,以产生完全是预料之中的结果。相反,计算机运用递归路径,以呈现先前未知的信息。另外,关于绝大多数传统媒介定义所预设的关于通信、再调节、媒介间性的种种概念,计算机以各种方式将这些概念破坏、取消、废除了。考虑到这一点,计算机是否还算得上是一种媒介(这里展望一下,我们以后会回到这个话题),这一点让人高度怀疑。

计算机不愿被纳入习惯性的概念框架。计算机与日常生活的无缝衔接这一现象更是加重了这个特点。计算机之所以如此让人费解,恰好是因为它跟什么都合得来。跟其他所有媒介(这个标签在这个特殊语境下是合适的)一样,计算机在最不引人关注的时候最有力量;在最展现力量的时刻最不为人所关注。马歇尔·麦克卢汉的著作《理解媒介》(*Understanding Media*)标题乐观,他在这部作品中将人类自恋与由媒介引发的麻醉相连:媒介直接延伸我们的身体和思想,它起了镜子的作用,让我们有舒适的麻醉感。只有在媒介理论中输入陌生化、新奇、疏离等这些首先是在艺术创新语境下发展起来的概念,才能驱赶那种舒适的麻醉感。那么,这就难怪,许多当代媒介理论是关于对计算机的理解,更是关于我们为什么要理解计算机,这就难怪,许多方法(包括麦克卢汉的方法)都源起于文学研究。毫无疑问,这个话题至关重要。计算机以何种方式重新划定人类和技术的界线?数字机器如何影响个人主体性和社会结构?计算机影响通讯、信息、质料性、身体、形象、书写等媒介理论概念的途径和原因是什么?简言之,为了与计算机融合,媒介理论必须发展出什么样的新理论框架?然而,所有这些问题都有一个预设:媒介理论是一个充分发展的实体,它能评估、整合这个数字领域出现的新人,即使这涉及要改变媒介理论的基本论点。但是,在计算机出现之前真的有媒介理论吗?严格地说,从体制上来讲是没有的。大学里最近才开设"媒介研究"或"媒介理论"这些课程。事实上,完全有可能是因为在20世纪80年代,价格合理的个人电脑引入,同时个人软件这一块爆发,因此引发了媒介理论的体制性发展。当然,我们自然就会回应道,如果用不同的名称来讲的话,媒介理论早就存在。当然,绝大多数现代媒介理论的经典、奠基性文献——从沃尔特·本雅明关于机械复制的论文,到霍克海默的"文化产业碎片",阿多诺的《启蒙辩证法》(*Dialectics of Enlightenment*),战前美国通信研究,以及哈罗德·英尼斯的著作——在第一批计算机使用之前就出现了。但是,哪怕是冒着给媒介理论输入目的论的危险(仿佛从孕育之初,媒介理论就朝着计算机发展似的),也有必要指出,一些后来由计算机实现的重要特点在早期媒介理论中挥之不去。

媒介理论源起于人们对技术、审美日益增长的兴趣,源起于新的存储、通信技术带来的社会影响。技术造成了人类经验与感官理解之间的疏离,从一开始人们就在不断关注着这个问题。对技术的探索与对心理机制的探索同步进行,媒介以感官为模型,或者是感官以媒介为模型,这常常是一个二者互相图绘的过程。如果必须给定一个日期,20世纪20年代就是那个关键时期。广为流传的文学、散文、逸事等作品结晶成最初的成果,为新媒介提供了理论框架。它包括基本的核心术语、分析命题,并且至少初具历史视角。人们可以用多种方法来给媒介理论分类,如它的发源地、技术焦点、意识根源、学科背景,等等,但其中最根本也是最有成效的区别就是画出两条从一开始就在这个领域占主导地位的轨迹:一条轨迹偏通信,一条轨迹偏媒介。偏通信在美国尤为突出。美国通信兵的座右铭——保持信息通畅(见Schüttpelz,2005)——是其基本诉求的最佳总结。最终来讲,它对给定信道的特殊媒介性质的分析不那么感兴趣。如何实现想要的(或阻断不想要的)通信,它感兴趣的是对这些过程的评价及设计。从许多方面来讲,克劳德·香农的《通信的数学原理》对具体媒介的独特性质进行了严格的数学推理,而这恰好是计算机在技术层面上所做的事。香农的通信理论是一种"通用"理论,正如计算机在艾伦·图灵(Alan Turing)看来是一种"通用"机。香农在数学上的那一套与一种超级媒介相呼应,这个超级媒介让在根基上偏通信的媒介理论能够得以实现(见第11章"信息")[1]。

以媒介性为焦点主要在欧陆及加拿大的媒介理论中得到了显著发展。其基本准则——马歇尔·麦克卢汉的座右铭"媒介即信息",标志着长久以来人们对单个媒介技术如何操作进行分析的兴趣达到了顶峰。正如麦克卢汉所言,表面上看起来最琐碎的建议却最为重要。显然,要对任何独立媒介技术的独特性质进行聚焦,必须以其他媒介经验为背景。媒介间性早已在媒介性出现之前就已存在。因此,媒介理论中偏媒介性这一派最重要的潮流就是:阐明潜在的媒介间性的前提——可能是细查媒介间差异性能够得以存在首先需要具备的共性,也可能是更加积极地探讨不同媒介格式进行整合,或再整合这一问题。麦克卢汉的焦点是把新电子世界的媒介碎片和感官碎片综合起来,这就是后面那种情况中一个最显著的例子。但早先的理论已经指向了那个方向:本雅明强调了复制,以及复制对所谓光晕的破坏;霍克海默及阿多诺对标准化进行了严肃反思;英尼斯进行了乌托邦式的展望:在偏时间技术和偏空间技术之间,建立一种对社会有益的平衡。以建立在一般媒介基础之上的特征和效果为中心,组建一个多样化的媒介生态,这些都是人们最初为此所做的努力,所有的努力都指向一种本体论尝试:试图勾勒出能跨越不同媒介间鸿沟的通用媒介的样子。这一点也能让人联想到计算机。然而对于计算机而言,这不是一种技术与另一种技术进行调节的问题。计算机是在构建它所模拟的**一切**媒介格式。这就是我们从一开始就提到的问题的核心。构想一种新媒介技术是一回事;但构想这样一门技术:它能重塑其所有先辈,尤其是先辈们在这门技术尚未完全实现时就已经指向了这门技术,这完全又是另外一回事。每个新媒介技术都改写了先辈的历史,但计算机几乎是改写了整个媒介技术的历史——从而也改写了媒介理论的历史(见第 12 章,"新媒介")。为了让人明白这些恼人的问题,我们将奥卡姆剃刀原理倒过来用,即增加而不是减少词与物,用硬件、软件、湿件来代替**计算机**一词。

麻烦重重的三合一

何谓软件(software)?《计算机案头百科全书》将其定义为"对计算机发出的指令"。《信息技术词典》及《个人电脑及网络词典》具体指出,它是"用来指导硬件如何表现的所有程序或程序组"。《美国传统词典》指出,它是"程序、路径、象征语言,能控制硬件功能,指示硬件操作",而《牛津英语词典》则说它是"使计算机能够执行某项独特任务所需的程序和步骤,与物理部件相对"。《不列颠百科全书》一语中的:"软件"是指"告诉计算机该怎么做的指令"。不管有多么简练,这些定义都绝不简单。有些定义以软件和硬件的关系为中心,而另外一些定义以软件和硬件的二元构成为中心。在前一种情况下,软件以不具物质形态的主体存在——用《兰登个人计算机词典》的解释来说——"没有物质",但向"你能真正摸得着的物体发出指令,如硬盘、硬盘驱动器、显示屏、键盘、打印机、电路板、以及芯片"。这里很容易看出,软件/硬件这组关系是非物质实体与肉身实体这组关系的回响。非物质实体被称为灵魂、精神、意识,它寄居并活跃于肉身之中。计算机与软件之间的二元对立重新将身体与精神之争搬上了舞台。相反,严格以硬件/软件这两个术语之间的关系为中心的定义则赞同下面这个在时间上离我们更近的概念:具身化(具身化实践)试图克服心灵/身体的二元对立。以关系为中心者坚持认为,肉身及非肉身元素之间不再能够从类别上加以区分,正因为二者相互建构,才出现了(生物及电子)主体的表现及主体身份。人类不是由一个自动的大脑构成,这个大脑让一个具体化了的身体产生活力。人类出现于一系列的以具体语境为基础的具身化过程,在这个过程中,一方是物质条件,另一方是心理条件,双方互相塑造(见 Hayles, 1999)。正如《计算机案头百科全书》用一种武夫式的简洁风格说:"在操作中,计算机既是硬件,也是软件。离了一方,另一方什么也不是。硬件设计把计算机将要遵循的命令具体化,指令告诉计算机该做什么。"

将"软件"这个词与计算机联系起来,人们一般认为这要归功于约翰·W. 塔基(John W. Tuckey)(1915—2000)。当然,这个词要古老得多,而且并不仅仅是跟数字领域有关。这个词起源于 19 世纪中期,最初用来指羊毛织品或棉织品,以及普通的易耗消费品。在电视行业的行话中,"软件"指的是诸如廉价重播节目之类的用来凑数的节目。(毫无疑问,从语义这个层面来看,该词一直都暗含贬义。从肤浅的时尚节目到东拉西扯的电台节目,尤其是对那些具有清教思想的观察家而言,这些贬义仍然存在,他们对软件产品更多时候持批评态度。)塔基在1958年的《美国数学月刊》中给软件这个词引入了现代含义:"今天,'软件'包括仔细策划好的理解途径、编译程序,以及其他方面的自动编程,对于现代电子计算机而言,软件至少跟它的真空管'硬件'、晶体管、电线、穿孔纸带等东西一样重要"(2)。注意这里语法的微妙,"软件"后面跟的是复数表达,与这个用法相伴的是新奇技术(真空管、晶体管、穿孔纸带),以及一个微妙的论断:软件"至少"跟硬件一样重要。起初,塔基的术语只是一个地位不稳的新术语,一个仅供小圈子内的人使用的术语创新。后来,它的地位稳固了,甚至荣升为认识论上的金科玉律。(现在,从治理美索不达米亚的城邦国家,到用好莱坞的方式讲故事,一切以代码化或体制化的形式来处理知识的,全都被称为"软件"。)运用特殊互动据说能赋予消费者获取、操纵、算计、展现的力量,这一点旧媒介远远不及。软件地位之所以能够提高,高调宣传及文化标志无疑添了一把火。当然,要戳破对计算机的吹擂,做到这一点也很容易。也许只有计算机才能强大到能够数算计算机迄今为止未曾实现的诺言——从无纸化办公室,到跟全息图做爱。然而,即使是最顽固的抵抗变革的人也必须承认,足够大的存储力量与足够复杂的软件设计相结合,这使人们能够体验到模拟沉浸,体验到经调节后的即时性。人们对完全沉浸与纯粹即时性的梦想已经几乎成真,而在媒介史及通信史中,这个梦想已盘桓太久。

计算机跟什么都合得来,这简直令人惊奇。这一特点还有另外一面,即所有用户友好的运用都仅仅是一座让人炫目的大厦中最为显眼的部分,这座大厦由控制程序和操作系统构成,绝大多数用户看不到它的存在。越来越复杂的软件结构穿插于用户与服务工具的基本操作之间,对计算机及其外部设施的功能负责。对一些评论家来说,既获得了力量,同时又被边缘化——我能用计算机做那么多的事,而我对计算机简直什么都做不了——这种矛盾是人机关系的核心问题,而它可以为我们引入第三个术语,这个术语既肤浅,又不严肃,而且还问题不少。

"湿件"(wetware)这一术语的出现要归功于作家兼数学家鲁迪·拉克(Rudy Rucker)(他是哲学家黑格尔的后代)。不管是指人脑(又名灰件)、人体(又名肉件),还是任何其他人类生理特征,"湿件"应该像硬件软件一样,被严格视为一个关系性的术语:只有当它跟计算有关时,它才建构了人的因素。但似乎有一个潜在的偏见:跟硬件与软件相比,湿件从某种程度上来说是一个失调的部件,它首先是发生错误的一个根源。这个术语亦真亦谐地提醒我们,人类已被数字技术远远地甩到了后面:他们太慢,太肉碳化合,在一个靠鼠标与代码的世界里,它太不可程序化,因此不可能兴盛。但事情要复杂得多,因为恰恰是因为这个顽固的劣势,人类才是独一无二的。在 E. T. A. 霍夫曼(E. T. A Hoffmann)的著名故事"沙人"中,小镇上的居民都是无头脑的机器人,一名年轻女子发现,这些居民开始变得古怪冲动,而他们的目的就是为了证明自己不是人工产品。通过采取硬件无法模仿的行为模式,他们强调自己独特的湿件特征,以防被误认为是机器人。从浪漫主义时期开始,一直都是我们那些非线性的个人特性——而非如启蒙主义所规定的那样,是我们的理性及推理能力(据说这一点在电脑中得到了最为充分的展现)——产生了人类的区别性特征。那么,湿件可能看起来明显居劣势,但某些低劣之处硬件与软件仍然无法拥有。湿件表明人类有不足之处,但同时也表明这里是一块争战的地盘,只有夺取了这块地盘,计算机才能宣布自己已经让人类变得过时。争战的结果将会是某种既超越了人类,也超越了计算机的东西,因为它对人类与计算机都同时进行了保留和抛弃。简言之,湿件——让我们激活一个已经沉睡隐匿数十年的术语——是一个真正的辩证概念。

最终来讲,硬件/软件/湿件是个麻烦重重的三合一,其批评立足点也有限。这三个术语起源时间不同,操作层面不同,所揭示的态度的严肃程度也不同。当我们更加仔细地查考时,看似利落的三部分原来在互相轻视。正如我们看到的,尤其是硬件与软件之间的关系能让人想起冬天里的刺猬:为了避免被冻死,它们必须彼此靠拢,但这样又有刺伤对方的危险。而恰好是因为这个火药味十足的边界之争,我们才对文章一开始就提出的问题进行新的思考及探索。

没有软件。没有硬件。最终就是没有媒介?

幸运的是,我们还没有意识到湿件离不开计算机,现在就让我们回到这个问题。正如一些牢骚满腹的专家抱怨说,很少有用户充分利用了他们的计算机(这似乎又是一个表明电脑与人脑类似的例子)。只要我们的个人电脑做了它该做的事,我们乐得将个人电脑的技术及审美奥义的探索问题外包给工程师和艺术家。何乐而不为呢?既然有合格的机械师,那么普通司机为什么要去研究复杂精细的内燃机呢?无知,信任专家,两方一拍即合。马克斯·韦伯在《科学作为一种职业》("Science as a Vocation")中指出,现代性给这个世界去魅,这是因为世界有被解释的潜在可能性,而不是因为事实上世界已经被解释。文中以有轨电车为例,这个例子的核心就是无知及专家信任:

> 除非他是名物理学家,否则有轨电车司机根本不知道车辆是如何动起来的。他也无须知道。有轨电车的表现"靠得住",这就能让他感到满意。他的操作也是依据这个预期,至于要如何生产这样一辆车,并让这辆车动起来,他对此一无所知……智力程度越来越高,理性程度越来越高,这并不意味着人们生活所处环境中的常识量理所当然地就会提高。这意味着别的东西,也就是说,人们有这样一种知识,或这样一种观念,只要人们希望学会什么东西,那么他任何时候都可以去学。因此,这就意味着从原则上来讲,没有任何东西是神秘的、不可计算的。相反,从原则上来说,通过计算,人们能够掌握一切东西。这意味着世界被去魅。

当然,有轨电车跟计算机有好些不同之处。我们不是向有轨电车去请教如何操作。然而,我们向计算机问关于计算机的问题,这种情况出现得越来越多。更重要的是,当我们在寻思有轨电车是如何操作的这个问题时,毫无疑问,车辆本身能运动,以及能从 A 地到达 B 地,这是它最基本的功能。然而,对于多功能计算机这种情况,要问对问题却要困难得多。马丁·海德格尔脾气最暴躁的弟子冈特·安德斯控诉说,技术进步让我们变成了"反向的乌托邦分子",而计算机对此指控的支持胜过所有其他的技术成就。乌托邦分子的想象超出了这个世界目前的能力,安德斯认为,而这恰恰是我们现在做不到的事:"乌托邦分子造不出他们所想象的东西,我们却想不出我们所造出的东西"(Anders,1981:96)。这不是不了解计算机的工作原理问题,而是根本不了解计算机能够做出什么来,因为计算机的能力已经远远超出了我们的想象。

尽管有这些如同末世论的技术恐怖论,计算机仍然主要被视为灵活的工具,或人类的延伸,唯人类马首是瞻。但是,从弗里德里希·基特勒的作品来看,这是软件造成的幻觉。当然,这种硬件/软件观有问题,而且太极端。但对计算机来说,通往智慧的道路可能需要用夸张来造就。基特勒那篇著名文章的标题——"没有软件"——就已包含了他的主要观点(1997,147—55)。他说,一切软件操作都能够被化约为基本硬件操作:

> 基本功能中有自动重启,为了安全起见,它被烙进了硅片,因此成了硬件的构成部分。离了它,不仅任何程序都不能启动,而且任何嵌入的微处理系统也不能启动。……任何从熵到信息的转变,从上百万个晶体管到电子势能差的转变,都不可避免地预设了重启这一物质事件……一切代码操作……都绝对要归结为局部字符串的操作,恐怕也就是归结为**电压差的能指符**。(150;着重符号原文就有)

跟前面提到的直截了当的定义相比,此处对硬件与软件的简化充满了历时久远的边界之争。基特勒拆穿软件的方法与19世纪时科学撬开人类的大脑,检查大脑如何工作的方法如出一辙。最终来讲,不存在软件这种东西,就跟不存在所谓思维或精神这种高级功能一样,二者同理:两者都不过是速度极快的配置、排列,都可以被简化为无数打开或关闭的微小电路,这些电路凿刻于用锡、骨头或塑料做成的空容器中。

这个"后现代巴别塔"归根结底是以硬件配置为基础,"这明摆着就是处心积虑不让人弄懂"(1997,148)。这个事实让基特勒颇为懊恼。话题在这里已经从技术还原主义变成了由技术演变而来的意识形态批判了。许多操作系统,尤其是挂着 Windows 这种名头的软件,承诺绝无障碍,完全透明,而这些操作系统实际上是单向镜。就像看不见的警察在审讯犯罪嫌疑人,计算机看得见我们;而我们看着计算机时,却只能看见我们自己。我们被计算机的屏幕屏蔽掉了。软件能够"理解我们的欲望,能知道我们的需要,能预知结果,能建立联系,不用吩咐就能处理常规事务,能滤掉噪声提醒我们该做的事"(Stephenson:62)。我们自以为是我们的机器的主人,软件的这些能力就是为了让我们保持这个想法。计算机假装在制造工具,让用户以为自己才是制造工具的主人,也就是说,让用户把自己当作人类。"通过使用用户界面、用户友好,或者甚至是数据投影,这个产业已经抑制了人性,使人难以为人"(Kittler,1997:157)。正如上面所引的定义仍然还带着没完没了的物质与精神的界线之争造成的旧伤,这种软件批评中仍回响着古老的政治斗争:软件被视为人民的"新鸦片"。某些势力刻意不让广大用户占有数字化生产资料,这些势力掌管着软件的分配。(换句话说,微软的表现就像原来的天主教会,它们刻意阻碍教会的羔羊直接接触圣经。)因此,我们应当抛弃那些昂贵的软件,转而依靠计算机早期发展时所盛行的基于文本的电传打字界面。虽然我们不会掌握数字机器,但它会保证我们是在计算机最基本的操作层面上与超级媒体产生互动。至少我们是在跟那个马上就要将我们甩在后面的东西面对面(或信号对信号)。

这个观点太具有总体化特征了,完全把它颠倒过来并不费事。再想想这个广为人知的观点:媒介的历史主要是一系列的再调节行为(remediation),在这个过程中,旧媒介成了新媒介的内容。正如我们已经提到的,数字技术极其看重这个再调节效果,因为它涉及能够模拟所有先辈的通用机。但正如阿里亚恩·马尔德(Arjen Mulder)指出,媒介能做的不仅仅是再调节,媒介让新老杂交,生成某种前所未有的东西。而这对计算机的仿真实践至关重要:

> 仿真是将硬件翻译成软件。仿真使人们能在普通计算机上运行非常老的个人电脑程序,也能在普通计算机上运行仍然有待发展的个人电脑程序。……简言之,就是任何时候的任何硬件,以及它将来能够做的一切事。因为整个数字世界是由0和1构成,一台机器上就可以实现。而事实上,有不同类型的计算机,这表明了不同计算机公司之间有经济界线。这些经济界线不是由计算机媒介的特征造成的,而是由历史境况造成的。(Mulder,2006:295)

通过将一切数字化操作融为一体,变成"电压差的能指符",基特勒让软件与硬件融为一体。通过强调数字世界是由0和1构成,马尔德将硬件降到了次要等级。但不管是强调电子物理特性,还是强调基本代码的能指符的明灭,其结果就是**超越媒介**。对基特勒这样的理论家来说,事实上,任何媒介都能被翻译成另外一种媒介,这是因为以前完全不同的数据流(图像,声音,文字)已经被转换成了数码、信号。媒介这个概念已经过时。"用数字,一切都办得到。调整、改变、同步、延迟、储存、移位、混杂、扫描、绘图——数字化基础上的媒介联合抹杀掉的恰恰就是媒介这个概念。"(Kittler,1999:2)对马尔德这类理论家而言,一切都能被转换成软件,这个事实导致了一样的结论:"如果计算机的硬件也能被转换成软件,并且其他再调节到了计算机上的'媒介'不过是软件包,那么,我们谈论计算机时再去说媒介,这就不再有任何意义了。"(296)我们面前摆着一个让人烦恼的结论:如果计算机真的从一开始就已被载入媒介理论,那么我们就是在与这样一套理论打交道,即这套理论从对计算机的期待中发展而来,但计算机的发展又让这套理论的对象过时。这也难怪那些做出如此诊断的人转向了其他研究项目。基特勒不再称自己为"媒介理论家",他转向了受海德格尔启发的字母数字代码的历史研究,而马尔德则宣称"计算机时代需要的是一个统一的软件理论,而那远非媒介理论所能及"(296)。

附言:帮人类一把

是的,至少在理论家眼里,计算机实际上是让人迷惑的东西。这个术语没有不经意间看到的那么草率。从马丁·海德格尔到布鲁诺·拉图尔,哲学家们在梳理的过程中欣喜地发现"物"(thing/Ding)最初(正如冰岛语中的 Allthing)指的是汇集或聚拢(见 Latour,2005)。它的意思先是"汇集",然后是"汇集后的争论",最后是"通用对象",这个奇妙的语义迁移可以说是真的严格做到了具体化:将某种活的东西——某种既能汇集,也能分开的东西——变成了一种无生命的远离主体的东西，那东西当然是绝大多数技术（其中包括媒介技术）构想的潜在基本范式。但是，不管我们认为技术是工具的总和，从斧头到芯片，由人所造，还是权力关系已经颠倒，人类已经失去控制，被曾经是他们的奴隶的机器所废黜，我们都仍然将人类与机器视为完全分离的实体。最终来讲，这是一个人为的错误，缺乏进化方面的见识。举个最明显的例子：人类首先发展了诸如说话、与其他指头相对的拇指、直立行走的双脚、有意安排之下的环境干预，然后才开始制造工具的吗？情况绝非如此。相反，正如安德烈·勒鲁瓦-古尔汉所说，不断变化着的身体与不断变化着的人造物品之间发生的反馈从未间断过，它让嘴得到解放，纠正了姿势，赋予手新的功能。那么，人类既不是造工具者，也不是被工具制造出来的东西。无论是从字面意义还是从比喻意义上来讲，新兴的技术拉了新兴的人类一把。[2]正如计算机出现之前（或离了计算机）就没有充分发展的媒介理论一样，技术之前（或离了技术）就没有充分发展的人类。

事实上，近来媒介理论最有趣的进展——法国的贝尔纳·斯蒂格勒、美国的马克·汉森、奥地利的弗兰克·哈特曼（Frank Hartmann）——他们要么从勒鲁瓦-古尔汉、海德格尔那里，要么从恩斯特·卡普（Ernst Kapp）（器官投射假说的创始人，至今仍然不断被人误解）那里得到线索。他们的焦点是将技术视为"人类的本体论条件"（Hansen，2006:300）。媒介理论的体制化是由数字技术的传播引发，与此一样，计算机的内化让人惊讶，工具、程序、人汇集在一起，或用导线连在一起，机器与环境之间的跨越难以从本质上驾驭，这些让人惊讶的现象催生了这些新的理论探索。

那么，最新技术成为强调人类与技术之间原始结合的工具。但它是怎么做到的呢？比如，让我们看看最近计算机在我们最重要的术语——通信——的阐释中不言而喻的存在。计算机与系统论同时兴起，这绝非偶然。系统论一个更高级的变体认为，意识是一种心理系统，它远非仅仅是输入信息的接收器那么简单。相反，它严格按照自己的内在条件对外部刺激进行处理。而且，正是因为这种隔离，高级的内在复杂性才可能出现。大脑与大脑之间没有直接交流（见第9章，"通信"）。同理，计算机之所以是如此力量强大的"工具"，完全是因为它对用户封闭，尽管它全面发展了软件特征，允许用户以为通信仍在继续。[3]这里不恰当地借用一个心理学术语，计算机既非常擅长社交，又是不可救药的自闭症患者——这很符合我们这个时代的特点。但要说人类通信是以计算机为模型，这又站不住脚。计算机仍然显明并参与了通信的持续发展，正如原始工具既显明又塑造着人类身体变化一样。那么，在我们的演化进程中，计算机同时担任着各种角色：它是模型、外部结构、不可分割的组成部分。硬件、软件、湿件之间的边界之争既表明了，同时它们也参与了技术特征、指称实践、人类身体三者之间未定边界的重建。三者之间没有稳固的结盟，任何一方都无法事先确定同盟的对象。最终来说，人类与机器的共同发展为媒介理论划定了界限，媒介理论将不得不认识到这一点。

注释

1. 艾伦·图灵在1937年发表的论文《论数字计算在决断难题中的应用》（"On Computable Numbers with an Application to the Entscheidungsproblem"）中解决了通用计算机的数学细节问题。通用计算机能对其他所有机器进行模仿。他的论文表明,在以理论为先导方面,计算机技术胜过所有其他"媒介"技术。大加图有句格言:事物抓得紧,话语自然来。图灵的论文完全将大加图的格言颠倒了。他的格言,如果用拉丁文来总结就是:numeros tene, res sequentur——数字抓得紧,万物自然来。

2. 提醒:强调人类与技术共同发展,这并不自然而然地就等于是在抹杀人类臣服于技术这一悲惨景象。人们完全可以说,在人类的技术创世纪中,技术起了普遍作用,正如基特勒有时候所做的那样,他描绘了一幅技术-黑格尔图景:人类,总是已经被技术化了的人类,只不过是跨人类宏观构造搭建过程中暂时使用的工具,是可抛弃的高空吊车(关于跨人类、后人类,以及据说是反人类的情景描述,见温思罗普-扬,2006)。

3. 这里的基本观点并不新鲜。莱布尼茨首先提出了这个观点,而且他提出这个观点绝非偶然。莱布尼茨提出了二元论系统,但他却痴迷于外交活动,促进已经被战争和宗教弄得四分五裂的欧洲各国之间的交流。莱布尼茨谈论游牧民,他们互不往来,甚至互不刻意影响。莱布尼茨将我们这样做的原因归于前定和谐:上帝已经预先安排好游牧民这样。迈克尔·海姆(Michael Heim)将游牧民与计算机终端相比较,从而将莱布尼茨的观点升级:我们彼此之间完全隔离。而且,我们如何体验世界,以及这个世界给我们输入什么样的信息,这完全取决于显示屏如何向我们呈现。上帝就是那个"中央系统操作员"(Sysop),他让一切无限的游牧单元和谐共存。离了他,"没有人能连得上现实这张网"(1993,99)。换句话说,前定和谐之所以能得到保障,是因为基本网络软件。跟19世纪的以太很像,网络软件是交流中不可缺少的前提,一种具有伪物质性的物质,相互交流的因和果都由它确保。

参考文献及建议阅读书目

Agar, Jon. 2003. *The Government Machine: A Revolutionary History of the Computer*. Cambridge, MA: MIT Press.

Anders, Günther. 1981. *Die atomare Drohung: Radikale Überlegungen*. Munich: Beck.

Brooks, Frederick P. 1995. *The Mythical Man-Month: Essays on Software Engineering*. Reading: Addison-Wesley.

Campbell-Kelly, Martin. 2003. *From Airline Reservations to Sonic the Hedgehog: A History of the Software Industry*. Cambridge, MA: MIT Press.

Ceruzzi, Paul E. 2004. *A History of Modern Computing*. Cambridge, MA: MIT Press.

Doyle, Richard. 2003. *Wetwares: Experiments in Postvital Living*. Minneapolis: University of Minnesota Press.

Hansen, Mark B. N. 2006. "Media Theory." *Theory, Culture and Society* 23, nos. 2–3: 297–306.

Hayles, N. Katherine. 1999. *How We Became Posthuman: Virtual Bodies in Cybernetics, Literature, and Informatics*. Chicago: University of Chicago Press.

Heim, Michael. 1993. *The Metaphysics of Virtual Reality*. New York: Oxford University Press.

Kittler, Friedrich. 1997. *Literature, Media, Information Systems*, ed. John Johnston. Amsterdam: Overseas Publishers Association.

———. 1999. *Gramophone, Film, Typewriter*. Stanford, CA: Stanford University Press.

Latour, Bruno. 2005. "From Realpolitik to Dingpolitik." In *Making Things Public: Atmospheres of Democracy*, ed. Bruno Latour and Peter Weibel. Cambridge, MA: MIT Press.

Mulder, Arjen. 2006. "Media." *Theory, Culture and Society* 23, nos. 1–2: 289–96.

Parikka, Jussi. 2007. *Digital Contagions: A Media Archaeology of Computer Viruses*. New York: Peter Lang.

Schüttpelz, Erhard. 2005. "Von der Kommunikation zu den Medien/ In Krieg und Frieden (1943–1960)." In *Gelehrte Kommunikation. Wissenschaft und Medium zwischen dem 16. und 20. Jahrhundert*, ed. Jürgen Fohrmann, 483–552. Vienna: Böhlau.

Stephenson, Neal. 1999. *In the Beginning Was the Command Line*. New York: Avon.

Tukey, John W. 1958. "The Teaching of Concrete Mathematics." *American Mathematical Monthly* 65, no. 1: 1–9.

Weber, Max. 1994. "Science as a Vocation." In *Sociological Writings*, ed. Wolf Heydebrand, 276–303. New York: Continuum.

Winthrop-Young, Geoffrey. 2006. "Cultural Studies and German Media Theory." *New Cultural Studies: Adventures in Theory*, ed. Gary Hall and Clare Birchall, 88–104. Edinburgh: Edinburgh University Press.

14. 技　术

约翰·约翰斯顿

科技史专家常常将古代的简单机器（车轮、轮轴、杠杆、滑轮、楔子、螺丝刀）与代表着现代性的靠动力驱动的机器（风车、汽轮机、蒸汽机和内燃机）区别对待。然而，随着计算机的发明，一种具有根本创新的机器出现了。先前的两种机器传递力量或能量，而这第三种机器处理信息。但究竟何谓"信息"？"处理"究竟包含些什么？对于20世纪四五十年代出现的第一批现代计算机而言，"信息"指的是数字（或数字数据），而处理基本上指的是运算——我们今天称之为"捣鼓数字"。这些早期设计出来的计算机是为了替代"人体计算机"（就是这么叫的）。二战中这些"人体计算机"主要指女性，她们用手工方式计算大炮、炸弹的轨迹，破解密码，以及进行其他高科技战争所需要的计算。

然而大众媒介却更有远见，它们不将这些新机器描绘成高速自动计算器，而是"电脑"。事实上，随着存储程序的电子计算机的发展（第一台计算机是 ENIAC，电子数字积分计算机，二战刚结束时开始使用），它们还能根据条件指令完成更加复杂的任务（如结果为 X，则执行任务 A；如结果不为 X，则执行任务 B），并对大型数据库进行系统搜索。这个新机器能够有多种功能是因为有了存储程序。毫不奇怪，这些电子大脑能否"思考"这个问题很快孕育了一门新的科学——人工智能。赫伯特·西蒙（Herbert Simon）与艾伦·内韦尔（Alan Newell）的《逻辑理论家》（*Logic Theorist*，1956）可以证明符号逻辑中的新定理，正是这类项目激发产生了人工智能这门科学。随着计算机技术的飞速发展，这些新机器处理信息的功能及运用也得到飞速发展。计算机开始时是计算器，然后它首先是一个普通符号操纵器，再后来，由于处理芯片、线路设计、数字数据储存、编程语言、网络等方面的飞速进步，它成了一种通用媒介机器，任何具有离散要素的语言所表达的内容都可以成为"信息"，信息可以通过算法进行"处理"，也就是说，用可以被机器自动写、读、执行的代码指令的方式来进行"处理"。

虽然计算机出现于信息时代，但"信息"这个术语绝不仅限于这些新机器。很明显，信息在控制论、通信理论的早期形成中都起了重要作用。两者都是在二战以后才发展起来的（见第10章，"控制论"）。在《控制论：动物或机器中的控制与通信》（1948）中，诺伯特·维纳预示着在理解生命组织方面出现了一个关键转变。19世纪时，生命组织被理解成"热力发动机"，其燃料是葡萄糖、脂肪及蛋白质。维纳和他同时代的人认识到，有机体"完全不是一个保守的系统"(1948:42),它能从环境中提取、消耗掉大量的能量,而神经系统,以及负责管理有机体的器官实际上所需的能量甚少。

正如维纳所说,"簿记在描述有机体的功能方面最为重要,而这跟能量无关"(42)。相反,簿记是通过管理信息从身体感觉器官到效果器的传输过程来实现的,就像真空管在电子电路中所做的那样。相应的,"比较新的自动机研究(这是控制论中的一个中心话题)——不管它是金属的形式还是以肉身的形式——是通信工程的一个分支,它的主要概念包括信息、干扰或'噪声'量(这个术语来自电话工程)、信息量、代码技术,等等"(42)。简而言之,无论是生命体,还是新机器,它们都主要是通过自我控制和管理的方式运转,而自我控制和管理主要是通过电子化学信号或电子信号(如今被称为信息)的通信与反馈的方式来实现的。正如维纳所强调的,有一个重要的结果就是:"敏感自动机理论"(他指自动机从环境中接收到感官刺激,并且通过神经系统的等价物,将信息传输给执行任务的效果器)将不得不建立在统计学的基础之上:

> 关于通信工程机器的表现问题,我们很少对单次输入感兴趣。为了充分实现机器的功能,机器必须为整组的输入给出满意的表现。这就意味着,要为统计学上预期接受的整组输入做出统计学上令人满意的表现。因此,其理论属于吉布斯统计力学,而非经典牛顿力学。(44)

维纳利用反馈信息实现稳定控制。同年,克劳德·香农发表了《控制论》(*Cybernetics*)[1],香农的信息定量理论巩固了维纳的方法。虽然香农的理论意在克服电子通信中的工程问题,具体而言就是要减小电话线路中的噪声,但香农的理论是一种形式理论,可以用于任何介质的信息通信之中。跟维纳一样,香农用统计学的术语来定义信息,明确地将消息中信息传输量的公式以路德维希·波尔茨曼著名的热力学系统中熵(或混乱程度)的计算公式为基础。考虑到原子的不确定性,依据原子的统计学分布,波尔茨曼提出了测量方法。他甚至认为我们对这些状态的不完全了解是一种"信息缺失"。对香农来说,从另一方面来讲,一则消息的不确定性由信息发送者在选择某条消息(或构成一则消息的符号)时有多少选择,或有多少自由度决定。可能传递的消息越多,不确定性就越大,因此,单一选定的消息或符号中所包含的信息量就越大。除了这个初始不确定性之外,另外还有因"噪声"所引起的不确定性。在香农的理论中,噪声获得了一种矛盾的复杂性,因为它既是阻碍信息传输的东西,同时又是尚未成为信息代码的东西。奇怪的是,因为噪声,接收到的信息量能够大于所传输的信息量。这仅仅是因为可能出现的消息大于所传输的消息,而接收到的消息是从可能的消息中挑选出来的(见 11 章,"信息")。

尽管有这样那样的矛盾,香农的理论说到底是为了解决一个非常实际的问题:如何给消息编码,使其在有噪声的信道(以比特/秒表示)中传输率最大,错误率最小。用波尔茨曼的公式来定义信源(信道的输入)的熵,以及收到信号(输出)的熵,香农就能准确定义"信道容量":从整个可能出现的信息中计算出信源与接收端共有的"双边信息"的最大值。不确定性源于从发送者接收信息,双边信息因此能测出不确定性的减少(见 Cover & Thomas, 1991)。在这个基础上,香农能够建立特殊信道信号传输最大化这一重要定理。以前人们都认为,仅仅通过重复信息,或者增加代码重复(这样传输容量显然会受损),噪声问题就可以得到解决。而香农定理则表明,恰好相反,有些限制是先天的,不可跨越的。同时,他的定理还建议用出其不意的方式来给消息编码,以利用特殊信道的统计学特点,这会产生更有效的信噪比;并且他还指出了更有效的错误检测及纠正方法。实际上,就是因为有了这些发现,才有了现代数字通信。

可以肯定地说,香农在定义信息时剔除了意义,而信息会用于其他语境,这一点就必然会带来麻烦[2]。即使在香农和维纳之间,也出现了不同的阐释。对香农而言,信息度量的是不确定性,或消息的熵;而对维纳来说,它衡量的是确定性的增加,或者说是"负熵"。[3]这个"正面"定义,以及维纳强调信息传输模式的连续性(模拟特点),而非离散性(数字特点),可能反映了他对生命组织有更大的兴趣。《人对人类的使用:控制论与社会》(1950)是通俗版的控制论。自然统计中有无序、熵增趋势,而维纳却在该书中解释了与这一点相悖的情况:通过信息反馈过程,如何让系统、组织形式能够得以实现。他认为只有在这些负熵的囊块中,才有可能出现诸如生物生命的东西。实际上,恰好是通过对生命形式的内部状态,以及它与环境之间的关系进行控制,信息处理才使生命出现成为可能。1953年,沃森和克里克发现了DNA代码如何在生命繁殖中起作用,这进一步延伸、加强了信息处理在生物学上的运用,虽然温贝托·马图亚纳和弗朗西斯科·瓦雷拉(1980)持不同意见,他们后来质疑信息处理在定义和理解生命中的首要地位。[4]

控制论将自然信息处理机与人工(人造)信息处理机相提并论,或将其视为普通等价物,这个历史有趣而复杂,但从计算机技术标准的进一步发展这个角度来看,其重要性又很快衰退了。然而,在那些似乎再也不是外围发展的地方(比如作为认知设施的神经网络;以计算机为基础的新科学,如人工智能、人工生命、生物信息;对并行处理的兴趣,以及分布式代理网络模型),自然计算的例子成了思想、技术、模型的源头,起到了关键作用。然而就目前来讲,我们的焦点还是要放在作为一种特殊人造机器的计算机上,有必要的时候才去着手生物模型的信息处理及计算这个问题——就是如今我们认为是湿件的东西。

奇怪的是,第一台现代计算机从来没有被造出来。它是一种纯粹抽象的虚拟机器,是1935年英国数学家艾伦·图灵想出来的,他想以之证明数字的可计算性。当然,我们可以简单地说,图灵机是现代计算机的概念先驱,正如人们所知道的那样。只是有个事实不可忽视:一切现代计算机都是图灵机。也就是说,它们具有图灵抽象机首先抓住的一个核心本质特点:因为有模仿任何其他计算器的能力,图灵机能进行通用计算。这一独特之处值得细细考查。

图灵在1936年的奠基性文章谈到了可计算性问题:一个数字或功能是否能够被计算。随后出现了一个更大的问题:一个数学问题是否能够得到解决。图灵提出,如果这个问题能够以算法的方式表达出来,也就是,一组准确的形式指令得到具体答案,那么机器就可以对它进行自动计算。于是问题变成了这样:有没有办法可以提前知道,在收到指令,对具体数字进行计算,得到了确定的答案后,这时会"停机"呢,还是会永不停止地计算下去?正如图灵所描述的,这个机器包括三个部分:一个读/写"头";一个无限长的穿孔纸带,穿孔纸带被划分成方格,从"头"经过;告诉"头"该做什么的控制规则。头对方格逐格扫描,由头的当下"状态",以及某一方格有没有标记,来决定是该输入符号、抹去符号,还是该保留方格的原样;然后又转入下一个方格。由于在任何时刻,读/写头都只能处于控制规则(就是人们所说的状态寄存器)所定义的有限的内部"状态"中的一种,因此它被称为可能状态的数目是有限的机器或自动机。[5]

用这个简单的设备可以完成两件事:用符号串的方式输入数据,例如,二进制数字就能被编码成有标记或没有标记的方式;根据给"头"发出的指令来执行操作(例如,如无标记,则输入一个标记,然后移到左边一格;如有一个标记,则移到右边一格)。这些指令及穿孔纸带构成的内存允许头对标记或符号进行各种操纵,从而实现数学运算。然而,使这个可能状态有限的机器成为图灵机的是它的辅助存储器——无限长的穿孔纸带,正是因为这个存储特性使它能进行各种不同的计算。[6]例如,一台简单的状态有限的机器,不可能进行大数字的乘法运算,因为当运算继续进行时,它没有办法储存并给出前面阶段的计算结果。从这一简单的事实,我们可以了解到在定义机器的计算能力上,内存是多么重要,这不仅是量的多少的问题,而且还有位置(例如,从何种"状态")的问题。

图灵的观点后来几乎被所有数学家所接受。他的观点表明,任何一个可以以算法表示的计算,或者任何一个形式系统中的确认程序,都能在图灵机中找到等价物。对于复杂计算而言,可以实行联机,一台机器的输出成为另一台机器的输入,等等。更重要的是,图灵进一步阐述了通用机的存在(现在被称为通用图灵机),它可以模拟任何单个图灵机的表现。因此,一个通用计算机能够成为这样一种机器:给出任何一个指令表来定义图灵机,它都能执行这些指令。简言之,它"能够被编程"。回想一下,图灵的终极目标是想证明无法预料某些数字是否能够被计算出来,即启动了的机器是否"停机"。图灵机的发明部分证明了这个问题,图灵机概念将逐渐为现代计算机提供一种形式基础,不同的指令集或程序集(计算、数据处理、数据发送接收等方面的程序)允许同一台机器完成不同的任务。规定计算机的是逻辑及数学功能集,而非物质结构,因此,计算机从本质上来讲是一种**新型**的机器。它是一种抽象的二级机器,许多不同种类的机器的逻辑形式被抽象化,并且变成了一种等同于算法集合的东西。

虽然今天的台式电脑通常是由硅和铜线造的,外壳是塑料或金属。从原则上来讲,计算机能够用各种不同的材料造出来。作为一种抽象的机器,其功能不是由造这个机器的材料特点决定,材料特点被用来从物理上将一个符号系统实体化,这个符号系统根据自己的形式原则和句法进行操作。跟信息一样,图灵机独立于它的材料基质,它是一种技术抽象。然而,它也跟信息一样,不管它如何被实体化,它都具有应用性。也许具有讽刺意味的是,从物质上落实现代数字计算机最根本的元件——逻辑电路最有效的方法是发明了信息论的人发明的。图灵1936年的论文才发表一年,克劳德·香农就在他的硕士学位论文中表明,电路中的系列通断开关能够用来实现符号逻辑中的所有运算。虽然齿轮传动、水管、拆装玩具中都能够造出,而且已经造出了逻辑电路,然而结果焊在芯片上的铜线细微的电压差才是迄今为止最快、最有效的实体材料。[7]

毫不奇怪,建造真材实料的计算机需要做出巨大的努力,包括大量数学家、科学家、工程师之间的广泛合作。这场努力中有个重要故事,就是ENIAC(电子数字积分计算机)和它的下一代产品EDVAC(离散变量自动电子计算机)的故事需要简要重复一下,因为"工程师和逻辑学家"在设计与实施方面有分歧,他们之间的分歧体现了早期高速电子计算器与最早完全现代化了的计算机之间的本质区别。[8]ENIAC于1943至1946年间在宾夕法尼亚大学摩尔电气工程学院被制造出来,它足足占了整整一个大房间。它的逻辑电路由17500个真空管构成。由于这些真空管常常被烧坏,有个问题就是如何让它们能够工作足够长的时间,来完成一次计算周期。输入由一大堆的IBM打孔卡来完成,信息被储存在一根被称为"延迟线"的长水银管子里(后来被磁筒代替)。尽管总工程师J.普雷斯普·埃克特(J. Presper Eckert)和约翰·毛赫利(John Mauchly)讨论过存储程序的优势,但他们最终还是决定采用一种技术,而不是一个逻辑方案。主要就是改变设置,让ENIAC能够执行所包含的不同种类的计算,重新将成百上千的线缆连接到控制板上,并且重启许多开关(数目高达4000个)。简言之,改变"程序"从字面上来讲就意味着重写计算机。进一步来看,虽然ENIAC是一个数字设备,但它是以更老的微分分析器为模型建造的,正如20世纪30年代造的模拟计算机也被叫做微分分析器。结果,它的算法操作仍然是以十进制表示的,这就要求有模块将其转换成二进制。

1944年,赫尔曼·戈德斯坦(Herman Goldstine),一名物理学家及美国军官,他负责这个项目的政府联络(ENIAC的主要目的是用来计算火炮发射表),他把著名数学家约翰·冯·诺伊曼请进项目组当顾问。由于冯·诺伊曼在二战时期武器制造中(洛斯阿拉莫斯首枚核弹制造最为著名)担任了科学顾问,这一身份让冯·诺伊曼对计算机非常感兴趣。他的参与对项目有极大的促进,尤其是他对ENIAC的局限性的理论洞见,项目组努力在下一代机器EDVAC中改正。然而,在没有与其他成员商量的情况下,冯·诺伊曼于1945年6月写作并发表了"EDVAC报告初稿",他在里面提出了全新的设计,这个设计成为未来五十年计算机制造的标准。这个设计被称为冯·诺伊曼结构。在20世纪90年代大规模并行处理计算机出现之前,冯·诺伊曼结构没有遇到过任何对手。[9]

跟许多从事早期计算机工作的工程师和技术员一样,埃克特和毛赫利没有读过图灵的论文,他们仅仅看到了存储程序的巨大实际优势。冯·诺伊曼却知道图灵的论文,并且和图灵一起工作过。他认识到,在以图灵的通用机概念为模型的更具逻辑性的设计中,存储程序是一个必要的方面。另外,冯·诺伊曼对生物信息处理的浓厚兴趣也极大地影响了他的计算方法。麦卡洛克和皮茨关于"神经网"中神经元的计算特点的论文对冯·诺伊曼的影响尤其深刻,以至于他后来写了一本薄书《计算机与大脑》(The Computer and the Brain)[10],这本书在他生前未被发表。在关于EDVAC的那篇论文中,冯·诺伊曼提出这个新机器将由5个功能单元构成:一个中央计算单元(用来执行计算,布尔代数是基础,用二进制运算);一个逻辑控制单元(用来控制机器操作的顺序);一个储存单元(冯·诺伊曼称之为"内存",用来存储所有的数据和指令);最后是输入输出单元。这些单元,有时候冯·诺伊曼又称之为器官,通过交流途径联系到一起,后来人们把这个交流途径称为"总线",随着它,信息(以电路中的电压差为编码,从而可以很容易用二进制表示)得以流通。数据存储和程序指令都在一个地方(当然是在不同的地址),这是设计的核心。首先,它允许我们现在所说的随机存取存储器(RAM),这就意味着在程序中的任何位置都能读取存储于存储器中的任何数据或程序指令。(相反,"栈"存储的操作原则是"后进,先出"。)总之,将数据和指令存储在一起,人们就能以更具流动性、关系性的术语来描述两者之间的关系:既然程序是以数据被存储的,那就有可能认为有程序将其他程序当作数据来对待。处理其他程序,甚至对自己进行处理的程序就有可能产生。事实上,编程本身作为一个概念才可能出现。

这个概念不可避免地将我们带回到图灵的两个核心观点：模拟与通用，我们现在一般用硬件软件术语来思考。一台计算机之所以是一台通用机，就是因为它能模仿任何其他的图灵机。也就是说，如果给它充足的时间和内存，它能实现一台图灵机所能实现的任何计算，那么这台机器就是通用机或与图灵机等价。原始图灵机的记忆带长度无限，实体化了的图灵机储存能力被假定为很大且可无限扩张。在实践中，这种通用机仅有一个核心指令集，有足够的内存，能够执行一套核心数学逻辑运算。[11]我们所想的计算机是这样一种机器，但这个机器又受到运行不同程序来完成不同任务（文字处理、电子表格与数据库、游戏、电子邮件程序、互联网浏览、会计应用，等等）的能力的限制。这些不同的软件程序依赖一个更大的软件程序，计算机操作系统——Unix，Windows XP，Mac OS X 以及 Linux 是目前最常见的操作系统。操作程序反过来又是在"下面"的硬件上运行。这个分层容易让人们看不见这个事实：硬件与软件互相依赖，多亏了对方，它们才能完成自己的任务。事实上，只有计算机的历史进化到了相当高级的阶段，硬件与软件才开始各自发展（见第 13 章，"硬件/软件/湿件"）。

冯·诺伊曼结构天生有瓶颈，信息处理是由中央处理器一步一步以线性的方式完成，这个瓶颈成了促进发展的强大动力。首先，程序被载入内存。[12]然后，通过一系列的时序操作，指令和必要数据被送到处理器，运算得以执行，结果被存进自动记录器以进行下次操作，或写入内存。"流水"技术缩短了处理器闲坐等待新指令或数据的时间，这让"取来并执行"的周期大大加快。但是只有直接置于芯片的高速缓冲存储器更大，减少了检索时间，让处理器更快，瓶颈问题本身才能得到缓解。内存也更大、更便宜，"总线"也会更快。一个比较新的解决办法就是多核处理器，它能把计算量分摊给几个次级处理单元。不过，通过写软件，在不同的处理器（它们可能会共享内存，也可能会各有自己的内存）中运用不同的软件，从而分解计算任务，这也会带来各种难以解决的问题。尽管如此，目前计算机发展的潮流就是寻找替代品，来取代已年满六旬的冯·诺伊曼结构。

当然，冯·诺伊曼本人很清楚替代模型显然应该是什么：就是人的大脑，数十亿的神经元构成复杂的网络，用大规模并行的方式，同时处理许多信息流。然而，同样因为写软件的困难，20 世纪 60 年代和 70 年代制造的并行处理计算机很少。到了 20 世纪 80 年代，情况开始发生改变。[13]一个有名的例子就是丹尼·希利斯（Danny Hillis）的"连接机"，它连接了 65536 个处理器，每个处理器都有自己的随机存取存储器，被布置成一个超立方体。这些都是简单的、极简风格的处理器，其配置方式被称为单指令、多数据流（SIMD），适合用来进行人工智能领域里的实验性计算。后来的连接机（多指令流、多数据流[MIMD]配置）被运用到商业中。人们在设计某种计算机时，给不同计算机分派了不同的计算任务，这就大致决定了处理器与内存的不同。一般来讲，当有大量数据需要处理时，和/或所执行的计算能够被分解成许多子项目时，并行计算机比冯·诺伊曼计算机更为合适。[14]在并行处理早期，吉尼·安达尔（Gene Amdahl）提出了一个公式，来计算用多中央处理器所能达到的速度阈值，但希利斯推翻了这个定理。虽然计算机课堂上还在教安达尔的定理，历史却似乎站在了希利斯这一边。因为自从 1995 年以来，几乎所有的超级计算机都已经是巨型并行处理机。目前，这些机器中最快的是 IBM 的蓝色基因，它能达到的运算速度为280万亿次每秒。[15]这个速度已经快得不可想象，但这个速度在计算机所参与的"实时"计算中是必须的，仅举几个例子：天气系统的科学仿真（以及全球变暖的效果仿真）、全球金融市场的交易追踪、国家安全机构对美国人的电子邮件及电话的记录及解密。

不管我们是在说高端、特殊用途的超级计算机、台式机、笔记本、用于个人或商务的工作站，还是在说用来控制调节工业企业或日常家庭中所使用的机器的低端、集成电路，信息处理技术的发展进程都十分壮观。二十五年多以来，更快、更强大的机器不断被生产出来，不仅如此，新运用、新市场也不断产生。实际上，众所周知，在过去三十年中，计算能力和速度的提升（同时每单元价格的降低）是成指数的。[16]最近随着互联网的蓬勃发展，发展更多的（更新的）能同时在地方、国家、全球层面上同时进行的网络化信息处理系统成了新的压力。但这个信息处理发展的新阶段只不过昭示了一个一贯真理，即信息处理是一个新的特殊技术体系的核心，我们与其聚焦于单个机器，还不如认识到下面两点：一，定义着这个新体系的计算聚集组合具有多样性；二，其动力不仅能推进历史发展，还能推进未来的进化历程。

我们先来简要地思考一下贝尔纳·斯蒂格勒所提出的技术系统这一概念。由于某种特殊技术的原因，一个平衡点出现了，当技术进化围绕着这一点趋于稳定状态，"导致在某一时间或历史阶段出现了整体、稳定的相互依赖状态"（1998：26），一般来讲，此时我们就认为一个技术系统已经形成了。从贝特朗·吉勒（Bertrand Gille）最早提出这个概念，到安德烈·勒鲁瓦-古尔汉及吉尔伯特·西蒙栋对这个概念的发展，对此过程进行追踪，斯蒂格勒表明，进化这一生物学概念可以在何种范围内被运用到技术系统中，这个问题最为重要。例如，在《技术对象的存在模式》（*Le mode d'existence des objets techniques*，1958）中，西蒙栋认为，随着工业革命的发展，一种新型的"技术对象"诞生了，它具有类似于生物体的动力，这是它的区别性特征。受控制论的巨大影响，西蒙栋把技术对象"正在变成有机物"的这一特点理解成系统或次级系统中的一种趋势：技术对象越来越整体化，它不断地自我适应，并且适应由它所造成的变化条件。同时，在这个过程中，人类作为一个积极的、具有意向性的主体，其作用开始衰退，人的动力转移到了作为更大系统组成部分的操作器上。

计算机新技术是当代技术系统的核心，这一点似乎没有必要指出。计算机的变革力量染指了第一世界/发达国家的每一个角落：工业、科学、通信、医疗及军事技术、艺术、娱乐产业、消费社会。此外，如果这个变革性的、成指数级的成长是"类生物动力"所带来的结果，正如西蒙栋所说，自从工业革命以来，技术发展就是如此，那么，人们就必须面临一些更大的问题，即技术（尤其是计算机或信息处理技术）与生物进化之间的关系问题。在结论部分，我将着重讲两个这种更大的问题：一，生物进化为什么可以被运用到技术发展上？生物进化被运用到技术发展至何种程度？（比如说，这难道仅仅是一个比喻吗？）二，具体而言，究竟是信息处理中的什么东西使得这种类生物动力能够出现，甚至让这种动力加速？在对信息处理的天然案例进行模仿及反工程行为中，这一点越来越明显，这导致了"机器"的变革：它从某种固定、孤立、机械、确定、不灵活的东西变成了某种流动、无处不在、适应性越来越强的东西。

正如约翰·齐曼（John Ziman）所说，一个如"技术进化"这种能勾起人们想象力的比喻能变成一个发展完善的模式,这需要好几个步骤。[17]首先,要应对"不具类比性"所带来的问题,其中最重要的就是,技术革新展现了某些现代生物学中一般被禁止的拉马克式的特点。乍一看来,拉马克模式似乎真的比达尔文理论能更加直接地运用到机器进化趋势及技术系统中。(让-巴蒂斯特·拉马克[Jean-Baptiste Lamarck]是达尔文的先驱,他认为后天获得的特点能够通过遗传机制传给后代。)然而对齐曼来说,真正的问题不是达尔文与拉马克之间的问题,而是现代技术进程是人设计的,明确地受到人类意图的指导,它是否能够与进化达成妥协,"达尔文和拉马克都把进化解释成一个进程,通过这个进程,在**没有设计**的情况下,出现了复杂的适应性系统"(2000:6)。"我们可能会完全赞同这一点:技术变化受变异及选择的驱动,"他接着说,"但显然这些变异及选择既不是'盲目的',也不是'天然的'"。然而,尽管有这些保留,齐曼还是相信进化模式能够与人类意向性相结合,因为人类的认知本身就是自然选择的产物,他说,人类认知发生"在低水平的神经事件中,从我们所能找得到的原因来看,那些原因完全可以说是任意的"(7)。因此,整个过程的操作可以说是盲目的。实际上,这个过程无须像DNA中的变异那样盲目;相反,唯一要求的就是"真正被生产出来、被选择,并用来测试使用的东西里应该有一个随机要素"(7)。哪些技术创新应该被挑选出来,每个人所认为的决定性要素不可能都一样,并且,"具有相似目的的物品其具体设计可能会非常不同,而且选择它们的原因也可能会非常不同",考虑到这一点,齐曼的结论是,"在用来维持进化过程的一组技术实体中,通常会具有足够的多样性,以及**相对**的盲目变异性"(7)。最后,他建议说,与其将技术与生物混为一谈,我们还不如将它们视为"复杂系统中的一个更大的种类"。这一步也不完全出人意料。这一步的独特意义就在于,与其为进化过程是该顺服严格的达尔文主义原则,还是新达尔文主义原则这个问题感到忧心忡忡,我们还不如去探索"一种更加普遍的自然选择范式"的特点(11)。

在生物进化中,一个特征之所以被选择,这是因为它能对拥有这个特征的组织的生存概率有贡献,而在技术进化中,某项技术或技术系统中的某一部分被选择,其原因也很明显:例如,它有用、易学、生产成本低,或者,它能填补商机,能赚钱。但常常也会有偶然因素,譬如说,生产某一技术的公司不必是最好的公司,但市场力量的分布却给公司带来了好运,Betamax与VHS就是极好的例子。当代技术理论家对这种个案及其明显差异强调得并不多,他们强调得更多的是一个更大的轨道,这个轨道包括将进化力量内化,使其进入人类环境。情境大概是这样的:在过去大约20万年以来,晚期智人基本上没怎么进化。相反,进化的动力却被传递到了人类环境中,也就是说,传递到了人类技术的发展过程中。换句话说,就人类而言,技术的发展**就是**进化,只是条件不同,方式不同。另外,这个更大的轨道里有一种内在重复:进化过程本身在不断加速。正如在地球的历史中,单细胞组织的出现用了几十亿年,而多细胞组织的出现却没花那么长时间,物种的分化、倍增所花的时间则更少(即使将几次大灭绝事件计算在内也是如此)。因此,从简单武器、耕作工具的出现,到印刷术、工业革命,以及最近信息技术的爆炸性发展,我们也见证了技术进化中的加速现象。虽然这两个进程具有明显的差异,但重要的地方在于(成指数级增长大多要归功于这一点)两个进程都是建立在以前成就的基础之上,导致了我们所说的"加速回报定律"。事实上,如今许多理论家用同样的方式来看待生命进化以及最近技术的加速发展,将其视为信息处理本身的进化。

注释

1. 最早发表于 Bell System Technical Journal 27, no.3(1948),香农的理论随后出现,瓦伦·韦弗作了长序,作者为香农及韦弗(1949)。

2. 早期还有一个定义是唐纳德·麦凯于1969年提出来的,他的定义将选择行为(信息由它定义)发生时的具体语境包括在内。另外一个至今仍在一定范围内通用的定义就是格雷格里·贝特森的格言式观察,他认为信息不过是"一种造成差异的差异"而已。

3. 显然,香农认为这种差异是互补的,而非相互矛盾的,而且仅仅反映了他和维纳的不同观点。至少他在1948年10月13日给维纳的一封信中是这样说的(维纳文献,第2盒,85)。

4. 关于用信息论术语对DNA复制及蛋白质合成的"书写"的批评,参见Kay(2000)。

5. 关于有限状态自动机,有一个大家熟知的例子,就是双向交通灯依次亮起绿灯、黄灯、红灯,确保交叉路口的交通安全通过。

6. 关于有限状态机与图灵机之间的差异的讨论,参见Minsky(1967)。

7. 参见Hillis(1998),"Nuts and Bolts"。

8. 在所有计算机史中,这个版本的故事几乎都会被一再讲述。简明扼要地以理论问题为焦点的,见Davis(2000)。

9. 这个报告的面世尤其让埃克特及毛赫利愤怒不已,他们觉得自己在发展最早的存储程序计算机这方面所起到的作用没有得到恰当的认可;当他们的专利被法庭拒绝之后,这一争端变得更加激烈。然而,埃克特的动机是计算机的新商业前景,冯·诺伊曼的主要兴趣在于让新观点尽快得到传播,被运用到新科学和军事中去。在后来的计算机发展史中,这一冲突还会重新上演。

10. 瓦伦·麦卡洛克(Warren McCulloch)与沃尔特·皮茨(Walter Pitts),他们一个是神经生理学家,一个是逻辑学家,他们可能是最早将图灵的观点运用到生物信息处理方面的人。在他们的论文《神经活动内在理念的逻辑运算》("A Logical Calculus of the Ideas Immanent in Nervous Activity", 1943)中,他们演示了相互联系的大脑神经网络或神经元如何执行逻辑操作,并且宣称这些"神经网络"因此以形式对等的方式具体实现了图灵机。《智能机器》("Intelligent Machinery", 1948)是图灵去世之后才发表的论文,这篇论文具有预言性。图灵本人在文中已经介绍了他称之为"无组织机器"的东西,类似于神经元的东西是这个"无组织机器"的构成元素,神经元之间的连接是随机的。通过训练这些机器,它们能够调整自己的结构,人们能教会它们新的计算任务。简言之,它们有学习能力。因此,图灵预见了神经网络理论的发展。20世纪80年代时,神经网络理论在联结主义的旗帜下遍地开花。

11. 计算通用性也可以用形式语言理论来定义,看机器是否能够生产、识别集合论所定义的复杂语言。当然,也有许多有用的信息处理机器设备并不是(也没有这个必要非得是)通用机,不是图灵对等物,因为它们的具体任务就是控制、管理。今天,越来越多的机器设备已经嵌入了微芯片来执行这些功能。这些机器设备处理信息,但它们并非通用计算机。

12. 在现代计算机中,RAM与非易失性存储器设施(如硬盘)是被区别开来对待的,对于非易失性存储器设施来说,电源切断时储存在那里的数据、指令不会被丢失。这个差异引发了计算机如何开机启动这个问题,也就是说,对机器的控制如何从硬件传递到软件(操作系统)。答案就是,启动指令被硬连线到一个特殊的芯片上,一旦启动,它将操作系统上载到内存,从而使机器可用。

13. 雷斯尼克(Resnick)在1994年的著作中讨论了人们对并行理论高涨的兴趣与去中心化思想里更广泛的文化兴趣之间的关系。

14. 联网计算机也运用了并行处理,只不过更普遍的叫法是分布式计算。最为人所知的例子是地球外智能生命搜索中待机的计算机,这些计算机与互联网连接,处理射电望远镜所收集到的海量信息。

15. "Flop"是"每秒浮点运算次数"的缩写,意思是浮点数字(实数而非仅仅是整数)的计算。每秒运算万亿次即 10^{12} 次。

16. 最经常被人们所引用的公式,摩尔定律(以戈登·E. 穆尔[Gordon E. Moore]的名字命名,他与人合伙建立了英特尔芯片制造公司)声明,自从 1970 年以来,集成电路的晶体管数目已经每隔两年就会翻一倍。

17. 见 Ziman(2000),尤其是齐曼所写的章节:《技术变革中的进化模式》("Evolutionary Models for Technological Change")及《自然选择论与复杂性》("Selectionism and Complexity")。

参考文献及建议阅读书目

Cover, Thomas M., and Joy A. Thomas. 1991. *Elements of Information Theory*. New York: John Wiley & Sons.

Davis, Martin. 2000. *The Universal Computer*. New York: W. W. Norton.

Hillis, Daniel, 1998. *The Pattern on the Stone*. New York: Basic Books.

Kay, Lily E. 2000. *Who Wrote the Book of Life?* Stanford, CA: Stanford University Press.

Maturana, Humberto R., and Francisco J. Varela. 1980. *Autopoiesis and Cognition: The Realization of the Living*. Boston: D. Reidel.

McKay, Donald. 1969. *Information, Mechanism, Meaning*. Cambridge, MA: MIT Press.

Minsky, Marvin L. 1967. *Computation: Finite and Infinite Machines*. Englewood Cliffs, NJ: Prentice-Hall.

Resnick, Mitchel. 1994. *Turtles, Termites and Traffic Jams: Explorations in Massively Parallel Microworlds*. Cambridge, MA: MIT Press.

Shannon, Claude, and Warren Weaver. 1949. *The Mathematical Theory of Communication*. Urbana: University of Illinois Press.

Stiegler, Bernard. 1998. *Technics and Time*. Vol. 1, *The Fault of Epimetheus*. Stanford, CA: Stanford University Press.

Turing, A. M. 1936. "On Computable Numbers, with an Application to the *Entscheidungsproblem*." *Proceedings of the London Mathematical Society*, 42 (ser. 2): 230–65. Reprinted in *The Essential Turing*, ed. B. Jack Copeland, 58–90 (Oxford: Oxford University Press, 2004).

Wiener, Norbert. 1948. *Cybernetics, or Control and Communication in the Animal and the Machine*. Cambridge, MA: MIT Press.

———. 1950. *The Human Use of Human Beings: Cybernetics and Society*. New York: Houghton Mifflin.

Ziman, John, ed. 2000. *Technological Evolution as an Evolutionary Process*. Cambridge: Cambridge University Press.

社　会

15. 交　换

大卫·格雷伯

我们常说人们"相互辱骂",或"互换地址",还可以说交换信函、交换战俘、交流观点,或者交火对射。这些例子只有一个共同之处:都受制于相互性这一原则。存在着双方,并且双方都给予并接受数量大致相等、性质相同的东西。事实上,《牛津英语词典》给交换一词的主要定义是"相互给予和接受的活动或行为"。

然而,当我们抽象地使用这个术语时,我们一般是指经济贸易,例如,由证券交易委员会管辖的经济贸易。华尔街的一个网页上是这样定义的:

> 交换:提供货物及服务,并相应获得价值基本相等的货物及服务;此处也可称为以物易物。[1]

我们这里说的是一种自愿贸易。双方同意拿自己拥有的某种东西与他人交换——这是因为当时他们得到的东西会比他们给出的东西更有价值。对经济学家来说,这类自由交换是构成任何市场机制所需的基本砖石——这就是为什么许多人将市场视为人类自由的化身。

在每一个这种例子中,不管来来回回的东西是什么,它都可以被视为交换的"媒介"。然而,经济交换与其他交换不同。互致问候或交火,给予或获得的都差不多是同一类东西。但正常情况下没人会用一支牙膏去换另一支牙膏。这样做有何意义?经济交换的目的是为了得到自己手上**没有**的东西。事实上,在市场经济里,不管一个人是在卖一幢房子,还是在买一块糖,大多数情况下,他们都不是在用一种商品换来另一种商品,而是换来一种象征物。这个象征物可能有物质形态,也可能没有物质形态,人们把它称之为**钱**。因此,钱被视为终极形式的"交易媒介",一种普世等价物。

经济学家喜欢通过讲故事的方法来解释这个情形的来龙去脉。这至少可以追溯到亚当·斯密,而且至今这个故事都还能够在所有经济学教材中找到。这个故事说,原始社会时期的人们彼此之间的确是在以物易物。譬如,某人养了很多小鸡,但他想得到一头奶牛。他会去找有一头多余的奶牛,却需要小鸡的人,跟他做交易。显然,这不是最有效的交换东西的方法。(万一他找不到这样一个人呢?)于是,人们逐渐开始囤积某种大家都需要的商品——也许起初是奶牛,后来是黄金、白银,这些东西逐渐成了交易的媒介。假如人们一直使用黄金,那么黄金也会成为一种抽象的价值尺度——人们可以用黄金来计算任何东西的价格——同时黄金也提供了一种积累财富的方式。这就是钱。渐渐地,政府开始发行统一尺寸的金条、银条。于是人们就发现,复杂的银行、信贷制度出现了,最终,期货市场也出现了。同时,大多数经济学家(如Samuelson,1948)却坚信,这些大都是泡沫,一切经济最终都只不过是复杂化了的以物易物。

我们稍后将检查这些前提(它们大多数全是错的)。现在,让我强调一下,正如经济学家们所说,一切经济生活都是建立在以物易物的基础之上,许多社会学家们也认为,从总体上来讲,社会生活是建立在交换的基础之上。这一观点在 20 世纪中期尤为盛行。例如,克劳德·列维-斯特劳斯(Claude Lévi-Strauss,1963:296)在 20 世纪 60 年代就提出了一个著名论点,即相互性是所有社会生活的组织原则。不仅如此,所有社会可以说都是建立在三大基本交换形式之上,每种交换形式都有它自己视为准则的媒介:

- 经济(交换商品)
- 亲属(交换女性),及
- 语言(交换词语)

虽然这常常被视为一种极端的观点,但它提出的问题却很有讨论价值。即使我们将列维-斯特劳斯的极富争议的观点搁置一旁,即社会是建立在乱伦禁忌的基础之上,男人们"放弃自己的姐妹,用自己的姐妹去换取他人的姐妹",那么,拿鱼换香蕉,或者买一把雨伞,这类交流又如何能与谈话交流相类比呢?参与谈话的人真有必要去得到点什么吗?——信息?或许是观点?如果是这样的话,其中的逻辑又与经济交易的逻辑有何相似之处呢?某类信息,比如说可能被视为稀罕资源的信息,人们不愿意透露这类信息,除非能用它换取另一条有同等价值的信息(或其他东西)。但是另一方面,对观点而言,它的运行法则却与之完全相反:知道你有这个好主意的人越多,你的主意就越有价值。或者,"交换"在这里仅仅是指相互之间在平等的基础上进行的任意交往?

这类"交换理论"大多已经过时。当今更为盛行的是被称为"理性选择理论"的"交换理论"。这个方法采用了市场逻辑——利己的经济交换——并将其运用到人类关系的各个方面,即使那些方面与金钱、物质无关。这里不强调相互性,而是强调市场交换中一般情况下各方都想占对方上风这一点。这个判断的灵感来自新古典主义经济,即世界上的好东西就那么多,我们每个人终其一生都在盘算着如何用最小的努力、最少的牺牲来获取最大的好处。因此,当两个人交往时,双方都在算计着如何使自己的利益最大化,这一点毫不令人感到意外。从这个意义上来讲,一切东西,从微笑、赞扬,到荣誉、忠诚,都像沙丁鱼罐头或拖拉机挂车一样,都是无穷无尽的利己交换的媒介——这就是人类生活的基本要务。

这样的理论遗产让人很难抽象地谈论交换,因为谈论的主题很快就会变得无所不包。不仅如此,交换意识在我们的文化中已经具有核心地位。我这里写的这类文章必须从戳穿假说开始,那么我就从这里开始吧。在现实生活中,市场交换,或任何形式的相互交换,不足以为所有的人类生活提供一种模式。另外,在市场语境之外,有价值的东西往往不会成为交换的媒介,而会成为人类关系的媒介。这种媒介可以具有各种本质,但唯独不具有相互性的本质。从另一方面来说,这也意味着这个媒介极为重要,因为从大体上来讲人类毕竟是与他人关系的总和及与他人关系的内化,这导致此类物体变成物质媒介,而唯有通过物质媒介,我们才能成其所是。

以物易物的神话及非商业交换的种种变体

大约在一个世纪以前,为了检验经济学家们的假说,人类学家开始考察美拉尼西亚、非洲、东南亚、美洲的经济制度。他们很快发现,经济学家们完全是错的。经济生活建立在"我给你二十只小鸡,你给我那头奶牛",这种以物易物基础上的社会他们一个也没找到。以物易物的确发生过,但这是发生在陌生的社会群体之间,发生在如果条件允许,人们乐得顺手牵羊的陌生人之间。社群内部的交易,即那些感到彼此之间负有某种道德责任的人之间,人们往往会采取不同的形式。社群内部的交易方式与我们在私人化领域里的方式——如我们与家人、情人或敌人打交道的方式——更为相像。真正重要的是个人关系。因此,人们最不感兴趣的就是一物抵一物、谁也不欠谁的以物易物的方式了。即使人们主要是对商品感兴趣,但他们也会装得对商品毫无兴趣,从来不用记账。即使有公开竞争,那也是人们在竞相大秀慷慨。因此,法国人类学家马塞尔·莫斯(Marcel Mauss)(1925)将其称为"礼物经济"。

这是一个有用的短语,但它稍微有点欺骗性。首先,这类"礼物"跟利他主义或慈善无关。利他主义和慈善这些概念仅仅是伴随着市场的兴起才真正出现,它们是市场的补充,是市场的镜像形象。相反,在礼物经济里,财富是定义、表达人类关系的媒介(Gregory, 1982)。其次,在谈论"礼物"时,人们往往不恰当地将其仅仅视为一个东西,将它与事实上五花八门的、操作原则迥异的非商业化交换混为一谈。

共产主义关系

我用的"共产主义"关系建立在路易·布兰克(Louis Blanc)的著名原则——"从按能力到按需要"——之上。显然,所有人在一切情况下都以共产主义为其交往的基础,这样的社会从来不曾有过。但是,每个社会总有某种最低程度的共产主义,至少在某些基本需求上是如此(如,为陌生人指路,我们假定每个陌生人都会这样做;在某些社会里,如果有人向你乞食,正常情况下没有人会拒绝这个请求),或者在某些情况下是如此(如极端紧急的情况)。有时候,共产主义关系是一种被体制化了的关系。譬如说,两大家族彼此负有安葬对方死者的责任。在这种情况下,人们严格地规定了责任,但不会作任何记录。在非常亲近的亲属关系之间、密友之间、"结拜兄弟"等之类的关系之间,其责任范围可能会宽得无所不包。这里,莫斯认为,被他称为"有个人主义特色的共产主义"关系是将大多数社会联结在一起的丝线(1947:106)。

共产主义关系的相互性仅仅体现在双方都具有同等的帮助对方的义务这一点上。人们觉得没必要在任何情况下都要保持收支平衡,部分原因是,人们从未假设这种关系有一天会终结。

互惠式交换

互赞、互惠,或者在喝酒的时候轮流买单,这类关系可能在进行到任何一轮的时候中断,因为回请多多少少与最先的礼物完全对等,关系要得以维系,通常需要延迟回应(如果我请一位朋友吃了一顿晚餐,他可能会觉得不回请我的话就欠我点什么)。或者,人们会刻意不让回请完全对等(如果他请我的那一顿比我请他的那一顿要贵得多,或者要便宜得多,那么亏欠感还是不能完全消除)。用来检验送礼程度的形式有无数种变体。[2] 关键的地方在于,跟共产主义关系不同,人们没有假设这些关系是永恒的关系。在这里,相互性是为了维持相对平等关系中的个人自主性。

等级关系

主人与奴隶、资助人与受助人、父母与孩子,在这类交往关系中,相互性原则不大容易用得上,这些关系遵循的是先例逻辑。如果人们给乞丐(或慈善机构)钱,受助方大多不会觉得有必要回报同等价值的东西。相反,受助方可能会索要更多。与此类似,如果父母娇惯孩子,孩子可能会指望以后也得到同样的娇惯。反之亦然。如果一个中世纪的农奴或诸侯给封建领主送了一次礼,这很可能被视为先例。蛛网般复杂的习俗就此又增加了一条,并且在未来转变成一项义务。[3] 这里有各种变化形式:从体制化的打劫、仪式化的偷窃,到社会财富再分配、遗产分割,或者是跨级把礼物赠送给下一次级,除了最后一项,所有这些都假定了一种永久的,或至少是一种持续的与相互交换无关的关系,因为这种关系从未假定过与平等有关。

斗富逞能式礼物

一物换一物、两不找的交换也容易造成攀比竞争。双方都想送一个或回送一个让对手无力回应的礼物。在这种情况下,双方都可以随时跳起来,争夺一下平等地位。当然,这也要冒关系随时可能恶化的危险——至少在象征意义上是如此——陷入臣服和等级之中。"鞭子之下出乖狗,礼物之下出奴才"——因纽特人的谚语这样说道。这种礼物交换在文学中最引人关注,但它实际上仅仅在国家尚未形成的贵族社会里才是一种占统治地位的形式,如荷马时代的希腊,吠陀时代的印度,早期的凯尔特或日耳曼社会,或太平洋西北部的土著社会。

+ + +

有一点应该很清楚,这些模式没有哪一种是"礼物经济"所独有的。面对至亲好友时,我们都是共产主义者；与小孩子打交道时，我们都是封建领主。这些模式如何与更加非私人化的市场相连，这才是它们的不同之处。还有一点也很清楚：这种交换完全不是统一受制于有来有往的原则。参与竞争性交换的人不希望看到结果对方能还手回击，而共产主义关系及等级关系中的礼物甚至连真正意义上的交换形式都谈不上。

明白这些很重要，因为有一个假说盛行：社会在某种意义上是各种相互交换的系统，其账目最终将持平。而实际上根本就不是这么回事。这错得太离谱，人们完全可以质问，这种事情怎么可能想得出来？原因可能就在于，相互性在任何地方似乎都是公正这个概念的核心。因此，当人们试图描述极端等级制时，他们往往会诉诸这样的言辞："我们就是这样来报答父母的养育之恩的"，或者说："农民为领主提供食物，而领主为农民提供保护"——尽管两者的实践逻辑完全不同。"市场"这个概念本身，即所有交换都会保持平衡，不过是一种想象的投射，最终比"不管以何种方式，万物终将保持平衡"这个信仰强不了多少。我们完全可以这样说，每个人都生活在"社会"这个有限的物体之中（而当你试图去定义它的界线时，你总会发现界线消失得无影无踪），这个观点同样也是一个想象的整体。

在所有这些情况中，用作交换的物质媒介可以说都体现着一些关系的本质。谢弗林（Shieffelin）（1980：509）给出了一个简单的例子：在巴布亚新几内亚的卡努里人（Kaluli）中，两个朋友如果分食了一只鸟，从那以后，他们会将对方称为"我的鸟"。这实际上在共产主义关系中是一种普遍现象。不同等级的人之间的交换要复杂得多。夸克特尔人（Kwakiutl）和其他北美西北海岸的原住民以庆宴仪式著称。庆宴是一种社区宴会，由贵族负责操办，其目的是为了"拴牢"他们所获得的头衔。这种头衔通过物品得以体现：面具及其他行头，拥有这些行头的人相应地就会拥有在戏剧仪式中扮演某些角色的权利、在河边采摘浆果等权利。如果有此头衔者连同伴随这个头衔的行头一并给了别人，接收者将接替他的位置，成为他曾经扮演过的角色（这跟赋予公爵爵位非常类似）。然而，为了使新头衔得到认可，新继位者要求助自己的族人、盟友，请他们募集大量钱财，可以是毯子、手链、鱼油之类的东西，然后举行庆宴，他好将这些财富撒给与之竞争的家族。反过来，这些物品被称为"不祥之物"，因为它的目的就是为了让接过头衔的人显示自己对这类琐碎之物有多么不屑，把这些东西分发出去就是一种贬低接受了这些财富的人的一种方式。偶尔还有这种情况，如果两个贵族同时主张同一头衔，其中一个贵族会真的去破坏某样价值极高的东西，然后将其残骸送到对手那里，挑衅对方，要其作出回应。在夸克特尔人的交换中，媒介几乎总是被用来定义接受者，它要么使人高贵，要么让人受辱。在其他等级制度中，如，以给国王提供的产品或服务为基础来确定社会秩序，如"铁匠""渔夫"（Hocart，1968）——媒介定义着给予者，尽管这常常事关给予者的品质。

关于货币的起源

那么，什么是货币的真正起源呢？许多没有商品市场的社会的确存在着某种与钱相似的东西，人们习惯将其称为"原始货币"，如贝壳、羽毛、念珠、鲸齿，等等。在几乎所有情况下，这些钱主要都不是用来获得财富,而是为了重新安排人际关系。最能说明问题的就是,这些东西本身很少具有经济学家们所说的"有用商品"——如食物、工具等——所具有的特点。相反,它们主要被用于个人装饰。如,黄金、白银、念珠、贝壳项链之类的东西,其存在的目的就是为了被人看见。在被人看见的过程中,它确立了穿戴它的人的美貌、地位或重要性。这些就是可视媒介,它用来定义人的价值。可视媒介已与其实用价值分离开来,一直被用作人与人之间进行交换的媒介(Graeber, 1996)。

这种货币最常见的用途是用来支付人类学家所说的"彩礼":男方父母将彩礼送给女方的家人。通常,彩礼确定了他们对女性生育权利的掌控。也就是说,他们能宣称联姻产生的后代归他们自己或他们的家族所有。法国人类学家皮埃尔·罗斯帕普(Pierre Rospabé)(1995)有个颇具说服力的观点。他认为这些东西从严格意义上来说根本算不上是支付报酬。大多数给彩礼的社会认识到,只有交出自己的亲姐妹,才算得上是婚姻中的相互交换。在那些确实实施了以姐妹换取亲事的社会里,只有当无法实施这个选择,或者需要等到下一代才能实施换亲时,人们才送彩礼。原始货币的第二大用途——支付"血债"——与此相似。它是意外死亡时的赔偿,是指夺取了人的生命,而不是给予人以生命。物质财富并不能真正弥补爱人之死,也没人会假装它能弥补得了。它最多被用来给受害人的亲属(甚至是为受害人的鬼魂)娶个妻子,在某种意义上,他们的后人会代替他的位置。在这两种情况下,金钱都源于一种象征,它表示认可了一种永远无法还清的债务。

那么,这种代币怎么就变成了它的对立面了呢?它怎么就成了一种支付的手段、交换的媒介,一种取消债务的途径呢?可能的解释有很多。这种代币一旦存在了,就容易显得就像它们本身具有了某种力量一样。开始的时候,它是一种纯粹的媒介,某些社会关系——尤其是那些创造或毁灭生命的关系——的重要性能通过它得到表达。后来,逐渐地,它本身被认为具有一种至关重要的力量,甚至完全被视为它所代表的生死攸关的力量的源泉。因此,它成为一种能创造出新的社会关系的途径。例如,易洛魁人之间从不用贝壳钱来买卖东西,但他们却用贝壳钱来缔结条约、签署协议。血债制度常常发展成为复杂的罚款体制和犯罪惩罚体制,用来对付各种各样的侵害。有人(如 Grierson, 1977)认为,这可能是"通用目的"货币的起源。[4]不管它究竟可能是什么,历史记载上有一点说得很明确:不管在什么地方,只要代币曾经主要是被用来规约性行为或家庭行为,而后来代币又充分演变成了商品货币,买入品和卖出品之间的转换关系明确,或者两者之间实现了分离,结果就会出现道德危机,以及新的丑陋行径,如娼妓制和奴隶制。这常常会导致有钱人百般努力,不让自己的家人与这种可能性沾边,并且把这些可能性全部推到穷人头上。其结果对所有阶级的女性来说都是毁灭性的。仅举两个臭名昭著的例子:与地中海地区的"荣誉情结"相伴的扣押女性的行为似乎可以追溯到古希腊时期贵族对市场的反应(如 Kurke, 2002)。近东地区戴面纱的行为似乎源于将"受尊敬的"女性与身体可以被买卖的奴隶与妓女区别开来(Lerner, 1986)。

用交换媒介来定义的世界简史

经济学家原以为首先出现的是以物易物,然后是钱币,最后才是复杂的信用制。而现在的研究却表明顺序恰好完全相反。古代美索不达米亚和埃及最早的货币形式用今天的话来说是虚拟货币。在真正的钱币出现许久以前,银行、利息,甚至相当于支出账的东西全都早已存在。在那个长达两千多年的时期里,"交换媒介"指的就是保存在楔形文字石碑上的记录。相反,当以物易物真正发生时,它似乎也是发生在俄罗斯和阿根廷等地不太遥远的过去。在那里,货币制曾经存在过,但已经被破坏掉了(至少暂时看来是如此)(Servet, 1978)。要讲这个故事的任何细节都需要花太长时间,但人们可以沿着下列路径来勾勒欧亚历史的轮廓:

第一次农业帝国时期(公元前 3500 年至公元前 800 年)
主要形式:虚拟信用货币

关于钱的起源的最准确的信息我们可以追溯到古代美索不达米亚,但没有特殊理由表明法老时期的埃及、青铜器时期的中国,或印度河谷的情况跟它会完全不同。宏观公共制度(寺庙和宫廷)主宰着经济,进行管理的官僚主要通过固定白银与主要农作物——大麦——之间的当量来确立计价货币。债务用银子来计算,但人们很少用银子来进行交易。相反,人们将大麦,或者任何碰巧方便接受的东西当作支付手段。主要债务被记录到楔形文字的石碑上,交易双方都将石碑视为保证。

当然,市场也的确存在。某些不是由寺庙或宫廷生产的商品于是要受定价标准的制约,其价格往往会随供求关系的变化而上下浮动。即便是在这里,我们拥有的证据(如 Hudson, 2002:25;2004:114)也表明,日常用品,如"卖麦芽酒的女人",或当地旅店店主推销的啤酒似乎可以赊账,账单一般要累积到收获季节才支付。

百分之二十的利率一直稳定地维持了两千年。这不是政府控制市场的标志。在这个阶段,要先有了这些制度,才可能有市场。如果说政府的确有所干预的话,那也是对债务的后果进行干预。遇上灾年的话,穷人容易陷入无法摆脱的债务。他们欠富人的钱,被迫失去自己的土地,并且因为以劳抵债,最终失去家人。因此,每个新统治者都会将记录清零,抹掉债务,让失去自由的劳力回到家人身边,这成了不变的习俗。

轴心时期(公元前 800 年至公元前 600 年)
主要形式:铸币及金条/银条

这个时代见证了货币的出现,同时还见证了中国、印度、中东等地所有主要世界性宗教的诞生。[5]这个时代特别富有创造性。同时,从中国的战国时期到印度的四分五裂,再到伴随着罗马帝国的扩张(以及后来的衰亡)的血腥屠杀和大规模奴役,大半个地球上充斥着暴力。

铸币,即真正把黄金、白银当作交换的媒介,使得市场这个术语变得更加为人所熟悉、更加不带私人色彩。同时,贵金属还最适合大规模战乱时代。其中的原因很明显,因为贵金属很容易被人偷到手。铸币的发明当然不是为了促进贸易(腓尼基人是世界上最完美的贸易家,但他们是最后采用铸币的人之一)。发明铸币似乎首先是为了发军饷。

英厄姆(Ingham)(2004:99)所说的"军事-铸币情结"这个术语适用于整个古代时期。事实上,他如果把它称为"军事-铸币-奴隶情结"也许更为妥当。因为新军事技术的扩散(希腊步兵方阵、罗马军团)都与俘获、出售奴隶紧密相连。奴隶的另一个主要来源是债务。如今国家不再定期清零债务,那些不能有幸成为主要军事城邦公民的人很容易成为猎物。近东地区的信用制度没有被商业竞争压垮,打垮它的倒是亚历山大大帝的军队——军队每天需要一吨的银条来支付军饷。古希腊和罗马帝国的税收制度要求必须要用政府开采的矿、政府铸造的钱币来支付赋税,其目的就是为了迫使其子民不能以其他形式的流通币进入市场关系,以便士兵(以及政府官员)能够用那种钱币来购买东西。这些军团不停地打仗,结果确保了后面相应的大多数贸易事实上是贩卖人口,或奴隶的劳动产品。

不管铸币的起源听起来有多么虚华,但创造新的交换媒介似乎对知识产生了深刻影响。有人(Shell,1978,1982;Seaford,2004)就讨论说,早期希腊哲学之所以能出现,这完全是因为铸币技术带来的概念创新。许多主要哲学思潮以及世界性宗教碰巧与铸币同时出现,显然这一点看起来十分重要。虽然二者之间的具体联系还有待探索,但有一点很明确:慈善、利他主义,以及无私奉献这些新宗教所推崇的典型,似乎是在针对市场逻辑的直接反应中产生。正如莫斯指出的那样,在礼物经济中,纯粹的无私,或纯粹的自私,两者都将是不可想象的事。粗略地说,情况似乎是这样的:一旦某个社会空间完全献给了对物质的自私攫取,另一个空间将不可避免地被留出来,人们将在这个空间里从终极价值的角度去宣扬物质的微不足道,或自私乃至自我的本质虚妄。实际上这些市场建立在铸币的基础之上。跟以前的信用制度相比,这些市场允许更加不具私人色彩,但更具潜在暴力特点的市场行为方式。这个事实大概能使信用货币与铸币的区别更加明显。

中世纪(公元 600 年至公元 1500 年)
回归信用货币

如果说轴心时代见证了自我中心主义与利他主义,见证了商品市场与普世世界宗教观等互补性理念的出现,那么中世纪就是这两种体制开始合并的时期,社会网络由宗教来定义、规约,货币交易也越来越多地由这些宗教来执行。[6]这反过来导致了全世界范围内各种虚拟信用货币的回归。

在一切事务都处在基督教保护之下的欧洲,铸币只零星出现过,并且并非在所有地方都出现过。公元 800 年之后的价格主要是用已不复存在的加洛林王朝的货币来确定(甚至在那个时代,它就被称为"想象中的钱")。但它的日常买卖主要通过木棍来记账。用来刻画的木棍一折为二,成为债务凭证,一半归债主保存,另一半归负债人保存。这种记账棍到了 16 世纪的英国都还在普遍使用(Innes,1913;1914)。大宗交易通过汇票处理,大型商贸会起到了票据清算所的作用。同时,教堂提供法律框架,负责严格控制有息贷款,并负责杜绝债务奴役的发生。

然而,中世纪世界经济的真正中枢神经是印度洋,它跟中亚商队路线一道,将印度、中国和中东等伟大文明连接了起来。在这里,贸易是在伊斯兰的框架中进行,它不仅提供了对商业活动极为有利的法律体制(尽管它绝对禁止有息贷款),而且允许来自大半个地球的商人们建立和平关系,培育、创造了各种复杂的信用工具。中国在这个阶段见证了佛教的飞速发展、纸币的发明,以及形式更为复杂的信用和金融的发展。

跟轴心时代类似,这个时代也见证了它那个时代所具有的血腥屠杀和掠夺(尤其是游牧民族的入侵)。在许多时间许多地点,铸币仍然保持了其重要的交换媒介的地位。然而,中世纪的真正特点似乎是一场朝着另一个方向发展的运动。在中世纪的绝大部分时间里,货币大都与强迫性制度脱钩。我们可以这样说,货币兑换者又被请回了寺庙,在那里能对货币实行监管。结果,以更高程度的社会信托为基础的体制得到了繁荣。

欧洲帝国时代(公元 1500 年至 1971 年)

贵金属的回归

随着伟大的欧洲帝国的来临——伊比利亚,以及后来的北大西洋——整个世界又回到了传统奴隶制、掠夺和毁灭性战争的状况中,并随之回归了以金条、银条为主的货币形式。历史研究可能会表明,这些改变的源头可能要比我们的一般想象要复杂得多。例如,在促进回归金属货币运动的主要因素中,就有 15 至 16 世纪明朝早期的大众运动,它最终迫使中国政府放弃了纸币与推行自己的货币的打算。这导致巨大的中国市场退回到一种非铸币白银标准。由于赋税逐渐变成了用白银支付,为了确保低税收,并防止爆发新的社会不稳定状况,因此,尽可能多地将白银输入中国很快或多或少成了中国的官方政策。突然出现的对白银的巨大需求造成了世界性影响。征服者们掠夺来的,以及西班牙人后来从墨西哥及玻利维亚的波托西矿山榨取来的贵金属(为此付出的生命代价大得简直不可想象)最后都落到了中国。这些新的全球联系当然都有详细记载。这里的关键点是,货币与宗教制度脱钩,重新与强迫性制度(尤其是国家制度)挂钩,这里相伴产生了回归"金属主义"的意识形态。[7]信用在这个语境下越来越是国家的事,而国家大多靠财政赤字运转。财政赤字是一种信用形式,它反过来被创造性地用于支付越来越昂贵的战争费。从国际上来看,大英帝国在 19 世纪以及 20 世纪早期都还在稳定地维持着黄金标准。

当今时代(1971 年以降)

负债帝国

当今时代可以说始于 1971 年 8 月 15 日,尼克松总统正式宣布停止美元与黄金之间的兑换,有效地创立了现在的货币浮动机制(Gregory, 1997)。于是我们又回到了虚拟货币的时代。在这个时代,富裕国家的消费者在购买东西时几乎不用纸币,国民经济大多靠欠债消费来推动。与此相伴的就是我们所谓的资本"金融化"。它买卖的是货币,金融工具本身成为一个领域,它与任何产品乃至商业都没有直接关系(如见 Arrighi, 1994; Harvey, 2005)。当今社会是否会如以前那些虚拟信用货币主宰的时代一样,出现一些宏观机制,随时都能对急剧增长的债务给人类造成的后果施加某种社会控制,这一点我们拭目以待。迄今为止,潮流却恰好与此相反。已经出现的宏观机制——如国际货币基金和世界银行——对执行债务更感兴趣。这导致穷国牢牢地陷入一种永远不能脱身的债务奴役。然而,这一时期才刚刚开始。

关于价值媒介的结束语

任何对媒介本质感兴趣的人都必须面对两个主题。第一，交换媒介——或意义更宽泛的价值——有一种自己赋予自己生命力的趋势，并且最终看起来好像它们就是自己所代表的力量的源泉一样。"原始货币"最开始代表着创造的力量，即创造生命和人类关系的力量，结果它却自己赋予了自己创造的力量。同样，马克思认为，在资本主义制度下，金钱真正代表着的是劳动力的价值，即人类创造新东西的能力，但由于雇佣劳动制度下的工人生产东西的真正目的仅仅是为了赚钱，这样，金钱就成了一种代表，在任何给定的语境下，金钱产生的恰恰是它所代表的东西。在马克思看来，这就是为什么能把金钱、财富视为能自我生产的原因。"货币金融化"只不过是最高形式，但这些过程不仅仅局限于资本。类似的事情可以在任何形式的价值媒介上发生(Graeber, 2001)。

第二个主题是交换媒介与视觉媒介关系紧密，而且非常微妙复杂。想象囤积黄金这个现象。黄金之所以有价值，这几乎全是因为它赏心悦目。但当它成为交换媒介时，首先发生的事似乎就是人们开始把它藏起来，不让他人看见。作为人的装饰物，它跟念珠、贝壳一样成为定义人的方式，它定义着你是谁，你在公众眼里的形象。金钱作为一种力量的源泉，它能让拥有它的人获得一切，几乎常常能让人为所欲为。但它却隐而不显，体现着拥有它的人不显山不露水却有决断生死的力量，那种品质唯有通过不显山不露水的方式才能展现无余，因为需要展现或创造的，仅仅是它具有这个潜力。炫富和藏富——显然这两种情况我们仍然都有。尽管交换媒介有种种闹独立、开启自主生活的趋势，但它还是无法彻底撇清它是起源于人类生活的方方面面这一点。

注释

1. http://www.investorwords.com/1797/exchange.html(accessed July 26, 2006)。
2. 有时候，人们通过"出格要求大比拼"的方式来考验表面上看起来是共产主义关系的极限。例如，马达加斯加的结拜兄弟从理论上来讲无法拒绝彼此的任何要求。其中一个兄弟可以索要对方最喜欢的宠物，或者跟对方妻子睡觉的权利。但这只能基于一个共识：对方也有权提出同样的要求。最终，情形可能跟以物易物非常相似。
3. "9 世纪时，有一天，维尔(Ver)皇家酒窖没酒了，圣丹尼斯修道院(Saint-Denis)的修士奉命提供了 200 桶酒。这次捐献从此成了修道院每年必尽的义务，需要颁布皇家宪章才能将它废除。在阿德尔(Ardres)，人们告诉我们，曾经有一头熊是当地地主的财产。当地人因为喜欢看熊狗斗，于是开始喂养这头熊。后来这头熊死了，但地主还是继续向当地人索要面包。"(Bloch, 1961: 114)
4. 因此出现了这样一个事实：在大多数欧洲语言中，罪、错、代价这些单词常常在词源上相关；同样，"支付"最早的意思是"安抚"。
5. "轴心时代"这个短语是卡尔·雅斯贝斯(Karl Jaspers)杜撰的，它用来指公元前 800 年至公元前 200 年这段时间。他认为我们今天所熟悉的所有主要哲学传统都是在这个时期的中国、印度及地中海东部出现。

我在这里遵照的是刘易斯·芒福德(Lewis Mumford)的观点,他将范围大致从琐罗亚斯德(Zoroaster)扩展到了穆罕默德时期。

6. 我在这里将一般所谓的欧洲"黑暗时期"归到了更早的时期,其主要特点是军事掠夺成性。与此同时,金条银条变得十分重要。维京人的袭击,以及英国人向丹麦人缴纳赎金这一著名事件,这些都可以被视为那个时代最后的表现。

7. 关于以物易物的神话以及货币商品理论当然恰好是在这一时期发展起来的。

参考文献及建议阅读书目

Arrighi, Giovanni. 1994. *The Long Twentieth Century: Money, Power, and the Origins of Our Times*. London: Verso.

Graeber, David. 1996. "Beads and Money: Notes toward a Theory of Wealth and Power." *American Ethnologist* 23, no. 1.

——. 2001. *Toward an Anthropological Theory of Value: The False Coin of Our Own Dreams*. New York: Palgrave.

Gregory, Chris A. 1982. *Gifts and Commodities*. New York: Academic Press.

——. 1997. *Savage Money: The Anthropology and Politics of Commodity Exchange*. Amsterdam: Harwood Academic.

Grierson, Philip. 1977. *The Origins of Money*. London: Athlone Press.

Hart, Keith. 1986. "Heads or Tails? Two Sides of the Coin." *Man* (n. s.) 21: 637-56.

——. 1999. *The Memory Bank: Money in an Unequal World*. London: Perpetua Books.

Harvey, David. 2005. *A Brief History of Neoliberalism*. New York: Oxford University Press.

Hocart, A. M. 1968. *Caste: A Comparative Study*. New York: Russel & Russel.

Hudson, Michael. 2002. "Reconstructuring the Origins of Interest-Bearing Debt and the Logic of Clean Slates." In *Debt and Economic Renewal in the Ancient Near East*, ed. Michael Hudson and Marc Van de Mieroop, 7-58. Bethesda: CDL.

——. 2004. "The Archeology of Money: Debt vs. Barter Theories of Money." In *Credit and State Theories of Money*, ed. Randall Wray, 99-127. Cheltenham: Edward Elgar.

Ingham, Geoffrey. 2004. *The Nature of Money*. Cambridge: Polity Press.

Innes, A. Mitchell. 1913. "What Is Money?" *Banking Law Journal*, May, 377-408.

——. 1914. "The Credit Theory of Money." *Banking Law Journal*, January, 151-68.

Kurke, Leslie. 2002. *Coins, Bodies, Games, and Gold: The Politics of Meaning in Archaic Greece*. Princeton, NJ: Princeton University Press.

Lerner, Gerda. 1986. "The Origin of Prostitution in Ancient Mesopotamia." *Signs* 11, no. 2: 236-54.

Lévi-Strauss, Claude. 1963. *Structural Anthropology*. New York: Basic Books.

Mauss, Marcel. 1925. "Essai sur le don: Forme et raison de l'échange dans les sociétés archaïques." *Annee sociologique* (series 2) 1: 30-186.

——. 1947. *Manuel d'ethnographie*. Paris: Payot.

Rospabé, Philippe. 1995. *La Dette de Vie: Aux origins de la monnaie sauvage*. Paris. Editions la

Découverte/MAUSS.

Sahlins, Marshall. 1972. *Stone Age Economics*. Chicago: Aldine.

Samuelson, Paul A. 1948. *Economics*. New York: McGraw Hill.

Schieffelin, Edward L. 1980. "Reciprocity and the Construction of Reality." *Man* 15: 502–17.

Seaford, Richard. 2004. *Money and the Early Greek Mind: Homer, Philosophy, Tragedy*. Cambridge: Cambridge University Press.

Servet, Jean-Michel. 1978. "Primitive Order and Archaic Trade. Part Ⅰ." *Economy and Society* 10, no. 4: 423–50.

——. 1979. "Primitive Order and Archaic Trade. Part Ⅱ." *Economy and Society* 11, no. 1: 22–59.

Shell, Marc. 1978. *Economy of Literature*. Baltimore: Johns Hopkins University Press.

——. 1982. *Money, Language, and Thought*. Baltimore: Johns Hopkins University Press.

16. 语　言

卡里·沃尔夫

"不管人们如何理解语言问题,语言问题从来就不是一个普普通通的问题。"这句话是雅克·德里达的《论文字学》(*Of Grammatology*)(法文版 1967 年出版,英文版 1974 年出版)的开场白。当代批评理论及哲学对语言学最有影响力的讨论由此开启。事实上,语言这个话题无所不包,其影响极为深远,对语言的任何严肃讨论都会很快明显指向本体论(存在的问题)、现象学(经验的问题),以及伦理学(善与公义的问题)。从哲学到当代认知科学、人类学等各学科的思想家们通常认为,语言从本质上将人类与一切其他形态的有知觉的生命区分开来。是语言使得我们不同,这不仅仅是程度上的不同,而且是类别上的不同。语言使得我们能够理解这个世界,我们理解这个世界的方式是其他生命形态不可能具有的。因此,语言建立了将我们区别于其他生命的"人类"本体领域。例如在 20 世纪上半叶,像路德维希·维特根斯坦和马丁·海德格尔(两位都是常常被人们称为 20 世纪哲学的"语言学转向"中的重要人物)这些观点大相径庭的哲学家们都认为,语言构建了一个类似于世界中的世界——一个抽象含义与观念的世界——无语言的生命不可能拥有的世界。人类的基本本质特征和独特的伦理立场正是来源于这一事实。

德里达处心积虑要"解构"(用常常跟他的写作有关的一个术语来说)的恰好是这一套前提。在《论文字学》及德里达其余早期作品中,德里达回到了 20 世纪就语言这一话题最为重要的文本,其范畴更小,更有严格意义上的语言学意义:费迪南·德-索绪尔的《普通语言学教程》(*Course in General Linguistics*)(其弟子根据他们 1906—1911 年在日内瓦大学的听课笔记整理而成)。索绪尔关键性的方法创新点在于他在分析中限制了自己的研究范围,这样更有助于理解语言体系的普遍形态的动态变化。他认识到语言由两大基本维度构成:关于规则的抽象体系,任何给定时间里的语言体系都是由它构成(即语言,langue);说话人个体所使用的纷繁复杂的言语行为(即言语,parole)([1915]1959,9—17)。一方面,只有通过长期、实在的**言语**例子,语言体系才能得到构建、存在。另一方面,只有在更大的**语言**体系中,那些单个的言语行为才有意义。正如索绪尔所说,**言语**因此"既是语言功能的社会产物,也是必要传统的集合。社会个体已经接受了这些能允许个体实施语言功能的传统"(9)。索绪尔选择将自己的研究焦点放在**语言**上,因为正如他所观察到的那样,"任何说话人的语言都是不完整的"。从严格意义上来说,"说话人的功能"也是不完整的。因此,他的焦点就不仅仅是要区分"何谓社会,何谓个体","何谓核心,何谓附属,或多多少少的偶然"(14)。他的焦点是强调唯有**语言**能被当作"**其他一切言语表现的范式**"这个事实。一旦我们"在一切言语事实中赋予语言以首要地位,那么我们就为集体引入了一种天然的秩序,不必对其进行其他的分类"(9)。

  手持这些重要的不同方法,索绪尔首先采取的行动就是抛弃以物体为中心的语言观(它将单词的语言特点视为在某种程度上源于这个单词的指称物)。"如果单词代表着先在的概念,"他指出,"那么在各种语言中,这些单词都会有意义上一模一样的对等物,但情况并非如此"(116)。相反,索绪尔提出了一种关系性、区别性的理解语言的方法,将语言理解为一种体系,它不以任何自然或人类学为基础,相反,它的构建仅靠社会习俗。"语言符号连接的不是物体与名称,"他写道,"语言符号连接的是概念与音响形象,"一个是"所指",一个是"能指"。而且——恐怕这是他最重要的观点——"能指与所指之间的关系是任意的"(66—67)。

  索绪尔运用了一个类比来阐明自己的观点:"正如下棋这个游戏完全是不同棋子的组合,语言被视为一个完全以其独立单元的对立为基础的体系。"(107)一枚棋子——如马——它本身不是游戏的要素,"因为就其物质构成而言——离了棋盘和游戏汇总的其他条件——它对棋手毫无意义",只有当它被赋予了游戏中的某种特殊价值时,"它才成为一个真实、具体的要素"。在游戏中"不同要素按照既定规则彼此制约平衡"(110)。正如索绪尔所总结的那样——这个关键性的段落为20世纪后期符号学(对符号系统的研究)中的许多重要假设提供了框架:

> 千言万语,归结起来只有一句:语言中只有差异。更重要的是:一般情况下,差异总是意味着积极要素,差异正是在此基础上得以建立;但语言中只有**无积极要素**的差异。不管我们是以所指还是能指为例,语言既无先于语言系统的观点,也无先于语言系统的音响,语言只有源于系统的概念差异和声音差异……但是,只有当人们独立看待所指与能指时,语言中一切都是消极的这一论述才能为真;如果我们从整体上来看待符号的话,我们能得到符号的某些积极要素……虽然单独看待所指与能指时,它们都是纯粹的表示差异及消极要素的符号,但所指与能指结合起来却是一个积极的事实。它甚至是语言唯一的事实,因为使这两类差异保持平行状态,这是语言体制的显著功能。(120—21)

  这里有几点值得强调。首先,语言是一种"表示差异和消极要素"的系统,这显然是一个相当有局限性的观察。然而,这句话的意思就是——用系统理论家格雷格里·贝特森的术语来说——语言不是一种交流和表征方面的模拟系统,在模拟系统中,真实的物理特征的"量"与用来表达物理特征的符号之间具有直接的因果关系(例如,水银温度计的刻度与体温的真实变化呈线性反应)。然而,在**数字**系统,如人类语言(或数学),符号与符号所代表的东西之间"没有量的对应"。"'大'(big)这个单词并不比'小'(little)这个单词更大,"贝特森指出,"总的来讲,'桌子'这个单词的样式(即相互关联的量的系统)也不会与这个物体所揭示的相互关联的量的系统之间有对应关系"(1972:373)。

  然而,即使在这个最基础的层面,"差异"(例如"大"和"小"这两个单词的差异)也远不是一件维度单一的事,因为它不是纯粹的差异问题,用贝特森那屡试不爽的公式来说,它是"一个带来差异的差异"(453):只有在参照了更大的规则系统时,差异的含义才能确定,而且只有在那个更大的系统中,差异才能发挥作用。例如,贝特森指出,在英语中,字母与字母的差异并不完全一样;事实上(拼字游戏——一种桌上游戏——的爱好者会赞同这一点),信息论已经以字母出现的统计频率为基础,从数学上计算出了给定语言字母表中每一个字母的信息值(402)。而且如果我给你看一个英语单词(《幸运之轮》这一节目的粉丝首先会搜肠刮肚地找例子),这个单词只现出Q这个字母,其余部分全被遮住,你不会去四处乱碰运气,相反,你会很容易地猜出Q后面紧跟的字母是U。

请注意,严格地说,被交流的信息并不包含于所提到的单个要素**之中**,但它也不完全在那个要素"之外"。人们无法从要素和要素出现背景的某方面之间将含义"挤榨"出来。其原因在于,正如贝特森所指出的那样,"'信息'和'形态'跟差异、频率、对称、符合、协调、一致类似,都是零维度";跟"真实维度的量(质量、长度、时间)及其衍生物(力、能量等)"不同(403),信息和形态"不能被定位"(408)。这句话的意思是,严格地说,任何能指的含义在**任何地方**都不能准确固定下来,因为**它是什么**同时也即它不是什么(即系统中的其他要素和规则)的产物。因此,能指含义的在场可以说实际上是由"缺场"决定的。德里达在"论文字学"中对"字符"(*grammé*)作了研究(这里我们还要再次想到贝特森),他所说的"字符"将符号这个概念称为不可通约的关系性,"不可简化的要素"。德里达认为,这一要素不仅在语言系统中起作用,而且在信息科学和生物科学的"程序"概念中起作用(1974:9)。

另外,索绪尔对这一动态的描述不仅包括了能指,而且包括了所指("概念")。他写道:"既没有语言体系之外的观点,也没有语言体系之外的声音,只有源于系统的**概念**差异和声音差异。"当我们记起这一点时,索绪尔的发现的宽广含义才全然呈现。这意味着什么,用德里达的话来说就是:

> 概念从来不是自有自在的,它的存在从未全然只指向自我。从本质上来说,这也合服法度,每个概念都被书写于一个链条或一个系统之中。通过系统化的差异的游戏,概念在链条和系统中指向他者。这个游戏——延异(*différance*)——因此就不再仅仅是一个概念而已,它是概念的可能性。(1982:11)

但是,综上所述,这意味着概念的可能性的条件同时也是其**不可能性**的条件。德里达在他的新术语 *différance* 中用 a 代替了 e,就是为了表明那个难以接受的悖论(至少从德里达煞费苦心想要解构的哲学传统来说,这是难以接受的)。

然而,在形成具体符号理论的工作中,索绪尔最终绕开的却恰好是这些含义。这样的话,有意无意之间,索绪尔试图将延异这个精灵塞回德里达所说的"在场的形而上学"这个瓶子之中。在德里达看来,索绪尔工作的这一败笔主要表现在两大主要症状上:一,索绪尔的语言符号理论本身的细节;二,他将言语擢升,高于书写。对于第一点,德里达发现,索绪尔对能指与所指之间"最根本的合法区别""难免让人想到**概念的指称是自在自有的**,概念仅仅是思想的代表,它不跟……能指符号系统发生关系"。这样,索绪尔重新将他先前想要抛弃的东西又捡了回来:有可能存在被德里达称为"超越符号链"的"超验所指"(1981:19—20)。对于第二点,索绪尔看重德里达所谓的"音响本质"(21)——如索绪尔坚持认为,"语言符号连接的不是物与名,而是概念与音响图像"——人们就可能会认为,意识与概念之间存在着一种亲密无间、未掺杂质的关系,可能会认为,意识存在于能指之中,并通过能指来进行自我表达,"这个能指不染尘埃,才入我耳,便出我口。它完全依赖我纯粹、自由的自发性。工具、附属物、人间力量,一概不需"(22)。"要减少能指的外在性,"德里达接着说,"就是要在一切符号实践中将非心理的一切东西都排除在外"(22)——当然,这恰好是索绪尔一开始就**不打算**做的事。它同时还一箭双雕,重新引入了**通信**这一概念,"它意味着**通信就是将所指对象的个性特点从一物传输给另一物。通信就是传输含义、概念**。含义、概念与传输过程、指称操作分开,这并无不妥"(23)。

那么,我们就需要这样一种语言理论:即使我们需要能够在语言里、且以语言为工具来解释心理维度与沟通维度之间明显的互动行为及相互关系,但这种语言理论也要能够阐明心理维度与沟通维度的根本差异(见第9章,"通信")。这里,在详尽发展贝特森等早期系统理论家的观察方面,以及在德里达上下求索的问题方面,事实证明温贝托·马图亚纳、弗朗西斯科·瓦雷拉及尼古拉斯·卢曼等当代系统论理论家们所做的工作极有价值。在当代系统论对这一问题的处理上,卢曼做了一个大胆的推断——"人类不能沟通。甚至连他们的大脑也不能沟通;甚至连他们有意识的思维也不能沟通。只有沟通本身能实现沟通"(1994,371)。把这里当作出发点,再恰当不过。这一点似乎至少可以说有悖直觉,但从某种意义上来讲,卢曼仅仅是在继承、发展索绪尔的两个主要观点(德里达的解构思想以激进的方式表现了这两个观点):一,坚持沟通首先是一个社会事实(不是一个"个人"或"心理"事实);二,这也意味着我们可能会发展出一种"普通符号学"(其中,对具体语言系统的分析可能仅仅是其中的一部分)。在卢曼的作品中,以下两大主要理论责任将成为该项任务的基础:首先是他对社会系统(**沟通**是其主要媒介)与精神/心理系统(**意识**是其主要媒介)的区分;其次是他对**意义**形态的动态性进行的理论阐述,两种系统都运用了动态形态来实现自我维持及自我创生(从字面意义上来讲,就是"自我制造")。只有以这个理论框架为前提,**语言本身**这个问题才荣升为心理系统历史和社会系统历史中一个具体的、次级的演化进程。

卢曼系统论(以及一般意义上的系统论)最根本的理论假设就是:我们一旦用系统/环境的功能区分来取代了我们所熟知的源于形而上学哲学传统(精神/物质,文化/自然的对立,等等)的本体论区分,我们必须要理解这一点:从相当重要的意义上来说,由于任何一个系统所处的环境都总要比任何单个的系统复杂得多,因此,系统/环境的区分极不对称。因为显然任何系统(不管它是心理系统还是社会系统)都不可能在内部状态与整个环境之间建立一一对应的关系,因此,系统必须想方设法去应对无比复杂的环境问题。卢曼说,这一目的是通过运用自我参照原则来实现的,即通过选择来处理、回应环境变化,从而将环境的复杂性降低到系统能对付的程度。另外,在需要不断适应压力的情况下,系统通过增强自身的**内部**复杂性来增强系统的选择性,它涉及卢曼所说的在系统内部"再次植入"系统/环境之分。换句话说,就是使系统的环境过滤器质地更精细。

以数字化复制及其传播影响为例,法律系统不必(也不可能)对给法律环境造成巨大变化的一切技术因素、经济因素、文化因素——做出回应。相反,法律系统降低了自己的复杂性,只是在"合法/不合法"这一自我参照原则的基础之上选择性地作出回应,它能决定哪些环境因素与之相关,哪些环境因素与之无关。例如,只有在涉及非法文件共享这一问题时,苹果 Ipod 二代与苹果 Ipod 三代之间的技术差异才与法律系统相关(尽管它们都是实实在在的环境变化,在某些背景下,还是极为重要的环境变化——如市场环境变化)。通过"再次植入"过程,法律系统增强了自己的内部复杂性,对这些环境改变做出了回应。对于日益复杂的内部子系统,在这个例子中是"版权法",系统本身成为环境。反过来,它的某些法律环境领域与之相关(如所有权问题,合同问题),而另一些(如交通法)则与之无关。

而恰好是在这一背景下,"意义"作为一种形态,它的发展才在心理系统和社会系统的演变、适应过程中起到了关键作用。意义为系统提供了一种形态。"真正的形态"与"可能的形态"能够同时出现。这一点显然具有适应性强的优势,因为它为系统提供了一种环境复杂性的模式,从而增强了系统的策略选择,扩大了选择范围(Luhmann, 1995:63)。无论是心理系统,还是社会系统,两种系统都在演化过程中很好地运用了这种通过意义形态对环境进行"虚拟化"处理的方式,从而为系统提供了一种更为复杂多变的测绘环境、一种对环境作出回应的方式。事实上,在心理系统和社会系统共同演化的过程中,卢曼认为,"意义是突变进化这一层面的真正'本质'。因此,将精神……从本体论上视为优于社会,这是不对的(或说得更温和些,此人类本位说是个错误的选择)。为意义找到一种'支撑性本质',这是不可能办得到的事。意义自己支撑自己,因为它能够自我参照、自我复制。**唯有这些复制形态能够将心理结构与社会结构区别开来**"。也就是说,"在心理系统中,意识被选为运作的形态;或者,在社会系统中,沟通被选为运作的形态"(98)。

当然,我们在这里看到了卢曼版的德里达批评。由于意识是本体性的基底,人们由此可以得知书写/沟通是否有效,是否正确,而德里达对此论断进行了批评。作为延异的书写(用德里达的话来说)或"意义"(用卢曼的话来说),其活力没有得到本体论的支持,而事实上这才是关键。卢曼的话通俗易懂,让人茅塞顿开:

> 人们看不到这一点,这是因为每个试图这样做的意识……都跳不出意识的窠臼。意识上的沟通只能通过意识的方式得以执行,并且还要取决于后面可能出现的意识。但对沟通而言,情况却并非如此。唯有超越意识的封闭性,沟通才可能成其为一个事件:它对多个意识概念进行合成(99)。

于是意义"就能使心理系统与社会系统互相渗透,但同时又能保护两个系统各自的自创生性"(219)。

但显然意义是一种**形态**,不是一种媒介。所以,考虑到卢曼坚持认为意识与沟通之间彼此分离,这种"互相渗透"又是如何实现的呢?卢曼认为,它是通过**语言**这种至关重要的媒介来实现的。他认为语言既不构成心理系统,也不构成社会系统,这两种系统在沟通中常常都可以**不用语言**本身,而且也的确没有用语言。相反,在人类社会的演变过程中,语言是一种非常具体的次级发展,是一种"通过符号被一般化了的沟通媒介"(161)。毕竟,"不用语言人们也能进行沟通"。人们能以各种非语言的方式进行沟通，"也许是通过笑声，也许是通过怀疑的眼神，也许是通过衣着打扮"(150)。即便是面对面交流，说同样的语言，我们还是最好将沟通中的语言部分仅仅当成一个复杂多变的集合中的一个组成部分，这个集合包括身体语言、姿势动作，以及其他表演元素，这些沟通都可以不用语言（为什么许多人发现电子邮件是一种如此靠不住、易招惹是非的沟通形态呢？就是因为缺乏这些控制元素和背景元素）。事实上，正如贝特森指出的那样，"当男生对女生说'我爱你'时，他是在用语言来表达那些本来是通过他的声调、动作来表达的东西，而后一种方式更为可信。如果那个女生是个明白人，她会更加关注与这些言词相伴的信号"(1972:412)。

那么，语言就可能是"一种媒介，对符号的使用是其区别性特征"。"在实践中，它能将可被理解的沟通无限延伸"，这一成就的重要性"无论怎么强调都不为过"——但"人们还是必须看到它的界线"(Luhmann, 1995:160)。从更宽泛意义上来看，语言本身与意义脱节，认识到这一点对于理解艺术的具体性，理解艺术中语言作为媒介的功能至关重要。实际上，卢曼认为，艺术品通过两种主要的方式来利用理解与沟通之间的**差异**：其一，利用理解元素来刺激人们对艺术品的意义进行沟通；其二，用戏剧化的方式表明作品的意义不能仅仅被化约为观念基底或仅仅是媒介本身（想想杜尚的《泉》和《雪铲》等例子）(2000:22,23)。对于其他社会系统，理解与沟通之间的差异是一个问题。理解总是有阻碍沟通的危险（想想现代法庭这个例子：情感上的纠葛、滔滔不绝的演讲、各种法律裁定以及法庭闹剧）。对艺术而言，这种差异则是一种资源。艺术品通过独特的方式来呈现理解与沟通之间的关系，从而去完成自己的沟通任务。

这一点在以语言为媒介的艺术形态——文学——中可能表现得最为明显。在文学（尤其是诗歌）里，文本具有语义维度及明示维度，也具有超越语言的感官、理解特点（如为人所熟知的尾韵、节奏、头韵等韵律元素），而被人们前置的，正是两者之间的差异。作品有意利用这种差异去激发一种**次级**沟通（这个差异意味着什么？）在文本中，单词的语义学层面（它与单词的音响或"音乐"特点形成对照）只不过是故事的一部分。这就是为什么我们常说"诗无达诂"。正如卢曼所说，"诗歌用不着明示。相反，诗歌依赖的是暗示，它以单词为媒介……通过对**仅以单词为媒介**所带来的自由进行探索，只有从暗示这个层面上来看，诗歌才能成为一个整体"(2000:124；黑体为作者所加)。

在文学中，将语言视为一种听觉媒介，甚至图像视觉媒介，几乎清空语义内容、明示内容，如此运用语言的方式颇多，已远远超越了传统韵律手段：特里斯坦·查拉(Tristan Tzara)是20世纪20年代达达主义的"裁剪""拼贴"的例子；20世纪50年代，威廉·S. 伯勒斯(William S. Burroughs)的实验将印刷品与声音录音随意裁剪、混合；库尔特·施威特斯(Kurt Schwitters)推出了噪声与表演诗歌（他有一首诗只有一个字母W，他把这个字母"读"给观众听，用不同的音色，不同的音量，从含糊不清的喉音到频率极高的尖叫，林林总总的方式毫不和谐）；最后到了具象诗，纸张上单词的视觉形状最重要，另外还有诸如A. R. 安蒙斯(A. R. Ammons)等诗人在打字机上的游戏性实验，他的诗歌《四月》预告着电子邮件中经常被使用的表情包的出现：

| (o (o | a look-see | 张望 |
| (o o) | slightly more direct | 拿正眼看 |

| (—(— | shut-eye | 闭眼 |
| ($($ | American dream | 美国梦 |

(1977:217)

当然,在次级沟通(艺术本身)中,灵活运用理解与沟通之间的差异,这一点并不仅限于语言艺术。卢曼认为这实际上是艺术本身最重要的活力。艺术是一种"非语言沟通,跟语言沟通一样,它们都有自我创生结构……但它不受语言具体特点的限制,因此它能延伸用单词所能表达的沟通领域"。从这个意义上来讲,"艺术的功能是沟通,虽然它不能完全通过单词(更不要说观念)得到充分表达——或者,恰好正是由于这一点,艺术的功能才是沟通"(2000:18,19)。

这一点在以语言为媒介的非文学艺术形态中恐怕表现得最为明显,而且常常是以五花八门的方式。例如,在 20 世纪 60 年代中期到晚期约瑟夫·科舒特(Joseph Kosuth)具有开拓性意义的作品中,艺术家考察了表征与语言中的概念的关系、与摄影的关系、与三维物体之间的关系。他的作品《一把椅子和三把椅子》(*One and Three Chairs*)(1965—67)包括一把折叠椅,一张这把折叠椅的照片,一张放大了的词条——椅子——的照片。这个作品表明,语言中未被沟通的部分跟它已被沟通的部分同样重要。同时期的约翰·巴尔代萨里(John Baldessari)的系列绘画作品其方法却极为不同(恐怕与科舒特形成了鲜明对照),他的每幅画都会呈现一个句子,巨大的白色油画布是背景,黑色字母就画在上面。在《此画清除了除艺术之外的一切东西;此画不表达任何观点》(*Everything Is Purged from This Painting but Art*;*No Ideas Have Entered This Work*)(1966—68)这个作品中,"绘画"仅仅是表达观念的工具,观念是通过语言来表达的,绘画被归入了"语言"之中。对这个作品所要表达的观念而言,"语言"是透明的,因此它不具物质性;但是,作为一种被描绘的图形元素,"语言"同时又被重新赋予了物质形态。

芭芭拉·克鲁格(Babara Kruger)及珍妮·赫尔策(Jenny Holzer)等后起之秀对文字的力量很感兴趣。文字具有压倒一切的力量,在某种程度上,文字甚至成了一种潜意识力量。当语言被当作一种文学以外的艺术形式被"重新调节"之后(与绘画媒介或录像媒介相对照),其语义维度在艺术作品中仍然得到保存,她们的作品提醒我们要注意语言这一独特之处。克鲁格和赫尔策让我们看到日常生活中的语言风景本身如何同时也是图标,这些图标中散落着预先打包的短语、行话,以及星星点点的"基本常识",这些东西都是更为宏观的社会意识形态复制品的组成部分。在她从 20 世纪 70 年代晚期开始发布的《老生常谈》(*Truisms*)系列中,赫尔策运用了数以百计的简短俏皮话,这些俏皮话出现在形形色色的背景中,使用了各种不同媒介——从曼哈顿四处可见的廉价传单,到 T 恤衫,乃至时代广场上的巨幅电子显示屏(观众可以看到广告或新闻头条)。这些东西迫使观众积极参与到对作品的意义构建当中去,而非仅仅是对自己身处的语言风景进行消费。"有了正能量,世界不一样","绝对的顺服也能是一种自由",当观众看到这些话时,他们不仅要被迫去判断这些说法是否真诚,抑或是在反讽,而且他们还必须去面对这些话语形式所具有的生成性特点。在这里,语言的语义内容得到沟通,但还有一点可以肯定,通过语言这个媒介得到沟通的东西**远大于此**。

艺术中对语言的运用无须局限于语言的书写形式或图画形式。这一点可能在音乐中表现得最为明显。然而,加里·希尔(Gary Hill)的《论色彩》(*Remarks on Color*)这种当代录像作品也表明了这一点。在这里,一部五十分钟的大屏幕彩色录像由定焦拍摄构成,镜头下希尔八岁大的女儿阿纳斯塔西娅(Anastasia)大声朗读哲学家路德维希·维特根斯坦的同名作品。这部作品之所以有趣,其中的原因有许多。维特根斯坦对语言哲学的沉思无比抽象(尤其当他谈到语言在描述色彩方面是如何无能为力时,我们明白了语言的某些特点)。而阿纳斯塔西娅在朗读一篇她完全不理解,或顶多说得上理解不完全的文章时,她的童声节奏独特,她念了别字,而且她的语调跟不上文章(有个例子大家都知道,她把"angles"念成了"angels")。这个作品运用了不具生成性的、具象化的声音,如同在使用言语,这一点与我们在施威特斯的作品中发现的情况不同。我们有一连串的问题要问:在这里,什么是"文本"?是维特根斯坦的书吗?是这个女孩读这本书的声音吗?两者的区别在哪里?如果语言在这里失败了,跟维特根斯坦所说的当语言遇见色彩时一样,那么其失败的方式相同吗?失败的原因相同吗?

当代艺术家爱德华多·卡兹(Eduardo Kac)非常关心这些问题,以及由之引发的我们在文章开头就已提到的伦理问题和本体论问题。他在各种实践、各种谱系的交叉地带行走,其中包括观念艺术、行为艺术,以及生物艺术。卡兹常常将基因材料、有机材料(包括活的植物和动物)与互联网、远程可视设备、图像链接等通信技术、"远程监控"放在一起,建立一种代码转换,或者,反过来,在极为不同的媒介之间造成一种醒目的分离,以戏剧化的方式呈现我们一直在讨论的意义与语言之间的脱节,将代码模式——字符——前置,并通过程序来探索它延伸到不同媒介的方式,它肩负生物学、生态学、通信系统、社会系统的演化与适应的未来的方法,这是卡兹作品的标志性姿态之一。

他有一个名叫《创世纪》(1998—99)的项目跟我们一直在讨论的问题特别相关。卡兹从钦定版《旧约圣经》中选了《创世纪》第一章第 28 节:"人要管理海里的鱼,空中的鸟,和地上各样行动的活物。"他把这段文字译为莫尔斯电码,然后又把莫尔斯电码译成了基因代码,原则是将莫尔斯电码的长信号变成胸腺嘧啶(T),点信号变成胞核嘧啶(C),单词之间的间隔变成鸟嘌呤(G)。卡兹用这个被翻译为"艺术家的基因"的事物创造了基因序列。基因序列在实验室里合成,然后与陈列在画廊中的培养皿里的细菌相结合。在画廊里,三种不同的文本/代码与一副巨大的细菌投影图像一道,都被投射到墙上,同时还播放着以"艺术家的基因"为基础,用"DNA 音乐合成"的原创背景音乐。人们可以通过互联网看到细菌,在线参与者还可以远程打开紫外线灯,让细菌产生变异,从而让基因代码发生变异,最后让圣经文本本身发生变异(Kac,2005:249—51)。对卡兹而言,"改变这个句子具有象征意义:这意味着我们不必以世代相传的方式接受意义,我们寻求改变的时候,新意义就会出现"(252)。

对于这个作品,我们有很多话可以说,但就我们的目的而言,最有趣的地方在于:首先,作品戏剧化地表现了意义与某种语言媒介之间的分离(这里包括基因代码和莫尔斯电码,但非常有趣的是,音乐代码可以以数学的形式出现)。然后,作品让此差异为艺术品本身的次级沟通服务。次级沟通一方面依赖代码、程序、语言之间不可化约的复杂的相互作用,另一方面依赖言语的偶发性背景事件,如远程观众/参与者的行为。这两方面都至少在两个层面上被推到了**伦理**问题面前:次级沟通不仅要在控制、生产,以及生物系统和生态系统的未来演变中担负起信息系统的角色,次级沟通还会(这一点不那么明显)牵涉某些传统权威概念,这些权威概念源于我们一直在讨论的语言、观念、意识之间的关系。

至于后面这点,《创世纪》既运用了,同时也颠覆了下面这个论断:观念蕴含于语言之中,观念的权威性或效力要靠在场的声音(或者,用德里达的短语来说,"音响物质")来保证。这个观点必然会带来下面的观点:词的在场是整个"本体论传统"的基础。为揭穿这一传统的矛盾之处,德里达煞费苦心(1981:10)。例如,在《创世纪》最开始的描述中,在信徒们看来,这些宣告是"上帝的声音"(用的是祈使语气,毫无商量的余地)。实际上,只有在来自天上的声音与德里达所谓的语言的"外部性"之间没有任何东西居间调节时,词才被视为具有权威性。然而,卡兹的三重翻译就是要让我们看到,为摆在我们面前的"声音"负责的这些"外部"元素无比复杂,具有无限的历史性。例如,卡兹在一篇文章中谈到这个项目时说,他之所以选《钦定版圣经》,就是为了"通过它表明,《旧约圣经》及其阐释经历了无数变异",从而强调这个事实:这个译本本身确实是"许多译本中的一个"。他还说,如果我们要严肃对待这一文本的"源文本"的"权威性",我们就需要知道,如今被我们称作《圣经》的文本,它最早的书面形成时间是在公元前1400年至公元100年之间,"字、间无空格,无句读,无章节"。这些东西之所以被加上了,是因为"后来的译本想要简化文本,对文本进行组织——也就是说,要阻止它不断变异——然而,它恰恰带来了更多的译本"(2005:261nl)。这里,卡兹的作品提醒我们,语言既是一种形式,也是一种媒介:说它是形式,因为如果它不是形式的话,就不可能有任何翻译;说它是媒介,因为只要语言的外在性、物质性以及文本形式总是在以一种不可化约的复杂方式干预人与文本意义之间的关系,那么它就是媒介。正如我们已经注意到的,这一点跟说话的主体该有的权威性之间具有紧密的关系。

这个项目的另一个结果就是,作品颠覆了下面这个观点:意义仅仅是内部心理状态的表现,用卢曼的术语来说,它强调的是心理系统与社会系统之间不可化约的差异。一方面,它邀请远程的参与者来"表现自己",他们表现自己的方式显然最简单、最不会有麻烦,即通过电脑鼠标上的二进制代码"点/不点",去激活细菌旁的紫外线灯光。但要记着,灯光会对基因材料造成变异,让其偏离"原初"状态,圣经文本也无疑将被改变。因此,观众也被吸引,参与了一场自己正在抵抗的"统治"游戏,卷入了一场伦理纠葛:去激活意义、代码、权威性之间的联系。如果观众真的参与了这个进程,"他改变了句子及其意义,但他不知道会出现什么新版本"(252)。他不是变成了意义的代理人(自己内在心理的直接表达及后果),不是简单地用一个单词来替代另一个单词,而是成了变异的代理人:外部因素之间不可预知、复杂无比的相互作用产生变异,而外部因素与表达不可分离,表达则源于内心决定。

现在最能打动我们的,恐怕当属艺术品在次级沟通中的意义。次级沟通以语言及代码为媒介,利用了代码及文本本身的变化,"新版"《创世纪》就是在变化中产生的。变化极小,严格说来也显得荒谬:"Let aan have dominion over the fish of the sea and over the fowl of the air and over every living thing that ioves ua eon the earth."显然,卡兹的《创世纪》不能被简单地视为只是变了几个字。严格地说,它根本就说不上是语言。事实上,从真实的角度来看,你在**哪里都找不到**这个作品的意义。作品意义不可被化约为概念基质,"加密的石头"——两块大理石激光雕刻，记载着项目的"最后成果"——含蓄地表明了这一点。这两块石头本身暗指圣经神话中的那两块法板。上帝用手指在法板上刻下了十诫。十诫是摩西在西奈山上听到的上帝声音的直接记载——这是"本体神学"传统中一个典型的例子，我们在前面已经有所涉及。卡兹认为，这两块石头也暗指罗塞塔石碑，它于1799年被拿破仑的军队发现。（人类统治一切。这话不假！）有人尝试着翻译了刻在上面的三种语言——埃及象形文字、当时的通用文字、古希腊语（255—56）。

卡兹的《加密的石头》（*Encryption Stones*）以及石头上的三种"语言"让我们看到：我们对翻译的梦想、对一种语言与另一种语言之间完全透明的梦想从未远离。但《加密的石头》也让

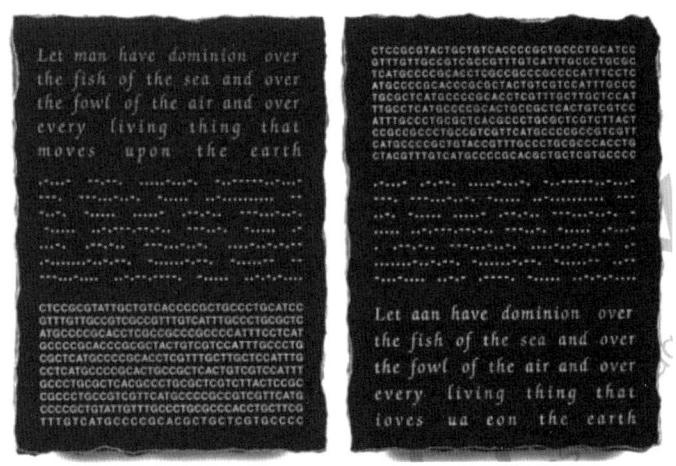

爱德华多·卡兹，《加密的石头》，2001。大理石激光雕刻（可折闭双连板），每块 20×30 英寸。理查德·兰德尔（Richard Langdale）收藏。

我们看到，有一种危险与这个梦想相伴。对"生命之书"（它总会成为基因代码讨论中的热门话题）的梦想虽然十分脆弱，但它却十分诱人，它精彩地呈现了"统治"这一古老的危险，卡兹的圣经文本明明白白地说出了这一点。所以，也许卡兹一心想要阻止的恐怕不是代码，而是主码——所有的语言都是一种语言，在这种语言中，意识及沟通能完全同步、完全透明。

回到我们开始的话题，如果我们的语言观本身发生了变化，也许基于语言观的"统治"就会发生变化。

参考文献及建议阅读书目

Ammons, A. R. 1977. *The Snow Poems*. New York: Norton.

Bateson, Gregory. 1972. *Steps to an Ecology of Mind*. New York: Ballantine. See esp. "Cybernetic Explanation," "Redundancy and Coding," "Form, Substance, and Difference."

Bolter, Jay David, and Richard Grusin. 2000. *Remediation: Understanding New Media*. Cambridge, MA: MIT Press.

Derrida, Jacques. 1974. *Of Grammatology*, trans. Gayatri Chakravorty Spivak. Baltimore: Johns Hopkins

University Press.

———. 1981. "Semiology and Grammatology: Interview with Julia Kristeva." In *Positions*, trans. Alan Bass, 15–36. Chicago: University of Chicago Press.

———. 1982. "Différance." In *Margins of Philosophy*, trans. Alan Bass, 1–28. Chicago: University of Chicago Press.

———. 1988. *Limited Inc*.

———. 1989. *Of Spirit: Heidegger and the Question*, trans. Geoffrey Bennington and Rachel Bowlby. Chicago: University of Chicago Press.

Kac, Eduardo. 2005. *Telepresence and Bio Art: Networking Humans, Rabbits, and Robots*. Ann Arbor: University of Michigan Press.

Luhmann, Niklas. 1994. "How Can the Mind Participate in Communication?" In *Materialities of Communication*, ed. Hans Ulrich Gumbrecht and K. Ludwig Pfeiffer, 371–88. Stanford, CA: Stanford University Press.

———. 1995. *Social Systems*, trans. John Bednarz Jr. with Dirk Baecker. Stanford, CA: Stanford University Press, 1995.

———. 2000. *Art as a Social System*, trans. Eva M. Knodt. Stanford, CA: Stanford University Press.

Maturana, Humberto, and Francisco Varela. [1992] 1987. "Linguistic Domains and Human Consciousness." In *The Tree of Knowledge: The Biological Roots of Human Understanding*. Boston: Shambhala/New York: Random House.

Osborne, Peter, ed. 2002. "Word and Sign." *Conceptual Art*. London: Phaidon.

Rorty, Richard M., ed. [1976] 1992. *The Linguistic Turn*. Chicago: University of Chicago Press.

Saussure, Ferdinand de. [1915] 1959. *Course in General Linguistics*, Ed. Charles Bally, Albert Sechehaye, and Albert Riedlinger. Trans. Wade Baskin. New York: McGraw-Hill.

Wittgenstein, Ludwig. 1958. *Philosophical Investigations*. Oxford: Blackwell.

17. 法　律

彼得·古德里奇

　　法律与媒介的关系可以说极为矛盾。美国宪法第一修正案保证言论自由，最高法院看似与一切形式的审查不共戴天。言论自由权象征性地统治着电台和网络。而另一方面，国家安全利益、爱国法案，以及反恐战成了无固定形式的常规战，这些东西又允许人们暗中对所有通信进行全面监控和管制。自从1927年颁布无线电广播法之后，电台就一直受执照限制，受到诸如罚款，以及其他不那么直接的威胁、制裁等方式的事后控制。游说、个人诉讼、法律威胁、联合自治、消费者的抵制，这些因素都促使媒介严格自律，既要掂量如何避免法律纠纷，又要掂量如何满足定义模糊的"公众利益"——意思是要道德、体面、有分寸，不要粗俗、淫秽、无礼冒犯。用史蒂文斯法官的话来说，法律的目的是为了"引导行为"，而不是直接禁止或事先规定人的行为。

　　要理解法律与媒介之间的张力，关键是要认识到：法律是一个象征系统，这是法律的功能，或者用一个古旧的法律表述来说，它是展现正义和真理的剧场。社会化的自我在场；公众生活中的职位、角色；严肃的，或者说仅仅是可视化的社会话语的恰当途径及形式，这些东西都是通过法律的形式得以执行，而且在执行的过程中可视化程度高，从根本上来讲，其形式具有戏剧化表演的特点。作为一个象征话语，作为想象共同体的最基本、最结构化的形式，法律一方面对其他展现社会自我在场的话语进行规定约束，另一方面又与展现社会自我在场的话语之间形成竞争。简而言之，法律的象征功能首先就是要建立话语等级，在这个等级制中，形象及其他法律符号高高在上，俯视一切。法律的合法形象、法律话语，这些都是主要的社会标记符号，是想象共同体中道德秩序的化身，其腔调要高于其他想与之一争高下的反调，有必要的时候甚至要击垮反调，如那些对抗社会理性，或者是对主权法律、本土既定制度及其现存道德准则构成威胁的主张。只有当法律的规范功能失效，媒介的自我约束功能无法阻止对象征秩序及这个秩序下约定俗成的规矩构成的威胁时，法律才对媒介进行直接干预。即便如此，在执行法律的过程中，法律总是会保护自己的形象，保护法律高高在上的地位：它高于其他话语，而且独树一帜。本文开篇将考察法律作为一种媒介的根本特征，考察法律作为一种象征性的、论述性的社会机制的根本特征，然后分析法律如何直接或间接地辖管着其他话语及媒介。

决议,规则,判决

走简易程序的拘禁,意思是未经审讯而判决,这是习惯法中一个独特且无争议的权力。这个权力不可避免地要关注法律的公众形象,用术语来讲叫作"藐视法庭"。任何人如果其行为让法庭难堪,或者其态度是刻意要削弱法庭权威或尊严,他可能会立即受到惩罚,这是在执行"与法律本身相伴的"法律权力,其目的是为了保护公众形象,保护法律从业人员及法律程序的象征地位。一个法律方面的共识可能会有助于我们理解这一点。

被告人奥兰多·托马斯(Orlando Thomas)的驾照被吊销,他到克莱县法院缴纳罚款,他另外还有一张过期的年检单。[1]仅此而已,不是什么大不了的事。然而,格斯特(Guest)法官告诉他说,他还被指控在公众环境中行为不敬,而且法官立即开始了对后项指控的审讯。托马斯被判有罪,需缴纳罚款。在离开法庭时,他辱骂法官,然后因藐视法庭的罪名被捕。托马斯被铐起来带到了法官面前,法官问他是否知道他被抓是因为藐视法庭。他保持沉默,这让法官大为恼火,于是下令把他关进监狱。托马斯被从法庭上带走,但是在离开之前,他又用脏话辱骂了法官。"此时,格斯特法官走下法椅,揍了托马斯。"两人被拉开,托马斯进了监狱。在上诉中,藐视法庭这一原判被维持。格斯特法官打了他,这可能是个司法错误,甚至是行为不当,但被告藐视法庭这一点并不因此而受影响,而且他激怒了法官这一事实显然也无法抹杀。认为托马斯关于人身羞辱针对的是个人本身而非执行公务的法官,这一辩诉也不成立。

法官代表的不是个人,而是职位。法官的所作所为被倾注了尊严和权威,即便是法官本人也不能废除。被告犯了"在公共场合污言秽语"之罪,既冒犯了教会的规矩,也违反了俗世的法令,这让人们可以更加看清法律秩序的象征作用。这不仅仅是因为社会秩序与法律秩序在结构上是分离的,而且属于潜在对立的领域,而是因为法律的功能是维护,必要时强制执行,或重新发明象征秩序中的等级制,以及公共话语场所或媒介表达的多样性。借用一个俗语来说,法律秩序不是(法律文书也不是)什么还未出师的公证学徒的作品。法律是一种教义秩序,它表达、传播的是关于社会信念的条条款款(或者是各种准则)。在方法上,人们首先要注意它是社会在场的象征形式,它的表达方式比较凝重。

法律的社会在场明显具有纪念碑的特点。它属于已经定格的城市,以建筑比喻的形式首先映入公民的眼帘。法律发号施令的地方远离街道,并且被象征性地保护了起来,如高高的入口、古典风格的柱子、拉丁铭文、雕塑、壁画、卫兵,而且十有八九少不了正义女神的雕像。正义女神被描绘成一个被蒙上眼睛的(被刺瞎眼睛的)女人,手拿剑和天平。[2]关于这一点,阵容还可以更加豪华:其他保护神、肖像、名单、书籍、高高在上的法官席、法椅、隔离栏杆、外语、法袍、不同的隔离区、暗门,这些东西是构成审讯的紧张气氛、出席者所执行的法律仪式的复杂行头的主要内容。

司法社会剧可以用来图绘并执行各种司法能力,它是一个官方场所,在那里,法律可以通过主权或主权代表发表言论。法律的身影在所有通信媒介中无处不在,在私人、公共领域无处不在,在潜意识中无处不在。法制化看得见,形态多变,不可回避。法律在操作过程中首先是通过它不同的形象,通过它与社会分离的象征符号来实现的。偶像式的法律表达,社会人多样化的法律表达模式,这些东西与逍遥法外者、牲人的偶像(或虚假形象)相对立,在目前,与恐怖分子相对立——这种存在秩序在公民社会及公民社会的同义词"法律"之外很难存在。³显然,这种自相矛盾的对立复制了古典史中的宗教话语:光明与黑暗相对立,善与恶相对立,理性与虚假、欺诈相对立。

法律强制性的物理在场,它的建筑、它的象征符号、它的视觉强迫接受中的审美,这些东西显然是在将一种象征性的身份及认知秩序与其他东西区别开来,并且对其进行保护。律师们住在自己的世界里。他们的知识被内化为他们的准则,他们的方法源于他们独特的疯狂。现代早期的法律研究者常常被表征为法律"瘾君子"。有一段极妙的早期描述:他们"沉迷于规矩,不能自拔。他们流汗的时候,流出的是法律;他们呼吸的时候,呼吸的只有法律;他们打喷嚏的时候,喷的是完美的法律;他们做梦的时候,梦的是深刻的法律。《利特尔顿的终身职位》是他们的早餐、午餐、下午茶、晚餐,以及珍贵的饕餮盛宴"。⁴法律瘾君子对法律的爱醋意十足,容不下第三者。他只爱法律,或者,就像一位早期评论者所说,"你会爱法律,但由于没有对手,你虽是君王,却是寡人一个,[因此只好独自泪流成河]。"⁵

陌生语言、晦涩暗语、形式主义、冗长的法律用语,通过这些法律手段,法律形象得到控制。这是一种对法律的保护,但这也使得法律既远离了来自内部的批评,也远离了任何来自公众的有效挑战。对法律形象的自我复制进行保护,这不单单是一个学科复杂性的问题,不单单是一个颠扑不破的审美问题及语言代码问题。它也是一个法律规范问题,对法律形象、审判的权威性的保护,尤其是对法官的形象的保护简直让人嫉妒。法官不仅可以走简易程序,未经审判就将藐视法庭者拘禁起来,而且还可以通过条例的形式,来监管现场摄像的问题、对正在审理中的案件进行报道的问题,或司法审议问题。无数的条例、规定、公共秩序法令、心照不宣的衣着行为规矩,这些东西的存在规定着恰当的形象,正如格言所说,"正义不仅要得到执行,而且执行正义要被人看见"。由此可见,法律形象是法律的关键,是法律文书的根本,这里指的不仅是确切的法律条文,而且还包括公函、法律媒介、传票或判决书的送达。

习惯法的主要形象,以及它流动性的视觉在场,这些东西都化身为法官,通过法官这个人物得到表现。法官是神谕携带者,是一种古老知识的监护人。先前的知识或先例还在增长,它不仅包括法律条令,而且还包括法律规范。借用来自早期希腊的说法,这些规范指的是一种方法,一种调子或节奏,它先于实在法,有了它,实在法才可能出现。我们下一步要问:习惯法是如何抓住了人们的想象力?如何抓住了其影响力,激发公民们赞同它的呢?它是如何教化(从字面意义上来讲,这个字来自"国民",即服从《罗马民法大全》的人)人的呢?然后是法律代表的根本意义问题,其审美、修辞传统变得不言自明的问题。在罗马法中,关于人的法律明明就是关于形象的法律。习惯法虽然没有具体用到这个表述,但它采取了同样的根本准则:法律人格是一个虚构的面具,一种修辞形式,一种戏剧形式。社会跟臣民一样,都是以法律的形式构建而成,其结构也是根据人在法律体制中的类别、人的行为、及拥有之物品而建立的。要成其为一个人,要在世界中采取行动,人们必须用到"各种行为方式",必须在家庭角色、公共职务中举行象征化仪式,必须进入法律关系。

  法律的合法性由基本规矩、常常是优先占用权决定。法律的起源不可考。它可能来自上帝、自然,或道德信条。它晦涩难懂,神秘莫测,标明法律在场的仪式及铭文仍然直接显示了法律的这些特点。偶像模仿是一个看得见的制度。用铭刻在华盛顿特区国家档案馆中的文字来说,国家心中装着所有法律文本。在那里仍然是父亲统治着社会。王权、父权仍然具有生杀大权,有确定范式及例外的大权,具体管辖因此而得到体现。同时还要注意仪式,如在最高法院开庭之前的红弥撒,以及英国议会开幕大典中,当法官进入法庭时的大喊声(大致意思是"肃静,肃静,肃静,全体起立"),另外还有着装及称呼(阁下)方面的古风犹存,这标志着仪式及仪容的重要性在现代法律中得到了延续。父亲形象代表着法律,法律出现需要以父亲为媒介,这给现代法律打上了不可磨灭的记号:帝国根基、父权社会特点、精神与世俗同形异义。

  父权形象盛行,但有个事实抛不开:正如圣徒们曾说,父亲这个形象不可能到处在场。换句话说,形象秩序源于提供权威符号这一需要。权威符号必须能流动,并且在整个司法过程中要在场。司法过程是一个有领土冲突的地方,君王的立法者并不是总能真正到场。君王常常以形象出现,尤其是以其人数众多、遍满全地的孩子或追随者的形象出现。法律通过法律符号的形式出现。法律有意把自己表征为一个象形传统,它是最初的知识,而且从根本上来讲,暗含制裁。一方面,它的意思是,法律从本质上来讲离不开君王的判断,离不开含混的绝对命令,离不开立法者们"法令的果实"。从技术上来说,是案例法及先例宣布了习惯法的诞生。另一方面,它又意味着,要接近法律本身,只能通过符号或其他象形文字(那些代表并传播了法官的内在知识的文本,这些文本含义模糊)的途径。法律通信以戏剧化的方式担负起了象征意义。下面这个概念准确地抓住了这一特点:"法律语言可以跟一个被称为西伦尼·阿尔西比亚德斯(Sileni Alcibiadis)的形象相比较。它的外表形象又残又丑,但它的内里却满是奇珍异宝。"[6]在这一方面,有一个象征比较有趣,正义女神被表征为盲目的时期,恰好是文艺复兴时期,律师们正在描述一种古老的习惯法。这个形象不仅象征着法律及纯粹的审判,而且还将法官描述成不从外部寻找支撑点,而是从内部及看不见的真理中寻找支撑点。[7]

  现代早期普通律师中有一个观点:法律是一个真理的语言,一个值得尊敬的书籍传统,表达了"法律行业的集体意见",因此,原则、案件应该总是保留其最早模样,坚决不让它在实际使用中被玷污。法律语言是语言艺术,科克大法官说,在法律语言中,我们会发现"许多文字在语法上根本站不住脚,然而在表达事情的本质时,它们却比用纯粹拉丁语更重要、更简明、更有效"。[8]正如罗马人所说,我们必须要对我们的工具有信心,意思就是我们必须信赖法律书籍,以及法官对法律书籍的解释,虽然我们普通人永远无法弄懂。事实上,在科克法官看来,如果一个不是律师的人阅读法律文本,然后错误地以为自己懂了,他将陷入贫困和毁灭。毫无疑问,这不是件好事。错了一个字常常会带来灾难性后果,或者不能立案、上诉失败、交易无效。法律语言,这些仔细保存下来的艺术术语,它是留给后人的,不是给现在这个时代的人的,也不是留给在场的活人的。不是律师在说话,是话在通过律师被说出来。

  法律是判例。它总是早已存在,只等着宣布而已。习惯上,它以被动语态及间接讲话的模式呈现。在对法官原型的描述中,法官判案时眼睛低垂,说话时仿佛他自己是个媒介,是在"以不在场的法律的名义"说话,他本人不是作者,而是法律文书的监护人、传播人。就这一点,我们还可以进一步说,法律本身的形象是通过法律从业人员得以保存、传播,法律从业人员是法律这出戏的"演员",与之相关的内容包括历时悠久且绝对给定的工具、法庭桌、传票、法律书籍、判决、法典。德里达有个著名的论点:书面语言先于口头语言,此话在法律中最为明显。法律必须进书本,如果没有被写进书本,那么它根本就不存在。法典是一种代码,虽然它使法律具有可视性,出现在公共领域,从表面上来看是让所有人都能看见它,但看见了并不等于理解了。如果未在法律方面受过训练的人想要通过自己去解决法律问题,那么很快他会发现自己迷失在了词汇、文本之中,找不到方向。外行人遇到原汁原味的法律工具、法律文本,他们会在学术上感到疑惑,进而会感到一种存在主义式的无助,还有可能最终导致一种近乎生理耗竭的感觉,或者干脆承认自己无能为力。

反审美

人们在早期究竟用了什么方法来保存法律独特的象征形式(此形式得到了延续),这一点可在对法律象征形式的改革史中读出。1356年的诉状法令改革是英国法律改革的最早尝试。法律规定,必须用英语、法语进行口头申诉,以拉丁语进行记录(登记)。然而,法令本身是用法语写的,在法学界及法律实践中却没有明显的影响。它在政治上听起来挺有吸引力,但在法律上却无效。这就是正式进行的形式改革,仅此而已。直到1650年王朝更迭期间,议会通过了《关于法律文书、所有法庭程序及诉讼改用英语的决议》。法令本身难以执行的问题再次出现。每个术语要么用拉丁语写成,要么用法语写成,而且在王朝复辟的第一年这个决议就被废除了。共同体死了。与它一起死掉的还有英国革命短命的期望:法律能够真正用市井语言表达大众意志。约翰·库克(John Cooke)起诉了查理一世,以诛杀暴君的名义把他送上了断头台,用库克那段不朽的名言来说就是:"如果不是因为我们的国民喜欢被奴役胜过喜欢自由的话,为公众利益而战的我们本可使人民得解放,本可确保所有在苦难中呻吟的生灵得福祉。"[9]

法律文本含义深奥,而且从本质上来讲隐而不显,人们在捍卫法律的这一特点上做得极为成功,同样成功的还有努力不让法律形象与日常使用领域沾边。法律形象的威严源于距离,其真理源于对宣布法律的场所的保护,其中包括对待法律文本的庄严仪式,法律通过庄严的法律仪式说话。这一点再次提醒我们,法律论辩具有宗教背景。习惯法属于基督教传统,过去如此,现在也是如此。它的公平原则首先是由主教们拟定并宣布,它与形象的关系相对显得复杂。罗马传统中形象是一种"虚幻的真相"[10]这个概念很好地抓住了这一点。这是什么意思呢?法律传播虚构的东西。形象是必须的:形象向广大群众传播法律的威严。形象是符号,文盲也能理解,并且对它产生畏惧,符号是穷人的书本。但符号仅仅是表象,而非现实;是修辞手段,或比喻,而非用直白话语讲述的真理。形象能有效完成使命。它能提供表现真理的修辞手段,但真理本身在别处。不在场的真理起到了原型的功用,起到了神谕的功用,其余的一切都是它的影子,或者是对它苍白的反映。为此,律师们虽然依赖形象,却又敌视形象。这就是法律沟通中的悖论。这是一个敌视修辞的修辞。法律沟通实际上是一种反修辞,一种文类,其言辞反对形象,反对使用修辞手法。它的生存有赖于掩饰的手段,有赖于虚构的故事及形象。这些故事及形象必须以偶像的方式被表征,以形象的方式被表征。这些形象是必须的,是能直接表现真理的媒介,是根本就不成其为形象的形象。

在习惯法中,法官是站在真理的据点上讲话,真理的据点超越形象。这就是真理的发源地,无可争辩的无数偶像形象的发源地。人们用不可能的形象来描述此源头,它是一种内在信念,如同谜一样难以理解,其他所有知识都被它置于形式模仿的等级制之中。知识要么隶属于这个等级制,证据服从法律在地点上的等级之分,以及认知模式上的等级之分;要么就是文盲的知识,无体面可言,搞偶像崇拜。律师们从过去到现在一直拒绝对法律语言进行改革。法律语言必须保持深奥、专业。除非是在一些有限的特例中,司法机构才可以被迫使用平实的英语来保护消费者。样板文件、标准格式、古老的风格、陌生的语言、冗长的言辞,这些东西仍然照旧。在形象层面,情况也是如此。

罗马法早期的文本条例——《罗马法典》中有一个片段说得很中肯。它规定,任何罗马帝国公民只要"登上舞台进行表演或朗诵",就会受到被剥夺公民权的惩罚。[11]这是一个结构性的时刻,因为所涉及的问题恰好主张对社会自我表征(严肃讲话的形象,在场的形象,意义的形象)进行控制。戏剧太接近法律,因此不允许;戏剧对戏剧化的审判过程构成太大威胁,让人不舒服;尤其是悲剧,由于它在主题、内容上与法律太相近,因此悲剧的生产必须经过周密的控制和频繁的审查。被《罗马法典》规定为普世禁令的内容持续了差不多两个世纪。电影中至今仍在不断出现剥夺公民权的片段。在关于法律形式的历史中,反审美干预随处可见。在对法律文本的理解、传播进行管辖及严格规定的法律条例中,反审美干预一再出现,只不过出现的方式更加含蓄。[12]言论交流在宪法上具有优势,按理说应该免于国家干预。然而,法律潜伏在所有媒介运作之中,其目的是为了维护权力、引导身份、保护孩童、反映并执行标准、维护公共秩序。在社会交流的边缘地带,永远都有人在寻找不受规矩约束的媒介,在探寻一种乌托邦(如"黑客宣言"),但历史事实及法律事实却是:这些逃避都只是暂时性的。没有人能够逃脱体制,至少是逃脱体制的时间不会太长。[13]

约　束

政府与媒介在主权结构中同负一轭,而这常常是一个悲剧。[14]有时候法律可能会被通过以保护个人财产、言论自由、少数民族利益、文化多样性、信息自由。但坏处就在于,所有这些权利都要经过司法解释,而且还要从属于法律利益及政府安全。现代史中的约束源于1662年的印刷条例。此条例在习惯法中引入了给印刷商颁发执照的制度,并以此取代了早先赋予出版商的皇家特权。该条例规定,没有政府授权,就不允许印刷,而且印刷品的进口及销售也要受到约束,尤其是要禁止传播任何冒犯教会、政府、集团的材料。当今美国媒体的颁照制度中,约束语言有所改变,在某种程度上没有那么直接,但要真正理解它,还是要用同样的术语。1927

年的无线电条例,其后代——1934年的通信条例,它们都来自早先的印刷条例。

联邦通信委员会(FCC)的建立是以通信条例为基础。根据"公民身份、品行、经济能力、技术能力,以及其他获得广播执照的资质条件",联邦通信委员会为广播媒体颁发执照,这是一个历史性的时刻。用最宽泛的术语来说,持照人应该有信用,属于公共资源范畴。因此,外国机构在收购美国广播机构方面受到限制。一是因为民族利益,二是因为机构所有人与听众之间的关系按理说应该是一种信托关系、社区服务关系。然而,这些标准形式都正在消失。公共利益是颁发执照、进行管理的主要因素,但是这个概念难以定义。颁发执照要依照品行资质的要求,不仅要看申请人的犯罪记录,而且还要看他的道德,而道德这个概念没有固定答案。这个概念弹性太大,以至于要判定究竟是喜剧还是悲剧,这要看一个人的政治立场是什么。购物频道被视为为公众利益服务,因为它们满足的是公众需求,因此它们是应该受到保护的言论。同时,人们用道德品行要求来震慑广播者,即便它只是短暂出现过,然后瞬间消失了。不用事先浏览广播内容,只要它包含了明令禁止的内容,甚至只是短暂使用了不雅言辞,或者是琐碎到出现了音乐会上被人瞄了一眼的胸部形象,制裁的的确确就在前面等着。苏联出版社是黑带级别,电台的嘟嘟声可能没有那么有力,影响力没有那么广,但这个符号逃不过审查者的眼睛。相似之处,或者说令人恐怖之处就在于,由于约束越来越多地被用到了不同带宽的万维网中,对品行及冒犯行为(主要是对政府利益、司法利益、集团利益及集团忠诚的冒犯)的类似控制将会出现。[15]

日益全球化的通信技术对管理体制、意识形态市场、政治忠诚进行着调节。在这个调节机制中,法律形象、对法律颁布仪式、法律执行仪式的保护可能会处于边缘位置。这话说对了一半。法律本身仅仅是一种媒介,是为了实现在通信中占核心地位的集团的商业利益和政治利益。只要没有国有频道或国有媒体,美国政府不会在广播节目中明显、迅速地参与公众利益标准的实施。但是,用法律手段强制执行阐述不明的标准,结果通常会导致对表述的限制,以及对内容的控制。公众利益这个概念既抽象,又变化无常。联邦通信委员会及法庭既要保护文化身份及言论自由,又要对界定不严的言论自由规范方面的越界行为进行制裁。"公平原则"的发展及夭亡这个例子很好地体现了这个过程。

"公平原则"是由联邦通信委员会提出,持照人在表征公共重大问题时必须遵守。正如1964年的《启蒙读本》中所描述的那样,"公平原则"是"一种积极的职责,一般是为了鼓励争议话题的涉事各方都能发声",其目的是为了通过平衡以实现"公正"。然而,保证公平却受到了主要媒体出口的联合控制,他们对消费者最喜欢的公共利益、公共话题的想象是一种对"公平原则"的禁锢。短命的公共利益运动的确推动了联邦通信委员会成为公众良心的保护神,使之成为20世纪70年代及80年代的民权运动的保护神,但从长期趋势来讲,它却是在走向某法庭所说的"有限获取的权利"。在巴克利诉瓦莱奥案(Buckley v. Valeo)中,最高法院判定,联邦法律及州法律都不能限制候选人为竞选所花钱财的数额。这实际上敲响了以多元化途径获取媒体权利的丧钟。在有渠道获得利益、表达利益(当然包括拥有媒体本身)这一点上,财富可以买来压倒一切的优势。[16]这个判决把公平原则送进了规章制度的博物馆,成了一个古董,代表着自由主义时代被取代而代之,取代它的是巨型集团公司内部复杂的规模、资产管理。或者,自由主义被迫靠边站,而占据核心位置的是政治专题广告,或者是游说集团与为拉选票而进行的象征性的谴责、制裁之间的你来我往,它们之间的关系半具法律性质。随着传统标准的消失,如今,联邦通信委员会通过颁证允许的制度以保证政府利益:媒体要进行自我约束;执照人人都可以获得,但实际上是为有钱、特权人士的发声服务。与此同时,另外还有一个披着道德干预和军事干预外衣的影子制度。

这一关系状态还有另外一面。用来保证规矩的法律媒介包含着信息:总有最后通牒来进行干预威胁;总有材料会被联邦通信委员会判定违法的危险;总有执照被吊销的危险。联邦通信委员会靠威胁来管理内容,限制表达自由。在这个问题上,现代案例法的主要源泉来自最高法院对一个广播节目的判决,该节目名为"脏话",是一段讽刺独白,作者、表演者是喜剧演员乔治·卡林(George Carlin)。[17]有人控告,根据美国法典第18节,第1464条,禁止使用"肮脏、下流、亵渎的语言",联邦通信委员会裁定,独白所用的语言"下流",节目应当被禁止。委员会没有强制执行正式制裁,但它的确说,裁定将会与帕西菲卡基金会的执照文件"有关",而且以后一切控告都将重新开启制裁问题,包括罚款及吊销执照。最高法院的大多数意见支持这一判决。先前的案例法只是判定下流材料不受宪法中言论自由的保护,"因为其内容极大地冒犯了当代道德标准"。然而,在这个案件中,被告的广播只是"粗俗、无礼、令人厌恶",原因是它所运用的语言"与性及排泄物有关"。跟其他涉及内容下流的案件相比,这个内容该管吗?

法庭首先在纯粹规范的层面上指出,"政府必须在思想市场上保持中立,这是第一修正案的核心条款"。如果卡林的独白可以追踪到它的政治内容,或者讽刺倾向,那么就可以要求保护。但情况不是这样的。卡林的言辞"不是任何思想表达的必要部分,它在通往真理方面的社会价值甚微,就算有那么一点那方面的倾向,显然社会秩序和道德利益也会大过它"。"脏话"被判定缺乏文学价值,没有科学价值和政治价值,缺乏"严肃性",法院离支持联邦通信委员会的制裁,中间只差了小小的一步。而且法院还宣布,被禁的对象不是独白的内容,而是其形式。

这个案子之所以重要,其中有几个原因,有两个值得一提。首先要注意规则与运用之间的分离。法庭一再宣布,第一修正案要求在思想领域中保持中立。思想自由及表达自由得到了声张和肯定,甚至在整个判决过程中得到了赞赏。决议中没有任何东西能够对话语内容或广播自由造成负面影响。也就是说,判决裁定帕西菲卡可能被制裁,甚至事后被吊销执照,原因就是它广播了一个讽刺喜剧,而按照盛行的语言规则,它一般应该具有幼稚、拘谨的特点。第二,注意规范管理的模式,通过操纵法定语言,以达到对行为进行规范的目的。先前对1464条款的理解仅仅限于限制淫秽,对淫秽的定义是"淫秽的兴趣"。附加的术语,"下流""亵渎"仅仅是作为同义词或"淫秽"的分支被包括了进去。而现在,法庭将连接了"淫秽""下流""亵渎"这三个词的"和(and)"字理解成转折连词,而非顺接连词,因此,就能够用不同的标准来判定下流语言。如此小的一个字,如此大的影响。通过对意义含混的法律标准(公共利益、社会秩序、道德是法律标准的要素)进行操纵,对言辞、形象的制裁变得合法。对媒体进行法律约束中有看不见的源头;让人感觉不祥却又似乎是人之常情的管理模式被合法化,这些都是显而易见的事。在法律话语和法庭中,自由规则占统治地位;但在实践中,心照不宣的潜规则、制裁、威胁占统治地位。

规定与实践之间不一致,这一点在表述方式下流这个案件中已得到见证,这有助于解释下面两点:一方面,法律管理具有惩戒的特点,而且常常不透明;另一方面,法庭具有保护的特点,偶尔还会担起自由论者的角色,进行自由论者式的裁定。对讽刺节目的制裁恰好是通过同样的法律手段(司法所具有的延伸能力、发明能力)才可能实现。法律手段可以被用来扩大民权,也可以用来限制民权。它可以保护少数民族、禁止宣扬憎恨的言论、保证同等的播出时间及信息自由。法官将做他们认为恰当且道德正确的事,因为习惯法及司法解释自由裁量权允许他们有许多创新。不变的是约束的方法,以及法律推理的准则。法庭在帕西菲卡一案中展现的普遍自由可以追溯到君王高于一切的权力,君王可以在一切执法活动中,或者在自己定义的紧急时刻实行干预,控制媒体及物品。当社会秩序及道德方面的公共利益被国家安全利益所取代时,那么法律就会自动免受一般的文本限制及解释限制。一旦这一例外被宣布,对媒体时间进行广泛干预、支配就会得到允许。爱国法案(2006 年修订)第 215 条也提供了广泛的干预权,可以控制物品。而这样的立法仅仅是冰山一角。实际上管用的是司法部门的指南、FBI 的实践操作,以及监听、监视方面的执行令。这些东西不服从有效的外部法律监管。假如这些行为后来被暴露,或者是,这些行为当时就被暴露了,人们会发现,这些行为仅仅是服从了反复无常的政治意见而已。

凡是直接或间接地涉及维护主权形象的问题,在这里,国家安全或公共利益是最强音,此时法律就会插手。把法律与政府管束拉开距离,这是一个逻辑悖论。司法制度作为一种教条秩序,它是捍卫主权的甲胄。司法制度本身就是整体的一个部分,司法约束可以在它身上得到运用、执行。要在形象层面上控制主权,法庭就会对他们自己的身体的组成部分进行攻击。法律执行实践中的问题,如它在通信产业方面的运用,就是对现行政府秩序及法律秩序持异见、敌意的符号进行阅读。在不是直接敌意的地方(很少有敌意是直接的),那么兴趣范围就是对形象尊不尊敬的问题,看通信是否对仪式表示了尊敬。判断的要素就不是冒犯的问题,而是态度的问题,态度预示着挑衅、颠覆。

以此为对照,在法律难以触及,且不受时间限制的交流媒介中,所有其他社会言论都是次要的,它们必须依法接受司法审查,并且可以解密。随着通信技术能力的成指数增长,监控、审查的能力也同样要扩大。这是政府的主要兴趣。1994 年颁布的《司法执行中的通信支持法案》要求"一切电子通信普通运营商必须保证,新技术及服务不能限制对用户通信信息的获取,不能妨碍司法执行"(《美国法典》,47 节,1001—1021 条)。换言之,不管代价多大,电子通信运营商、卫星提供商、互联网服务提供商、搜索引擎,它们都不能安装加密技术,抗拒政府监控。一方面,法律原则含糊,合法通信的代码文字及初始特点难以获取。另一方面,却是所有其他运营商及代码被要求要透明。同样的道理,引入加密/解密技术是违法行为。

案例与结论

我已经努力追踪了媒体与法律之间的关系的双重特点。法律是社会交流的主要媒介。作为社会自我表征的场所,法律具有明显、特殊的地位。法律控制自我形象的方式成为管理其他交流模式的典范。法律的传播是大声的、公然的,然而用来传播法律的语言却是晦涩的外国语,而且传播的形式可塑性强。法律史留下了这样的教训,留下了相互矛盾的后果。对法律形式的保护可以以委婉含蓄的方式,也可以不那么委婉含蓄。严格的保护为法律提供了在场、并发言的模式,允许构建一座正义与真理的剧场,那是一个充满法律虚构故事与伪真理的王国。在那里,法律形象及原则、规矩被保留,并根据自己独有的原则被传递给后代。我将以一个奇怪却简单的例子来结束我的文章。这个例子来自对正义的可视性进行直接管理的法律。

这个案例发生在1936年的艾伯塔省。提出的法律事项是,正如上诉人的法律顾问所提出的那样,如果法官离开了该用来听取诉讼的公共法庭,刻意坐在一个公众找不到他的地方,那么"他还是一名法官吗?或者说……他放弃了他作为法官的职责,不再是一名法官了吗?"[18] 这已经主要是一个关于形象是否恰当的象征问题了。德鲁伊教徒如果不穿袍子,他还是一名德鲁伊教徒吗?或者说,我们用宗教改革中的一句名言来问这个问题:"剥去了罗马城的油漆,就等于拆毁了罗马城。"如果法官坐在法庭外面,如果法官隐匿到了某个私人场所以致正义被执行的过程不能真正被看到,那么法律是不是没有得到执行呢?

在艾伯塔省这个案例中,法官在一次无争议的离婚诉讼中,没有表现出任何公开审判的痕迹。"午餐休息时间",在法院法官的法律图书室里,法官审理了案件。法官和法律顾问都没有穿法袍。图书室是个人书房,因为外面的门上这样写着。(正如上诉人的法律顾问所说,这已经不是摄像庭审的问题了,因为如果是这样的话,会有"摄像中"的标识提示。)开始审讯时,与法律所要求的形式完全相悖,尽管没有任何公众人员在场,法官却宣布"我是坐在公开法庭上",从而认可了每次审讯都应当向每个主体开放的传统。早先法庭已经宣布公开听讼"是法律的一个宝贵特点",因此它是"宪法中的盐"。法官坐到法官席上,他必须公开听取案件,或者听取为何不能公开庭审的法律论证,从而决定是否应当在摄像状态下进行审判。

上诉法院被叫作英国枢密院,这一称呼很恰当。根据法律故事的一般逻辑,枢密院对案件进行了审理。大多数人在开始的时候都注意到了书房门上"私人"这个词,这意味着"这个饱学的法官这次无意中……没有公开他的审判,侵犯了公众的在场权"。随后,他们又增添了从法律上来讲很明显的观察:"当然公众是否真的在场,这从来都不是必需的",但这并不能排除这个可能:在这种情况下,"公众应当被视为被排除在书房之外了"。法官于是用优美的文字强调重申:案件的审理"百分之百地应当发生在公开法庭上"。接着,他又带着一种真正属于法律阶层人士的腔调说,"在一场无辩护人的离婚案中不穿法袍,这是最糟糕的例子"。人们因此得出结论,这严重违反了法律传统,"这个例子破坏了公开原则(虽然是无意之间破坏的),但这不能成为开脱的借口,现在事情已经暴露出来了……那么这种行为一定要受到谴责,以免再犯"。

听起来满是道理。正义应当具有可视性;没有公开法庭里的听讼,就没有判决;没有对可视性的限制,没有外表的公正,就没有判决书、强制令、法律救济、裁决书。说了这么多,人们一定会以为,受到质疑的案件一定会被推翻,案件将会发回下级法院公开重审。但关于规定的全面表述对案件事实并不造成直接影响。所说的不影响所做的。法律对事实的建构往往比虚构的小说还奇怪,或者更准确地说,这里的事实是法律小说,这个领域传播的是另外一个版本的事实，它以先例和其他法律形式为基础。没有参加私人听讼的上诉人——前配偶——想要推翻离婚判决。法庭拒绝了。不规范并不影响程序，也不影响结果。法庭认为没有理由宣布离婚判决无效，于是维持原判。

  法律中有些道理毫无道理可言。象征秩序被侵害，正义的形象被玷污，就是因为私人书房里发生的那场审判。正如我们所见，在法律中，形象是一切，又什么都不是。形象（在这里实际上是规矩或原则）存在于它自己的特殊领域之中，以最纯粹的形式存在于法律条款领域之中。这样来说吧，正义是公开、开放的，这个形象是法律的精华——宪法中的盐。作为一个形象，它必须被完好无损地保存下去，留给子孙后代。它属于标准、规矩范围，不可废除。它是如此重要，因此在提到的这个案件中，人们用长篇大论对它进行反复强调，大声肯定。正义的形象必须被人们看见，对法律而言没有什么比这个更重要了。坐在私人书房里侵害了（虽然是无意中侵害了）这条标准，这条稳固的、无可指责的法律。这是绕不开的事实。但同时还有一点也需要指出：规矩与现实之间是有距离的；纯粹的法律规定与隐晦、糊涂的司法判决之间是有距离的。这里是用例外来阐释规矩。总的来说，这就是法律的悖论，或者，用福柯的话更准确地说，这就是法律媒介里的反讽：法律要一而再、再而三地讲，要永远讲。这是因为教条制度是以象征的方式，而非以具体的方式来采取行动。跟形象相比，真实是第二位的。跟不断前进的法律制度相比，上面提到的案件毫不重要。教条就是教条，教条不死。法律就是法律。虽然这听起来像陈词滥调。

注释

1. *Orlando Thomas v. State of Mississippi* 734 So. 2d 339(1999).
2. 关于对被蒙上眼睛的正义的讨论，见 Martin Jay, "Must Justice Be Blind? The Challenge of Images to the Law," in *Law and the Image: The Authority of Art and the Aesthetics of Law*, ed. C. Douzinas and L. Nead (Chicago: University of Chicago Press, 2000)。相关主要研究有 Robert Jacob, *Images de la Justice: Essai sur l'iconographie judiciaire du Moyen Âge à l'âge classique* (Paris: Léopard d'Or, 1994)。另有 C.-N. Robert, *La Justice dans ses décors* (Geneva: Droz, 2006)。
3. 法律的"反修辞"基础这一主题见 Goodrich(1995)。关于对"牲人"的详细论述，见 Giorgio Agaben, *Homo Sacer: Sovereign Power and Bare Life* (Stanford, CA: Stanford University Press, 1998); 习惯法里的版本源于早期英国法学家布雷克顿(Bracton)，他将逍遥法外的人称为"狼头(caput lupinum)"。关于对这个形象及其他形象所展开的有趣的讨论，见 Desmond Manderson, "From Hunger to Love: Myths of the Source, Interpretation, and Constitution of Law in Children's Literature," *Law and Literature* 15(2003): 87–141.
4. William Fulbeck, *A Parallele or Conference of the Civil Law, the Canon Law, and the Common Law of this Realme of England* (London, 1618), fol. B2a.
5. Abraham Fraunce, *The Lawiers Logike* (London, 1588), vii.
6. William Fulbeck, *A Direction or Preparative to the Study of Law* (London, 1589).
7. 见 Peter Goodrich, "Justice and the Trauma of Law," *Studies in Law, Politics, and Society* 18 (1998):271。

8. Sir Edward Coke, *Institutes* (London, 1629), 1 c 6r.

9. 故事细节详见 Geoffrey Robertson, *The Tyrannicide Brief* (London: Chatto & Windus, 2005)。

10. Andreas Alciatus, *De Notitia Dignitatum* (Paris, 1651). 讨论见 Peter Goodrich, *Languages of Law: From Logics of Memory to Nomadic Masks* (London: Cambridge University Press, 1990)。

11. 文本讨论见 Peter Goodrich, "Law," in *Encyclopedia of Rhetoric*, ed. Thomas Sloane (New York: 2001)。

12. Jean-Jacques Rousseau, *Letter to M. d'Alembert on the Theatre* [1758] (Ithaca: Cornell University Press, 1970), 该书对戏剧从政治上、道德上所进行的攻击最为出名。

13. McKenzie Wark, *A Hacker Manifesto* (Cambridge, MA: Harvard University Press, 2004)。

14. 见 Monroe Price, *Television, the Public Sphere, and National Identity* (Oxford: Oxford University Press, 1995)。

15. 见 Monroe Price, "The Market for Loyalties: The Electronic Media and the Global Competition for Allegiances," *Yale Law Journal* 104(1994—95): 667。

16. 巴克利诉瓦莱奥案(*Buckley v. Valeo*), 24 US 1 (1976)。

17. 联邦通信委员会诉帕西菲卡基金会案(*Federal Communications Commission v. Pacifica Foundation*) 438 U. S. 726 (1978)。

18. 麦克弗森诉麦克弗森案(*McPherson v. McPherson*) [1936] AC 177。

参考文献及建议阅读书目

Cormack, B. 2008. *A Power to Do Justice: Jurisdiction, English Literature, and the Rise of Common Law*. Chicago: University of Chicago Press.

Douzinas, C., and L. Nead, eds. 1999. *Law and the Image: The Authority of Art and the Aesthetics of Law*. Chicago: University of Chicago Press.

Goodrich, P. 1995. *Oedipus Lex: Psychoanalysis, History, Law*. Berkeley: University of California Press.

Goodrich, P., et al., eds. 1998. *Law and the Unconscious: A Legendre Reader*. London: Macmillan.

Hutton, C. 2009. *Language, Meaning and the Law*. Edinburgh: Edinburgh University Press.

McVeigh, S., ed. 2008. *The Jurisprudence of Jurisdiction*. London: Routledge.

Moran, L., et al., eds. 2004. *Law's Moving Image*. London: Cavendish.

Price, M. 2002. *Media and Sovereignty: The Global Information Revolution and Its Challenge to State Power*. Cambridge, MA: MIT Press.

Sherwin, R. 2000. *When Law Goes Pop: The Vanishing Line between Law and Popular Culture*. Chicago: University of Chicago Press.

Vismann, C., ed. 2008. "Law and Visual Culture." Special issue. *Parallax* 49.

18. 大众媒介

约翰·德拉姆·彼得斯

媒介是象征性的连接。它由信息、手段、代理等三个相互关联的维度构成。任何一种媒介里都有一个"什么",一个"如何",一个"谁给/谁受"。我们有丰富的词汇可以用来描绘符号-内容、投递设施、作者-听众这个三角关系。用曾居霸主地位的信息论词汇来说,每种媒介都包括信息、信道、信息发送者和信息接收者。在媒介研究领域,媒介是浩若星河的节目、机构、技术、观众。用计算机语言来说,媒介由数据、处理器、用户界面构成。不管用的是何种术语,有一点一定很关键:媒介都会包括某种版本的三角关系,尽管三角关系的部署可能会有天渊之别。例如,宗教仪式与报纸,它们两者都传递信息,但它们的规则却如此不同,以至于双方都可以说对方根本就没有传递什么信息。宗教仪式缺乏当下信息,而报纸不能为人类指明永久的方向。再举一个例子,中世纪手稿和人造卫星都传递了东西,都具有时间性和空间性,虽然中世纪手稿传递的是古老的东西,传递过程缓慢,一次只能传递给极少的人;而人造卫星传递的是新东西,传递过程迅速,一次可以传递给许多人;虽然两种方式都能够拥有大量的受众,手稿的受众经年累月,积少成多;而人造卫星能在同一个时间覆盖到整个地球上的大部分居民。

对媒介最激进、最简约的定义只需要三角中的第二角——某种形式的连接或处理设施,信息及人成了附属物。对马歇尔·麦克卢汉而言,媒介即信息,信道问题如此至关重要,以至于它使信道所携带的具体"内容"与之相比相形见绌。对弗里德里希·基特勒而言,人("所谓的人",基特勒曾发出此惊人之语)是媒介系统的附属物,不是媒介系统的主人或作者。这些学者在定义信息和用户时角度广,不带感情色彩,并且将这个三角关系视为一种分析工具,而不是一种自然事实,具有可靠的理论说服力。在刚刚提到的例子中,设备(也就是如何实现的问题)必须在概念上占据最重要的位置,即便如此,将媒介理解成包括内容、渠道、生命体等三层意思的系统仍然有益。

一般来讲,大众媒介是媒介的子集。例如,面对面交流涉及身体的媒介。其内容包括思想、性格、欲望、文化;其受众包括人、神、祖先,或其他有生命的形式。除了某些神学家所梦想的天使之间的交流之外,恐怕没有哪种形式的交流不需要媒介。具象化的面对面交流可能会起到大众传媒的作用,虽然有这种情况(后面会讨论到这一点)。一般来讲,面对面交流是基准线,大众传媒与之形成鲜明对照。一般情况下,个人交流内容特殊,针对的听众多半是一个或几个熟人,其传递的方式限于本地范围,持续的时间不长。(我们可能会注意到,在这个例子中,内容及媒介这些概念实际上是扩展了的系统向后投射的结果。)伴随大众媒介的出现,传播衍生出独特的作用:传递设备既加大了信息的量,也增加了信息被接受的机会;受众扩大到陌生人;内容必须相应地做出调整。参与者之间的关系变得松散,变得遥远,或者变得有问题。事实上,作者(信息发送者)与受众(信息接收者)之间的分离是大众媒介日渐复杂造成的结果。在日常对话中,说话人和受话人的身份是交替的。

注意,我们运用了三个分析变量:内容的普遍化;方式在时间、空间上的发展;交流者间关系的选择。用这些术语来定义大众媒介,大部分广为人知的大众媒介形式将被囊括其中:印刷术、报纸、杂志、广播、电视、电影,还有网络。另外还有一点:这些并不是人类历史上唯一的,也不是最重要的大众媒介方式。本文余下部分将对这三个方面逐一进行解释。

无穷多的言说方式

意义私人专享,而且它还能成其为符号,这样的符号根本就不存在。既然如此的话,那么从深层哲学层面上来说,根本就没有仅仅针对某个特殊听众的话语。[1]即便是最私密、最晦涩难懂的代码,也容易被交流者以外的人听懂。任何交流行为都有可能被泄露。面对面交流可能不小心被不该听到的人听到(被窃听了);可能被传给第三方(信任被破坏了);或者预期的特殊目的没有达到(被误解了)。查尔斯·桑德斯·皮尔斯(Charles Sanders Peirce)说,一切符号都具有"普遍性"和"模糊性",这就意味着在任何指称实践中,都有可能出现所说内容不明确这种情况。事实上,单个符号可以跟不止一个人结合,这恰恰是传播出现的首要条件。从这个意义上来讲,一切传播都是大众传播。大众媒介中特别突出的特点——如演讲距离和语境割裂——在面对面交谈中也能看到。[2]至少从荷马所说的"插上翅膀的话语"起,人们就已经看到了话语有可能被疯传这一点。

即便如此,多数当面交谈仍是为具体人物、具体背景而设,并不会传得太出格。对没有经验的人而言,关系亲密的人之间的谈话就像秘密代码。不管谈话与媒介之间在哲学层面上具有何种连续性,两者之间的确存在着某些重要的实际差异。正如话语分析者已经通过令人信服的具体例子表明,日常交谈是为交往中的紧急情况精心设计的。大多数交谈都是精心雕琢的产品,专为具体日常环境中的各种秩序巧妙定制而成。在大多数日常对话中,只有一些人获得了授权,能参与日常对话。[3]从历史的角度来说,大众媒介缺乏将人民当作个体讲话对象的能力,缺乏修改讲话,使其适合语境的能力。大众媒介生产出标准化的传播,通过猜测和概率设计内容,而不是定制的传播。与受者间沟通失败的概率如果放到日常生活中的话,那会被视为精神出了问题。欧文·戈夫曼(Erving Goffman)将疯癫定义为"情景失当"[4]。我们会容忍电视、广播对谈话礼仪的破坏,却绝对无法容忍人那样表现。电视、广播从早到晚喋喋不休,毫不顾忌听众的具体环境,完全无视有来有往的谈话规矩。广播、电视如此深入日常生活,这多亏了节目策划人的独具匠心。受众混杂、情况各异、节目策划人所设计的象征材料要在成分复杂、境况不一的受众中拥有可观的传播概率，这是他们要面临的挑战。接受的不确定性、背景的普遍性，这是大众媒介内容设计中所要面临的关键因素。

如果不知道听众是谁，那么有一个简单的办法可以解决这个问题：把每个人都当成听众，一个也不例外。听众是开放的，那么人们就无法追踪信息传递过程会遭遇何种命运。我们可以把这种讲话称为面向人类的演讲。然而，演讲面向整个人类，这并不等于整个人类都听到了这个演讲。统治者、学者、先驱、预言家、诗人自古以来一直都在对所有人大声疾呼，但要让所有人听进去，这要靠大众传播，要靠共同语言。在《但以理书》中，我们读到尼布甲尼撒王晓谕"住在全地各方各国各族的人"。他们是否都收到了这个消息，或者是否都理解了这个消息，书上并没有说。用我们所说的三角关系术语来说，从这里我们又可以看出，面向大众发布的消息内容、向大众传递这些消息的途径，以及大众对消息的获取，三者指的不是同一回事。早期电影理论家、电影制作人梦想着图片能成为被所有人理解的象形文字，在我们向现代电子媒介和这些人的梦想跃进之前，让我们回顾一下基督徒的雄心壮志，他们想把福音"传给每个人"，想将圣灵降临这个概念译入每一种语言。在古登堡和爱迪生之前，佛教、基督教、穆斯林的传道人以一对一的方式向大众传递他们的讯息，他们在这方面取得了惊人的成就。事实上，当人们在向广大群众传递某种多少有些统一性的讯息时，人们就是在做大众传播。他们可以微调内容，以适应本地环境，这是他们的优势。[5] 法庭、剧院、政治集会中的现场聚集却采用了不同的形式，这里的大众传播以声音为基础，以公开、非个人的方式向许多人或"所有人"散布消息。

虽然有些理论家在对待大众媒介的时候仿佛大众媒介只能以开放的、抽象的、唱独角戏的方式言说，但是大众媒介也能够采取其他策略。"公众"向来是个混合体，从中可以召唤出不同的亚群，大众媒介不必向所有人言说，它也可以向**一些**人言说。大众媒体常常对"有关人士"言说，承认事实受众与目标受众之间不尽吻合：这种言说方式允许受众忽略无关信息。广告中最古老的言说方式之一——"如果有人……请……"这一原则——可以追溯至罗马时期。[6] 例如，失物招领公共海报，就是叫所有人去找一样东西。将广大受众进行分割，这项事业比现代人口统计学还要古老。现代定位营销的特色就是运用投递机制来筛选受众，受"致有关人士"这一模式的启发，定位营销将自我筛选做得更加精致。有话要说的人一直都在依赖言说策略，将少数人从大众投递所网罗到的"鱼"中筛选出来。宗教再次成为一种有用的先例：早期基督教的"ekklēsia"（被译成了"教会"，这个翻译不完美）这个概念指的就是被拣选的群体，将这个群体团结在一起的不是空间和时间，而是信仰。[7]

另外一种言说模式我们称之为"在座各位都知道"。通过宣告"在座各位都知道"，一条消息就将在场受众与目标受众等同了起来，将那个范围内的每个人都当成了"有关"人士。这个言说模式承认这一点：不可能让每个人都知道，那么就有多少算多少吧。正如歌中所唱，如果不能跟爱人在一起，那么就爱跟你在一起的人吧。

最后，大众媒介还能做到只对一个或几个人言说。豪尔赫·路易斯·博尔赫斯在其小说《小径分岔的花园》中就讲了一个一战中逃亡英国的间谍，他必须在自己被捕之前将一个消息传递给他的上司的故事。他查阅电话簿，找了一个姓氏跟他拟定的目标相吻合的人，然后到他家杀了他。这个神秘的谋杀案成了电报、报纸上的亮点，但是只有他的上司懂这条加密的信息。许多人都听到了,但只有一个人懂。大众媒介充斥着秘密信息,这个念头常常被认为是有妄想症的表现,但是大众媒介长久以来一直都在利用同行间的交流,比如说,以报纸中的分栏广告的形式,以网络约会的形式,以及其他各种"如果有人……请……"的模式。在大量貌似散乱无关的信息中,大众媒介能够做到点对点连接。

那么言说就是大众媒介意图用来对信息所面临的命运进行筛选的三种主要方式之一。当然,大众投递跟大众演讲不是一回事。无线电广播(以及后来的电视机)让对所有人讲话这种方式变得过时,同时让向所有人投递成为可能。帕迪·斯坎内尔(Paddy Scannell)的展示给人印象深刻,他表明,广播在英国和其他地方的兴起不是意味着大众媒介的开始,而是大众媒介的结束,至少作为一种言说模式而言如此。19 世纪以印刷和公共演讲形式的公众传播常常将公众视为一个庞大的匿名群体。但当传播者运用这些说话模式——比如说情绪激昂的政治演讲,或者是尖声尖气的讲道——那么他们与听者之间的沟通就会糟糕透顶。尽管无线电广播带来了规模空前的现场听众,但听众并没有感觉到人数的庞大,也不觉得自己是匿名的。无线电广播员必须学会如何以亲密的口吻对聚集在私人家庭中的人们说话。[8]为适应新的家庭环境,大众媒介做了调整,这导致 20 世纪的大众传播发生了重大变化。抽象、尚武的言说风格被抛到一边,对话、闲聊、非正式、个人、"女性化的"谈话风格受到追捧——从富兰克林·罗斯福(Franklin Roosevelt)到罗纳德·里根(Ronald Reagan),还有其他人,政治家们是这个风格的大师。[9]"只为你"代替了"致有关人士",成为广播讲话的主要形式。

大众媒介投递具有不确定性,受众性格喜怒无常,总的来说,言说风格就是要驾驭这些问题。大众媒介并非只能以对大众言说的方式才能畅行无阻:它可以将目标对准所有人、部分人、少数人,或者并不确切地针对某一个人。在广播讲话中,所有人被当成了一个人;在对国王或王后的讲话中,一个人被当成了所有人。

扩大了的投递系统

大众投递有两大关键要素:范围与持续时间(空间与时间)。只要人类有腿,就一直会有远距离传播消息的媒介。捎口信是历史上最伟大的大众媒介之一。事实上,古人将散布谣言、传扬名声的口头媒介拟人化为女神。正如前面已经提到,演讲、戏剧等形式是体制化了的口头语言形式,长期以来它们都是大众媒介的方式。然而,为了在很长的时间、空间里保持稳定性,书写这种将文本固定化的手段还是有必要的。书写能够成为一种纪念碑,一种外部记忆设施。它是自语言本身之后人类传播史上的第一次分裂。书写使得消息的时空范围有可能完全不受限制(虽然显然也有明显的障碍,如文化程度的问题,语言是否共通的问题)。读者与作者是分开的,这样,作者与读者之间的交流模式就变得复杂了。[10]在柏拉图的《斐德罗篇》中,苏格拉底对书写的抱怨与后来的大众媒介特别相符:它激不起反应;同样的东西说了又说;它能激起人们对智力的兴趣和对个人的兴趣,却不能与读者互动;它对受众而言无区别,它朝任何碰巧在场的人诉说;它割裂了记忆,破坏了对话中感情交流的热烈程度。[11]

从空间上来讲，书写（与口头传播一道）使得早在19世纪现代交通及传播革命之前就出现疆域广泛的宗教、文化王国。印刷术——人类历史上首次运用大规模生产来进行传播的方式——不仅改变了书写的耐久性，而且改变了书写接触庞大人群的能力。[12]例如，1517年路德（Luther）贴出他的《九十五条论纲》之后两周，所有德国人就都知道了，这在印刷术之前是不可想象的事。他的姿态很有戏剧性，就是为了让人说三道四：这不是一个修士与教会之间的私人交流，而是要把一个信息传递给整个基督教世界。印刷术带来的影响不仅仅体现在文学上。通过形形色色的表演者、牧师、教师，以及其他人的传播工作，印刷术给欧洲现代早期的许多人打开了充满新故事、新信息的世界。[13]如果空间范围和受众规模是要素，那么显然16世纪是有大众媒介的。文字系统与口头系统的结合，结果就创造了一种国家广播系统，虽然这个广播系统比无线电广播和电视机的节奏更加缓慢。虽然印刷术并没有改变投递的速度——印刷品跟其他任何东西一样，要依赖水陆交通——但它带来的是规模的改变。它带来了机会：庞大的集体能够在精神上实现统一，成为一个想象的民族团体。[14]

如果我们将广播定义为在几乎是同一个时间点上以共同文本的方式将分散在各处的人连接起来的传播方式，那么书写和印刷术两者都允许某些先于广播概念的广播形式的存在。逾越节的哈加达（Haggadah）文本讲述了犹太人的故事。在将近两千年的犹太人流散经历中，哈加达显然帮助维护了流散犹太人的文化传承。根据一种共同的历法，在每一年里，散居的族群实际上因为一个节目聚集到了一起。按照这个定义，这是一个广播节目，它不仅把不同空间，而且把不同历史联系了起来（跨越空间、跨越历史的传播手段是有的，每座纪念碑都是）。哈加达可能是将相距遥远的人群聚集到一起的众多古老文本中最为突出的一个。[15]宗教改革（印刷术是它的历史伙伴）拥有另外一种时间固定的广播形式。教会是一个有许多站点的网络。广播时间是星期天上午。节目是用方言写的圣经。当然，有共同的文本并不等于对这个文本有相同的理解。同样的文本，却有许多解读。从总体上来讲，新教的经验跟大众媒介相符合。20世纪的传播主要是由市场及国家发起的，但这并不等于其他机构（如宗教机构）就没有在其他时间里发起过其他形式的传播。

过去两百年间有一个历史趋势：将投递时间缩短至零，将受众规模扩大至无穷大。（投递速度永远都不可能缩短至零，这是20世纪最重要的概念革命，爱因斯坦的相对论的基础。[16]）时间合作上的准确度已被极大提高：如果说逾越节或主日学等老式传播方式可以将会众在同一个纪念日里聚集到一起，那么无线电广播和电视却可以将数百万人在同一秒聚集到一起。速度就是金钱：罗思柴尔德家族在19世纪早期建立他们的银行帝国时，用信鸽在突发新闻中获取重要情报就是他们所用的手段之一，而且金融至今仍然取决于时间所占的优势。传播的时间间隔一直在缩短，甚至缩短到了纳秒，计算机中央处理器安排了每个纳秒的用处。随着19世纪40年代电报的出现，70年代电话的出现，以及90年代无线电的出现，几乎同步的远程交流首次成为可能。尽管电话在早期是同线电话，朝所有听众开放，但电话逐渐成了一种两人之间的、点对点、保密的交流形式。尽管无线电收音机在早期历史上是一种独特的无线电话形式，但无线电收音机逐渐成了一种单向、一对多的传播形式。报纸一直都是多种传播形式的混合。在19世纪时，报纸在受众规模这方面增长巨大，遥遥领先。19世纪早期最大的报纸印刷量不过几千份,但到了 19 世纪 90 年代却突破了百万大关。20 世纪 30 年代时,无线电广播能够同时覆盖全国听众,但到了 20 世纪 60 年代,拥有全球电视观众已经不是不可想象的事了。对同步和社会规模的双重征服是现代大众媒介所取得的历史成就。实现面向全国、面向全球的实时传播,并且能操控传播,这一点是现代性的一个明显标志。自从 20 世纪早期开始,许多思想家就在努力捕捉其中的政治、经济、文化含义了。[17]

现代大众媒介不仅扩大了传播的范围,提升了传播的速度,而且还增加或加强了内部的多样性。无线电广播或电视的大规模受众是一个在时间上统一、空间上分离的集体。观看已被制成电视节目的事件,如世界杯的观众可能会遍布全世界,但他们都是在同一时间关注同一件事情。在大规模受众分布这一点上,网络却用了完全相反的方式:受众分散于不同时间点,汇聚于某一空间点——至少在我们接受网络空间这一盛行的比喻时,情况的确如此。一个网站"地址"可能会聚集数百万的点击量("访问量"),但每次点击都是在每个用户自己喜欢的时间,在自己的终端发生。从这个意义上来说,互联网与报纸、书籍、电影等大众媒介方式类似,与传统广播相比,它们是在一个更加松散的时间窗口里聚集受众。也许还有一点,它再造了一种更加古老的朝圣的逻辑,大量人群逐日增加,一个接一个,按自己的速度,为自己的目的聚集到某一个具体的地方。朝圣——麦加、列宁墓,或者谷歌——都是个人与地点之间的交流,这个地点就是为容纳许多人设计而成,它知道之前也许已有数百万人来过,之后还会有数百万人前来。在今天,大众传播如果被认为可以立刻将所说的信息传达到每个人,那么大众传播似乎仅仅是众多形态各异的媒介形式中的一个稀罕品种。

自 20 世纪最后 20 年以来,向全体民众进行集体投递这个现象衰退了,这一点引发了人们的大量讨论。大众媒介或公共媒介走向个人媒介或私人媒介,结果导致了公民参与或社会参与的缺失,诠释者们对这一历史潮流的改变哀悼不已。[18]这种哀悼修正了 20 世纪 50 年代所盛行对大众社会媒介的解读:曾经一度被视为坏的(庞大的匿名观众群一起参与同一个节目),如今被视为好的(社会提供了共同的文化)。在广播时代,人们害怕的是在孤独的人群中丧失个性;在窄播时代,人们害怕的是"每天都是我我我"的自恋。然而,将大众媒介描绘成"每个人在同一时刻"是一种历史模式,这又是一种误导。在无线电广播和电视广播时代早期,节目合成不再咬住单一的节目时间表不放,20 世纪 70 年代时,出现了一长串将受众从时空坐标中解放出来的设备,录像机排在第一位。经典广播——面向全国的同步讲话——可以说是传播史上一个伟大的历史性的例外。它只是在 20 世纪的工业化国家中盛行了五十年。"信息发送者"中几乎没有人愿意在无关的眼睛、无关的耳朵上浪费钱财,浪费信息。投递机制虽然糟糕,但在寻找适宜受众时,人们向来还是不得不凑合着使用这个机制。仅仅因为当今的媒介比五十年前能够获取更高的人口分辨率,这并不意味着这是传播者首次在多人中找出了某人,或少数人。广告人曾经梦想着能有"一对一的未来",梦想着所有促销都是私人定制。[19]但这不是一个逐渐形成的事实,这种实践古已有之。迄今为止最有效的说服媒介是人类——推销员、传教士、竞选人、同行——这些人总会修改大众内容,以适合个人。投递系统对人群进行细化切分,这就是在模仿先前以人为本式大众传播的灵活性。[20]在这里,传播中的新招式常常是对历史风格的模仿。事实上,回归老媒介(身体媒介)是所谓新媒介的特征。无论是对视频艺术,还是对移动电话而言,声音、面容、双手都同样重要。

大众投递在时间、空间、规模和速度等方面具有极大的多样性。有的方式能够在时间上聚集、空间上分散受众(传统广播,以文本为基础的流散人群)。有的方式能够在时间上分散、空间上聚集受众(互联网、朝圣)。有的方式能够既从时间上又从空间上聚集受众(集会)。有的方式能从时间和空间上将受众分散开去(书写和印刷)。在每种情况中,空间和时间都是程度问题。所有这些不同的混合方式都是货真价实的大众媒介的种类,因此我们不能让具体哪一种模式垄断了我们的思想。无线电广播及电视、传统好莱坞电影、大众读物,这些都是了不起的形式,但没有理由将它们的特点普世化,将它当作一切大众媒介的精髓。全球范围同步发送是整个大众传播生态的边界点。只有出现某种东西,要将其告诉每一个人,或者卖给每一个人,传播者才可能会试图将自己的信息同时发送给每一个人。人们做出形形色色的努力,想要找出不同程度的亚群,并且将信息传递给这个亚群,大众媒介历史及实践的大部分内容都跟这一点有关。大众传播史更多是少数人对一些人说,而不是一个人对所有人说的故事。

发送与接收松散的结合

尽管并非所有当面谈话都是相互的(想想挨训吧)或者是私人之间的(想想与警察打交道吧),但当面谈话有一个关键特点:双方实时往来,共同构建局面。一个人被骂了什么,或者被捕的人做了什么,这些都能够影响事态的发展。甚至彻底被动也可能被视为一种评论,从而招致赞扬,或者招致进一步的惩罚。有一句名言说,"你做不到不交流",这句话准确地区分了当面交流和大众媒介两者之间的不同。人们可以轻松做到与大众媒介"不交流"。在家看电视的人可以嘲讽电视,忽视它,拿东西砸它,或者关掉它——对电视而言,这些都不会带来什么后果。斯坎内尔提到了BBC早期遇到的窘境:如果人们通过收音机听皇家婚礼时没有脱帽,这会怎么样呢? 在威斯敏斯特大教堂,礼仪是明摆着的,但待在家里的受众与远程直播事件之间有什么样的社会契约呢? 没有互动,受众来去自由,这是一种什么样的交流情景呢? 尽管大众媒介中发送者与接收者之间并非必须沟通,但仍然有许多种方法可以用来填补两者之间的鸿沟,可以有多种方法来管理受众的自由。对广播而言,评价机制已经找到了观众表现、观众规模的数据图像,并且获得了不同程度的成功。有了网络"小甜饼",跟踪远程环境下人的行为变得容易多了,尽管另一端究竟发生了什么仍然还是个谜:仅仅因为电视机开着,或者网站登着,这并不意味着真的有人在看,在理解,在记忆,或者将会采取什么行动。从某种层面上来讲,接收者对他们所关注的东西有最后发言权。发送者与接收者之间彼此绝缘,绝缘因素有:规模、技术,或者礼仪。关注、兴趣、欲望、行动,这些东西是大众传播中最后的边界。谢天谢地,一直以来谁都没有办法对此进行设计加工。

受众——一群光听不说的人——这个概念本身的出现就是因为传播局面的扩大,尤其是大众媒介局面的扩大。规模的扩大意味着形态的改变,这一关于形式的法则对传播来讲尤其如此。例如,在古代雅典集会中,每个参与者理论上都有说话的权利,但很少有人愿意冒险站到数千同伴面前去讲话。伴随着传播规模的扩大,传播中自然而然地出现了两种粗略的角色划分:说话人与听话人。然而这种角色区分如何分布,这是一个政治、历史的选择。电话在一开始的时候是同线电话,具有多个地址,那时候它是一种广播媒介;无线电收音机在一开始的时候是一种点对点媒介,由无线电业余爱好者操作。在一些国家里,无线电收音机仍然还是一种许多人可以发声的公共平台。原始技术可能没有被部署利用起来之后的方式那么重要。人们主要从少数人对多数人说(如无线电广播和电视)这个角度,而不是从多数人对少数人说这个角度(如罢工、选举、请愿、抵制、游行示威)来对大众媒介进行研究,这显示了人们对地位力量的偏爱;事实上,在许多形式的大众媒介里,人数庞大的集体是发送者而非接受者。传播在布局方面偏爱 BBC、CBS、NBC 之类的有影响力的机构,但人们在思考远距离传播关系时,除了这些机构以外,还有别的方式。[21]

单纯地为传播而传播,对所传播的东西是否被接受毫无兴趣,这种情况很罕见。大多数发信人都想知道他们发出的信息怎么样了。人们用各种方法来规训接受。一种方法是确保送达,就是以挂号信的模式。另一种方法是建立集体论坛及接受仪式。毛主席信不过人民可以自己读他的小红宝书,相反,他让工人们组织起来,定期阅读。在某个专门的地方聚集起来接收信息,从理论上来说,收音机可以说走上了电影曾经走过的道路。20 世纪 20 年代德国的政策制定者们喜欢所谓的"在集会厅收听广播",不喜欢私人在家里收听广播。另外,在所传递的信息中,也可能会包含没有明说的观众提示:人造笑声,喧闹的人群,这些都是传播中的套路,只为把在家的受众带入场景。20 世纪 70 年代和 80 年代的电影理论关注摄像机如何引导观众的心理活动,使之向高度意识形态化的路线靠近。人们还可以用入门要求来规训受众,如登录密码,或者语言能力,以保证受众的合法性。某些信息系统性地将某些类型的人剔除,拒其于合法受众之外,种族批评理论及女性主义媒介分析已经提高了人们对这些问题的敏感度。

正如卢曼所说,处于一定时空环境中的媒介常常会通过奖励、刺激手段来确保与受众的联系。他把它称为成功媒介。比如,早期做无线电广播的人就会成立粉丝俱乐部、组织竞赛、进行促销,以引起听众回应。一些幸运儿可能会有机会出现在节目中,暂时担起表演者而非观看者的角色。今天大多数的媒介系统不仅发出赤裸裸的信息,而且他们的信息中还夹带着威胁、承诺、幻想,有时甚至还有现金。发送者可以用各种途径来控制接受的条件。[22]

大规模受众没有一个理想的版本,没有典型的范例,只有各种各样的可能性,如同一个大家庭。回到我们最开始所说的三角关系,大众媒介的三大维度是:谁说;能否获取所说信息;如何获取所说信息。人们用编码、发布、接收来筛选信息。向所有人发布的信息可能只是对少数人说的,或者只有少数人才读得懂;对所有人讲述的信息可能会只发布给少数人,或者只有少数人才读得懂;所有人都收到的信息可能只是讲给少数人听的,或者只是发布给少数人的。谁说,能否获取所说信息,如何获取所说信息,三者之间最明显的结盟可能在实体聚会中最为明显。广播听众,尽管它在大众传播上具有霸主地位,但它不是一个常例,尤其在"能否获取所说信息"(很多人都能)和"谁说"(少数人说)两者之间,不匹配到了古怪的程度。面向所有人的、完全开放的公共传播是一种理想的范式:在实际操作中,话语、图像、声音向不同的人群四处传播,跨越了空间、时间、文化、信任。此时,信息筛选是重要的方便法门。

最后的观察

大众媒介是典型的体制的玩物。它办起来很花钱,一般要求具有专门知识的显赫阶层(文案、节目策划人、"艺人")来操持,在政治、经济、文化等方面具有重要的战略地位。从历史上来看,大众媒介很少由一个社会秩序的中央权力以外的力量来操持,它一般由王室、市场或寺庙来进行管理。[23] 大众媒介在哪里,权力一般就在那里。国王一般掌控着让人嫉妒的权力,也就是复制、增长的权力——无论复制、增长的是话语、货币、相似性,还是婴儿。哈罗德·英尼斯可能会提醒我们,不同类型的权力喜欢不同类型的媒介。跨越空间的媒介通常受士兵和商人掌控,他们要建立政治、经济帝国;跨越时间的媒介通常受圣人、神职人员控制,他们要建立的是与记忆或希望有关的宗教帝国。重空间的媒介关注世俗问题,重时间的媒介关注宗教问题。虽然这种概全化是为了创造一种分析坐标,但在面对复杂的特殊案例时,我们永远不该丧失灵活性。本文呼吁一种大众媒介方法的诞生:它既在哲学层面上具有普遍性,同时又在实践上具有特殊性,它能囊括案例及历史,却无须将某种重要形式视为一切大众媒介的精髓。大众媒介的三大要素(听者与说者之间的鸿沟问题、时空范围问题、互动问题)既可以用来解释 20 世纪的传播,又可以用来解释古代国王的法令。当奥兹曼迪亚斯(Ozymandias)国王宣布广阔疆土归他统治时,没有人回嘴。权力也许才是终极的大众媒介:它想向谁说,就向谁说。它繁衍象征,跨越时空。它让受众噤若寒蝉,不能动弹。

注释

1. 关于大众讲话的复杂微妙之处,见 Paddy Scannell, "For Anyone-as-Someone Structures," *Media, Culture and Society* 22(2000): 5 – 24, and Warner (2000, 65 – 124)。
2. John Durham Peters, *Speaking into the Air* (Chicago: University of Chicago Press, 1999).
3. 其中有一个观点见 Emanuel A. Schegloff, "Whose Text? Whose Context?" *Discourse and Society* 8, no. 2(1997): 165 – 87。
4. Erving Goffman, *Interaction Ritual* (Chicago: Aldine, 1967), 141.
5. Herbert Menzel, "Quasi-Mass Communication: A Neglected Area," *Public Opinion Quarterly* 35(1971): 406 – 9.
6. Geoffrey N. Leech, *English in Advertising: A Linguistic Study of Advertising in Great Britain* (London: Longmans, 1966), 168.
7. Peter Simonson, "Assembly, Rhetoric, and Widespread Community: Mass Communication in Paul of Tarsus," *Journal of Media and Religion* 2(2003): 165 – 82.
8. Paddy Scannell, "Introduction: The Relevance of Talk," *Broadcast Talk*, ed. Paddy Scannell (Newbury Park: Sage, 1991), 1 – 9; Paddy Scannell and David Cardiff, *A Social History of British Broadcasting* (Oxford: Blackwell, 1991).
9. Kathleen Hall Jamieson, *Eloquence in an Electronic Age* (New York: Oxford University Press, 1988).

10. Niklas Luhmann, *Die Gesellschaft der Gesellschaft* (Frankfurt: Suhrkamp, 1997), chap. 2. 助于理解的卢曼媒介进化观的英文阐述见 Geoffrey Winthrop-Young, "On a Species of Origin: Luhmann's Darwin," *Configurations* 11(2003): 305-49。

11. Peters, *Speaking into the Air*, chap. 1.

12. 文艺复兴时期兴起的三项伟大发明——印刷术、火药、水手用的指南针——全都源于东亚。

13. Natalie Zemon Davis, "Printing and the People," in *Rethinking Popular Culture*, ed. Chandra Mukerji and Michael Schudson (Berkeley: University of California Press, 1991), 65-96.

14. Benedict Anderson, *Imagined Communities: Reflections on the Origins and Growth of Nationalism*, 2nd ed. (New York: Verso, 1991). 马歇尔·麦克卢汉在论文中令人惊叹地预见了安德森的论点，见 "Technology and Political Change," *International Journal* 3(1952): 189-95。

15. 见 Menahem Blondheim, "Why Is This Book Different from All Other Books? The Orality, the Literacy, and the Printing of the Passover *Haggadah*," 发表于 Institute for Advanced Studies, Hebrew University, Jerusalem, November 2004; Paul Frosh, "Telling Presences: Witnessing, Mass Media, and the Imagined Lives of Strangers," *Critical Studies in Media Communication*, 23, no. 4 (October 2006): 265-84.

16. John Durham Peters, "Space, Time, and Communication Theory," *Canadian Journal of Communication* 28 (2003): 397-411.

17. John Durham Peters and Peter Simonson, *Mass Communication and American Social Thought: Key Texts, 1919-1968* (Boulder: Rowman and Littlefield, 2004).

18. 这个观点的代表性论述出自卡斯·松斯泰因(Cass Sunstein)的《共和.com》(*Republic.com*)(Princeton: Princeton University Press, 2001)。如今作者已经收回了部分观点。

19. Joseph Turow, *Breaking Up America* (Chicago: University of Chicago Press, 1997).

20. 见 James R. Beniger, "Personalization of Mass Media and the Growth of Pseudo-Community," *Communication Research* 14 (1987): 352-71; Stig Hjarvard, "Simulated Conversations: The Simulation of Interpersonal Communication in Electronic Media," *Northern Lights*, vol. 1, ed. Anne Jerslev (Copenhagen: University of Copenhagen Press, 2002), 227-52.

21. Raymond Williams, *Television: Technology and Cultural Form* (New York: Schocken, 1974), chap. 1.

22. Elihu Katz and Mihaela Popescu, "Supplementation: On Communicator Control of the Conditions of Reception," in *European Culture and the Media*, ed. Ib Bondebjerg and Peter Golding (Bristol, UK: Intellect Press, 2004), 19-40.

23. Carl Couch, "Markets, Temples, and Palaces," *Studies in Symbolic Interaction* 7 (1986): 137-59.

参考文献及建议阅读书目

Fairclough, Norman. 1995. *Media Discourse*. London: Edward Arnold.

Inns, Harold A. 1951. *The Bias of Communication*. Toronto: University of Toronto Press.

Merton, Robert K., with Marjorie Fiske and Alberta Curtis. [1946] 2006. *Mass Persuasion: The Social Psychology of a War Bond Drive*. New York: Howard Fertig.

Neuman, W. Russell. 1991. *The Future of the Mass Audience*. Cambridge: Cambridge University Press.

Peters, John Durham. 2001. "Mass Audiences." In *Encyclopedia of Rhetoric*, ed. Thomas O. Sloane, 68–72. Oxford: Oxford University Press.

Scannell, Paddy, ed. 1991. *Broadcast Talk*. Newbury Park, CA: Sage.

Stappers, James G. 1983. "Mass Communication as Public Communication." *Journal of Communication* 33, no. 3: 141–45.

Warner, Michael. 2002. *Publics and Counterpublics*. New York: Zone.

Webster, James G., and Patricia F. Phelan. 1997. *The Mass Audience: Rediscovering the Dominant Model*. Mahwah, NJ: LEA.

Williams, Raymond. 1958. "Conclusion." In *Culture and Society*. New York: Columbia University Press.

19. 网　络

亚历山大·R.加洛韦

埃斯库罗斯在悲剧《阿伽门农》中描述了两种类型的网络。第一种是真实的通信网络。这个网络得到了详细描述，却没有得到舞台呈现。第二种是可见并得到了呈现的罗网陷阱，但它象征着一个更大的阴谋。通信网络是一个由烽火构成的链条，横跨数百英里，将特洛伊城陷落的消息带回阿尔戈斯，预示着胜利者阿伽门农即将凯旋。"艾达的火炬首先点燃/烽火相连，火光冲天/直到这里"（281—83），由烽火构成的节点遍布全国，克吕泰墨斯特拉（Clytemnestra）在描绘数十个节点中的每一个节点时这样说道。[1] "干枯石南燃，烽火冲天/信号次第传。"（294—95）但后来阿伽门农回到自家炉火边时，有人布下了第二张网，那是一张"天罗地网"（1382），是克吕泰墨斯特拉为毁灭她丈夫而布下的陷阱。后来歌队谴责这张巨大的网是"肮脏的蜘蛛网"（1492），这张网的形式是一个象征，它是克吕泰墨斯特拉和她的织女们造出来装饰门槛的紫色织物。阿伽门农最终经不住哄骗，不明智地踏上了紫色毛毡。[2] 正如埃癸斯托（Aegisthus）在剧末幸灾乐祸地说，从踏上丝织物的那一刻起，阿伽门农就"陷入了复仇女神编织的罗网"（1580），落入了克吕泰墨斯特拉沾满鲜血的双手，他的命运就已被坐实。这位忸怩作态的背叛者感觉自己的等待快到尽头，于是带着嘲讽的语气怂恿阿伽门农：

> 啊，如果我的主人饱受伤害如同饱受流言，
> 那么从特洛伊一路伤到阿尔戈斯
> 他岂不成了一张千疮百孔的网！（866—68）

事实上，在剧本的最后场景中，阿伽门农的身体被刺透了三次，英雄如网这个形象变成了现实。在凶手吕泰墨斯特拉讲述这一切之前，卡珊德拉（Cassandra）已经预见到网会成为使杀手如愿的凶器：

> 哦，看哪！哦，恐怖！这是怎样的一副新景象？
> 一张捕猎的网，死神发动攻击的凶器！
> 猎手是她！他的枕边人。（1114—16）

于是，在两个相关但不相容的形式结构中，两张网来回摆动。一张是胜利之链，另一张则是毁灭之网。

在阿伽门农中，胜利之链是线性、高效、有用的。每动一步，网络都在扩散、加增。在一个山头点燃烽火，这并不会让前一个山头上的烽火变得黯淡无光。相反，这只会有效地增加它的光亮。胜利的烽火链传递信息，使人们在远地如同在现场。它指明方向。它遵循一系列的命令。它构成现实，而非破坏现实。也许最引人关注的地方在于：胜利之链由纯粹的能量构成，它是彩虹女神和赫尔墨斯神的结合。

毁灭之网却绝非如此。它是非线性的网丝，不是线性的链条，设计它的目的就是为了用它来捕捉、围困最棘手的敌人。通常，它的特点就像成群成窝的野兽，天性诡异难测，外形变化多端。与其相关的神不是彩虹女神，也不是赫尔墨斯神，而是复仇女神。复仇女神不大关心连接问题，毁灭之网为她带来的毁灭如同洪水泛滥，但她永不满足。毁灭之网不是补药。相反，与远方要素相连，它成了一种销毁连接的溶剂。它对烽火链步步紧逼，让烽火链魂飞魄散。只有克吕泰墨斯特拉的网能捕获特洛伊城的征服者，将阿特柔斯家族的精华掏空。

在埃斯库罗斯的俄瑞斯忒斯三联剧的第一部《阿伽门农》中，复仇女神只是一带而过。在第三部《复仇女神》中，由于复仇女神在故事中无处不在，因此只能以歌队的形式将其拟人化。复仇女神是一个真实的人物，但这个人物只能以多个不同的身体来表现。维吉尔用了三个身体，而埃斯库罗斯用了十二个（欧里庇得斯用了十五个）。在悲剧中，歌队一般象征着社群。歌队不是"群众""人民"的象征，歌队仅仅象征着"一组人。"这就使《复仇女神》非同寻常。在《阿伽门农》中，歌队是严厉谴责的长者；在第二部《奠酒人》中，歌队是喧嚷的侍女，而在第三部中，歌队却成了复仇女神本人的化身，只是这个化身是神圣的，也就是说，不具人的形体。这里不再是"一组人"，而是一窝，或一群。前两部作品中克吕泰墨斯特拉的织物象征着毁灭之网，网和紫色织物被她当作武器，织成的袍子如同紧身衣，捆住了阿伽门农（俄瑞斯忒斯在《奠酒人》中称之为"一个陷阱，不是用铁，而是用丝线做成的陷阱"；493）。这个毁灭之网不再是一个象征，而是网络化存在本身的转世重生。复仇女神就是拟人化了的毁灭之网。赫尔墨斯神（作为胜利之链）在《复仇女神》中也有出现，只是出现的时间极为短暂。在俄瑞斯忒斯从德尔菲到雅典的旅途中，赫尔墨斯神一路牧养他。所以，虽然在最后一部作品中雅典娜和正义精神占据了统治地位，但是复仇女神却暗示着挥之不去的威胁，这种威胁如果不是网络化的复仇的话，那它也是网络化的存在。

+ + +

我以经典文本开始对网络这个问题进行讨论，这里有几个原因。其一，是为了从西方文学的根基开始引入两个比喻：胜利之链，以及毁灭之网，这有助于我们理解网络在当时，以及在当今的力量。其二，是为了开宗明义，对下面这个论断提出质疑：网络单单盛行于20世纪晚期及21世纪早期，更明确地说，网络可以说在某种程度上是现代技术或后现代性，如电报、互联网的同义词。

其三，是为了开始讨论网络形式的内部矛盾性，或不公平性（当代网络理论家称之为"幂次定律"，或者说，诸如链接等网络资源的非随机分布的特点）。网络有许多种，网络内部不简单，也非全球一致。有些网络有严格的等级，而别的网络则具有灵活性，而且抗拒等级。有些网络，如胜利之链，喜欢创造秩序；其他网络，如毁灭之网，则意图瓦解秩序。在美国军方的手中，网络不仅被归到通信工具一类,而且被归入了武器系统。在反全球化活动家手中,网络被当作了搞破坏的工具和隐匿的工具。因此,我想指出不同网络之间的差异,它不仅体现在体系结构上,而且体现在价值和动机上。不仅如此,我还想指出,不同网络形式彼此之间可能会产生摩擦。实际上,准确地说,可能会演变成对其他网络形式进行利用和破坏的景况(正如恐怖主义网络利用全球旅游网、移动通信网,以及大众媒介网)。米歇尔·福柯写道:"在这一点上,回想一下古希腊的格言将不无裨益。民众应当学习算术,因为算术教的是平等的关系;而几何只能留给政治寡头们学习,因为几何展现的是不平等中的比例关系。"因此,我们应该记住这一点:图论,这位几何学的拓扑学表兄,对内部矛盾性或不平等性等问题一点都不具有免疫力。[3]

最后一个原因:不将网络定义为描述形状、结构的抽象概念,而是定义为具体的权力技术、组织技术、控制技术。我的开场白从本质上来看诚然具有文学性,但埃斯库罗斯所描述的网络(山顶的烽火链,猎人的罗网)是具体的、具有物质特性的技术。在所提到的每种网络中,不管是胜利之链还是毁灭之网,它们都是具有物质特点的载体,承载着权力出现在世人面前。网是渔猎工具,但在战争中它跟盾牌与弓箭一样,都是武器。这一点对人们当今的理解至关重要:网络常常象征着真实世界里的权力和控制,或者是真实世界里的权力和控制的化身。因此,胜利之链和毁灭之网等比喻并不构成一个完整的网络理论,这两个比喻只是两扇窗户,供人们从中窥见不同形式的网络化结构组织,以及网络化政治组织。

+ + +

英语术语 network 是一个复合词,由古萨克森词 net 和 werk 组成。Net 是一种编织稀松的织物,用来捕捉、囚禁动物,存放物品。Werk 既指动作行为,也指行为所产生的结构或事物。(埃斯库罗斯所用的术语是 diktyon [διχτυον],网络、系统、网格。)在媒介研究中,网络这个术语在分析通信技术时更为常见。在这个背景下,网络指的是用来创造、传播无线电及电视网络所用的传播技术,以及诸如互联网之类的信息处理系统及信息传输系统。在物资及工业系统(让商品得到流通的物流网,以及各种交通网)中,在生物及生命科学(生态学、神经学、遗传学)中,在数学的好几个分支科学(图论、拓扑学)中,网络也显得至关重要。在社会科学及人类学中,社会学及人类学研究社会文化背景下的网络。经济学分析市场网络。而符号学这类领域则将语言及文化视为制造意义和交换的复杂网络。

这个术语有不同的用法,但某些隐含的假设能将这些不同用法捆到一起。首先,网络是相互连接的系统。网络不仅仅是部分的叠加,网络必须让不同的部分不断发生关系。因此,一座森林不是网络,但森林里的生态系统是网络。一群人本身不是一个网络,但如果这群人参与了市场经济,那么这群人就是一个网络。第二,网络要求一定程度的复杂性。人们几乎从不把简单系统视为网络,但如果是复杂系统(细胞内的蛋白信号,全球资本的流通),那么这个系统十有八九就会被当成网络。因此,当代景象中人们常常将网络当作富有深刻寓意的指标,用它来指许多不同类型的复杂系统,这一点并不令人感到意外。

除了开篇提到的古典传统对网络造成了影响之外,在当今控制化、网络化环境中无处不在的现代科学、哲学也给网络带来了数不清的影响。"如果让我在整个科学史中为控制论挑选一位守护神的话,我必须选莱布尼茨",麻省理工学院的数学家及防御研究员诺伯特·维纳这样写道(1965:12)。事实上,从现代早期开始,莱布尼茨及斯宾诺莎(Spinoza)就已经提出了类似于机器化及网络化安排的雏形。在《单子论》(Monadology)中,莱布尼茨描述了一个由"单子"组成的平稳的普世网络,每个单子都很独特,但每个单子本身内部都包含着一面能照出总体性的镜子。在《伦理学》(Ethics)中,斯宾诺莎找出了一种普世的物质,思及思的延伸是其永恒特点,人的身体也由此而生。人类身体的属性给物质附加上了一种分布式的关系网络,以及反关系的网络,这一理论在法国哲学家吉勒·德勒兹那里得到了进一步发展。20世纪的路德维希·冯·贝塔朗菲(Ludwig von Bertalanffy)的一般系统论科学,维纳的控制论科学,帮助人们描述开放系统和闭合系统,描述系统内部如何嵌套子系统,描述通信及控制是如何从系统的一部分传递到另一部分。克劳德·香农和瓦伦·韦弗几乎是在同一时期提出了信息论。信息论并不仅仅从语义学的角度来定义通信,而且从象征模式所具有的相对完整性,以及用来构建这些模式的语言中包含有多少不可预见性等方面来定义通信(见第11章,"信息")。在数学方面,图论也是一个重要的影响。图论为理解网络提供了词汇,网络可以简单地被理解成图,被理解成一组组的节点和链接。

控制系统基本上是通信网络,信息能够在系统组成部分之间传递,从而影响系统的后续状态。维纳那本影响深远的著作《控制论:或关于在动物中控制和通信的科学》进行了跨学科研究,从电子工程谈到了神经生理学。书中指出,在不间断的系统操作中,人类、动物,以及机械系统在处理数据输入与输出的能力这一点上是一致的(见第10章,"控制论")。这种控制系统的核心要点是反馈,这就意味着任何关系网络都具有一定程度的自反性。[4]对维纳来说,信息就是在环境世界中的"噪声"里做出统计选择,这就意味着某个设施能够将选择或筛选行为落到实处。[5]维纳将这个能力称为"信息反馈带来的控制。"就像埃斯库罗斯的胜利之链,维纳的网络总是那么高效、可控。这些网络在本质上是无生命的机器,网络的作用是更好地整合部件与技术,使其成为功能性的、系统性的整体。维纳的术语控制论(cybernetic)来自希腊语kubernetes,也被称为"掌舵人"。这也暗指19世纪时克拉克·麦克斯韦关于"调速器"(governors)的书写,他认为这个词也是对同一希腊术语的讹用。

维纳在研究高射炮弹道控制的时候,他的同事克劳德·香农在贝尔实验室进行通信研究。香农与瓦伦·韦弗一起进行的大部分工作为现代通信网络奠定了基础,可以说为20世纪60年代末美国高级研究计划署的阿帕网这一想法的出现铺平了道路。香农的工作虽然远不像维纳的工作那样具有跨学科的特点,但香农努力将"信息"定义为通信技术的核心组成部分,在这一点上,香农与控制论有共鸣(事实上,维纳直接引用了香农的作品)。香农和韦弗的信息论强调信息的数量,甚至不惜牺牲质量或内容。正如他们所说,"信息不得与意义混淆。事实上,如果有两条信息,其中一条意义深厚,而另一条纯属胡说,但从目前信息的角度来看,两者完全等价"(1963:8)。这种顽固的技术观在今天人们实现互联网分组交换时仍然可以看得见。数据块被切分,然后按路线发送到目的地。虽然这些数据包可以被翻译出来,其意义可以被揭示,但是技术功能的首要任务是将数量 x 从 A 点传输到 B 点,虽然这个任务没有明说。

如果维纳的控制论和香农的信息论都暗示着一种定量、静态的信息网络观,那么出现于同一时代的第三种方法所提供的选择却略有不同。路德维希·冯·贝塔朗菲是一位受过训练的生物学家,他发展的"一般系统论"跟维纳和香农的观点迥然不同(见第9章,"通信")。维纳是从电子工程的角度看待人类系统、动物系统及机械系统,而香农将人类用户与人类用户所使用的技术区分开来看待。冯·贝塔朗菲则截然相反,他以生物学立场来强调人类的观点,或者强调技术系统。在这种情况下,他阐述了开放系统与闭合系统的理论差异,表明子系统如何总会嵌入较大系统之中(互联网协议中的分层结构就原封不动地采用了这一模式)。他说:

> 组织并非一个对外部世界关闭、总是包含等同成分的静态系统。它是一个处于准稳定状态的开放系统。组织的成分材料及能量在不断发生变化,物质不断地从外部环境中来,又回到外部环境中去,系统保持着恒定的质量关系。(1976:121)

这个观点带来几个后果。其一,虽然冯·贝塔朗菲的确定义了"信息",但与其他因素相比,信息在系统的总体控制中所起的作用要小得多。信息对任何活跃的网络来说都具有核心地位,但如果没了将信息用作资源的总体逻辑,信息就什么也不是。换句话说,处理信息的逻辑与信息这个观点本身同等重要。

另一个后果就是冯·贝塔朗菲的系统论不是从工程或通信的角度,而是因其有机体论,从生物学的角度为人们提供了一种理解信息的方法。这并不是说系统论在哪一点上要比维纳或香农的理论更加准确,或者更加成功。但是控制论、信息论、系统论的谱系的确表明,信息化的世界观带来了一种与物质世界之间的矛盾关系。一方面,信息被视为具有抽象、定量的特点,可以被简化为对管理和控制的运算——这就是上面提到的非具身化、无实体的概念。另一方面,控制论、信息论、系统论都表明物质性是信息的内在特点,它被划归到军事技术、通信媒介,甚至生物系统等领域。

控制论、系统论盘根错节,这里已经列出大部分科学文献,这些文献与万维网(一系列特殊的网络技术,其中包括蒂姆·伯纳斯-李[Tim Berners-Lee]于1990—1991年研发出来的超文本传输协议[HTTP],以及超文本标记语言[HTML])的出现相结合,结果,到了20世纪90年代中期,关于该主题的大众写作和学术写作激增。这个书架包括了格特·洛文克(Geert Lovink)所谓的".com之前的互联网先驱们的自由主义价值";理查德·巴布罗克(Richard Barbrook)的对"加利福尼亚意识形态"的批评;马克·德里的勾起人们幻想的报告文学;约翰·佩里·巴洛(John Perry Barlow)的"赛博空间独立宣言";埃本·莫格伦(Eben Moglen)的"网络共产主义宣言"。不仅如此,这个书架还包括从关于混沌到信息经济的复杂性(凯文·克利[Kevin Kelly],埃斯特·戴森[Esther Dyson],雷·库日韦尔,尼古拉斯·内格罗蓬特[Nicholas Negroponte]),到突现理论、自组织理论(史蒂文·约翰逊[Steven Johnson],曼纽尔·德兰达[Manuel DeLanda]),以及虚拟理论(皮埃尔·利维[Pierre Lévi],马克·波斯特,布莱恩·马苏米)、网络立法(劳伦斯·莱西希[Lawrence Lessig],约凯·本克勒[Yochai Benkler])等相关内容的畅销书。[6]受到文化研究、批评理论、科技研究的影响,埃斯彭·奥塞特(Espen Aaseth),杰伊·博尔特,温迪·胡伊永·春,理查德·格鲁辛,玛丽娜·格尔任尼克(Marina Grzinic),唐娜·哈拉维,凯瑟琳·海尔斯,莱夫·马诺维奇,中村丽莎(Lisa Nakamura),萨迪·普兰特(Sadie Plant),阿吕盖尔·罗莎娜·斯通,雪莉·特克等学者从网络身份的形成、非线性及交互性、网络美学、阐释学、软件的社会运用等角度对网络进行了写作。[7] 这一阶段另一种有影响力的话语出现在社会网络理论、图论、拓扑学的交叉地带,取得了卓越的成就。扎根于莱昂纳多·奥伊勒(Leonhard Euler)1736 年的"柯尼斯堡七桥问题"不可解的证据,以及 20 世纪心理学家斯坦利·米尔格拉姆(Stanley Milgram)的"小世界"实验,当代人对社会系统理论的讨论针对的是下面这些问题:网络发展与拓扑变化;网络链接的随机分布或非随机分布;网络子群的聚集及互联性。[8]

+ + +

网络及关于网络的话语并不是个新鲜的话题,但就不同的网络结构以及它们之间两败俱伤的斗争这一问题而言,今天的人们已经完全颠倒了标准说法。如果说在旧的场景中,毁灭之网的形式是分布式网络,它被视为一种溶剂,会对更具中心特色的控制构成威胁(例如,俄瑞斯忒斯三联剧主要是关于雅典的公义这个概念),那么在新的场景中,网络在人们看来至关重要,甚至必不可少。正如彼得·加利森(Peter Galison)所说,人们正在见证"一场反对中心的战争"。[9] 毁灭之网终于战胜了胜利之链。如今主政的神灵是复仇女神,不是彩虹女神,也不是赫尔墨斯神。对霸权力量来说,局面是如此;对更加进步的政治运动来说,局面也是如此。人们可能会说到 20 世纪 60 年代的新社会运动及其去中心化的结构,也就是乔·弗里曼(Jo Freeman)在她那篇 1970 年发表的名为《无结构的暴政》("The Tyranny of Structurelessness")一文中所做的有趣评价。[10] 但与此同时,人们必须承认哈尔特-内格里的帝国概念(即"以平面方式讲述出来的动态、灵活的系统结构")在形式上与它决意要消灭的运动一模一样。[11] "我们厌倦了树型,"德勒兹及瓜塔里(Guattari)写道。但没过多久,同样的字眼却从跨国精英的最高层人士口中吐出,在五角大楼紧闭的门背后听到,在先前是金字塔型等级制的堡垒中听到。

事实上,"反对中心的战争"在许多不同环境中都表现得很明显,这里有必要放大了来细看这些环境的轮廓。然而,这样做却必定会导致人们在对网或网络进行批评时,一边赞扬网或网络,一边又对自己推测性的"宽带"观点感到不满。洛文克认为对一般网络理论的追求是一种不幸(我本人无疑也有过这种不幸的追求)。因此,有必要对毁灭之网这个比喻所隐含的技术细节及历史细节进行钻研。这里我是指后克吕泰墨斯特拉模式的观点:网络具有去等级、破坏、溶解各式僵化结构的潜能。这条线索贯穿了汉斯·马格努斯·恩岑斯贝格(Hans Magnus Enzensberg)的图表:解放了的媒介与压迫性的媒介,德勒兹及瓜塔里的"块茎",加利森的"反对中心的战争"(或者说,主要是反对中心化的网络),甚至贯穿了兰德公司(RAND)的研究员约翰·阿尔奎拉(John Arquilla)和戴维·朗菲尔德(David Ronfeldt)的理论"网络战争"。[12] 这些思想家们采用了克吕泰墨斯特拉的模式。他们假定网络与权威之间是一种敌对关系,网络是唯一可能对根深蒂固、壁垒森严的权力中心构成威胁的组织形式。

20 世纪 60 年代保罗·巴兰(Paul Baran)清楚地表达了这个潮流。他构想的分布式网络是一种极其复杂的网络拓扑,其中既包含了毁灭之网,也包含了胜利之链,两者实现了奇妙的合成。分布式网络或"网状"网络在一个平面上铺开,由大量的链接将所有节点连接起来。任何节点都不可能成为网络的主人。每个节点都只能对网络拓扑及信息发送做出局部决策,从而将平铺式组织方式与控制整合到一起,并且在整个网络中广泛推行。巴兰将分布式网络与中心化的网络或"星型"网络进行了对比。中心化的网络或"星型"网络的特点是：只有一个集线器，通过数个分支延伸到边缘节点。第三种形式，去中心化网络，它是前面两种形式的混合：它包括数个具有等级特点的星型子网络，其集线器通过骨干链接实现互联，成为一个更大的混合体。分布式网络与其中心化和去中心化的表亲们不同，它是一种特殊的结构，其特点是：节点之间相等、双向连接、重复度高、内部普遍缺乏等级特点。

巴兰的分布式网络在发送信息方面依赖一种被称为分组交换的技术，即允许信息分解成小块。每个信息块（信息包）自找路径，通往目的地。到达目的地之后，信息包再组装成原始信息。美国国防部的美国高级研究计划署 1969 年成立的阿帕网首先使用了巴兰的分组交换技术。（注意，分组交换这个术语不是巴兰的发明，而是英国科学家唐纳德·戴维斯[Donald Davies]的发明。在不知晓巴兰所做的工作的情况下，戴维斯也发明了一种在分布式网络上发送小信息包的系统。巴兰加盟兰德公司，走近美国新出现的阿帕网，这才巩固了他的历史地位。）同时，莱昂纳多·克莱因洛克(Leonard Kleinrock)发表了他在网络流量以及排队理论方面的研究。克莱因洛克的焦点是分析网络中的随机流量，也就是既不稳定也不可预测的流量，"信息流连续抵达系统，信息流之间的时间差是一个随机的量，每次抵达的信息流对信道的需求也是一个随机的量"。[13] 对网络节点如路由器的设计而言，克莱因洛克的排队理论研究极为重要。

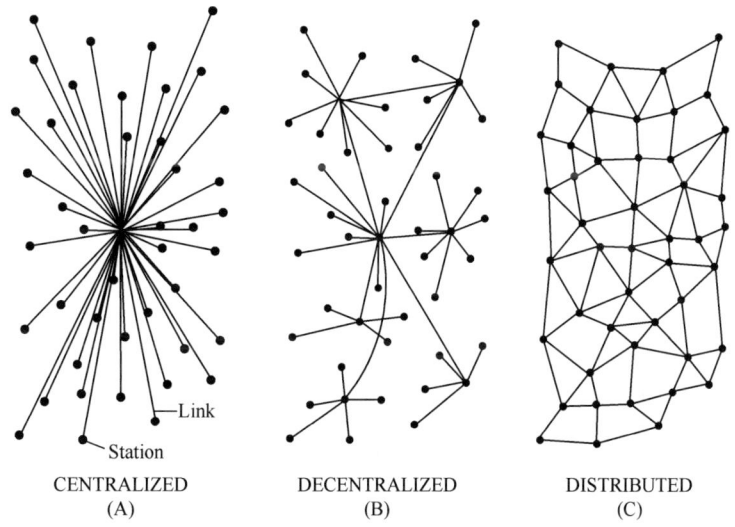

(A)中心化网络。(B)去中心化网络。(C)分布式网络。中心化、去中心化、分布式网络。兰德报告 P-2626：论分布式通信网络，保罗·巴兰(1962)。此翻译内容未经兰德公司核实通过。

在 20 世纪 70 年代及 80 年代，后来被人们称为互联网的阿帕网得益于一系列的技术标准，人们称之为协议。计算机协议是为了技术标准的实施而推荐的规则。主宰大多数互联网的协议包含于我们所说的请求评注文件(RFC)中。这个表述来自一个名为"主机软件"的备忘录，由史蒂夫·克罗克(Steve Crocker)于 1969 年 4 月 7 日发布，今天人们称之为"请求评注一号文件"(RFC1)。请求评注文件由互联网工程任务组(IETF)发布，可以免费获取（在线存档于数个位置，通过普通网页搜索就能检索到），它的主要使用者是想要开发出能满足普通性能的硬件、软件工程师。从1969年以来,已经发布了几千个RFC文件,这些文件与为数更加庞大的全球技术标准一道,构成了被人们称为协议的组织系统和控制系统。协议是材料系统或组织系统,协议构建比特与原子之间的关系,规定比特及原子如何在自己所嵌入的分布式网络中流通。

虽然巴兰没有发明自动化通信网络,但我认为巴兰就是协议系统之"父",这不仅仅是因为他在分布式网络产生这一历史性时刻中的地位,而且因为他清清楚楚地看到,分布式网络创造了一种鲁棒性好的组织结构和控制结构。这些结构并不消灭组织,消灭控制。相较于金字塔式的等级秩序,网络实际上是脆弱、无效、紊乱的。然而,长远看来,正是因为这种不对称的关系才造就了网络极佳的鲁棒性。毁灭之网能够高度有效。巴兰认识到,冷战模式依赖的是一种目标分散的系统——城市、军事基地,大抵如此——那么,如果能够全面铺开一种新的无目标组织模式(平滑的分布式网络)的话,人们就能获得一种新的战略性优势。分布式网络只是在最近才变得具有霸权特色,因为这一点,人们相对容易陷入对过去的回忆。那时,网络是要颠覆中心权力的,游击队是要威胁正规军的,游牧部落是要威胁大本营的。但是现在那样的日子没有了。分布式网络是新大本营,新正规军,新权力。

+ + +

最后,我想指出一些网络媒介的细节问题。关于网络形式问题,批评理论中已经出现了重要分支。

首先,香农韦弗之后,网络对语义内容及理解相对而言兴趣不大。人们对数据进行"解析",而非常规意义上的"解读"。两个协议(两种技术)的交叉地带定义着媒介对象。媒介对象不是某种人类语义对数据进行投射的结果。任何新媒介的内部都包含着旧媒介,麦克卢汉的这一观点很好地阐释了这一点:电影中包含了静物摄影画面,网页包含了图像及文本,等等。在数字媒介方面,麦克卢汉的原则成了律法。由于一切都是信息,任何可以辨识的"内容"不过是以人工手段将基板数据解析成可预测的模板驱动块。在校验和(checksum)这一概念中可以看到这一点。校验和是一种简单的数字签名,出现于所有网络信息之中。通过扫描信息"内容"得出校验和,而非通过任何真正的"阅读"行为。任何对内容的机器理解都被演化成一种人类行为的附带现象,正如搜索引擎所用的网页排名算法。结合上面的观点,复仇女神已经替代了赫尔墨斯神(可能也替代了彩虹女神),成了主政的神灵,这可能指的是网络具有反对阐释的趋势。简言之,人们将不得不探索一种新的阅读模式,这种模式在本质上不具有阐释的特点。相反,这种模式的基础是控制解析、扫描、重新排列、筛选、插入。内在软件概念,或机器软件概念将是这种新阅读模式的基础。现在的问题不仅仅是逻各斯(话语)问题,而是尔格子(功)的问题。网络不仅仅是文本实体,它还是在不断劳作的实体。

第二个分支就是可能会被人们称之为政治悲剧的互动。在贝尔托·布莱希特(Bertolt Brecht)对收音机的著名描写片段中,互动及网络双向性被抬高到类似于乌托邦的位置。后来,恩岑斯贝格又再次说,对于一种"解放了的"媒体,互动及网络双向性既是它的心脏,也是它的灵魂。然而在当今,互动是控制与组织的核心工具之一。跟毁灭之网一样,诱惑人心的正是连接这一行为。跟胜利之链一样,在双向表达、传输信息方面,网络特别有效(这就是图论所说的"无向图")。当今,不管想不想要沟通,有机体都要沟通。这基本上就是为什么在维纳的控制论中,"通信"与"控制"的关系难解难分。用菲尔·阿格雷(Phil Agre)的术语来说,有机体只要用了任何信息代码及评估标准,他就已经被"捕获了"。点击量被累积;人的行为被挖掘,以获取有用的数据,或者被跟踪,非法获取数据;甚至连基因组都被勘察,用来获取罕见的,或者有用的序列。恩岑斯贝格想要把法西斯主义单向模式改变成激进民主双向模式,这一点值得赞赏,并且跟当时的政治运动密切相关。然而,在当今时代,由于网络控制、网络组织技术中双向性与多向性的结合,双向性不再像往日那样,如同是上帝所赐的救恩。今天,互动意味着彻底地参与,意味着人人都陷入网罗。胜利之链不是一场独白,而是杂语共生。

认为软件的表面优于来源,但与此同时又高举来源,视来源为绝对必需,即使来源隐而不显,这个趋势是第三个分支。这是什么意思呢?在人们的理解中,软件存在于各个层面。在作者这个层面,软件作为"源代码"而存在,它是一种人类可以阅读的文本,它包含着用高级计算机语言如C++所写成的命令。当这个源代码被编辑,这些命令就被翻译成了机器能够阅读的代码,即所谓的可执行运用程序,它由可被机器硬件理解的基本命令构成。这种运用造成了第三个模式,即用户的"运行时"经验:用户启动、运行软件的经验。来源、可执行应用、界面这三个模式对任何计算机技术而言都很重要。界面常常被认为是最重要的方面,因为它决定着跟用户相关的真实经验。然而执行模式包含着真实的机器命令,软件功能要实现,它必不可少。但是与此同时,可执行应用程序仅仅是对源代码进行机器编译的结果,因此它是所实现工作的基本秘诀或评价。因此,软件的"源"要起作用,它必须以它不是的一种形式(可执行文件)出现,只有这样,它才能以完全不同于前两种形式的第三种形式被体验到。这个东西我们可以称之为软件的神秘逻辑:软件最充分表达自己的时刻恰恰是它隐藏自己的时刻。正如温迪·胡伊·永·春(Wendy Hui Kyong Chun)在她的作品中指出,代码从来就不仅仅是一种来源,代码总是一种"资源"。

软件的表面优于来源这一趋势促进了开源软件这一社会运动的产生。开源软件的源代码和可执行代码都朝用户开放。但这是一个阴险狡猾的表面效果,甚至再次出现在所谓开源软件中。在计算机科学中有一种被人们称为封装的设计方法,就是代码被分割成模块化装置,有时又被称为目标或文库,人们通过界面与之互动。在这个意义上,软件自身表现得就像一个网络,一个完全在抽象信息空间中模拟而成的信息发送网络。软件目标就是网络中的节点。通过任何两个目标界面之间的"边缘",信息得到发送。界面就是与目标或文库进行通信往来的唯一导管。目标或文库本身的来源是隐藏的。计算机科学家使用封装有几个原因,所有原因都是实际操作方面的。封装会使代码维护起来更容易,操作起来更简单。封装实践遍布各种计算机语言以及程序环境,包括开源代码。如此看来,开源运动做得还不够;可能还需要某种类似于"开放运行时环境"的运动。在这里,蒙昧与透明这对美学和哲学上的强硬分子被当成了软件中的一个核心问题(如果不是唯一的核心问题的话)来考察。网络化关系的悖论如下:网络化的他者总是被掩盖,然而,体验他者的精华,即便他者晦涩难懂,却被视为网络化关系的最高目标。例如,在复杂理论中,被放到了首要位置的恰恰是网络总体性的模糊性。只有通过"突现"在"集体智慧"的新思想精华中,人们才能克服总体性的模糊性。

胜利之链与毁灭之网之间混乱颠倒的关系的第四个分支是：它预示着政治兴趣的新景象。在这方面有好几个选择。以网络为支点，我将指出两条途径：(1)由"内部"形式一致性引发的政治问题；(2)由"外部"空间引发的政治问题。

网中允许存在空隙或网眼，如在渔网中，网眼是为了让水及小物体通过，这是网的根本特点之一，但拓扑学及图论却无视这个特点。图在本质上具有拓扑特点；其边缘无限延伸，这就意味着图的节点能够被任意移动，能够产生看似完全不同，但仍属同构的网络。节点之间的链接高于所有对空间的关注。例如，平行四边形和矩形在图论中可以说是同构，但在几何学中却不是（除非在特殊情况下，平行四边形的四个角是直角）。一般来讲，图嵌于空间几何之中，这一点对图而言并不意味着什么。从这一点来看，我们可能会说，图论中不讨论空隙问题。图就是没有网眼的网。或者至少图是一种网的具体形状和网眼的特点（的确有网眼）不造成任何结果的网。图断定网眼存在，但网眼只是被视为从整体中排除的部分，被视为虽然在场却起不了作用的某种东西。图是一种网络，但在它的话语中没有"离线"这个词。网眼不仅从本体论上，而且从字面意义上被"悬挂"了起来，就像一个东西悬挂在结与线所编制的网中。当然，这是图论的特点，不是缺点。

但这也可以是一种不利因素。因此，人们如今能识别出一些源于外部的政治兴趣新景象。这些运动是就图中的洞这一位置而言的。要是在以前，这也许会被称为反机械化反自动化的勒德主义。今天，随着整个社会空间中网络技术的增强，这些政治兴趣包括对一切排他性网络之外的东西的兴趣：阿甘本的"裸命"概念；因禁、引渡、人生保护权（今天的"黑暗"监狱从恶魔岛及前罪犯流放地中得到启发）；西方主动"连线"非洲；迈赫迪·贝勒哈吉·卡西姆（Mehdi Belhaj Kacem）的"被囚禁在外面"；岌岌可危的劳工及后福特主义；生物统计学与所谓可以用经验衡量用符号表达的数据（与上面所描述的互动悲剧接踵发生）；地理领域里的地形分辨率问题；等等。这里的首要问题是可理解性这个概念。谁，或者说，是什么东西被排除在了网络现场之外？在任何具体环境中，若要将一个实体排除在网络之外，必要条件是什么？若要排除，必须付出何种代价？若要被包括在内，必须付出何种更大的代价？"法律面前坐着一位守门人，"卡夫卡写道。

另一方面，人们可能会搬出所有以网络为中心的图标，这些图标在现代性中畅通无阻，并且在后现代性中也游刃有余：草根组织、游击队的战争、无政府工团主义，以及其他块茎状的运动。这些运动在网络模式的"形式之内"，因为它们本身在形式上构成了某种形式的分布式网络或去中心网络。[14]（人们也可能会说，正是块茎运动与主张中心化的对手之间的形式不对称，才为块茎运动提供了力量基础，但那又是另外一篇文章的话题了。）然而，随着权势力量也进入了分布式网络，从而收编了先前留下的工具，于是政治行动需要新模式。新的利用是必须的，它跟分布式网络的关系是非对称的，跟分布式网络与现代性的权力中心之间的关系是一样的，或者跟克吕泰墨斯特拉的"巨网"与阿伽门农的高效军事网之间的关系是一样的。但是这个新利用从未出现在网络之外，它总是在网络形式以内。因此，就出现了某种内部反网络运动。其中一个例子就是哈基姆·贝（Hakim Bey）的当代自主领域模式，即，以复仇女神为榜样的"电子骚扰剧院"在线电子集会系统。在非人类领域，可能是在完全偶然的情况下，计算机病毒及计算机蠕虫利用分布式网络的均质性及网络传播信息的能力,已经创造了一种新的内部反网络的病毒破坏行为。同时,黑客也在网络化机器中寻找逻辑漏洞,颠倒、篡改那些机器的正常功能。

这些技术尚未发展完备,并且在很多情况下,它们在政治上如果说不上是倒退的话,也显得太天真,例如病毒这个例子。然而,这些技术的确开始描绘出一种新的网络组织形式,并且从剪影上来看,描绘出了一幅反网络实践的形象,而反网络实践是地地道道的网络形式。位处网络之外的景象、网络边界地带的景象、互动"问题"、表面与源头问题、反阐释冲动,结合这些方方面面,人们开始看到,网络批评理论中出现了一系列的话题。

注释:

1. 括号中的引文指的是希腊文中的行数。译文出自 Aeschylus, *The Oresteian Trilogy*, trans. Philip Vellacott (New York: Penguin, 1956)。

2. 织物与蛛网之间的一致性后来在奥维德的阿拉克涅(Arachne)的故事中提到,雅典娜将傲慢自大的女仆织女阿拉克涅变成了一只蜘蛛:"她的头发掉了,然后眼睛耳朵掉了,整个身子沉下去。纤细的手指附在体侧,变成了腿。余下的部分是腹部;但是从这里,阿拉克涅吐出了一根线;她又开始施展编织才华,她曾经织出漂亮的网"(第 6 卷,141—45 行)。Ovid, *Metamorphoses*, trans. Allen Bandelbaum (New York: Harcourt, 1993), 183. 阿拉克涅重新出现在但丁的作品(地狱篇,第 17 章;炼狱篇,第 12 章)中以象征诗人自己。诗人用他自己的艺术创造之手来解开这个人物。用来编织如画织物的丝线变成了套索,阿拉克涅打算用它来上吊,以显示她对神灵的蔑视。但套索又变成了网,指向了艺术家的"编织",不管编的是故事还是织物。

3. Michel Foucault, *The Archaeology of Knowledge* (New York: Pantheon, 1972), 219. 几何学、图论都是数学的分支学科,两者之间的共同之处与不同之处一样多。它们都有欧几里得的点和线的概念(只是在图论中,它们被翻译成了顶点与边)。然而,图论在本质上具有拓扑学的特点,图论中没有任何角(线与线之间的角)的概念,也没有多边形表面概念(网中的网眼与空隙),而这两点是欧几里得几何的核心。有一个反例可以说明图嵌入的空间问题,那就是平面图。在平面图的绘制中,除了在节点之外,边不相交。然而即使平面图在拓扑学上也是有弹性的,而这一点在古典几何中不允许。

4. 韦弗对反馈的描述如下:"从原则上来讲,高速计算机是自动控制设备理想的神经系统,我早就看到了这一点……用应变仪或类似代理机制来读取运动器官的表现,并向中央控制系统报告,'反馈',如同动觉器官一样。那么,无论人工机器的表现程度有多么复杂,我们都能造得出来。"(1965:27)

5. "正如一个系统中的信息量是其组织程度的尺度,那么熵就是其无组织程度的尺度;一个不过是另一个的反面。"(Wiener, 1965:11)

6. 见 Benkler(2006),另见 Geert Lovink, *My First Recession* (Rotterdam: V2, 2003), 12; Richard Barbrook and Andy Cameron, "Californian Ideology," and John Perry Barlow, "A Declaration of the Independence of Cyberspace," in *Crypto Anarchy, Cyberstates, and Pirate Utopias*, ed. Peter Ludow (Cambridge, MA: MIT Press, 2001); Mark Dery, *Escape Velocity* (New York: Grove Press, 1996); Eben Moglen, "The dotCommunist Manifesto," http://emoglen.law.columbia.edu/publications/dcm.html (accessed November 5, 2005); Kevin Kelly, *Out of Control* (New York: Knopf, 1995); Esther Dyson, *Release* 2.0 (New York: Broadway, 1997); Ray Kurzweil, *The Age of Spiritual Machines* (New York: Penguin,

1999); Nicholas Negroponte, *Being Digital* (New York: Knopf, 1995); Steven Johnson, *Emergence* (New York: Scribner, 2002); Manuel DeLanda, *A Thousand Years of Nonlinear History* (New York: Zone, 2000); Pierre Levy, *Becoming Virtual* (New York: Plenum, 1998); Mark Poster, *What's the Matter with the Internet?* (Minneapolis: University of Minnesota Press, 2001); Brian Massumi, *Parables for the Virtual* (Durham: Duke University Press, 2002); and Lawrence Lessig, *Code and Other Laws of Cyberspace* (New York: Basic, 2000).

7. 见 Chun(2005) and Hayles(1999)。另见 Espen Aarseth, *Cybertext* (Baltimore: Johns Hopkins University Press, 1997); Jay Bolter and Richard Grusin, *Remediation* (Cambridge, MA: MIT Press, 2000); Marina Grzinic, "Exposure Time, the Aura, and Telerobotics" in *The Robot in the Garden*, ed. Ken Goldberg (Cambridge, MA: MIT Press, 2000); Donna Haraway, *Simians, Cyborgs, and Women* (New York: Routledge, 1991); Lev Manovich, *The Language of New Media* (Cambridge, MA: MIT Press, 2001); Lisa Nakamura, *Cybertypes* (New York: Routledge, 2002); Sadie Plant, *Zeros + Ones* (New York: Fourth Estate, 1997); Allucquère Rosanne Stone, *The War of Desire and Technology at the Close of the Mechanical Age* (Cambridge, MA: MIT Press, 1996); Sherry Turkle, *Life on the Screen* (New York: Simon & Schuster, 1997).

8. 参阅鲍劳巴希(Barabási)(2002)的作品能很好地全面理解社会网络理论及图论。

9. Peter Galison, "War against the Center," *Grey Room* 4 (Summer 2001): 7-33.

10. Jo Freeman, "The Tyranny of Structurelessness," http://www.jofreeman.com/joreen/tyranny.htm (accessed January 4, 2006).

11. Michael Hardt and Antonio Negri, *Empire* (Cambridge, MA: Harvard University Press, 2000), 13.

12. 见德勒兹(Deleuze)和瓜塔里(Guattari)(1987)以及阿尔奎拉(Aquilla)朗菲尔德(Ronfeldt)(2001)。并见 Hans Magnus Enzensberger, "Constituents of a Theory of the Media" in Noah Wardrip-Fruin and Nick Montfort, Eds., *The New Media Reader* (Cambridge, MA: MIT Press, 2003); Galison, "War Against the Center."

13. Leonard Kleinrock, *Communication Nets* (New York: Dover, 1964).

14. 这类似于信息论中如何定义"噪声"。人们会浪漫地认为噪声是后现代神授之物,可以用来对抗僵化的数字代码。然而,在信息科学中,噪声不是信息的对头,香农和韦弗将噪声定义为信息构成中熵的量。简单地说,噪声越多(一般来讲),信息就越多。因此,噪声是一个信息内部的问题,不是信息外部的问题。

参考文献及建议阅读书目

Arquilla, John, and David Ronfeldt. 2001. *Networks and Netwars: The Future of Terror, Crime, and Militancy*. Santa Monica, CA: RAND.

Barabási, Albert-László. 2002. *Linked*. New York: Perseus.

Baran, Paul. 1964. *On Distributed Communications*. Santa Monica, CA: RAND.

Benkler, Yochai. 2006. *The Wealth of Markets*, New Haven, CT: Yale University Press.

Chun, Wendy Hui Kyong. 2005. *Control and Freedom*. Cambridge, MA: MIT Press.

Deleuze, Gilles, and Félix Guattari. 1987. *A Thousand Plateaus*. Minneapolis: University of Minnesota

Press.

Hayles, Katherine. 1999. *How We Became Posthuman*. Chicago: University of Chicago Press.

Shannon, Claude, and Warren Weaver. 1963. *The Mathematical Theory of Communication*. Chicago: University of Illinois Press.

Von Bertalanffy, Ludwig. 1976. *General System Theory: Foundations, Development, Application*. New York: George Braziller.

Wiener, Norbert. 1965. *Cybernetics, or Control and Communication in the Animal and the Machine*. Cambridge, MA: MIT Press.

20. 系　统

戴维·韦尔贝利

在媒介研究领域,尼古拉斯·卢曼的社会系统理论备受关注,原因在于它结合了众多的概念,对媒介的见解既广泛又准确。卢曼理论中的一个特征使得它与其他传统理论家——涂尔干、齐美尔、韦伯、米德和帕森斯——的思想有所不同,那就是将媒介-理论问题置于中心地位。这也不足为奇,因为卢曼用于建构社会系统的各种元素是沟通事件(而不是个人、团体或行为之类的因素)。无论怎样,卢曼对媒介概念的别解既新颖又复杂,值得详细了解。

显而易见,了解的起点是"系统"概念本身。不过,我们必须先暂缓脚步,注意卢曼的理论与声称只关注真实世界之实体的狭隘思想不在一条道上。更进一步地说,他理论中的所有概念都建立在区分的基础上,甚至可以归结为区分(distinctions)。毋庸置疑,每一个概念都离不开区分(否则它就无法定义,从而失去意义),但是在卢曼的著作中,"区分"的语义事实不是隐形的,它被置于显著的位置并具有系统性。乔治·斯宾塞·布朗(George Spencer Brown)的《形式的法则》(Laws of Form)是卢曼的重要参考文本,斯潘塞在书中发出的第一条命令"要做区分!"在卢曼的著作中反复运用。在社会系统论的标题概念中,这一点尤为明显。我们遇到的不是一个独自伫立的概念,而是一组区分的一侧:系统/环境。在大多数情况下,系统的概念仅仅用来提醒人们在思考时要有整体观,除此修辞功能之外,在理论上要保持四平八稳。然而,卢曼对"系统"这一术语的独到运用在概念上带来广泛的影响。其创新之处就在于它让系统和环境既彼此分离又相互关联。任何系统(无论是在概念中还是现实中)都不能脱离环境而独自存在。事实上,当系统和其环境之间的边界建立时,系统便诞生了:在这一时刻,系统的运作划了一条界线,将适宜于系统自身的东西与系统运行的环境分离开来。系统以自动操作的关联事件的形式出现,不断重划内部操作与外部事件之间的界线,从而让自身得到延续。另外,正如系统与特定环境相关,环境也与系统相关。没有单一而又包罗万象的环境,同时,也没有能对此整齐环境进行描述的单一而包罗万象的观点。环境在系统-参照体系中被观察,从而呈现出不同的特征。

举一个例子来阐释上述观点。以大学的一堂媒介研究课为例。如果说这个课堂就是一个社会系统——它最终就是一个社会系统,那我们自然就会认为,教室里的每一个人都以某种方式被"团结在一起",构成了一个更大的整体,就像霍布斯的《利维坦》(Leviathan)著名卷首插

图一样。用部分/整体之分来看社会系统,一种观察策略很快就会将人们带入诸如"个人与社会"这类令人厌倦的主题,老生常谈。但是,在卢曼的系统论中,我们在这里谈论的社会系统不是由人构成的。相反,它是由一系列的沟通事件组成。这些事件源源不断地发生,不停地进行自我检验、自我修正,并且在任何情况下都是以自我为参照。这个社会系统处于面对面的情景中,因此相对而言比较短暂,人们称之为"互动",媒介研究中致力于口头交流的这一支派对此极为熟悉。不过我们感兴趣的是系统/环境区分所产生的影响。课堂上的社会系统的环境指的是什么?它涵盖一切,包括物理-自然环境,以及课堂上每一位主动、被动参与者的意识生活。教室里的人不是构成社会系统的成分(部分),而是环境中的要素。这里,有一点非常明显,要把系统与环境区分开来,这就需要减少复杂性。"课堂"社会系统不能将环境中的所有东西都包括进去,它所包括的要少得多。"课堂"社会系统不包括教室里温度的微小变化,不包括每个学生的个人情感起伏。只有减少环境的复杂性,这个系统才能成立,才能将一系列的操作连接起来。因此,并不是所有进入了杰克和吉尔头脑中的东西都会进入沟通互动,如杰克的脚踝痛,吉尔的手机欠费。如果真这样的话,如果每个人都试图把自己每时每刻的想法都说出来的话(这个假想很荒唐,但能说明问题),那么这个教室社会系统就会崩溃,会陷入胡言乱语的意识,而意识是环境的构成部分(要素)。

相较于环境,每一个系统都是一种简化手段;系统与环境之间并不是一一对应的关系。正是因为通过偶然选择,复杂性减少,系统才能建立起内部的复杂性(就手边的例子而言,就是如同蛛网、语义丰富的讨论)。不过我们还是暂时回到杰克和吉尔的意识这个问题。正如我们前面提到的,他们不是社会系统中的"部分"(社会系统仅仅由促成课堂讨论的一连串交流活动构成),而是环境的要素。事实上,每一个意识本身就是一个系统(卢曼称之为"心理系统",其组成元素是思维活动),每一个这样的心理系统(即情感,情绪,感知和回忆等元素的结合)都有一个不同的环境。可以肯定地说,尽管每一个环境包括了各种各样的系统(心理、社会、生物、机械系统),但环境本身不是系统。虽然像童谣里暗示的那样,杰克和吉尔有可能参与了他们自己的沟通系统,但两人的意识尚不能一起构成一个系统。系统/环境区分使得像大学课堂这样简单的语境也变得错综复杂,演变成复杂多变的观点的阵列。这让人想起莱布尼茨的单子世界:单子之间"没有窗户",从单子独特的角度来看,每一个单子都代表了整个世界。然而,在卢曼的多元世界里,将个人不同版本的世界归结为一的总单子——上帝——是不存在的。

就像我们上文的例子所示,卢曼的系统论为各类系统创造了空间,但心理系统和社会系统是其理论兴趣的核心,因为毕竟他的职业是社会学家(见第9章,"通信")。两个系统的共同之处首先在于它们各自的元素——"思想"和"沟通"——都是"事件"。既然是事件,那么它们就会转瞬即逝。这里有一种乔治·赫伯特·米德所强调的"当下乃现实之核心"中的实用主义意味,而且这种强调有时候暴露了一种危机感。心理系统和社会系统总会马不停蹄地遇到进入下一个瞬间、下一个事件的问题。心理系统和社会系统是否合理,这要由下一个事件来决定,即使反过来下一个事件消失了,出现了一个新问题:系统能自我繁殖吗?或者说,系统能得到延续吗?若要领会卢曼大胆的想象,人们必须要能感受到仅由事件构成的系统缥缈的非物质性。为了能够持续下去,心理系统和社会系统必须将这一刻和下一刻绑在一起,在时间转换造成的深渊上,用连续性这种丝线架起一座桥。同时,这让我们能够认识到心理系统和社会系统的第二个共同特征,它们的区别性特征,例如,能使它们与机器、组织区分开来的特征。因为心理系统和社会系统的操作是在意义这个媒介中发生的,因此它们能够从时间上将一系列非连续事件联系起来。精妙的意义的丝线将事件联系起来,构成心理系统和社会系统,为人们提供既能朝前也能朝后的时间连接。和有机系统(细胞、免疫系统、大脑)一样,心理系统和社会系统具有自创生(autopoietic)的特点,它们可以产生出构成自身的元素。自创生概念由瓦雷拉和马图拉纳提出,用于生物学背景。自创生概念变成了一般化的概念,可以包括无机系统。无机系统的要素不以原生质为基础,如上文所说,无机系统只是意义媒介中的事件。

我们已经抵达了系统论框架内"媒介"概念的第一点,也许还是最重要的一点:心理系统和社会系统与其他所有自创生系统之间的区别性特征——心理系统和社会系统是在意义媒介中构建自己。心理系统和社会系统表征进化成就,表征突发现实。当意义(与电子过程或化学过程相对立的意义)成了构成要素的"东西"时,标志着开始共同行程的进化路径网络的内部出现分叉。要理解这一点,就必须要明白卢曼所说的"意义"的含意。卢曼以胡塞尔的知觉现象学为起点,特别是以这个原则为起点:不管我们给予意识的知觉数据是什么,它指的都是他者视域,都是未实现的知觉。卢曼对此论断进行了修正,认为数据/视域结构一般是为了确定意义。意义就是过量的参照,它将每个表征从自身带到(来自拉丁语 ferre,意为承担或携带)其他表征。用卢曼的话来说,有句格言抓住了这一点:意义就是现实与潜力之间的差异的统一。我们可以将此理解成:不将意义定义成一个独自伫立的理想实体,而是一种动态关系。说意义是关系,正是因为任何在意义空间里正在发生的现象实际上都仅仅是这些现象与其他可能发生的现象之间的关系。说意义是动态的,这正是因为这个关系能够推动系统操作从一个意义现实走向另一个意义现实。因此,每个意义事件都承载着(再次注意 ferre 这个词!)对先前现实的参照,以及对潜在的未来现实的参照。对于熟知德里达的读者来说,痕迹(trace)与延宕(deferral)的交织是为人所熟知的符指过程的特征。但是在卢曼看来,这种结构不单单局限于符号的使用,它渗透到所有的意识生活和社会生活中。另外,卢曼的兴趣不在于指出意义如何因此提供了必要的批评杠杆,可以"解构"各种传统上被视为"形而上学"的观点。相反,他想表明在虚无缥缈、变幻莫测的意义媒介中,我们的心理生活和社会生活是如何形成的。这是一个非常复杂的话题。不过,我们姑且可以认为,意义能够超越当下现实,指向先前及以后的意义,因此它能够为上文提到的统一时间这个问题提供一种解决办法。由事件构成的系统(如果那些事件是在意义媒介中形成的话),能够跨越时间断裂造成的裂隙,维持基本自我参照,从而维持自己。最后,意义的数据/视域结构使得减少复杂性成为可能。要将心理系统和社会系统与环境区分开来,减少复杂性是必须的。在处理意义事件的时候,系统能够做到暂且将这个世界的复杂性搁置一旁,却不用将复杂性连根拔除,从而使人对它再难企及。意义事件是推迟了的事件。虽然某个具体的含义清晰可见,但意义事件让人们将注意力放到其他可能的意义上。与此同时,意义事件又敞开机会,供人们稍后处理虚拟世界复杂性的其他方面。对心理系统和社会系统而言,拖延是行动的前提。

假设真如系统理论所主张的那样,意义即媒介,那么为了从概念上理解这一主张,我们就需要一个关于媒介的一般性理论来做指导。卢曼在心理学家弗里茨·海德(Fritz Heider)的一篇关于知觉的物理前提的文章中找到了通往此理论的路径。这里,我们再次以做区分开始讨论,这次是在"形式"与"媒介"之间做区分,并且这次我们将再次努力保持这两个术语之间的相互关系(任何形式都有媒介,反之亦然)。这个区分(正如卢曼对其运用)产生了我们所说的媒介中的星期五理论。将媒介与形式区分开来的地方在于:媒介由关系松散的成对元素组成,而形式则将那些成对要素之间的关系变得固定。想象一下,在一片显然无人居住的沙滩上,没错,就是在"沙滩"上。然而,如果我就像克鲁索一样,偶然发现了沙滩上的脚印,那么沙滩就变成了一种媒介,它蕴含着形式。沙粒是"关系松散的结合",没有固定形状,而且重塑形状也很容易。但在这里,沙粒变成了一种特殊的阵列,展示了"人的脚印"这种形式。"星期五"留下了他的痕迹。痕迹便是数据,与其他数据(如"动物的足迹""风吹而成的涡形")不同,却又相关。从某种意义上说,脚印就是一种关系松散的元素(沙粒)之间的"固定组合",并非海滩上任何压痕都可与之相比。当沙粒被印上了、接受了,或者说是携带了形式,那么沙粒就因此而变成了一种媒介;当关系松散的媒介要素构成了能造成差异("那是星期五的脚印,不是海龟的脚印!")的队列形状时,脚印就变成了一种形式。

在系统理论的概念网中,形式/媒介区分沿着好几条小路分叉。然而,在这一连接点,在媒介研究中,有个独特的观点与媒介研究中的一个基本观点形成鲜明对照,实际上是与之冲突,对这个独特观点进行阐释将极有好处。我们权且把这个基本观点叫作"物质主义观点"。为了看清系统论如何对媒介研究概念不利,从某种意义上来说,是对研究物质性这一底线不利,让我们以星期五理论在口语中的运用为例。我们从舌头、牙齿、声带、口腔、肺等生理器官可能产生的声音开始。在《普通语言学教程》(*Course on General Linguistics*)里,索绪尔将这个声音的混合物描绘成一个波涛起伏的声音之海,明显是关系松散的形象。在这个堆放可能出现的语音的仓库中,如果我们把某些关系固定的特征挑选出来,只将这些组合视为独特,那么我们就能生产出具体的音素系统,比如说英语的因素系统。一个组合产生/p/这个音素,另一个组合产生/t/这个音素。声音特点必须以某种方式结合起来,产生出可以辨别的声音/p/,同时又能成功地给出一个能象征着/t/的东西,正因为这样,在星期五理论中,音素实际上是"形式"。孤立看待音素时,音素在可能出现的组合中不必遵循什么约束条件,但我们当然能够做到让某些关联物的关系"固定化"(例如/pat/ 或者 /tap/),同时忽视其他关联物之间的关系(如 /pttttpap/)。当然这意味着:从生理上可能发出的声音来说,音素是"形式";但从一个更高层面上的"形式"(词素层面)来看,音素是一种"媒介"(一个关系松散的要素之库)。当然,当我们向上移动,从词、短语、句子走向文本、语篇时,这种情况还会继续。那么,从系统论的角度来看,形式与媒介这两个术语的关系是相对的。被算作媒介的东西要由所选择的分析层面来决定。在这个模式中,媒介研究可以自由地对意义展开研究,同时保持自我的真实。并且,柏拉图主义和物质主义等理论选择都可以被扔进装过时思想的垃圾箱里去。

现在,我们拥有的碎片已经足够多了,可以拼出"意识"(用卢曼的术语来讲,意识等于"心理系统")与"沟通"("社会系统"的操作特点)之间的关系。有一个观点由来已久,无论是从常识上还是从哲学上来看它都具有崇高的地位,那就是沟通是以意识为基础,因为沟通就是用说话或书写的形式将内心的东西(如含义或思想)外化。通过这个外化过程,另一个意识能从意识的外部载体中获取含义,并将其重新变成思想。然而在卢曼看来,意识与沟通都是自创生系统,它们通过复制构成成分而复制自身,而它们的构成成分分别是意识事件和沟通事件。如果情况果真如此,那么意识思想能够进入沟通,或者说,沟通能够进入意识,这个想象就是错的。作为自创生系统,意识与沟通在操作上对环境封闭,它们仅仅对那些它们自己所生产的要素进行操作。因此,人们不能有意识地进行沟通。只有沟通(社会系统)能够进行沟通。沟通不过是社会系统所进行的操作。(我想顺便指出,这里有某种东西与所谓个人语言之争有相似之处,维特根斯坦使之变成了一个哲学上的关键问题。我还要进一步指出,由于一些评论者已经从那个观点中吸取了部分观点,也就是说,必须通过社会来定义含义,而不是通过所谓"具有含义"这一思维事实来定义含义,从卢曼的角度来看,这样的结果毫无意义,因为"社会"本身就是对沟通中发出的含义的操作。)然而,如果系统论是这样描述事物的话,那么思维与含义之间的关系还是没有说清楚,用它自己的术语来说,意识与沟通之间的关系还是没有说清楚,因为显然没有意识系统的参与就没有沟通(除非沟通这个术语已经扩大到能够包括机器与机器之间的沟通),理由很简单:诸如口头语言和书写等沟通媒介需要有人去理解,才会有效。但是如果意识和沟通都是自律(自创生)系统,在操作中对彼此封闭,那么意识和沟通是如何相互作用的呢?

这就是"结构性连接"(structural coupling)这个概念进入的地方。任何人想要发展一个完整版的媒介研究系统论,"结构性连接"都必须是中心。结构性连接发生于自律系统的边界地带,它让系统相互影响,却不用进入彼此的操作中(毕竟是自律系统)。这个间接影响通过界面发生,界面与两个系统相连。语言恰好就是这种界面,它不是唯一的界面,但显然是最重要的界面(见第6章,"语言")。正如我们上面已经指出,语言被理解成形式/媒介关系的复杂等级,那么完全有可能出现这种情况:在每种情况下,结构性连接都会通过这种多层形式出现。如果是这样的话,那么系统论的一个重要结果就是,"媒介"概念本身被复杂化了。就算是那样,有一点很清楚:从卢曼的系统论来看,语言不是一个系统。语言行为中没有自我构成性的操作。这种描绘事情的方法标志着系统论与一切形形色色的结构主义之间的区别。事实上,考虑到系统论强调"事件""偶然性""不确定性"等概念,在社会学传统中被奉为至宝的"结构决定论"变成了无用之物。不过这是个次要观点。目前语境下值得强调的思想是:语言(是媒介)能够在意识与沟通之间构成结构性连接,语言两边都不靠(也就是说,不靠用来沟通的思想,也不靠意识的沟通交换),它能带来影响,却不会破坏任何系统的自创生封闭性。从这个意义上来讲,尽管意识系统极具多样性,语言(但先于语言的是手势、面部表情)却能够让沟通变成一个独特的现实。我们可以说,语言使意识能够支持沟通。但语言同样能够允许沟通对意识进行约束,能让散漫杂乱、蜿蜒曲折的意识在主题上具有连续性,这一点同样重要。作为一种能够产生结构性连接的"媒介"概念,其理论特点在这里已经显得一目了然:结构性连接是意识与沟通共同演化的条件。然而意识与沟通在操作上彼此封闭:意识并不沟通,沟通也不被思想所吸引。

到目前为止,我们只是谈到了作为社会系统运行模式的沟通,并没有从沟通的内部组成因素方面来描述沟通。这里的区分有三个层次:"说话"层或"表达"层;信息层;以及将上面两个层次区分开来的理解层。当自我理解了他人已经传达的信息时,沟通就发生了。假设一个男人在吃晚餐时将水煮土豆拨到了盘子边上,他的妻子明白这是一种沟通方式("他在告诉我什么"),暗示土豆凉了。当然,完全有可能的是,妻子所认为的表达根本就没有发生,丈夫不过是在用叉子在餐盘上不断地刨来刨去。同样有可能的是,妻子的分析是基于一个错误的信息(实际上是土豆太烫),或者妻子强加给了丈夫一个动机("他是在说我厨艺糟糕"),实际上丈夫并没有那个动机(他想在家里人面前表达对生活的不满,这种感觉很平常)。种种可能性突出了沟通的不确定性,这一点根植于卢曼所谓的社会环境的"双重偶然性"(double contingency)。卢曼紧随塔尔科特·帕森斯(Talcott Parsons),采用了"双重偶然性"这个术语。不管是谁,只要他体验过上述类似餐桌误解的窘境,他都将对这个概念的力量赞叹不已。双重偶然性标志着不确定性,因此社交这种东西根本就是没有的事。既然对双方而言,三重选择(说话、信息、理解)都具有偶然性,因此所有元素都可以另做别解,持续不断的沟通就将是最不可能发生的事。此不确定性就是系统论最重要的论据。

因此,我们就不能指望系统论对社会现象的解释是确定的。相反,系统论运用了一种探索模式,格雷格里·贝特森称之为控制论阐释。起始环境具有偶然性(可能出现大量结果,这是事实),我们要问:尽管不可能,为什么这个结果还是出现了?答案一般会指向重复,或者约束条件,两者都能限制某个结果的不确定性。考虑到丈夫的姿态另外还具有的所有含义,其中包括什么含义也没有这种情况,那么妻子为什么还是做出了正确选择,使得夫妻拌嘴开始?也许是因为同样的话丈夫已经说了一千遍,只不过是以其他的方式,从他在餐桌边坐下,倒吸一口气的时候就开始了。也许是因为在这个家庭里,夫妻对话(不管对话主题是食物、性、还是收入)是以代码值来操作的,就看是条件满足,还是条件不满足。尽管有选择的偶然性,但通过二进制代码实现的重复与约束条件,这种模式能够确保系统操作的连续性。系统操作并不消灭偶然性,事实上离了偶然性,系统操作还很难理解。总会有变化、不可预见的结果,总会有惊喜。实际上,心理系统和社会系统依赖这一点,而且越来越离不开这一点,因此内部复杂性(重复和约束条件)增强了。这里找点社会决定论,那里找点个人主体性,或者在某种因果循环论中将两者连接,这种文化分析方面的学术喜剧终于可以抛弃了。系统论提供一种激进的非宿命论的阐释模式,这种模式与决策论、进化论等相近学科相符。因为这个原因,常常沉迷于技术决定论带来的错误诱惑的媒介研究可能会发现,控制论阐释的初级课程好处多。

正如我们所见,"系统"与"媒介"这两个概念之间最根本的联系在于这个事实:心理系统和社会系统分别自创生出自己的构成要素,它们的构成要素包含在意义媒介之中。那么,一般来讲,意义就是媒介,通过意义,个人思想(在心理系统中)和沟通(在社会系统中)以形式出现。随着对具体媒介的引入,这个普遍的形式/媒介关系能够以不同的方式去掉枝叶,达到网状等级。语言"媒介"已经阐释了这一点。然而,系统论分析也是功能分析,它不仅仅检查媒介的内部结构,而且还检查它们在系统遇到问题时所做的贡献。回顾提到的餐桌场景,我们注意到,因为沟通是以姿势为媒介(将土豆拨到盘子边上),这个姿势含义模糊,我们甚至不清楚是否真的有沟通这回事。如果丈夫说,"见鬼!这土豆太凉了!",情况该会有多么不同!就不会存在是否有交流意图这个问题,而且这句话的要旨,要误解都很难。那么,语言在社会系统的自创生中所具有的功能就体现在它能提供一种特殊的媒介,这种媒介能够将沟通与其他所有形式(比如说将食物拨到盘子边上)区别开来这一作用。另外,是语言媒介的内部结构能够很好地解决保证语言能被人理解这个问题。正如我们所见,语言是以等级的方式被讲出来的。在形式/媒介关系这个能产生音素系统的层面上(当然,人们还可以加上音调、声音的长短,等等),语言能提供一种低成本(不用花多大能量就能生产出)的差异之库,人们很容易就能理解这个差异之库,而且还能将这些差异以更高层次的形式关联起来(词素层、词汇层、句子层),使其产生出无穷的语义复杂性。从这个意义上来看,语言包含了"说话"与"信息"之间的差异,如果沟通要发生,这个差异就必须要被人所"理解"。更进一步来说,人们很自然就会得出这个结论:有了媒介(以结构性连接的身份),才可能有意识与沟通,以及意识与沟通共同的演化发展;与此同时,媒介将会得到发展,而且会越来越复杂。这是一个宏大的话题,但我想阐述的方法论上的观点应该已经够清楚了。在系统论中,功能分析与用形式/媒介关系所进行的分析,两者之间关系复杂,而且这个概念连接提供了桥梁,可以用它来对社会、文化的演变进行研究。功能不是因果决定,而是问题与答案之间的相互关系。不用说,每个答案都能带来新的、先前未见的问题。从系统论的角度来看,没有可喘息之机,当然不会有什么乌托邦,不会有什么理想国。

说了这么多,我们的讨论主要还是从口语交流方面展开的。若论书写,又会怎样呢?这里的"书写"不同于德里达著名的"元书写"——它与上文提到的卢曼的含义概念相似。相反,我们感兴趣的是直截了当的、经验层面上的书写,它是一个计数系统,而且我们的理论参照点是古迪、瓦特、哈福洛克、翁等研究口语和书面语之差别的先驱们(见第21章,"书写")。显然,系统论与这个连接相关的地方就在于下面这个事实:书写能够使沟通摆脱相互交流。沟通不再被捆绑于面对面的环境中,沟通能够在空间、时间距离上进行操作;沟通能够建立起巨大的档案(记忆);沟通能够发展出特殊的词汇和文类;沟通能够将形式/媒介等级复杂化;沟通能拓展文化上可获得的语义选择范围。所有这一切都再明显不过。众所周知,古代文明的出现与书写的发明分不开,同样,离了印刷书写的技术化,现代文明的出现无法想象。从本文的角度来看,有趣的问题就是:系统论的概念工具是否提供了一种能对此领域持续不断的实证研究进行清晰组织、明确解读的方法。在技术媒介及电信领域中也可以提出同样的问题。我们可以用综合力量来阐明这个问题。系统论可以在何种程度上提供一种框架,以整体方法进行媒介研究,其中既包括媒介研究的理论维度,也包括媒介研究的历史维度?前面的段落推出的观点是:至少在概念阐述层面上,系统论真的大有作为。从历史这一面来看,最近有几个贡献已经展现了系统论模式的生命力。然而在英国、美国、法国的讨论中,系统论大多被视为边缘,而且晦涩高深。只有掌管学术时尚的神灵才知道这种状况将来会不会有改变。

这把我带到了最后一点,说这一点是个假设会比较恰当。如果系统论被严肃地当作媒介研究中切实可行的范式,那么某种类似于概念变形的东西就会发生。媒介研究就将从它专业化的茧壳中破茧而出,将自己从具体"质料性"、感官渠道、代码过程(模拟/数字代码)等禁锢中解放出来,它将展翅高飞,对沟通的结构及演化进行普遍性研究。系统论内部有一个更深入的概念——"通过符号被一般化了的媒介",通过这个概念,人们可以瞥见扩展了研究领域可能意味着什么。这个概念涉及的问题类似于上文提到的问题,与社会环境中的双重偶然性有关。随着书写的传播,复杂的沟通得以实现,如果考虑到这一点,我们马上就能看到,沟通的不确定性(双重偶然性)无限增加。由于脱离了面对面情况天生具有的语境支持(例如,在感知上透明的指示功能、姿势,共同的、不可动摇的语义前提),沟通能在不确定性的海洋中扬帆航行,如果要使沟通有任何成功的机会,那么不确定性也在召唤着新型约束条件的建立。这些约束条件将沟通选择与愿意接受约束条件、将沟通过程继续下去的动机相连。通过建立超越环境的(因此是"普通的")框架,将沟通交流放入它自己的运用领域,该领域已被浓缩为主要"符号"。这种通过符号被一般化了的媒介的例子包括权力(法律)、爱、艺术、金钱、真理。这些都是我们前面所说的媒介。即它们是"含义"束,可以用形式/媒介关系来分析。比如说,金钱就是一种由关系松散的要素所构成的库,这些元素能接受形式(价格)。通过符号被一般化了媒介的关键特点在于:通过允许用二进制代码进行判断,媒介能减少沟通的不确定性。在金钱这个媒介中参与经济交易,就是要接受付钱/不付钱这个选择,将其视为评价所有具体沟通结果的要素。现代社会分专业,它在功能上被区分成专业化、任务型的领域,如科学、法律、经济、家庭、教育、艺术,等等。与现代社会相反,部落社会分区域,封建贵族社会分阶层。在社会理论中,这是常识。系统论中通过符号被一般化了的沟通媒介带来了一个额外的问题:这种功能性的次级系统围绕着具体媒介结晶升华(例如,经济系统中的金钱)。但说金钱、爱、权力是媒介,这是在扩大概念,使其远远超越了它当下相关的视野。

系统论为接受媒介概念延伸这一主张提供了有力的观点,同时还提供了一系列的区分(意识/沟通,形式/媒介/,系统/环境,操作/观察),以确保这一主张能够得到准确运用。然而,如果这种概念重构发生了,那么媒介研究本身将发生改变。在新的理论体制下,它将远不止是对声音、书写、形象的生产、储存、传播过程中所涉及的质料性及技术进行描述。事实上,系统论视野下的媒介研究根本不会把自己建设成一个"学科"或"领域"。人们可能会将媒介研究的地位等同于一名跨学科接线员的地位:一种对系列局部要求进行重塑、勾连的方法论。在一般心理系统和社会系统操作中,媒介(以各种交错复杂的方式)具有构成性特点,这是控制论给我们上的一课。这一课并不将认知客体领域画地为牢,而是打开了一种批评视角,让我们看到社会、文化生活的全貌,并对其持续不断的演化过程进行阐述。

参考文献及建议阅读书目

Bateson, Gregory. 1972. *Steps to an Ecology of Mind*. New York: Ballantine.

Luhmann, Niklas. 1976. "Generalized Media and the Problem of Contingency". In *Explorations in General Theory in Social Science: Essays in Honor of Talcott Parsons*, ed. Jan J. Loubser, Rainer C. Baum, Andrew Effrat and Victor M. Lidz, 2: 507-52. New York: Basic Books.

——. 1982. *The Differentiation of Society*, trans. Stephen Holmes and Charles Larmore. New York: Columbia University Press.

——. 1989. *Ecological Communication*, trans. John Bednarz. Chicago: University of Chicago Press.

——. 1990. *Essays on Self-Reference*. New York: Columbia University Press.

——. 1994. "How Can the Mind Participate in Communication?" In *Materialities of Communication*, ed. Hans Ulrich Gumbrecht and K. Ludwig Pfeiffer, trans. William Whobrey, 370–87. Stanford, CA: Stanford University Press.

——. 1995. *Social Systems*, trans. John Bednarz with Dirk Baecker. Stanford, CA: Stanford University Press.

——. 1997. *Die Gesellschaft der Gesellschaft*. 2 Vols. Frankfurt am Main: Suhrkamp.

——. 1998. *Observations on Modernity*, trans. William Whobrey. Stanford, CA: Stanford University Press.

——. 2002. *Theories of Distinction: Redescribing the Descriptions of Modernity*, ed. William Rasch. Stanford, CA: Stanford University Press.

Maturana, Humberto R. 1981. "Autopoesis." In *Autopoiesis: A Theory of Living Organization*, ed. Milan Zeleny, 21–33. New York: North Holland.

Mead, George Herbert. 2002. "The Present as the Locus of Reality." In *The Philosophy of the Present*, 35–60. Amherst, NY: Prometheus Books.

Spencer Brown, George. 1979. *Laws of Form*. New York: Dutton.

21. 书　写

莉迪娅·H. 刘

骨头、石子、羊皮……这就是詹姆斯·乔伊斯(James Joyce)在《芬尼根守灵夜》中列出的原始物体的清单,清单上的东西能把书写与其他媒介区分开来。以这种方式开始的书写让我们注意到三维象征物或二维表面(一切书写起于此,也止于此)有一个醒目的特点:它们寂静无声。只要能让我们将书写的生物机制视为一种技术,那么这个洞见就值得思考。但书写不是跟其他视觉代码和声音代码一样,也是一种表征体系吗?是的,这一点毫无疑问。我们会在后面谈到书写的象征功能。我们在进入这个话题时,牢记下面这一点十分重要:书写首先是以一门技术的形式出现的。它是一种较早的发明,最早的文明、帝国、远距离贸易及交流、城市化都是由它造就促成。从泥简到微型集成电路片,书写至少包含了两个过程:第一,物质表面的准备,使符号或代码能被写于其上;第二,书写所需的人的动力技能(或机器人手臂,它是人的肢体的延伸)的协调。[1] 在信息及计算机技术时代,书写越来越深入人类语言的生物机制。如今声音(包括语言)正在被转变成一种艺术品,文本到语音合成(text-to-speech,TTS)就是其中一个显著的例子。[2] 数据库、图书馆、博物馆、档案中心、全球通信网络这些东西中储存了海量的书写档案、印刷档案以及电子信息。这些东西进一步表明了书写技术和印刷技术的演变是多么深刻地塑造了现代生活及人类的未来,它跟我们的星球关系重大,跟星际生态关系重大。

没有书写,文明不可想象。[3] 这一共识必然会要求人们对文明(及野蛮)这一概念本身重新进行批判性的评价,这一点至关重要,但这个问题已超出了本文的范围。[4] 只要书写的在场或缺场在明里暗里总被视为人类社会等级及其智力特点中的正项指标时,我们就需要回到一个基本的理解:书写是什么?书写做了什么?并且要问为什么一般关于这个话题的话语总是那么重要。[5] 在本论文中,我们指出并讨论了与书写有关的6个主要方面,思考这些方面与理解政治、技术、历史、社会经济组织之间的关系。(1)对于书写的起源,我们知道多少?起源问题是否不可避免,而且重要?(2)从何种意义上来讲文化对政治统治及帝国计划从古至今都至关重要?统治阶级、国家或帝国通过书写对民众实施了何种社会、区域、政治控制?(3)书写是通过何种文字及视觉媒介为人所知或可为人所知?字母书写及非字母书写是一方面,数学、密码书写符号是另一方面,在对意义的视觉/听觉/空间生产这一更宽泛的符号概念背景下,应该怎样对这两方面进行比较?(4)书写是如何从古代演变到印刷术的发明及大众媒介的出现的？这个问题与书写的技术维度有关,它开启了口头与文字之间的辩证关系,进一步从视听感官统一体的机械化生产(复制)角度进行了探讨。(5)书写是言语的视觉再现吗?这一熟悉的话题引发了无数不同观点,其中包括结构主义语言学、形而上学,以及文字学。我们的讨论将会突出这些观点与本文所讨论的其他方面的关联性。(6)最后,数字媒介以何种方式改变了字母书写的观念,将我们带进了目前的状况,或带进了媒介理论家马歇尔·麦克卢汉所谓的"地球村"的状况?

过去的100年已见证了伟大的考古发现,学者们能更加容易地对世界上的书写体系进行描述,对书写起源提出他们自己的假设。人们在各种文明中都明显地观察到书写源于图像,但就如何解读古代的符号,如美洲印第安人的象形文字,并将其视为书写的例子,学者们对此看法不一。人们一般认为美索不达米亚文字(或原始楔形文字)起源于公元前4000年。腓尼基最早的辅音字母起源于公元前1200年。希腊字母的使用起源于公元前750年。[6]有直接的考古证据表明,发展成熟的汉字书写在公元前2000年的后四分之一时期就已经存在。[7]迄今已有的证据足以让学者们相信:在世界不同的地方,至少有四个原生文明分别发明了最早的书写形式。这些文明的共同特点是:城市化、劳动分工、剩余经济。它们是美索不达米亚文明、古埃及文明、中华文明,以及中美洲文明。

I. J. 盖尔布(I. J. Gelb)将书写定义为"一种人类通过传统视觉标记,相互进行交流的体系"。他将标记符号视为完整书写体系的最初形式,并把这种符号称为"会意文字"(semasiographs)。[8]弗洛里安·库尔玛(Florian Coulmas)认为,当对一个物体的视觉呈现开始与记录物体的**名字**的书写体系有差别时,一种重要的概念转换就发生了。[9](然而,库尔玛对"物体"的强调,以及对可以用来给物体命名的特点的强调,似乎排除了对书写活动的思考,或者说是排除了对书写在"句法方面的"思考。)早期语标发展中的字画谜原则的广泛运用可能会跟这一概念转换相符。[10]一般来讲,那些热衷于发展一种普遍书写概念的学者们倾向于贬低图像的重要性,他们的书写概念以语言学理论为基础,将与语言无关的描绘的例子视为非书写。[11]他们中的大多数坚持说,无论是何种形式的书写,一切完备的书写体系(在广义上可被分类为字母书写体系、音节书写体系、语标书写体系,或语音描绘体系)都必须满足语言要得到充分的语音表征这一要素。[12]从媒介及符号学角度来考虑,这个关于书写的观点能站得住脚吗?既然这里我们最重要的焦点是媒介与书写,而非狭义上的语音象征,那么我们最好能超越语言表征视野,将这个问题放到更广阔的社会环境中去。关于以语音为中心这一问题,我们以后讨论。至于图像在书写中的作用,西方社会对此有挥之不去的焦虑情绪,这一点毫不新鲜,而且这个问题成了许多哲学家、历史学家、文学理论家的批评话题,其中最著名的是已故法国哲学家雅克·德里达。在这里,我们只用提及这一点就足够了。

我们关于书写的最早起源的知识必须受制于可能会出现也可能不会出现的考古证据,受制于因书写存在的改变而改变的后世记载。书写是怎样被发明出来的,为什么要发明书写,其中的具体情形可能永远不会为人所知,但所有古代文明似乎都清楚地认识到,这个发明具有地动山摇的重要性。人们对书写的神话起源所做的共同描述充分证明了这一点。古埃及文献把赫里奥波里斯的图特(Theuth)称为书写的发明者,根据柏拉图在《斐德罗篇》中所述,他们的国王塔姆斯（Thamus）既对这个发明表示了赞赏，又对这个发明进行了批评。[13]在美索不达米亚，纳布神（Nabu）被苏美尔的抄写员尊为书写的发明者。纳布的象征包括一块石板，一支笔，其形状为一个或两个上下契合的楔子。在中国古代神话中，仓颉的书写发明据说使天雨粟，鬼夜哭。[14]在印度，将神圣的吠陀经代代口耳相传这一行为被赋予了首要地位，书写在古代受到高度重视。象头神（Ganesh）被尊为书写的发明者，据说他折断了自己的一根象牙，以此为笔。[15]

这些神话见证了书写的神奇力量，见证了书写的引入给先前被口头交流主宰的社会造成的动荡，但这些神话几乎没有讲到书写是怎么出现的，以及书写为何会出现。由于没有直接的方式可以让我们了解史前语言及书写起源的一手知识，学者们于是进行了猜想，他们的猜想是以现有证据为基础，或者是以与当今所谓原始社会或前文字社会的类比为基础。在这些学者们推出的形形色色的理论中，安德烈·勒鲁瓦-古尔汉与书写相关的古生物学研究为人们提供了一些迄今为止最为有趣的理论猜想。在《手势与言语》中，勒鲁瓦-古尔汉考察了智人之前的类人猿的出土化石，收集了类人猿在工具制作和符号制作方面的证据。他将晚期古人类中的"图画起源"时期定在大约公元前35000年前，并指明了手/工具，脸/语言之间的神经联系。他还指出，晚期古人类同时也参与了交流符号的构建：

> 人类虽然开始时都是灵长目动物，但人类能制造工具和符号，这两者都源于同样的过程，或者说，都源于大脑中同样的基础设备……一旦出现了史前工具，就有可能出现史前语言，因为工具和语言在神经上相连，在人类社会结构中，工具和语言之间具有不可分割的关系。（1993：113）

勒鲁瓦-古尔汉认为，图画和语言从来就没有互相排斥过，正如手势与言语在思维和语言的发展中总是平行出现。这一洞见预示着德里达将要提出的元书写（arche-l'ecriture）概念的出现。元书写这一概念与占主导地位的观点相左。占主导地位的观点认为，与语言相比，书写是一种次要的象征体系。[16]更重要的是，勒鲁瓦-古尔汉强调人类劳动与象征符号制作之间相互嵌入，这就使得"书写的起源"这一狭隘的问题变得没有什么实际意义了。我们应当提出的更有意义的问题是：劳动、象征符号的制作、社会组织带来了人类演变和人类文明，它们的史前条件是什么？（见第5章，"记忆"）对这个问题，没人能给出确切回答，但这个问题本身所提供的视角能使我们更好地理解古代文明中可比环境下可见的痕迹。

我们看到神话叙述赋予了书写以神奇的力量，这为了解古埃及、苏美尔、中国、中美洲及其他古代文明中的神权、王权如何通过书写符号和书写文件来实施控制或垄断提供了线索。正如在现代社会里，文化与获取权力及社会地位的升迁有关，同样，古代文明中的书写是一道标志着能否获得知识和社会权力的分水岭。埃及、巴比伦、中华文明中复杂的社会组织（常常与档案记录、财富积累、宗教力量、商业、法律及条约制定等活动相关）赋予了书写以特殊的声誉，甚至赋予了抄写员以特殊的声誉。神职人员常常是抄写员，有时候他们垄断了知识，进而控制了政治权力组织。当汉谟拉比完成了从苏美尔文字到阿卡德文字的转换，并将闪语定为官方语言时，为了让教会组织服从于民事法庭，他宣称他是从正义之神那里获得了这些律法。[17]

只要书写是一种与宗教、法律、政治、商业无法分开的社会实践,它就会与新的空间/时间的布局紧密相连,与新型地缘政治意识紧密相连(见第 7 章,"时间与空间")。如果说"在口头文化中,作为一种社会组织形式的城市并不为人所知",那么书写与帝国的建立之间的关系要紧密得多,因为要实现空间扩张和中央集权,其前提就是高效的远距离沟通。[18]哈罗德·A. 英尼斯(Harold A. Innis)认为,埃及与波斯的君主制、罗马帝国、城邦国家等都应被理解成书写的产物(Innis,1972:10)。在中国,书写是第一个帝王——秦朝(公元前 221—206)的秦始皇——在其帝国征服成功后首先关注的事件。秦始皇废除了在他统治之前存在着的各种文字,强制推行了一种标准文字(即现今仍在使用的方块字)、标准正字法(小篆,或印章书法),以及标准的法律条文及行政程序,另外还统一了度量衡、货币、帝国道路的宽度,等等,一切都为中央集权服务。由此,中国开始写下 2000 多年的帝国历史,创下世界文明中一项未被打破的独特纪录。未被中断的帝国统治和标准的文字书写支撑了一种文本传统,如果离开了这一传统,这一深刻的历史书写恐怕会难以想象。[19]

准确的数字标记和档案记录是度、量、衡的前提,度量衡在古代书写的发展中起到了种子的作用。最早的、有记录的商业交易可以追溯到一万年以前,在这些商业贸易中,石子、讯木、

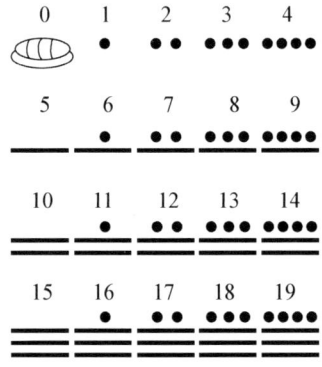

玛雅 20 进制的数字体系由三种符号构成:原点(代表 1),短横(代表 5),贝壳(代表 0)。

标记、黏土容器等数字标记的使用具有显著优势,这导致一些理论家将数学视为书写的最初形式。[20]书写体系不是像许多人所认为的那样,是从绘画到音节书写,再到语音书写。相反,它可能是从一套更加复杂的符号环境中出现,而并非仅为记录人类讲话这一需要。这一推测在腓尼基单词 spr 的词源学中得到了间接证明。英语单词 scribe——"写"(还有它的拉丁语词根和它在希腊语中的对等词)可以追溯到 spr。这个腓尼基单词最初源于"记数"(count)这个动词,后来这个单词才具有了"写"这个意思。[21]"写"与"数"具有共同的起源,这说明了有趣的一点:字母是一种语音工具,但字母同时也是一种字母数字体系。在古希腊语中,在其他古代书写体系中也是一样,字母的功能已经受到数学要求的限制,因为 24 个字母外加三个额外的字母数字符号(代表 6 的 digamma——记作 F,也被记作 ϛ,在现代希腊语中被记做 στ;代表 90 的 koppa——记作 ϟ;代表 900 的 sampi——记作 ϡ)表示了未被明说的数学概念,这些概念以埃及

数字体系的九进制为基础。简言之,27 个希腊字母是作为一个整体的书写与推理的符号世界的组成部分,它包含语音表征,但又远远超越了语音表征。[22]

在一般说法中,人们常常将"字母"(alphabet)与"文字"(script)混用,将"字母"与"书写体系"(writing system)混用。要避免在讨论书写时造成混淆,那么仔细区分这些术语的差别将不无裨益。例如,当希腊人把传统腓尼基闪语辅音字母及塞浦路斯音节纳入他们的口头语时,他们引入希腊语中的不是一种书写体系,而是外来的文字,他们利用这些文字创造了新的书写体系。用库尔玛的定义来看,书写体系是具体的语言,而文字一般不是。世界上的文字要比书写体系少得多。文字有可能碰巧是一种单一的书写体系,如朝鲜语字母表书写符(Han'gul),别的语言中都没有。但是,相反的情况却常常出现。例如,印度的梵文字母书写形式被广泛地用于各种语言,如印地语、尼泊尔语、马拉地语。另外一种情况是,印地语和乌尔都语基本上是同一种口语,但印地语用梵文形式书写,而乌尔都语用波斯-阿拉伯语形式书写。[23] 人们用(汉语)方块字在亚洲创造出了各种不同的书写体系:日语、古代朝鲜语、越南语等,另外还包括一些已过时不用的语言。在基督教福音传播和现代殖民过程中,无数非洲、亚洲、美洲的语言已经将罗马字母为我所用。例如,WG 威氏拼音系统,以及时间更近的拼音字母表(包括21 个辅音和15 个元音/双元音),它被用来记录书面汉语的音素,其目的是为了实现翻译标准化,便于学校教育,尤其是在我们这个时代能接受全球"电子-文化教育"(在电子媒介的世界里能识文断字),而"电子-文化教育"主要是用英文编写。WG 威氏拼音系统和拼音字母表本身不是书写体系,而是以罗马字母为基础的标音法。

从媒介生物机制的观点来看,书写的流传与无数书写工具相伴,这些工具包括骨头、贝壳、黏土、铜、石头、纸莎草、羊皮纸、竹简、帛、木简、画笔、羽毛笔,直至发明了造纸、印刷术或活字印刷术,以及电子芯片。毫无疑问,不同媒介在书写、阅读和图书制作中都留下了自己的印迹。钱存训认为,书写体汉字笔锋主要朝下,从右至左,垂直安排,这是公元105 年造纸发明之前的书写材料和工具造成的。握笔的手(用右手写字的抄员)受到竹简、木简的纹理的限制,也受到书简窄条形状的限制,只能容下汉字中单独的一列。[24] 同样,在被凿刻到石碑上时,埃及的象形文字必须构图仔细,外形装饰华美。与之相比,纸莎草上的书写允许草写体,允许造型上有层次,因此它适合快速的书写(Innis, 1972:16)。纸莎草、羊皮、纸张,它们都给书写文化带来了独特的形式,都极大地影响了历史上的政治组织形式。[25] 英尼斯在评论罗马帝国时说,"依赖纸莎草和羊皮纸的书写文化加强了中央集权制",而羊皮纸作为一种中世纪欧洲的媒介物,它帮助教会通过隐修制度实现了对知识的垄断。[26] 从中国引入的造纸术和印刷术大大地削弱了教会统治,导致了欧洲世俗文学及民族主义的兴起。[27]

8 世纪初,佛教在中国的传播促进了木刻版印刷的发明。印刷书籍在亚洲的大规模生产和传播带来了广泛的社会经济变革,并且最终席卷了整个世界。公元1041—1048 年,中国发明了活字印刷术。[28] 有趣的是,除了用来印刷佛经,这一技术还被用来印刷最早的纸币。中国纸币发明后的几十年表明,金属活字的标准化和序列化同时也满足了组织、控制亚洲早期现代经济的需求。[29] 随着造纸术引入欧洲,由于蒙古帝国向西扩张,木刻版印刷也在14 世纪晚期开始在欧洲城市出现。字母适合于活字印刷及大规模机器工业。随后,普世教育、报纸、世俗小说、广告、新型贸易和政治得到了蓬勃发展。马歇尔·麦克卢汉看到了印刷给欧洲和其他地方带来的巨大心理变化和社会生活变化,他在《古登堡星系》(Gutenberg Galaxy)中指出,"雕版印刷术的发明巩固并扩大了应用技术的新的视觉影响力,它提供了第一个可统一复制的商品,第一个流水线,第一批大规模生产的产品"。[30] 书写艺术的机械化让"可重复的精确性达到了新水平,这能激发产生崭新的扩大社会能量的形式"。[31] 在英国文学中,正如 W. J. T. 米歇尔在《图像理论》(Picture Theory)中所说,这种雕版印刷想象产生了威廉·布莱克的创新诗歌风格,产生了"一种看得见的图像和印刷能指符的语言"(1994:129)。

书写及其可视性长期以来是西方关于书写、文字、语言、表征、真理等方面的哲学话语的核心。[32] 在《斐德罗篇》中,柏拉图对书写的态度模棱两可,这表明他对视觉艺术从总体上来讲是不信任的,并且表明他害怕书写会替代或摧毁记忆(欧洲 15 世纪引入印刷术后出现的焦虑以及我们这个时代引入个人电脑后出现的焦虑完全在人意料之中,将人类思维或记忆下载到计算机上这个幻想带来的焦虑与先前那些焦虑产生共鸣)。[33] 欧洲人在殖民旅行和探险的过程中越来越注意到古老的书写形式以及非字母书写的存在,18 世纪时被偶然发现的埃及象形文字为视觉话语、书写话语进一步提供了动力,并且相对推进了视觉话语、书写话语的发展。[34] 从那以后,书写史开始披上了一层进化的外衣,或如米歇尔所描述的那样,开始讲述"一个从原始图画-书写及手势符号语言到象形文字,再到'完完全全的'字母书写的故事"(1994:113)。因此,让-雅克·卢梭(Jean-Jacques Rousseau)在《语言的起源》(The Origin of Language)中提出了一个假设:"描述物体适合野蛮民族;语言符号及命题符号适合半开化人;字母适合文明人。"[35] 字母与绘画、音节、表意文字相比,其优势主要在于它在对言语进行表征时具有独特的能力。[36]

关于书写的殖民论、进化论给人们清楚理解可视性、书写、语言之间的关系造成了无数障碍。它不仅在以走向语音化为目的的进军中错误地将非字母书写表征为失败,而且它还淡化了字母书写的演化过程,字母书写从古代的字母数字技术发展成了信息论。正如我们所知,字母与非字母书写一样,它同样也是可视符号,但与非字母书写相比,字母更容易学习,更容易复制。字母书写具有线性的特点,它简单,容易分析,这些特点促使它在全世界广为传播,虽然同样的语音功能也能压制人类交流中的空间性、建构性、示意性等维度。现代主义诗人埃兹拉·庞德(Ezra Pound)看到了字母书写的局限性,他试图通过在自己的英语诗歌中融入非字母文字来弥补这些局限性。人们在什么框架下来看待这个问题?人们期望书写能完成什么样的社会功能?从这些方面来看,字母书写和非字母书写各有利弊,此处无须详述。从信息学这一事后知的角度来说,与非字母书写相比较,字母书写唯一的好处就是字母书写在密码术、机器、数学方面具有算法优势,它甚至能遮盖字母书写在人类交流中大受吹捧的语音能力的光芒。如果语音表征的简单性就是人类交流的终极目的,那么文学、艺术、修辞对人类文明的产生而言恐怕就只能算是表面文章了。然而,同样还是这个简单性,它却对莫尔斯电码的发明、信息论的发明、机器语言的发明做出了巨大的贡献。我们将在后面讨论这一点。

由于字母文字跟语音及视觉的关系模糊不清,信息论和现代语言学家常常以非常不同的字母书写理论作为出发点。算法思考围绕着字母书写的数字潜能或表意潜能打转,而现代语言学理论则大抵继承了早期欧洲进化论中的语音中心主义。在《普通语言学教程》(Course in

General Linguistics）（最早由他的学生于 1916 年出版）中，费迪南·德-索绪尔开启了结构主义语言学，他将语言研究系统方法形式化，强调共时性结构。在他的定义中，语言符号由能指和所指构成。能指是一个独立的语言要素，如被称为"音素"的语音单位，或一个图像，但它主要是指以声音形象出现的符号的物质层面。所指由概念形象或观念构成，它任意地附着于声音形象之上。所谓任意，这是指声音与概念之间不存在天然的对应关系。能指与所指的关系，以及它们与体系中其他符号的关系，决定了每个符号的区别性特征。在索绪尔看来，共时分析同样也能帮助人们理解语言变化中的历时性特征：

> 但愿我们不要误解我们对"变化"这个词所赋予的意义。人们可能会认为，它主要跟能指带来的语音变化有关，或者说，它指的是意义的改变，它影响着所指的概念。这个观点不充分。不管变化的力量是什么，不管是单独的变化，还是总体的变化，变化总会导致**所指与能指之间的关系的改变**。[37]

这一洞见使索绪尔能够把语言意义当作能指与所指之间的功能差异来分析，而不是把它当作符号与观点之间天然对应的结果。这一有力的解释模式使法国人类学家克劳德·列维-斯特劳斯开启了结构主义人类学，它给西方人类学学科带来的变革长达几十年。与语言学一样，在结构主义人类学中，言语是首要的，它代表即时性、在场性、一致性、真实性。而书写则是一种辅助的表征体系，它代表延迟性、缺场性、差异性、非真实性（尽管索绪尔意识到了书写中有画谜、回文、书面信件这些例子）。德里达用"逻各斯中心主义"（logocentric）这个术语来描述结构主义者对语音记录的痴迷。他在"逻各斯中心主义"的操作过程中发现了替补逻辑，这个逻辑既把书写摒弃在语言系统之外，又依赖字母书写来进行语音分析。[38]

但是无论语言符号存在与否，书写仍然存在着。雅克·拉康给索绪尔的符号出了个难题。拉康对埃德加·爱伦·坡的侦探小说《失窃的信》（"The Purloined Letter"）进行了一次有名的讲座，他对这部作品的能指符进行了心理分析式解读。他表明，故事中所说的失窃的信在不同的代理人手中指称、流传，但这封信却没有任何独特的所指意义。作为一个纯粹的能指符，这封信的流动、调包、找回，它作为一个能指符本身就完全能支撑王室阴谋与侦查干预等虚构情节。[39]当然，爱伦·坡对他那个时代的密码代码及其他纯粹能指符非常感兴趣。例如，他的另外一个有名的故事《金甲虫》（"The Gold-Bug"）中的核心谜团也以一个文本问题呈现：如何通过破解一种未知的代码去发现隐藏的宝物。有趣的是，手写在一块羊皮纸上的代码不仅包括熟悉的字母、文字、标点符号，而且还包括排印符号（＊，¶，≒，＋，等等）。这些在排印中常见的符号在（羊皮）手稿上极为少见，或根本就不存在。这些排印符号是爱伦·坡的故事中的媒介物。弗里德里希·基特勒对此的看法是，拉康的理论工具要得益于现代媒介技术的演化，而这一点可能会很容易被推而广之，用来解释爱伦·坡。坡对排印和密码分析的热情预示着我们这个时代信息论的来临。对拉康来说，象征符号享有排印的地位，而象征符号在真实中及想象中分别与留声机和电影相对应（Kittler, 1999: 18）。换句话说，打字机、留声机、电影提供了概念框架和技术框架，拉康的精神分析在这个框架内开始让人觉得言之有理。基特勒还进一步提醒我们：当尼采（Nietzsche）成为第一个使用打字机的哲学家时，他"从写论文变成了写格言警句,从讲思想变成了讲双关语,从修辞风格变成了电报风格"(1999:203)。

通过印刷媒介和电子媒介,字母书写已经主宰了通信世界。麦克卢汉敏锐地抓住了这一发展所隐含的意义,他将语音字母称为"一个很酷的统一的视觉媒介"也在情理之中。[40] 人们对语音字母的功能的直觉反应似乎支撑了这个印象:文字代表了言语的声音。但究竟是什么声音呢?基本英语的设计者 C. K. 奥格登(C. K. Ogden),同时还有文学批评家 I. A. 理查德,他们抱怨英语的语音表征不规范,说"元音不是代表了 7 个而是 54 个发音,字母表中的 26 个字母能给出 107 个音值,或能给出 280 个元音组合(两个元音连续排列,但只发其中一个音,如'each''ou'等;或两个元音连续排列成新的合成音,如'eau'等)"。将 280 个音值及其不同变化单位复合起来,从统计上来讲,这一负担是英语词汇水平需要跨越的障碍。奥格登说:"必须经过沉闷繁重的劳动,人们才能在 20000 个单词,甚至是在 2000 个单词中把这些发音区分开来。对语音学家及合成语言的推广者来说,这种状况是一个机会。"[41]

哪些字母代表哪些单个言语单元或音素(如/ks/在英语中就被写作字母 x),人们对此看法不一。就算先把这个理论权且放到一边,这里仍然存在着一个认识上的问题:书写代码与大脑中出现的语言形象,它们之间是如何发生**有意义**的联系的呢?凭着对控制论的信心,诺伯特·维纳及其同仁拿这个想法做了实验:忽略听觉和视觉,聋哑人可以通过触摸而非打手势立即理解口头符号。他们的实验让人想起卢梭在《语言的起源》中对印度商人的描述。印度商人们通过抓对方的手做生意,他们在公共场合用不同的抓手方式来进行秘密交易,别人什么也看不见,他们什么也不说。[42] 也就是说,沟通并不需要看、听、说的发生。维纳的实验基于相似的沟通前提,只是它仍然需要以空气中物理震动的形式来对声音符号进行翻译。通过一种触觉设备,接受者的大脑中会产生相应的意义经验。[43] 即便如此,维纳的感官器官的延伸还是不禁让人生疑:触觉代码是如何与大脑中的概念过程发生关系的呢?

用数学方法来重新描绘通信时,密码学和信息论只与字母数字符号打交道,人们试图通过这种方法绕过认知问题。艾伦·图灵和克劳德·香农两人都将英语字母表中的印刷字母作为自己的出发点。信息论的创始人香农将英语视为一种统计系统,他称之为"印刷英语",并且代表着信息论将字母书写运用到了算法思考和工程技术上。这个独特的英语由从 A 到 Z 共 26 个字母组成,另外还要加上第 27 个字母——这个字母的数学代码是"空格"。换言之,印刷英语是一种表意字母,其数据结构的数目是有限的。作为一种后语音系统,它的功能就是充当天然语言和机器语言之间的理解界面。将确定 27 个字母与数字之间的对应关系代替用字母来描绘口语中的语音单位,后语音构建取决于此。字母与数字的对应关系不仅使人们能对信息进行编码,而且还能让人们对通信理论进行反思。印刷符号在技术中占据着核心地位,这与弗里德里希·基特勒所说的事实有关,即"与手写文字形成的连贯流畅相反,我们如今面临的是被空格隔开的独立要素"(1999:16)。印刷英语中的"空格"符号是一种概念符号,并非人们在某些书写体系中常能见到的单词分隔符。这个符号可能会以负值出现,或让人们看到字母的缺失,但这里的第 27 个字母在数学意义上完全能用"0"来代表,正如它在交换系统中能用一两种电子脉冲来代替一样。这个字母只在统计学上有意义,并非因为它是系统参数中的可视性参数或语音特点参数。从传统语义上看,第 27 个字母没有语言意义,但它具有充分的表意功能。

尼采1878年说的一句话颇有预见性:"印刷、机器、铁路、电报是前提,没人敢擅自从这些前提中得出千年不变的结论。"[44]作为二战之后最重要的发明之一,印刷英语是电报的直接传承。香农本人对莫尔斯电码进行了仔细分析,并以此为基础建立了印刷英语。1948年发表于《贝尔系统技术杂志》(*Bell System Technical Journal*)上的《通信的数学理论》("A Mathematical Theory of Communication")是一篇具有开拓性的论文,香农在这篇文章中奠定了信息论的统计学基础。两年以后,他发表了另一篇文章,名为《印刷英语的预测及熵》("Prediction and Entropy of Printed English")。在这篇文章中,他进一步阐述了自己的实验工作与早先工作之间的关系。这些研究与香农在二战中的密码工作具有千丝万缕的联系。在二战中,香农曾经从统计学层面研究了密码分析中的字母书写,并在贝尔实验室帮助美国军方设计了密码系统。作为一种独立的表意代码,正是从密码系统的意义上来讲,香农的27个字母才有意义。跟密码系统一样,印刷英语有一套用数字符号来表示的对应翻译文本。源文本"有27个符号,从A,B,……到Z,及空格。源文本被翻译成了一种新的语言,其字母是1,2,……27"。[45]这个概念为后来计算机科学中的数字技术奠定了理论基础。通过嵌入一种字母数字翻译机制,印刷英语在0/1的二元对立中最终实现了表意的具身化。[46]

在我们这个时代,字母似乎比任何时候都更加彻底地、普遍地数字化了。不管是在文字处理、数码图像、基因工程、互动游戏中,还是在模拟或实际战争中,我们都生活于一场数字革命之中,这场革命正在打破旧的、引入新的概念框架。通过将最古老的技术之一——字母书写——变成一种普世的代码系统,从而解开大脑之谜,解开生命本身之谜(见第8章,"生物媒介"),数字媒介正在通过这种方式改变着当代文明。在将来,我们认知世界中的空间/时间联系似乎将会变成这样:人与机器之间的联系,或类似的人与数字媒介带来的人造环境之间的联系将会越来越密不可分。但正如米歇尔在第3章讨论图像与媒介时所说,"数字图像可能会揭开可感知的认知世界的另外一个层面,我们将会认识到原来它一直都在那里"。实际上,字母的数字功能从远古时起就一直存在,然而,由于我们太习惯于将字母书写视为一种声音记录体系,所以当香农将英语字母视为一种彻头彻尾的表意(算法)体系时,我们还是大吃了一惊。同时,数字技术正在将诸如汉语之类的非字母书写体系转换成一种全球英语的子代码。机器翻译、机器辅助翻译,这些手段让交流变得普世化。在普世交流这块应许之地上,人们正在再次修建通天塔。神谕的记忆在人类的通天梦中永远挥之不去。神谕并不遥远。

注释

1. 在布莱叶盲文中,由6个点组成的矩阵能将不同字母区分开来。这是一种依赖空间安排而非时间安排的形式机制。将书写视为一种对空间进行描绘的组织,就这个问题的讨论参见哈里斯(Harris)的《书写的符号》(*Signs of Writing*)(1995:45)。
2. 文本到语音合成(TTS)是人工智能的分支。书写与言语之间的关系是既能从工程角度,也能从理论角度进行有效研究的领域之一。参见Richard Sproat, *A Computational Theory of Writing Systems* (Cambridge: Cambridge University Press, 2000)。

3. 中文和日文中共有的汉字"文明"(其字面意义是"教化、开化",在上下文中有"阐明、照明的意思"),由于其正面强调了"文"(或"文本/文本性"),因此它比其拉丁语对等词 civilis 更加有力地强调了文明源于书写。

4. 关于这个话题,见 Jack Goody, *The Domestication of the Savage Mind* (Cambridge:Cambridge University Press,1977)。

5. 例如,列维-斯特劳斯在《一堂书写课》中描写了他在"天真"的 Nambikwara 部落中的田野调查,雅克·德里达在阅读人类学关于书写的话语中看到了一种天生的族裔中心主义。参见"The Violence of the Letter:From Lévi-Strauss to Rousseau" in Derrida, *Of Grammatology*, trans. Gayatri Chakravorty Spivak (Baltimore:The Johns Hopkins University Press,1971),pp.101-40。

6. 人们常常将发明字母的功劳算到腓尼基人的头上。而 M. 奥康纳(M. O'Connor)却认为,"腓尼基人并没有'发明'字母。在附近区域,各种文字(及民族)都对字母的传播有所参与,即使腓尼基人在这个过程中起到了主要作用"。参见 Peter T. Daniels and William Bright, eds., *The World's Writing Systems* (Oxford:Oxford University Press,1996),96。

7. 考古学家们已经发掘出 4000 多个汉字和/或词语。王室将这些汉字写到用作占卜的骨头上,以问吉凶,并将其视为那一时期的王室档案。迄今为止,大约只有一半的文字被成功解读。从这些甲骨文提供的证据来看,有一点很清楚:中国书写的起源要往前推到更早时期,但由于缺乏考古证据,人们对具体时期的看法有分歧。大部分的争论都与对书写的看法有关。最近,《考古》杂志发表了考古学家李学勤与他的中美合作者的一篇田野报告。他们审慎地推测,汉字可能起源于公元前 7000 年。Li Xueqin et al. "The Earliest Writing? Sign Use in the Seventh Millennium BC at Jiahu, Henan Province, China," Antiquity 77, no. 295(2003):31-44. 就这一话题的代表作,参见 David N. Keightley, "The Origin of Writing in China:Scripts and Cultural Contexts," in *The Origins of Writing*, ed. Wayne M. Senner (Lincoln:University of Nebraska Press,1989),170-202。

8. I. J. Gelb, *A Study of Writing* (Chicago:University of Chicago Press,1963). 盖尔布为 20 世纪理论提供了最有影响力的分类系统。他创造了"文字学(grammatology)"这一术语,后来德里达把它用到了自己的哲学作品中。同时参见 Coulmas, *The Writing Systems of the World* (Oxford:Basil Blackwell,1989),1。

9. 参见 Coulmas, *Writing Systems:An Introduction to Their Linguistic Analysis* (Cambridge:Cambridge University Press,2003),192-96。

10. "语标(logograph)"是盖尔布生造的术语。它被广泛地用来区分一种书写符号,这种书写符号被用来描述单词单元而非言语中的一个声音单元。以画代词原则(rebus principle)包含了一种语音抽象过程,在音同意不同的基础上,一个单词的书写形式被借用来描绘另一个单词。例如现代英语中的"U2"。它是"you,too——你也一样"的简写形式,也是"you two——你们俩"的简写形式。

11. 关于西方画与词互相排斥这一问题,参见 Mitchell,(1994),esp. chaps. 1-3。

12. 约翰·德弗朗西斯(John DeFrancis)是大力支持此观点的人之一。参见其作品《可见的言语:书写体系的各种一致性》(*Visible Speech:The Diverse Oneness of Writing Systems*)(Honolulu:University of Hawaii Press,1989),尤见章节"A Critique of Writing about Writing,"211-47。

13. 有一点需要指出,在柏拉图的叙述中,苏格拉底也将"数字、算数、几何、天文学、跳棋游戏及骰子游戏的发明"归功于神灵图特。参见 Plato, *Phaedrus*, trans. Robin Waterfield (Oxford:Oxford University Press,2002),68-69。

14. 关于对中国早期书写起源神话的分析,参见 William G. Boltz, *The Origin and Early Development of the Chinese Writing System* (New Haven: American Oriental Society, 1994), 129-38。

15. Coulmas, *Writing Systems of the World*, 5.

16. 在《论文字学》前言的一个脚注中,德里达说,这本书的第一部分《字母产生之前的文字》("Writing before the Letter")最先写于1965年,这篇论文是对三部重要著作所做的回应,其中一部就是勒鲁瓦-古尔汉的《手势与言语》(*Le geste et la parole*)(1965)。

17. 参见英尼斯(1972,31-32)。关于书写对"法律"和"正义"的理解,参见 Jon Stratton,《古希腊中的书写与法律概念》("Writing and the Concept of Law in Ancient Greece"), *Visible Language* 14, no. 2 (1980): 99-121。

18. Coulmas, *Writing Systems of the World*, 7.

19. 关于书写在中国早期所起作用的研究,参见 Mark Edward Lewis, *Writing and Authority in China* (Albany: State University of New York Press, 1999)。

20. J. D. Bernal, *Science in History*, 4 vols. (London: C. A. Watts, 1971), 119. 同见 D. Schmandt-Besserat, "The Earliest Precursors of Writing," *Scientific American*, 238(1978): 50-59。

21. 参见 C. Bonnet, "Les scribes phoenico-puniques," in *Phoinikeia Grammata*, ed. CL. Baurain, C. Bonnet, and V. Krings (Namur: Société des Etudes Classiques, 1991), 150。

22. 参见 Dimitris K. Psychoyos, "The Forgotten Art of Isopsephy and the Magic Number KZ," *Semiotica* 154, no. 1 (April 2005): 209。

23. Daniels and Bright, *World's Writing Systems*, 384-90.

24. 中国历史记载表明,朝廷官员蔡伦于公元105年最先向皇帝报告了造纸的发明,但近期的考古发现表明,造纸术的发明比这个时间还要早数百年。钱存训(Tsuen-Hsuin Tsien),《竹简与帛书:中国书籍与文字的起源》(*Written on Bamboo and Silk: The Beginnings of Chinese Books and Inscriptions*)(Chicago: University of Chicago Press, 2004), 204。

25. 羊皮纸由加工处理牛羊皮得来;莎草纸是用纸莎草的茎制作而成;纸是通过对敝布和植物纤维进行化学处理得来。关于中国发明造纸这一问题的详细描述,见 Tsien, "Paper and Paper Manuscripts," in *Written on Bamboo and Silk*, 145-74。

26. 参见 Innis(1972: 107, 135)。

27. 英尼斯提到,"在书写中使用纸张,希腊人始于12世纪,意大利人始于13世纪,但他们对纸张的使用都非常有限,尽管13世纪时羊皮纸非常昂贵。直到15世纪,纸张的使用才更普遍"(1972: 138-39)。

28. 毕昇(公元990-1051年)最先发明活字印刷时使用的是泥活字。历史记载表明,木活字和金属活字早在13世纪时就已经出现,虽然被保存下来的14世纪之前的印刷品很少见。到了15世纪,中国和朝鲜广泛采用了铜活字。但由于审美、技术、社会经济方面的原因,活字印刷直到19世纪末期时都无法与广为流传的木刻版印刷相抗衡。从早期木刻版印刷的兴起到活字印刷的飞速发展,以及古登堡1456年之前对这一技术的了解接触情况,关于这些问题,参见 Joseph Needham's series Science and Civilization in China, specifically vol. 5, pt. 1, *Paper and Printing* by Tsien Tsuen-Hsuin (Cambridge: Cambridge University Press, 1985), 201-22, 313-19。

29. 最新研究详见潘吉星的中文著作《中国金属活字印刷技术史》(沈阳:辽宁科学技术出版社,2001)。

30. Marshall Mcluhan, *The Gutenberg Galaxy: The Making of Typographic Man* (Toronto: University of Toronto Press, 1965), 124.

31. Marshall Mcluhan, *Understanding Media*: *The Extensions of Man* (Cambridge, MA: MIT Press, 1994),172.

32. 德里达在《论文字学》(*Of Grammatology*)中所用的解构主义方法就是以这个问题为中心。

33. 关于德里达对这一奠基性文本的洞见,见"Plato's Pharmacy," in *Dissemination*, trans. Barbara Johnson (Chicago: University of Chicago Press, 1981), 61 - 155。

34. Walter Ong, *Orality and Literacy*: *The Technologizing of the Word* (New York: Routledge, 1982),80.

35. Jean-Jacques Rousseau, *On the Origin of Language*, trans. John H. Moran and Alexander Gode (Chicago: University of Chicago Press, 1966),17. 具有反讽意味的是,卢梭死后20年,当人们用绘画方式解读罗塞塔碑(1799被发现)陷入死胡同时,依赖语音原则(以画代词原则)解码却获得成功。

36. 麦克卢汉也持相同观点。*Understanding Media*, 83 - 84.

37. 参见 Ferdinand de Saussure, *Course in General Linguistics*, trans. Wade Baskin (New York: McGraw-Hill Book Company, 1966), 74 - 75.

38. 德里达的有关讨论见《言学与文字学》("Linguistics and Grammatology")in Derrida(1971,27 - 73)。绝非偶然的是,罗曼·雅各布森及克劳德·列维-斯特劳斯后来在发展结构主义诗学和结构主义人类学时也遵循了同样的逻辑。他们重视言语和语言系统,不管是在诗歌中,还是在社会中,他们都将分析对象视为受规则制约的封闭的关系系统。有关德里达对列维-斯特劳斯和卢梭的解读,见"Nature, Culture, Writing"(ibid., 95 - 140)。

39. Jacques Lacan, "The Purloined Letter," in *The Seminar of Jacques Lacan*, book 2, *The Ego in Freud's Theory and in the Technique of Psychoanalysis*, 1954 - 1955, ed. Jacques-Alain Miller, trans. Sylvana Tomaselli (New York: W. W. Norton, 1991), 191 - 205.

40. McLuhan, *Understanding Media*, 84.

41. C. K. Ogden, *Basic English*: *A General Introduction with Rules and Grammar* (London: Kegan Paul, Trench, Trubner & Co., 1935), 21. BASIC 是英国、美国、科学、国际、贸易 (British, American, Scientific, International, and Commercial)的首字母缩写形式。它由850个常见英语单词构成。

42. Rousseau, *On the Origin of Language*, 9 - 10.

43. Norbert Wiener, *The Human Use of Human Beings* (New York: Da Capo Press, 1950), 168 - 70.

44. Friedrich Nietzsche, *Human, All Too Human*: *A Book for Free Spirits*, trans. R. J. Holingdale (Cambridge: Cambridge University Press, 1986), 378.

45. Claude Shannon,"Prediction and Entropy of Printed English," *Bell System Technical Journal*, January 1951, 56.

46. 对香农作品的详细叙述见我的文章"iSpace: The Theory Machine after Joyce, Shannon, and Derrida," *Critical Inquiry* 32 (spring 2006): 516 - 50。

参考文献及建议阅读书目

Bernal, Martin. 1990. *Cadmean Letters*: *The Transmission of the Alphabet to the Aegean and Further West before 1400 B.C.* Winona Lake: Eisenbrauns.

Coulmas, Florian. 2003. *Writing Systems*: *An Introduction to Their Linguistic Analysis*. Cambridge:

Cambridge University Press.

Derrida, Jacques. 1971. *Of Grammatology*, trans. Gayatri Chakravorty Spivak. Baltimore: Johns Hopkins University Press.

Donald, Merlin. 1993. *Origins of the Modern Mind: Three Stages in the Evolution of Culture and Cognition*. Cambridge, MA: Harvard University Press.

Harris, Roy. 1995. *Signs of Writing*. London: Routledge.

Innis, Harold A. 2007. *Empire and Communications*. Boulder: Rowman & Littlefield.

Kittler, Friedrich. 1999. *Gramophone, Film, Typewriter*, trans. Geoffrey Winthrop-Young and Michael Wutz. Standford, CA: Stanford University Press.

Leroi-Gourhan, André. 1993. *Gesture and Speech*, trans. Anna Bostock Berger. Cambridge, MA: MIT Press.

Mitchell, W. J. T. 1994. *Picture Theory*. Chicago: University of Chicago Press.

Schmandt-Besserat, Denise. 1997. *How Writing Came About*. Austin: University of Texas Press.

撰稿人

比尔·布朗(Bill Brown),芝加哥大学英语及视觉艺术系爱德华·卡森·沃勒(Edward Carson Waller)教授,芝加哥当代理论中心研究员,《批评研究》(*Critical Inquiry*)编委成员。发表了"质料文化及日常生活中无生命物的作用"方面的论文,出版了题名为《质料无意识》(*The Material Unconscious*)(1996),及《物的感觉:美国文学中物的问题》(*A Sense of Things: The Object Matter of American Literature*)(2003)的专著。他编辑的《批评研究》2001秋季特刊《物》("Things"),已扩展成书发表。目前研究题目为"客体、他者与我们(Objects, Others, and Us)"。

布鲁斯·克拉克(Bruce Clarke),德州理工大学文学与科学教授。其《后人类变形:叙述与系统》(*Posthuman Metamorphosis: Narrative and Systems*)(2008)一书解读了现当代文学、电影叙述中身体变形系统的偶然性。其余发表包括:《写作的讽寓:变形的主体》(*Allegories of Writing: The Subject of Metamorphosis*)(1995);《多拉·马斯顿与现代主义早期:性别·个人主义·科学》(*Dora Marsden and Early Modernism: Gender, Individualism, Science*)(1996);《能量形式:经典热力学时代的讽寓与科学》(*Energy Forms: Allegory and Science in the Era of Classical Thermodynamics*)(2001);《从能量到信息:科技、艺术、文学中的表征》(*From Energy to Information: Representation in Science and Technology, Art, and Literature*),与琳达·达尔林普尔·亨德森(Linda Dalrymple Henderson)合编(2002);《突现与具身化:系统论第二阶段新论文》(*Emergence and Embodiment: New Essays in Second-Order Systems Theory*),与马克·汉森(Mark Hansen)(2009)合编。目前正与曼纽拉·罗西尼(Manuela Rossini)合作,准备出版《劳特里奇文学与科学指南》(*Routledge Companion to Literature and Science*)。

约翰娜·德鲁克(Johanna Drucker),加州大学洛杉矶分校信息研究系伯纳德及马丁·布雷斯劳尔(Bernard and Martin Breslauer)图书学教授。她的发表涉猎内容广泛,包括书写形式的历史、排印样式、设计,以及20世纪先锋派的视觉诗学。除了学术作品以外,德鲁克还是国际知名图书艺术家、实验视觉诗人。近作包括:《美梦:当代艺术与共谋》(*Sweet Dreams: Contemporary Art and Complicity*)(2005);《图形设计史:批评指南》(*Graphic Design History: A Critical Guide*),与埃米莉·麦克瓦里谢(Emily McVarish)合著(2008);《女性的证言》(*Testament of Women*)(2006);《套餐》(*Combo Meals*)(2008);《推理实验室：数字美学与推理计算》(*SpecLab：Digital Aesthetics and Speculative Computing*)(2009)。

亚历山大·R.加洛韦(Alexander R. Galloway)，作家，程序员，软件集体 RSG 的创始人，嘉年华项目和军棋项目的创始人。《纽约时报》(*The New York Times*)最近认为他的作品"有清晰的概念、迷人的视觉，完全跟上了政治时刻的节奏"。加洛韦著作包括：《协议：去中心化之后控制如何存在》(*Protocol：How Control Exists after Decentralization*)(2004);《博弈：算法文化论文集》(*Gaming：Essays on Algorithmic Culture*)(2006);与尤金·撒克(Eugene Thacker)合著的《利用：网络理论》(*The Exploit：A Theory of Networks*)(2007)。他任教于纽约大学。

彼得·古德里奇(Peter Goodrich)，法律教授，纽约耶什华大学卡多佐法学院法律与人文项目主任。《爱的法律：实践及历史简明手册》(*The Laws of Love：A Brief Practical and Historical Manual*)(2008)一书的作者，《法律·文本·恐惧：皮埃尔·勒让德尔论文集》(*Law，Text，Terror：Essays for Pierre Legendre*)(2008)及《德里达与法律哲学》(*Derrida and Legal Philosophy*)(2008)编者。目前从事法律的视觉文化及法律传播、理解媒介变化方面的工作。

大卫·格雷伯(David Graeber)，人类学家。著作有：《失落的人民：马达加斯加奴隶制中的巫术及遗产》(*Lost People：Magic and the Legacy of Slavery in Madagascar*)(2007);《走向人类学价值理论》(*Toward an Anthropological Theory of Value*)(2001);《无政府主义人类学片段》(*Fragments of an Anarchist Anthropology*)(2004);《可能性：等级制、造反、欲望论文集》(*Possibilities：Essays on Hierarchy，Rebellion，and Desire*)(2007);《直接行动：人种学》(*Direct Action：An Ethnography*)(2008)。他目前是伦敦大学金史密斯学院社会人类学高级讲师，研究债务史。

马克·B. N. 汉森(Mark B. N. Hansen)，杜克大学文学、视觉研究创新、信息科学与信息研究方向教授。他的作品包括：《突现与具身化：系统论第二阶段新论文》(*Emergence and Embodiment：New Essays in Second Order Cybernetics*)，与布鲁斯·克拉克合编(2009);《代码中的身体：新媒介界面》(*Bodies in Code：Interfaces with New Media*)(2006);《梅洛-庞蒂剑桥指南》(*The Cambridge Companion to Merleau-Ponty*)，与泰勒·卡曼(Taylor Carman)合编(2005);《新媒介的新哲学》(*New Philosophy for New Media*)(2004);《具身化的技术：超越书写的技术》(*Embodying Technesis：Technology Beyond Writing*)(2000)。他最近的工作中心为计算革命的实验性意义、计算如何改变了学术界的知识结构，以及从更宽泛意义上来讲，文化中的知识结构。他目前的写作是关于数字化网络中媒介与时间化的关系。

N. 凯瑟琳·海尔斯(N. Katherine Hayles)，杜克大学文学、视觉研究创新、信息科学与信息研究方向教授，从事 20、21 世纪科学、技术、文学关系方面的教学及写作。她的作品包括：《我们是如何变成后人类的：控制论、文学、信息学中的虚拟身体》(*How We Became Posthuman：Virtual Bodies in Cybernetics，Literature，and Informatics*)(1999)，获勒内·韦勒克(Rene Welleck)最佳文学理论图书奖;《书写机器》(*Writing Machines*)(2002)，获苏珊娜·兰格(Suzanne Langer)杰出学术奖;《我母亲是计算机:数字主体与文学文本》(*My Mother Was a Computer：Digital Subjects and Literary Texts*)(2005);《电子文学:文学新视野》(*Electronic Literature：New Horizons for the Literary*)(2008)。她目前正在撰写的书为《我们如何思考:数字技术的变革力量》(*How We Think：The Transforming Power of Digital Technologies*)。

约翰·约翰斯顿(John Johnston),埃默里大学英语与比较文学教授。他的发表包括:《机器生命的诱惑》(*The Allure of Machinic Life*)(2008);《信息多样化:媒介饱和时代的美国小说》(*Information Multiplicity：American Fiction in the Age of Media Saturation*)(1998);《重复的嘉年华:威廉·加迪斯的"认可"与后现代理论》(*Carnival of Repetition：William Gaddis'"The Recognitions" and Postmodern Theory*)(1990)。他同时还是《文学·媒介·信息系统:弗里德里希·基特勒为理论与文化中的批评声音而作的系列文章》(*Literature, Media, Information Systems：Essays by Friedrich A. Kittler*)(1997)一书的编者和译者。

卡罗琳·琼斯(Caroline Jones),研究领域为当代艺术,研究焦点为当代艺术生产、分配、接受中的技术模式。麻省理工学院艺术史教授,建筑系历史、理论、批评项目主任。她还是散文家、电影制片人、策展顾问,最近在麻省理工学院李斯特视觉艺术中心展出了她的《主体的声音/录像轨道》(*Sounding the Subject/Video Trajectories*)(2007)。其他的发表包括:《感觉器官》(*Sensorium*)(编辑,2006);《仅凭视觉》(*Eyesight Alone*)(2005);《工作室中的机器》(*Machine in the Studio*)(1996);《图绘科学,生产艺术》(*Picturing Science, Producing Art*),与彼得·加利森(Peter Galison)合编(1998)。琼斯经常为艺术论坛供稿,目前研究项目与全球化有关,将出的书名为《渴望世界图画:全球艺术品》(*Desires for the World Picture：The Global Work of Art*)。

莉迪娅·H. 刘(Lydia H. Liu),W. T. 丹(W. T. Tam)人类学教授,哥伦比亚大学汉语与比较文学教授。她的作品探索了翻译理论;单词、图像、艺术品在文化中的流动;书写、文本、媒介技术的演变。目前研究中心为书写、心理分析及数字媒介。她已用中英文发表了大量著述,其中包括:《跨语言实践》(*Translingual Practice*)(1995)、《帝国的冲突》(*The Clash of Empires*)(2004);编著了《交换的象征:全球流通中的翻译问题》(*Tokens of Exchange：The Problem of Translation in Global Circulations*)(1999)。

W. J. T. 米歇尔(W. J. T. Mitchell),芝加哥大学英语语言文学系及艺术史系的盖拉德·唐纳利(Gaylord Donnelley)杰出贡献教授。他是跨学科期刊《批评研究》(*Critical Inquiry*)的主编,该季刊致力于艺术及人文科学领域里的批评理论研究。他是媒介、视觉艺术、文学领域的学者、理论家,他关注视觉文化及肖像学的新发展。发表包括:《图片想要什么?图像的生活与爱》(*What Do Pictures Want? The Lives and Loves of Images*)(2005);《最后一本恐龙书:一个文化偶像的生命与时代》(*The Last Dinosaur Book：The Life and Times of a Cultural Icon*)(1998);《图片理论》(*Picture Theory*)(1994);《艺术与公共空间》(*Art and the Public Sphere*)(1993);《风景与权力》(*Landscape and Power*)(1992);《肖像研究》(*Iconology*)(1987);《图像的语言》(*The Language of Images*)(1980);《论叙述》(*On Narrative*)(1981);

《诠释的政治》(The Politics of Interpretation)(1984)。

约翰·德拉姆·彼得斯(John Durham Peters),艾奥瓦大学通信研究及国际研究的F.文德尔·米勒(F. Wendell Miller)杰出教授。著有《空中讲话:通信观念史》(Speaking into the Air: A History of the Idea of Communication)(1999);《走向深渊:言论自由与自由主义传统》(Courting the Abyss: Free Speech and the Liberal Tradition)(2005)。他在通信哲学及媒介文化史方面也有大量论文发表。

贝尔纳·斯蒂格勒(Bernard Stiegler),巴黎蓬皮杜中心研究与创新学院文化发展主任,哲学家,贡比涅技术大学副教授,伦敦金史密斯学院教授。曾任国立视听学院副院长,法国音乐和听觉合成研究所所长。斯蒂格勒同时还是政治团体"工业艺术"主席,他于2005年参与创立了该组织。他的著作超过20余部,其中包括《技术与时间,1、2卷》(Technics and Time, volumes 1 and 2),《付诸行动》(Acting Out)已译成英文,《新政治经济学批判》(For a New Critique of Political Economy)即将出版。他的作品受到现象学,以及德里达、西蒙德、德勒兹、福柯的影响,思考当代技术所造成的哲学问题与政治问题之间的断裂,试图为当代世界提供一种器官学及药理学。

尤金·撒克(Eugene Thacker)著有《生物媒介》(Biomedia)(2004);《全球基因组:生物技术、政治与文化》(The Global Genome: Biotechnology, Politics, and Culture)(2005);《利用:网络理论》(The Exploit: A Theory of Networks),与亚历山大·加洛韦合著(2007)。《往生》(After Life)即将出版。他以前与RSG(激进软件组织)、生物技术爱好者、假货店(Fakeshop)合作过。撒克是佐治亚理工学院文学、通信与文化学院副教授。

伯纳黛特·维根斯坦(Bernadette Wegenstein),奥地利语言学家,电影制片人,约翰·霍普金斯大学德语与罗曼语文学系副研究教授,讲授媒介及电影理论。著有《深入皮肤以下:身体与媒介理论》(Getting under the Skin: Body and Media Theory)(2006);《美容凝视:身体改造与美的建构》(The Cosmetic Gaze: Body Modification and the Construction of Beauty)(即将出版),另外还著有多篇关于身体批评、行为艺术、电影理论方面的文章。她编辑了《被粉饰的现实:真人化妆秀中的文化》("Reality Made Over: The Culture of Reality Television Makeover Shows"),《配置》(Configurations)(2008)特别合刊。她于2006年成立了自己的出品公司——道标出品有限责任公司。《美国美容》(Made Over in America)是她的第一部纪录片。

戴维·韦尔贝利(David Wellbery),芝加哥大学勒罗伊·T.和玛格丽特·卡尔森(LeRoy T. and Margaret Deffenbaugh Calson)教授,任教于德语研究及比较文学系、社会思想委员会及学院。他同时还是德语文学与文化跨学科研究中心主任。发表著作有:《莱辛的拉奥孔:理性时代的美学及符号学》(Lessing's Laocöon: Aesthetics and Semiotics in the Age of Reason)(1984);《镜照的时刻:歌德早期诗歌与浪漫主义开端》(The Specular Moment: Goethe's Early Lyric and the Beginnings of Romanticism)(1996)。他是《新德语文学史》(A New History of German Literature)一书的主编(2004)。

杰弗里·温思罗普-扬(Geoffrey Winthrop-Young),英属哥伦比亚大学德语教授。他的研究兴趣包括媒介理论、后人类主义、科幻小说。他的著述项目包括《弗里德里希·基特勒导言》（*Friedrich Kittler zur Einführung*）（Hamburg：Junius，2005）。目前正在从事后人类思想方面的研究，书名为《媒介·系统·领域：德国后人类主义探索》（*Media，Systems，Spheres：Probing German Posthumanism*）。

卡里·沃尔夫（Cary Wolfe），莱斯大学布鲁斯及伊丽莎白·邓利维（Bruce 及 Elizabeth Dunlevie）英语教授，合编了明尼苏达大学出版社出版的后人类系列。他的著作及编著包括：《批评环境：后现代理论与"外面"的语用学》（*Critical Environments：Postmodern Theory and the Pragmatics of the "Outside"*）（1998）；《观察复杂性：系统论与后现代性》（*Observing Complexity：Systems Theory and Postmodernity*），与威廉·拉施（William Rasch）合作（2000）；《动物仪式：美国文化、物种的话语与后人类理论》（*Animal Rites：American Culture，the Discourse of Species，and Posthumanist Theory*）（2003）；《动物本体论：动物的问题》（*Zoontologies：The Question of the Animal*）（2003）；《何谓后人类主义》（*What Is Posthumanism?*）（2009）。

索　引

（索引中的页码为原著页码，检索时请查本书边码）

Aarseth, Espen 奥塞特，埃斯彭, 286

Abstract Expressionism 抽象表现主义, 12

Abstraction 抽象: in art 艺术中的, 10, 12, 105; modernity associated with 与现代性相关的～, 50, 52; of money and photography 对金钱及摄影的～, 53; from the senses 来自感官的～, 93

accelerating returns, law of 加速回报定律, 211

acoustic images 声音形象, 42, 43

acoustic recording, see phonography 声音记录, 见"留声机"

address, style of 言说风格, 267–71

ad humanitatem address 把每个人都当成听众的讲话, 268–69

Adorno, Theodor 阿多诺，西奥多: *Against Epistemology* ～《反对认识论》, 109; on culture industries ～论文化产业, 11, 66, 76, 77, 108–9, 187; *Dialectics of Enlightenment* 《启蒙辩证法》, 187; *The Jargon of Authenticity* 《权威的行话》, 109; prioritization of time over space in ～论时间优于空间, 109; on standardization ～论标准化, 109, 188

advertising 广告: classified 分类, 270; fine art in ～中的美术艺术, 7–8; images in ～中的形象, 35; melding of subject and media in ～中主体与媒介的融合, 30; in public places 公共场所里的～, 9; siquis formula ～中"如果有人……请……"原则, 269, 270; Warhol in 沃霍尔从事～, 13

Aeschylus 埃斯库罗斯, 280–82, 283, 294

Aesthetica (Baumgarten) 《美学》（鲍姆加登）, 91

aesthetics 审美, 1–133; body as object of aesthetic interest 身体作为～兴趣对象, 20; critical philosophical meaning given to 赋予～的批评哲学意义, 91; in eighteenth and nineteenth centuries 18, 19 世纪的, 6; of everyday life 日常生活中的～, 13; fine art bases its justification on 美术艺术以～为基础, 9; original meaning of ～的最初含义, 90–91; raising images to status of art 将形象抬高到艺术的地位, 38。See also art 另见"艺术"

Against Epistemology (Adorno) 《反对认识论》（阿多诺）, 109

Agamben, Giorgio 阿甘本，乔尔乔, 293

Agamemnon (Aeschylus) 《阿伽门农》（埃斯库罗斯）, 280–81, 294

Agassi, Andre 阿加西，安德烈, 35

Agre, Phil 阿格雷，菲尔, 291

air freshener 空气清新剂, 95

Alberti, Leon Battista 阿尔伯蒂，莱昂·巴蒂斯塔, 4, 46

algebraic notations 几何概念, 42

alphabet 字母: adaptability for movable type ～在活字印刷中的适应性, 317; algorithmic potential of ～的算法潜能, 318–19; alphabetic writing systems ～书写系统, 312; and digitization ～与数字化, 322; dissemination throughout the world ～在全球传播,318;as dominating world of communication ～在交流世界里占统治地位,320;Greek 希腊～,75,311,315;historical monopoly on storage of ～在历史上垄断了储存,177;invention of ～的发明,311;numerical function of ～的数字功能,322-23;Phoenician 腓尼基～,311,315,323n6;phonetic ～语音,320-21;Roman 罗马～,316;script distinguished from ～与文字的不同,315;superiority attributed to 赋予～的优越性,318

Alpha Pi(Louis),a-φ(路易),12

Althusser, Louis 阿尔都塞,路易,xx,xxi

altruism 利他主义,227

Amdahl, Gene 安达尔,吉尼,208

American flag 美国国旗,37

Amis, Kingsley 埃米斯,金斯利,x

Ammons, A. R. 安蒙斯,A. R.,242

amplifier feedback 反馈放大器,168-70

anamnesis 天然记忆:hypomnesis and 人工记忆与～,66,69,70,72,82;industrial hypomnesis eliminates opportunity for 工业化的人工记忆消灭了～的机会,82;new economy of ～的新经济,84;technical memory aids and 技术辅助下的记忆与～,64,65

Anders, Günther 安德斯,冈特,193

Andrieu, Bernard 安德里厄,伯纳德,24-25

animé 动漫,15

Annales school 年鉴派,97

anthropology, structural 结构主义人类学,319,326n39

applied art 应用艺术,4,9

Arachne 阿拉克涅,294n2

arche-writing 元书写,176,307,313

architecture, media 建筑,媒介,30-31

Aristotle 亚里士多德:on aesthesis ～论审美,91;Alberti draws on 阿尔伯蒂从～那里吸取灵感,4;on biology ～论生物,121;defining space and time objectively ～客观地定义时间与空间,106,111;on dramatic performance ～论戏剧表演,40;as media theorist ～作为一名媒介理论家,ix;on mimesis ～论模仿,xix;temporal privileged in art by ～论艺术中时间的优越性,104;treatise on time ～论时间,111

Arnold, Matthew 阿诺德,马修,8

ARPAnet 阿帕网,285,288,289

Arquilla, John 阿尔奎拉,约翰,288

art 艺术,3-18;abstract 抽象～,10,12,105;artist seen as gifted individual 艺术家被视为有天赋的个体,4-5;avant-garde 先锋～,10,96;Benjamin on reproducibility of 本雅明论～品的复制,11,37,54,70,187;body 身体～,20;as changing field of vision ～作为一个变化着的愿景领域,54-55;conceptual gamesmanship in ～中的概念花样,11-12;as conventional 传统～,12;defamiliarization seen as effect 被视为～艺术效果的陌生化,10;as democratic medium 作为一种民主媒介的～,9;experimentation with new media in ～中的新媒介试验,46;as exploitation of the medium ～对媒介的利用,3;as giving formal expression to imaginative thought ～为表达想象赋予形式,4;"high" versus "low" ～的"高雅"与"低俗",13;as holistic, integrated alternative to industrialism ～作为一个完整、统一的东西,替代工业化,8;versus ideology ～与意识形态,12;images raised to status of 抬高到～地位的形象,38;Industrial Revolution as foundational moment for modern 作为现代～的奠基性时刻的工业革命,3;installation 装置～,15,97;as instrument of cultural change ～作为文化变革的工具,8;language in ～语言,241-48;materiality as increasing emphasis in 越来越强调～的质料,9-10;Minimalist 极简主义者,14,40;modern 现代～,11-15;the noise is the art 噪声是～,164,170;performance 表演～,13,15,96;printing challenges industries of 印刷术对～产业构成威胁,5,7;and reformation of the senses ～与感官改造,97-98;Romantic contrast between mechanistic labor and artistic innovation 机械劳动与艺术创新之间的浪漫主义比较,6-7;for sale 供出售的~,4;as secular religion ~被视为世俗生活中的宗教,7;senses and genres of ~的感觉及分类,93-94;sound 声音~,98;spatial,空间~,101,102-5;symbolically generalized media in 通过符号被一般化了的~,308;technology abused and manipulated in ~中被滥用、被操纵的技术,xviii-xix;temporal 时间~,101,102-5;"underground" "地下~",96;as way of paying attention ~作为一种表达关注的方式,18。See also fine art 另见美术艺术

Art(Bell) 艺术（贝尔）,10
Art-for-art's-sake 为艺术而艺术,9
Artificial intelligence 人工智能,27,44,199,202-3
artificial life 人工生命,27,203
Arts and Crafts movement 工艺美术运动,8
Ashby, Ross 阿什比,罗斯,146
Athens, assembly of 雅典的集会,276
Audience 观众:growth in size of ~规模的增加,273;loose coupling of sending and receiving 发送者与接收者之间关系松散,275-77;styles of addressing 发言的风格,267-71;waning of mass 大规模受众的减少,273-74
audio beep 嘟嘟声,258
Auroux, Sylvain 奥鲁,西尔万,66
Austin, J. L. 奥斯汀,J.L.,140
automata 自动机,200-201,203,212n5
automatism 自主行为,183
autoperception 自动感知,25-26
autopoiesis 自创生:in art 艺术中的~,242;in consciousness and communication 意识与交流中的~,303;information and meaning connected with 与~相连的信息及意义,147-48;operational circularity of ~的操作循环,141;in social and psychic systems 社会系统及心理系统中的~,238,300,306;virtuality and 虚拟性与~,149

avant-garde 先锋,10,96
"Avant Garde and Kitsch" (Greenberg) "前卫与媚俗"（格林伯格）,12

Babbit, Irving 白璧德,欧文,93
Balderston, John 鲍尔德斯顿,约翰,60n2
Baldessari, John 巴尔代萨里,约翰,242
Balzac, Honoré de 巴尔扎克,奥诺雷·德,8
Baran, Paul 巴兰,保罗,288,289-90
Barbrook, Richard 巴布罗克,理查德,286
Barlow, John Perry 巴洛,约翰·佩里,286
barter 以物易物,219-23;as emerging in cases of currency breakdown 货币崩溃时出现的~,225;seen as economically fundamental ~在经济上的重要性,218
Barthes, Roland 巴特,罗兰,xix
Bateson, Gregory 贝特森,格雷格里,157,165,235-36,237,240,305
Baudrillard, Jean 鲍德里亚,让,28,50,110
Baumgarten, Alexander Gottlieb 鲍姆加登,亚历山大·戈特利布,91
BBC 英国广播公司,275,276
Beadle, George and Muriel 比德尔,乔治及缪丽尔,121
Beatles 甲壳虫乐队,164
Beck, Jeff 贝克,杰夫,169
Beck, Julian 贝克,朱利安,96
Beecroft, Vanessa 比克罗夫特,瓦内萨,15
"Behavior, Purpose and Teleology" (Rosenblueth, Wiener, and Bigelow) "行为,目的与目的论"（罗森布鲁斯,维纳,比格洛）,145
Bell, Clive 贝尔,克莱夫,10
benday dots 班戴点,45
Benjamin, Walter 本雅明,沃尔特:on fragmentation of experience 论经验的碎片化,28;materialist phenomenology of ~的唯物主义现象学,59;as media theorist ~作为一名媒介理论家,ix,xvii;on optical unconscious ~论视觉无意识,46;on reproducibility of work of art ~论艺术

品的复制,11,37,54,70,187,188;Simmel heard by ～听齐美尔讲座,52;on space and time transformed photography and phonography ～论改变了时间、空间的摄影及留声,7,104; "The Work of Art in the Age of Mechanical Reproducibility"《机械复制时代的艺术品》,11,187

Benkler, Yochai 本克勒,约凯,286

Bergson, Henry 柏格森,亨利: on body in organization of images ～论形象组织中的身体,25-26;embodied phenomenology of ～的具身现象学,59;on internal time consciousness ～论内时间意识,106-7,108,109,110;*Matter and Memory*《物质与记忆》,25;*Time and Free Will*《时间与自由意志》,107

Berkeley, George 贝克莱,乔治,91

Berliner Phonogramm-Archiv 柏林声音档案,184

Bernard, Claude 伯纳德,克劳德,73

Berners-Lee, Tim 伯纳斯-李,蒂姆,286

Bertalanffy, Ludwig von 贝塔朗菲,路德维希·冯,284,285-86

Bey, Hakim 贝,哈基姆,294

bibliographies 图书目录,76

bidirectionality 双向性,291

Bigelow, Julian 比格洛,朱利安,145

bills of exchange 汇票,228

biocomputing 生物计算,58

biocybernetics 生物控制论,37

biofeedback 生物反馈,29

bioinformatics 生物信息,58,118

biology 生物: boundary between technology and 技术与～之间的界线,58;evolution applied to technical systems ～进化运用到技术中,209-12;genetic code 基因代码,119-21,123-28,244;as information ～作为信息,118-23,125,126-27;molecular 分子～,119-21. See also biomedia;biotechnology 另见生物媒介;生物技术

biomedia 生物媒介,117-30;biology and technology come together in ～中生物与技术携手,58;consequences of ～的后果,124-26;critical assessment of 对～的批评性评价,126-29;defined ～的定义,123;image-production technology in ～中的图像生产技术,37;notion of information complicated by 被～复杂化了的信息概念,126;principles of ～的原则,122-24

biotechnology 生物技术: activities falling under rubric of ～框架下的行为,117-18;biology and information integrated in ～中生物与信息的融合,117;principles in development of ～的发展原则,122;subindustries of ～的次生产业,125

bioterrorism 生物恐怖主义,125-26

Birmingham school of cultural studies 伯明翰文化研究学派,xxi

Blake, William 布莱克,威廉,6,10,104,317

Blanc, Louis 布兰克,路易,220

blindfolded justice 盲目的正义,251,254

blindness 盲目,89-90

Blindness and Insight (De Man)《盲点与洞见》,89

bloodwealth 血债,224

Blur building 飘渺阁,30-31

body 身体,19-34;as aesthetic object 作为审美客体的～,20;being versus having 成为～和有～,21;in cognitive science 认知科学中的～,25,27;constituting power of ～的构成能力,19,29;corporeal imagination 具体想象,60;Descartes on mind and 笛卡尔论精神与～,23-24;as dynamic process ～作为一个动态过程,20;as earliest media of human expression ～作为人类表达的最早媒介,x;embodiment distinguished from 与～区别的具身化,20-21;female 女性～,20;gendered 性别化的～,28-29;as ground for assessing materiality of media ～作为衡量媒介质料性的基础,57-58;healing ～的治愈,22-23;images as housed in 栖居于～的形象,41,46;imbrications of space, time, and embodiment 空间、时间、具身化的交织,111-12;information operating in conjunction with 信息操作与～联合, xii, 148, 150; McLuhan on media and 麦克卢汉论媒介与～, xiii; medieval attitude toward 中世纪对待～的态度, 22; as medium ～作为一种媒介, 19-34, 153-55; mind-body dualism 精神/身体二元论, 23-24, 27, 55, 189; modification 对～的改造, 20; as object versus agent of experience ～作为经验的客体与代理人, 21-23; passivity attributed to ～的被动特点, 19; in phenomenology 现象学中的～, 25-26; in psychoanalysis 精神分析中的～, 25; taken as given ～被视为给定, 19; as wetware ～作为湿件, 191。See also brain; embodiment; senses 另见大脑; 具身化; 感官

body ego 身体自我, 25

Bolter, Jay 博尔特, 杰伊, xiv, 242, 286

Boltzmann, Ludwig 波尔茨曼, 路德维希, 160, 161, 162, 201

Borges, Jorge Luis 博尔赫斯, 豪尔赫·路易斯, 80, 270

Boxer, Philip 博克瑟, 菲利普, 149

Braille 布莱叶盲文, 323, n1

Brain 大脑: computers as electronic brains 计算机作为电子大脑, 199; as grayware ～作为灰件, 191; imaging of ～成像, 50; as model for computers ～作为计算机的模型, 208; and the senses ～与感官, 91; uploading into a computer 上传到计算机上的～, 146

Brecht, Bertolt 布莱希特, 贝尔托, 291

Breughel, Pieter 勃鲁盖尔, 彼得, 5

bridewealth 彩礼, 224-25

broadcasting 广播: all-as-one address in ～中所有人被当成一人, 270-71; as analogic orthothetical mnemotechnique ～作为模拟定位记忆技术, 6; concentration of means of production in ～中生产方式的集中, 78; as delivery system ～作为投递系统, 272-73; fresh information required in ～中要求新鲜的信息, 78-79; networks ～网络, 283; regulation of 对～的约束, 257-62; simultaneous national address as historical exception 同步全国讲话作为历史特例, 274; waning of mass audience 大规模受众的减少, 273-74。See also radio; television, 另见收音机; 电视机

Brooks, Rodney 布鲁克斯, 罗德尼, 154

Brown, George Spenser 布朗, 乔治·斯宾塞, 297

Bubbles (Millais)《泡泡》(米莱), 7-8

Buckley v. Valeo (1976) 巴克利诉瓦莱奥案 (1976), 259

Burke, Edmund 埃德蒙·伯克, 99n12

Burroughs, William S. 伯勒斯, 威廉·S., 241

Butler, Judith 巴特勒, 朱迪丝, 28-29

Bynum, Caroline Walker 拜纳姆, 卡罗琳·沃克, 22

Byron, Lord 拜伦勋爵, 6

Cage, John 凯奇, 约翰, 96

Camera obscura 暗箱, 39, 41

Cang Jie 仓颉, 312

Canguilhem, Georges 康吉扬, 乔治, 84ng, 121-22

capital, financialization of 资本的金融化, 229, 230

capitalism 资本主义: cognitive/culture 认知/文化～, 67, 71; consumable novelty required in ～中所要求的可消费的新鲜东西, 77; and mid-century modernism ～与20世纪中期的现代主义, 95; printing in advent of 印刷术与～资本主义的来临, 76; temporal standardization in ～中时间的标准化, 109

Carlin, George 卡林, 乔治, 259-61

carrier pigeons 信鸽, 272

Cassirer, Ernst 卡西雷尔, 恩斯特, 51, 52

Castoriadis, Cornelius 卡斯托里亚迪, 科尔内留斯, 60

cathedrals 教堂, 36

Cavell, Stanley 卡维尔, 斯坦利, 183

Cayley, John 凯利, 约翰, 152

celebrity culture 名流文化, 14

Celera Corporation 塞雷拉基因组公司, 118

centralized (star) networks 中心化的(星型)网络,

288,289

central processing unit(CPU) 中央处理器,206,207-8

Cézanne, Paul 塞尚,保罗,10

Chance and Necessity (Monod)《偶然性与必然性》(莫诺),121

Chang, Briankle G. 张正平,139,140-41

Chargaff, Erwin 查加夫,欧文,120

checksum 校验和,290

Cheret, Jules 谢雷,朱尔,9

Chicago School of Media Theory 芝加哥媒介理论学派,57

Chinese medicine, traditional 中医,23

Chinese script 汉字,311,316,318,323,323n7

Chomsky, Noam 乔姆斯基,诺姆,xvi,xvii

chromosomes 染色体,124

Chun, Wendy Hui Kyong 春,温迪·胡伊·永,286,292

Cinema 剧院。See film (cinema) 另见电影

Clapton, Eric 克拉普顿,埃里克,169

Clark, Lygia 克拉克,利贾,98

classified ads 分类广告,270

Clinton, Hillary 克林顿,希拉里,x

Clokr (Klingemann)《钟表》(克林格曼),182

Cloning 克隆,37,125

Clothing 衣服,30,31

CoBrA "眼镜蛇"派(哥本哈根,布鲁塞尔,阿姆斯特丹的缩写),12

codes 代码:digital 数字~,45;genetic 基因~,119-21,123-28,244;Shannon's work in World War II 香农在二战中的工作,322;tactile 触觉~,321

coding problem 编码问题,120

cognitive science 认知科学,25,27

coinage 铸币,226,227,228

Coke, Sir Edward 柯克,爱德华爵士,254

Cold War 冷战,290

collage 拼贴,11,13

Color Field Painting 色域绘画,95

Commodification 商品化,52-53,180

common law 习惯法,252-53,254,255-56

communication 通信/沟通,131-44;alphabetic writing dominates world of 字母书写统治着~世界,320;analogue versus digital systems of ~中的模拟系统与数字系统,235;computers as models for 计算机作为~的模式,196-97;conceptual amplification of ~概念的放大,132;consciousness in ~中的意识,302-3,304;constitutive model of ~的本构模型,133,138;context required for ~的背景要求,167;defined ~的定义,131;DNA as system of DNA作为~系统,121;effective 有效的~,137;etymology of ~的词源,131-32;face-to-face 面对面~,267,268,275,298,308;goal of ~的目的,139;industries of ~工业,78;information and 信息与~,136-39;internal constituents of ~的内在组成部分,304;Jakobson on 雅各布森论~,134-35;Luhmann on 卢曼论沟通,141-43,238,240,241,242,297,303;materiality of ~的质料性,50,55-58,138;media associated with 媒介与~相连,132-33;modern informatics sense of 现代信息意义上的~,132;paradox of legal ~在法律上的悖论,256,262;postmetaphysical approach to 对~的后形而上学方法,140;real-time 实时~,135-36;Shannon on 香农论~,120,133-34,136,138,142,188,201-2;and social systems ~与社会系统,139-43;surveillance and policing of 对~的监督与控制,149;symbolically generalized media of 通过符号被一般化了的~媒介,307-8;transmission model of ~的传输模式,132-33,140;transport associated with 与~相连的传输,133;two formal models of ~的两大正统模式,132-33;See also cybernetics;language;media;networks;writing;telecommunications 另见控制论;语言;媒介;网络;书写;电信

Communications Act of 1934 1934年的通信条例,257

Communications Assistance to Law Enforcement Act of 1994 1994年颁布的《司法执行中的通信支持法案》, 261-62

communication satellites 通信卫星, 86n34, 266

Communism 共产主义: economic exchange in ~中的经济交易, 220-21, 223, 230n2; idols in ~中的偶像, 37

complex adaptive systems 复杂适应系统, 149

complexity theory 复杂理论, 292

computability 可计算性, 203-4

computational reembodiment 通过计算机重新对身体进行具身化处理, 27

Computer and the Brain, The (von Neumann)《计算机与大脑》(冯·诺伊曼), 206

computers 计算机: biocomputing 生物计算, 58; as both hardware and software ~作为硬件与软件, 190; communication modeled on 以~为模型的通信, 196-97; as electronic brains ~作为电子大脑, 199; emulation of other media ~对其他媒介的模拟, 184; in end of age of media ~与媒介时代的终结, 106; feedback loops between culture and computation 文化与计算之间的反馈闭环, 154; in gene sequencing 基因序列中的~, 122; graphical user interface (GUI) 图形用户界面, 148; hardware/software/wetware 硬件/软件/湿件, 186-98; logic of the ~的逻辑, 28; as media ~作为媒介, 152, 153, 186; media dissociated from technics 媒介与技术的分离, 178-83; and memory ~与记忆, xvii; as mnemotechnology ~作为记忆技术, 68; networked ~网络, 180-83; as new type of machine ~作为新型机器, 199; in objectification of space and time ~在空间与时间的客体化中, 106; parallel processing 并行处理, 206, 207-8, 213n14; in pharmacogenomics ~在药物基因组学中, 125; as rewriting entire history of media technologies ~重写整个媒介技术史, 188-89; seamless integration into everyday life 与日常生活无缝衔接, 186; technology development ~技术发展, 199-214; theorizing ~理论, 186-89; transformative power of ~的变革性力量, 209; Turing's work on 图灵在~方面的工作, 188, 203-4, 197n1; universal 通用~, 146, 150, 152-53, 155, 197n1, 203, 204, 206, 207, 212n11; users' ignorance of working of 用户忽视~的工作, 192-93; von Neumann architecture 冯·诺伊曼结构, 120, 206-8. See also hardware; Internet; software; wetware 另见因特网; 软件; 湿件

computer science 计算机科学, 120, 121, 125, 126-27

Conceptual art 概念艺术, 13

Connection Machine 连接机, 208

connectivity, many-to-many 多对多连接, 180-82

consciousness 意识: in communication 交流中的~, 302-3, 304; false 虚假~, xx-xxi; Luhmann on 卢曼论~, 238, 239, 240; McLuhan on print and 麦克卢汉论印刷与~, 175; senses as conscious 感官~, 94; in social systems ~在社会系统中, 299; of time 时间~, 107-8, 109, 110; uploading into computers ~上传到计算机, 154. See also unconscious, the 另见无意识

contempt of court 藐视法庭, 250-51

contingency, double 双重偶然性, 305, 308

control societies 控制社会, 66, 68, 69

conversation 对话, 268

Cooke, John 库克, 约翰, 255

cosmetics 化妆, 20

cosmetic surgery 整容术, 20, 29

Coulmas, Florian 库尔玛, 弗洛里安, 312, 315

countercultures 反文化, 99n18

Courbet, Gustave 库贝尔, 古斯塔夫, 8

Course in General Linguistics (Saussure)《普通语言学教程》(索绪尔), 158, 233, 302, 319

coverage, media 报道, 媒体, 78

CPU (central processing unit) 中央处理器, 206, 207-8

Craig, Robert 克雷格, 罗伯特, 132-33

Crary, Jonathan 克拉里,乔纳森,53
Credit 信用,225,226,228,229
Crick, Francis 克里克,弗朗西斯,119,120,121,202
Crocker, Steve 克罗克,史蒂夫,289
Crying of Lot 49, The (Pynchon)《拍卖第49批》（品钦）,131,139
Cryonics 低温技术,27
culture industries 文化产业: Adorno and Horkheimer on 阿多诺和霍克海默论～,11,66,76,77,108-9,187; Frankfurt school on 法兰克福学派论～,xvii,xxi; Stiegler on 斯蒂格勒论～,109-10; works of art distinguished from products of 艺术品与～产品的区分,15
culture jamming 文化反堵,13
currency 货币, See money 另见金钱
cut-ups 裁剪,241
Cuvier, Georges 居维叶,乔治,121
cybercommunities 赛博社区,xvi
Cyberiad, The: Fables for the Cybernetic Age (Lem)《赛博利亚特:控制论时代的寓言故事》（莱姆）,137-38,157
cybernetics 控制论,145-56; Bateson on Cybernetic explanation 贝特森论～的阐释,305; biocybernetics 生物控制论,37; biological and mechanical included in ～中的生物控制及机械控制,146-47,149-50,153,202,284; boundaries reconfigured by ～重新划定界线,149; central explanatory quantity of ～能说明问题的核心数量,157; coining of term ～术语的编造,145,285; communication and control linked in 与～相连的通信与控制,291; contributions of ～的贡献,155; disappearance of ～的消失,145,153; disembodiment in ～中的非具身化,27,55; first-order ～第一阶段,147,149,150; flourishing of ～的兴盛,145; general systems theory compared with ～与一般系统论做比较,286; holistic impetus in ～中的整体动力,167; information and matter distinguished in ～中信息与物质的区别,165; information theory in ～中的信息论,146; Leibniz and Spinoza as precursors of 莱布尼茨及斯宾诺莎作为～的先驱,284; Macy Conferences on 梅西～会议,146; in molecular biology ～在分子生物学中,120-21; Pask's definition of 帕斯克对～的定义,145,149; second-order ～第二阶段,147,149,150; Soviet 苏联～,137-38; third-order ～第三阶段,149; three phases of ～的三个阶段,147-48; Wiener and 维纳与～,120,145,163
Cybernetics (Wiener)《控制论》（维纳）,120,146,200,284
"Cyborg Manifesto, A" (Haraway)"电子人宣言"（哈拉维）,137
cyborgs 赛博格,44,133

Dada 达达,11,13,241
Darwinian evolution 达尔文进化论,210
Dasein 亲在,26,108
Datum/horizon structure 数据/视域结构,300,301
Davies, Donald 戴维斯,唐纳德,288
Davis, Gray 戴维斯,格雷,x
Debord, Guy 德博尔,居伊,50
debt 负债,225,226,227,228,229
decadent sensibility 颓废主义情绪,9
decentralized networks 去中心化网络,288,289,294
deconstruction 解构,136,233,238,301,325n32
decorative art 装饰艺术,3,4
defamiliarization 陌生化,10,11,186
Delacroix, Eugene 德拉克洛瓦,欧仁,6
DeLanda, Manuel 德兰达,曼纽尔,286
Deleuze, Gilles 德勒兹,吉勒,66,68,110,284,287
delivery systems 投递系统,271-75
De Man, Paul 德曼,保罗,89
dematerialization 去质料化,50,51-55,58,60n2
Denis, Maurice 丹尼斯,莫里斯,9-10
Derrida, Jacques 德里达,雅克: on arche-writing ～论元书写,176,307,313; on communication ～论通信,135,239; concept of writing of ～的书

写概念, ix; deconstruction of ～的解构, 233, 238; on différance ～论延异, 69, 109, 135, 176, 236, 237, 240; on grammé ～论字符, 236, 244; on insightful blindness ～论盲目与洞见, 89; on language ～论语言, 233, 236–37; on Lévi-Strauss's "A Writing Lesson," ～论列维-斯特劳斯的"一堂书写课", 323n5; on logocentrism ～论逻各斯中心主义, 319; *Memoirs of the Blind*, 《盲者回忆录》, 89; on metaphor in philosophy ～论哲学中的比喻, 141; on metaphysics of presence ～论在场的形而上学, 237; on the natural and the cultural ～论天然与文化, 29; on no interiority preceding exteriorization ～论没有先于外部的内部, 70; *Of Grammatology* 《论文字学》, 29, 69, 233, 324n16, 325n2; on phonic substance ～论音响本质, 237, 245; on phonocentrism ～论语音中心主义, 312; on Plato on anamnesis and hypomnesis ～论柏拉图的天然记忆与人工记忆, 69, 71; "Plato's Pharmacy" "柏拉图的药", 69; on Saussure ～论索绪尔, 236, 237; on semiosis ～论符号, 300; on space and time ～论空间与时间, 109; on technical exteriorization of memory ～论通过技术手段将记忆外化, 65–66; on transcendental signified ～论超验所指, 237; on writing preceding speech ～论书面语言先于口头语言, 255, 313

Dery, Mark 德里, 马克, 286

Descartes, René 笛卡尔, 勒内, 23–24, 55, 88, 98n2, 106, 121, 166

design 设计, 8–9

détournement 异轨, 13

Devanagari script 梵文字母书写, 316

dialectical materialism 辩证唯物主义, xx–xxi

Dialectics of Enlightenment (Adorno and Horkheimer) 《启蒙辩证法》(阿多诺和霍克海默), 187

Diderot, Denis 狄德罗, 丹尼斯, 92–93

différance 延异, 69, 109, 135, 176, 236, 237, 240

differential analyzers 微分分析器, 205

digital art 数字艺术, 16

digitization 数字化: alphabet as thoroughly and universal digital 字母被彻底、普遍～, 322; cinematic metaphor for digital data ～数据的电影比喻, 179; and dematerialization ～与去质料化, 53–54; ecology of hypomnesis ～人工记忆生态, 81–84; embodiment in digital revolution ～寓身于数字化革命, 27–33; experiential reunification in, 以实验性方式团结于～, 176; of images, 图像～, 35, 43–47; in memory aids, 记忆辅助手段中的～, 64–66; memory from writing to, 从书写到～的记忆, 75–78; new media containing older media ～与新媒介包括旧媒介, 290; preservation of electromagnetic texts ～与电磁文本的保护 158; relevance of technological developments in law ～与法律中技术发展的相关性, 239; transmission and storage as simultaneous in ～中同步传播与储存, 136。See also computers 另见计算机

Diller + Scofidio 迪勒+斯科菲迪奥, 30–31

discretization 非连续性, 70

disembodiment, in cybernetics 控制论中的非具身化, 27, 55

distributed networks 分布式网络, 288, 289, 290, 294

divided line 分界线, 89

DNA 脱氧核糖核酸, 119–21, 122, 123–28, 137, 202

double contingency 双重偶然性, 305, 308

doubt, Cartesian 笛卡尔的怀疑论, 88, 98n2

Doyle, Richard 多伊尔, 理查德, 119

dualism, mind-body 精神-肉体二元论, 23–24, 27, 55, 189

Duby, Georges 杜比, 乔治, 23

Duchamp, Marcel 杜尚, 马歇尔, 11–12, 13, 241

duration 绵延, 107

d'Urbano, Alba 杜尔巴诺, 阿尔巴, 31–33, 32

Durkheim, Emile 涂尔干, 埃米尔, 52, 297

Dyson, Esther 戴森, 埃斯特, 286

Eckert, J. Presper 埃克特, J. 普雷斯普, 205, 206,

212n9

economic exchange 经济交换, see exchange 另见交换

education, politics of forgetfulness in 教育中的遗忘政治, 77–78

EDVAC 离散变量自动电子计算机, 205, 206

Egginton, William 埃金顿, 威廉, 22

Ego and the Id, The (Freud)《自我与本我》(弗洛伊德), 25

Egoism 自我中心主义, 227

Egyptian hieroglyphics 埃及象形文字, 316, 317

Einstein, Albert 爱因斯坦, 艾伯特, 111, 272

electronic art 电子艺术, 16

Electronic Disturbance Theatre 电子骚扰剧院, 294

Embodiment 具身化: body distinguished from 身体与～的区分, 20–21; cultural specificity of ～的文化独特性, 21–22; and healing ～与治疗, 22–23, 57–58; rhetoric of ～修辞, 57

emergence 突现, 286, 292

empiricism 经验主义, 91–93

encapsulation 封装, 292

Encryption Stones (Kac)《加密的石头》(卡兹), 246–47, 247

encryption technologies 加密技术, 262

energy 能量, 73, 160–61, 165

Engels, Friedrich 恩格斯, 弗里德里希, xx

ENIAC 电子数字积分计算机, 199, 205–6

entropy 熵: in the channel 信道中的～, 162, 163; at the destination 信宿中的～, 162; informatics 信息领域的～, 138, 161–63, 201, 295n5; of the message 信息～, 161, 162, 163; negative 负～, 202; in physical systems 物理系统中的～, 138, 160–61, 162, 201

Enzensberger, Hans Magnus 恩岑斯贝格, 汉斯·马格努斯, 291

Epimetheus 爱比米修斯, 173–74, 176–77

epiphylogenesis 外生系统, 72–75, 177

Erfolgsmedien 成功媒介, 276

Ernst, Wolfgang 恩斯特, 沃尔夫冈, 184

Ethics (Spinoza)《伦理学》(斯宾诺莎), 284

Euler, Leonhard 奥伊勒, 莱昂纳多, 287

Eumenides, The (Aeschylus)《复仇女神》(埃斯库罗斯), 281, 282

evangelists 福音传道人, 269

Everything Is Purged from This Painting but Art; No Ideas Have Ever Entered This Work (Baldessari)《此画清除了除艺术之外的一切东西；此画不表达任何观点》(巴尔代萨里), 242

evolution, applied to technical systems 进化论用于技术系统, 209–12

exchange 交换, 217–32; bills of 汇票, 228; brief history of world in terms of media of ～媒介下的世界简史, 225–29; ideology of ～的意识形态, 219; Lévi-Strauss on forms of 列维-斯特劳斯论～形式, 218–19; medium of ～媒介, 217–18; noncommercial 非商业～, 219–23; primary definition of ～的主要定义, 217; social life seen as founded on 以～为基础的社会生活, 218; voluntary 自由～, 217。See also barter; money 另见以物易物；金钱

extropianism 反熵, 27

"Façade of the Synthetic, The" (KnoWear) "合成外观"(服装协同设计), 30

Facebook 脸书, 180

face-to-face communication 面对面沟通, 267, 268, 275, 298, 308

fairness doctrine 公平原则, 258–59

fame 名声, 14, 271

fashion, melding of subject and media in 时尚界主体与媒介的融合, 30

Federal Communications Commission (FCC), 联邦通信委员会, 257–62

Feedback 反馈, 167–70; biofeedback 生物～, 29; between body and tools 身体与工具之间的～, 196; in cybernetics 控制论中的～, 145, 152–53, 154, 155, 202, 284; and genetic code ～与基因代码, 120, 121; in music 音乐中的～, 168–

70；neurofeedback 神经～,29；in Wiener's information theory 维纳的信息论中的～,200,284,295n4

feminine styles of talk 女性主义风格的谈话,270

feminism 女性主义：art ～艺术,14-15,96；on excluding recipients of media ～论对媒介受众的排除,276；in reformation of senses 感官改造中的～,97；writing the body in ～中的身体书写,97

Feynman, Richard 范曼,理查德,98n3

film(cinema)电影：Adorno and Horkheimer on time and 阿多诺和霍克海默论时间与～,108-9；as analogic orthothetical mnemotechnique ～作为一种模拟定位记忆技术,76；cinematic metaphor for digital data 数字数据的～比喻,179；contact with material world attributed to ～能与物质世界的接触,53；Deleuze on time and 德勒兹论时间与～,110；in evolution of photography 摄影演化进程中的～,79；factors driving invention of movie camera 推动～摄像发明的要素,46,47；Internet compared with 因特网与～做比较,273；loose coupling of sending and receiving in ～中发送者与接收者之间关系松散,276；redemptive reification attributed to ～是具体的救赎,54；as representational ～作为表征,135-36；space and time combined in 时间与空间在～中结合,104-5；video as expanded cinema 录像作为～的延伸,96-97

"Filthy Words"(Carlin) "脏话"(卡林),259-61

financialization of capital 资本的金融化,229,230

fine art 美术艺术：in advertising 广告中的～,7-8；Arnold on benefits of 阿诺德论～的好处,8；art-for-art's-sake 为艺术而艺术,9；cheap reproductions of ～的廉价复制,7；how medium becomes 媒介如何变成～,91；as investment ～投资,15；versus mass culture ～与大众文化,12,14；mass media involvement with 大众媒介参与～,3,5,7,11,13,14,17；retains rarified status in 1890s and early 1900s ～在19世纪90年代及20世纪00年代保持了高冷地位,8-9；Romantic emphasis on imagination and emotion 浪漫主义对想象和情感的强调,5-6；in traditional culture 传统文化中的～,4

finite-state machines 可能状态有限的机器,203-4,212n5

First Amendment 第一修正案,249,260

Flag, American 美国国旗,37

Flickeur (Klingemann)《窥视》(克林格曼),182-83

Flickr, Flickr 图片分享网站,180,181,182

floating currency 货币浮动机制,229

Fluxus 激浪派,13,96

fold-ins 拼贴,241

Folies Bergère 疯狂牧羊女夜总会,9

fonts 字形,42

formalism 形式主义：in art 艺术中的～,9,10,12,15,93,96；in law 法律中的～,252；technological determinism as 技术决定论作为～,59

form-substance dichotomy 形式-物质二元论,165

Foucault, Michel 福柯,米歇尔,vii,24,68,77,282

Fourier analysis 傅立叶分析,178

Frankenstein, or the Modern Prometheus (Shelley)《弗兰肯斯坦：或现代普罗米修斯》(雪莱),178

Frankfurt school 法兰克福学派,xvi,xxi,11

Franklin, Rosalind 富兰克林,罗莎琳德,119

Franklin, Sarah 富兰克林,萨拉,119

Fredkin, Edward 弗雷德金,爱德华,150-51,155

freedom of expression 言论自由,249,259-61

Freeman, Jo 弗里曼,乔,287

French Revolution 法国大革命,xv-xvi,37,99n12

Freud, Sigmund 弗洛伊德,西格蒙德,ix,25,29,41,73,79,80

Friday theory of media 媒介中的星期五理论,301-2

Fried, Michael 弗里德,迈克尔,93,94

Fry, Roger 弗莱,罗杰,10

Fujihata, Masaki 藤幡正树,111-12

Fukuyama, Francis 福山,弗朗西斯,106,154-55

Fuller, Matthew 富勒，马修，xxii

"Funes the Memorious"(Borges)《博闻强记的富内斯》(博尔赫斯),80

Furies 复仇女神,281-82,287,290,294

Galison, Peter 加利森,彼得,287,288

Galloway, Alex 加洛韦,亚历克斯,xix

Gamow, George 加莫夫,乔治,120

Ganesh 象头神,313

Gap clothing chain Gap 服装连锁店,30

"Garden of the Forking Paths, The"(Borges)《小径分岔的花园》(博尔赫斯),270

Gelb, I. J. 盖尔布,I. J.,312,324n8

Gender Trouble(Butler)《性别麻烦》(巴特勒),28

General Network Theory 一般网络理论,287

general systems theory 一般系统论,284,285-86

gene sequencing 基因测序,122,124

Genesis(Kac)《创世纪》(卡兹),244-46

genetic code 基因代码,119-21,123-28,244

genetic engineering 基因工程,30,122,124,127,174,322

genome, human 人类基因组,118,122,125

Geoffroy Saint-Hilaire, Etienne 若弗鲁瓦·圣伊莱尔,艾蒂安,121

German Idealism 德国唯心主义,xx,6

Gesture and Speech(Leroi-Gourhan)《行为与话语》(勒鲁瓦-古尔汉),313,324n16

gift economies 礼物经济,220,222,227

gifts, agonistic or heroic 斗富逞能式礼物,222

Gille, Bertrand 吉勒,贝特朗,209

Gitelman, Lisa 吉特尔曼,莉萨,53

globalization 全球化,122

God, humans created in image of 人按照上帝的形象被创造出来,36,44

Goffman, Erving 戈夫曼,欧文,268

"Gold-Bug, The"(Poe)"金甲虫"(坡),320

gold standard 黄金标准,229

Goldstine, Herman 戈德斯坦,赫尔曼,205

Goodman, Nelson 古德曼,纳尔逊,45

Goody, Jack 古迪,杰克,307

Google image 谷歌图像,97

Gorgias(Plato)《高尔吉亚篇》(柏拉图),72

GPS navigators, GPS 导航,64,68,83,111,112,148,184

grammatization 语法化,66,70-71,72,74

Gramophone, Film, Typewriter(Kittler)《留声机·电影·打字机》(基特勒),vii,xxi,88,165,176,177,320

Gramsci, Antonio 葛兰西,安东尼奥,xxi

Granel, Gérard 格拉内尔,热拉尔,108

graphical user interface (GUI) 图形用户界面,148

graph theory 图论,282,284,287,293,295n3

graven images 雕刻形象,36

Greek alphabet 希腊字母,75,311,315

Greenberg, Clement 格林伯格,克莱门特,12,94,105

Grosz, Elizabeth 格罗斯,伊丽莎白,33

Grusin, Richard 格鲁辛,理查德,xiv,242,286

Grzinic, Marina 格尔任尼克,玛丽娜,286

Guattari, Félix 瓜塔里,费利克斯,287

Guimbal turbine 甘巴尔汽轮机,83,86n3

guitar feedback 吉他的反馈音,168-70

Gumbrecht, Hans Ulrich 贡布里希,汉斯·乌尔里克,xxii

Gursky, Andreas 古尔斯基,安德列亚斯,54

Gutai 具体派,96

Gutenberg Galaxy, The(McLuhan)《古腾堡星系》(麦克卢汉),175,317

Habermas, Jürgen 哈伯马斯,于尔根,140,142

Hagen, Gunther von 哈根,冈特·冯,153

Haggadah 哈加达,272

Hall, Stuart 霍尔,斯图亚特,xxi

Hammurabi 汉谟拉比,314

Han'gul 朝鲜语字母表书写符,316

Hansen, Mark 汉森,马克 B. N.,29,45-46,57-58,61n15,154,155,196

Haraway, Donna 哈拉维,唐娜,119,133,137,286

Hardt, Michael 哈尔特,迈克尔,xxi,287

Hardware 硬件: in binary with software 二进制中与软件相对的～,189; central processing unit (CPU) 中央处理单元,206,207-8; computers as both software and 计算机既是软件也是～,190; interrelationship with software ～与软件之间能的相互关系,193-95,207; as relational term ～作为一个关系性术语,191; in trinity with software and wetware ～与软件、湿件三位一体,191-92

Hartmann, Frank 哈特曼,弗兰克,196

Hauan, Arnulf 奥安,阿努尔夫,149

Hautnah(d'Urbano)《皮肤装》(杜尔巴诺),31-33,32

Havas, Charles Louis 哈瓦斯,查尔斯·路易斯,78

Hayles, N. Katherine 海尔斯, N. 凯瑟琳,20,27,55,56,286

Hazlitt, William 哈兹里特,威廉,xv-xvi

healing 治疗,22-23

Hegel, Georg Wilhelm Friedrich 黑格尔,格奥尔格·威廉·弗里德里希: on end of history 论历史的终终结,106; Master/Slave dialectic of ～论主/奴辩证法,90,99n7; media in aesthetics of ～美学中的媒介,6; mediation in dialectic of ～辩证法中的调节,xx; on objective memory ～论客观记忆,67; *Philosophy of Fine Art*《美学哲学》,6; on space and time ～论空间与时间,103,106; on theoretic senses ～论理论感官,47n8

hegemony 霸权,xxi

Heidegger, Martin 海德格尔,马丁: Adorno on 阿多诺论～,109; on the body ～论身体,26; on Dasein ～论亲在,26,108; on *Historie versus Geschichte* ～论历史学与历史,86n36; Kittler and 基特勒与～,195; on language ～论语言,233; and Lukács ～与卢卡奇,60n6; media theorists influenced by 受～影响的媒介理论家,196; on the past of the present ～论现在的过去,80; Telstar influences 通信卫星的影响,86n34; on thing/Ding as gathering ～论物指的是汇集或聚拢,195; on time and space ～论时间与空间,108; Zuhandenheit 上手性,186

Heider, Fritz 海德,弗里茨,301

Heim, Michael 海姆,迈克尔,197n3

Heitman, Annagret 海特曼,安纳格瑞特,151

Hendrix, Jimi 亨德里克斯,吉米,164,169-70

hierarchical transactions 有等级的交换,221,223,230n3

hieroglyphics, Egyptian 埃及象形文字,316,317

Hill, Gary 希尔,加里,243

Hillis, Danny 希利斯,丹尼,208

Hindi 印地语,316

Hirst, Damien 达米安,赫斯特,15

history, end of 历史的终结,106

Hoffmann, E. T. A. 霍夫曼,E. T. A.,191

Hogarth, William 贺加斯,威廉,5

Holmes, Oliver Wendell, Sr. 霍姆斯,大奥利弗·文德尔,52-53

Holzer, Jenny 赫尔策,珍妮,242-43

honor complex 荣誉情结,225

Horkheimer, Max 霍克海默,马克斯: on culture industries ～论文化产业,11,66,76,77,108-9,187; *Dialectics of Enlightenment*《启蒙辩证法》,187; prioritization of time over space in ～理论中时间先于空间,109; on standardization ～论标准化,109,188

Hornbostel, Erich von 霍恩博斯特尔,埃里克·冯,184

How We Became Posthuman (Hayles)《我们是如何变成后人类的》(海尔斯),20,27

Human Genome Project 人类基因组项目,118,122,125

Human Use of Human Beings, The: Cybernetics and Society(Wiener)《人对人类的使用:控制论与社会》(维纳),202

Hume, David 休谟,大卫,92

Husserl, Edmund 胡塞尔,埃德蒙德: Adorno on 阿多诺论～,109; on the body ～论身体,26; on datum/horizon structure ～论数据/视野结构，300；on internal time consciousness ～论内时间意识，106，107－8；*Phenomenology of Internal Time Consciousness*《内时间意识现象学》，107；on Plato on memory ～论柏拉图论记忆，75；on retention and protention ～论刚刚消逝的过去与行将步入的未来，86n37

Huyghe, Pierre 于热，皮埃尔，15

hybrids 杂交，44，133，153

hyperindustrialization 高度工业化，68－69，71

hypertext 超文本，158，285

hypomnesis 人工记忆，68－70；and anamnesis ～与天然记忆，66，69，70，72，82；defined，定义 67；digitally networked hypomnemata 数字网络化记忆辅助设施，83；ecology of ～生态，81－84；finitude of memory and 记忆的有限与～，65；industrial 工业化～，82，83，84 Internet age as one of 网络时代作为一种～，64，83；literal 靠文字辅助的～，75；new economy of ～的新经济，84；in Plato's *Meno* 柏拉图的《美诺篇》中的～，74；as political question ～作为一个政治问题，69；and proletarianization ～与无产阶级化，71；sustainable hypomnesic milieus，可持续人工记忆环境，69

IBM Blue Genes IBM 的蓝色基因，208

iconic signs 标记符号，42，43，311－12

Idealism, German 德国唯心主义，xx，6

Ideology 意识形态：art seen as separate from 艺术被视为与～分离，12；of exchange ～的交换，219；Frankfurt school on 法兰克福学派论～，11；in Marxist theory 马克思主义理论中的～，xx－xxi

image 图像，35－48；body in mediation of 图像调节下的～，25－26；bombardment with ～轰炸，35；as at center and circumference of problem of media 处于媒介问题的中心及边缘的～，41－42；defining 定义，38－39；digital 数字～，35，43－47；as double moment of appearing and recognition ～作为一个双重时刻：出现与认可，39；as everywhere ～无处不在，40；as housed in the body 栖居于身体的～，41，46；human ambivalence regarding 人对～的认识具有含混性，38；humans created in image of God 按照神的形象造人，36，44；law and, 法律与～，256；mechanical reproduction of ～的机械复制 37；medical imaging 医疗中的～，22－23；as mental thing 脑中的～，41；motion of ～的移动，39－40；pictorial turn in modern culture 现代文化中的图片转向，37－38；pre-iconographic qualities of 前偶像品质，39；raising to status of art ～被提升到艺术的地位，38；technological innovation production of ～生产中的技术革新，37－38；temporality of ～的时间性，39；as uncanny content of a medium ～是媒介的神秘内容，40。See also film (cinema); photography 另见电影；摄影

Impression, Sunrise（Monet）《印象·日出》（莫奈），9

Impressionism 印象派，9

indexes 索引，76

industrialization 工业化：art as alternative to industrialism 艺术作为～的替代物，8；defined 定义，76；emergence of ～的出现，76；as generalization of mnemotechnological reproducibility ～作为记忆技术复制的普遍化，68；hyperindustrialization 高度工业化，68－69，71；industrial economy of information 信息产业经济，789；industrial hypomnesis ～人工记忆，82，83，84；Industrial Revolution as foundational moment for modern art 作为现代艺术奠基性时刻的～革命，3；modernity associated with 现代性与～相关，52；of the symbolic ～的象征，82

infectious diseases, emerging 新发传染病，125－26

information 信息，157－71；Bertalanffy on 贝塔朗菲论～，286；biology as 生物～，118－23，125，126－27；and biomedia ～与生物媒介，123，126；the body as informational medium 身体作为信息媒

介,xii,148,150;as commodity ～作为商品,78;and communication ～与通信,136-39;computer processing of 计算机～处理,199,200;contemporary techniques for processing 当代～处理技术,76;as created or destroyed at will ～可以随意被创造、销毁,157;in cybernetics 控制论中的～,145,148,200-201;as difference which makes a difference ～作为制造差异的差异,165;entropy ～熵,138,161-63;exchange of ～交换,219;hierarchization of ～的分层,80;industrial economy of ～产业经济,78;informatics of domination 占统治地位的信息学,137;materiality and 质料性与～,55-56,165-67;mathematical definition of 对～的数学定义,161;memory and 记忆与～,78-81;quantification of ～的量,157,160;quantitative aspect of ～中量的方面,120;speed-of-light transmission of ～以光速传播,79;utterance versus 说话与～,303,305;as virtual ～的虚拟性,157-58. See also information theory 另见信息论

information theory 信息论:alphanumeric symbols in ～中的字母数字符号,321;in biology 生物～,120,121;in cybernetics 控制～,146,147;on feedback ～论反馈,168;general system theory compared with ～与一般系统理论相比较,286;information theory seen as skeleton key ～被视为万能钥匙,137;Saussure's linguistics compared with,索绪尔的语言学与～相比较,158-60;Shannon in 香农与～,120,137,146,147,158,201-2,205,284,285,321,322;维纳与～Wiener in,146,147,163,200-201,284

Ingham, Geoffrey 英厄姆,杰弗里,226

Innis, Harold A. 英尼斯,哈罗德 A.,187,188,277,314,325n27

Innovation 革新:dialectics of media 媒介辩证法的～,173,174;factors driving media 推动媒介发展的要素的～,46-47;formal, in the arts 艺术形式的～,10;in image production 形象生产中

的～,37-38;in measuring space and time 衡量时空的手段的～,101-2;media entangled in cycles of 媒介卷入周期性～,xviii;media studies as obsessed with 媒介研究执着于～,xvi;Romantic contrast between mechanistic labor and artistic 浪漫主义中机械劳动与艺术～之间的比较,6-7

installation art 装置艺术,15,97

instrumentality 工具性,127-28

interactions 相互关系,298

interactivity, political tragedy of 作为政治悲剧的互动,291,294

interest rates 利率,226

interfaces 界面,79

International Human Genome Sequencing Consortium 国际人类基因组测序联盟,118

Internet 互联网:age as one of hypomnesis ～作为一种人工记忆的方式,64,83;ARPAnet 阿帕网,285,288,289;audience dispersed in time 受众在时间上分散,273;Communications Assistance to Law Enforcement Act of 1994 and ～与1994年颁布的《司法执行中的通信支持法案》,262;computer development spurred by ～刺激下计算机的发展,209;cookies 网络小甜饼,275;cultural and gender difference masked on ～中文化差异和性别差异被遮盖,28;dating sites ～约会平台,28,270;factors driving invention of 促进～发明的要素,46-47;freedom of expression on ～中的言论自由,249;hypertext as having no place 超文本无区域,158;literature on ～文学,286;loose coupling of sending and receiving in ～中发送者与接收者之间关系松散,275-77;many-to-many connectivity on ～中多对多连接 180-82;as network ～作为网络,283;packet-switching in ～分组交换,285;and pictorial turn in modern culture 现代文化中的图片转向,37;Shredder 1.0,56-57;social networking sites 社交网站,180,181,182,183;space and time transformed by ～改

变了的空间和时间,104;Web,2.0,175,180-82

Internet Engineering Task Force(IETF) 互联网工程任务组,289

interpretation 阐释,150-51

intersubjectivity 交互主体性,139-41

In the Name of God(Hirst)《以上帝之名》(赫斯特),15

Invention 发明:media studies as obsessed with 媒介研究执着于发明,xvi, See also innovation 另见革新

iPods ipod 播放器,64,83,184,239

Iroquois 易洛魁人,224

Ishotmyself.com,28

Islands of Consciousness(Klingemann)《意识之岛》(克林格曼),182

"It's April"(Ammons)"四月"(安蒙斯),242

Iusticia 正义女神,251,254

Jacob, François 雅各布,弗朗索瓦,120,121

Jakobson, Roman 雅各布森,罗曼,134-35,140,326n39

Jameson, Fredric 詹姆森,弗雷德里克,105-6

Japanese prints 日本版画,10

Jargon of Authenticity, The(Adorno)《权威的行话》(阿多诺),109

Jaspers, Karl 雅斯贝斯,卡尔,231n5

Jetée, La(film)《堤坝》(电影),47

Jewelry 珠宝,20

Johannessen, Joh-Arild 约翰内森,容-阿里尔,149

Johnson, Samuel 约翰逊,塞缪尔,318

Johnson, Steven 约翰逊,史蒂文,286

Jonas, Hans 尤纳斯,汉斯,20-21

Jonson, Ben 约翰逊,本,104

Jorn, Asger 约恩,阿斯格,12

Joyce, James 乔伊斯,詹姆斯,310

Judd, Donald 贾德,唐纳德,14

judges 法官,251,252,253,254,256,262-63

justice, blindfolded,盲目的正义,251,254

Kac, Eduardo 卡兹,爱德华多,243-48

Kacem, Mehdi Belhaj 卡西姆,迈赫迪·贝勒哈吉,293

Kaluli 卡努里人,222-23

Kant, Immanuel 康德,伊曼努尔:on autonomy of art ～谈艺术的自律性,6;on Baumgarten on aesthetics ～论鲍姆加登论美学,91;on passiveness of the body ～论身体的被动性,24;on perception ～论理解,26;and sensation and thought ～论感官及思维,188;Simmel's view of art and,齐美尔谈艺术及～,55;on space and time ～论空间与实践,103,104,106,109;on things themselves～,论物自体,51

Kapp, Ernst 卡普,恩斯特,196

Kaprow, Allan 卡普罗,爱伦,96

Kay, Lily 凯,莉莉凯,119,120,121

Keller, Evelyn Fox 凯勒,伊夫林·福克斯凯勒,119

Kelly, Kevin 克利,凯文,286

Kenny, Vincent 肯尼,文森特,149

Khlebnikov, Velimer 赫列布尼克夫,韦利米尔,10

King James Version Bible 钦定版圣经,244,245

Kirschenbaum, Matt 基尔申鲍姆,马特,56

Kittler, Friedrich A. 基特勒,弗里德里希 A.:on autonomy of technics ～媒介的自主性,177-78;on city as medium ～论城市作为媒介,60n3;on communication and media ～论通信与媒介,136;on digitization ～论数字化,54;on discrete symbols separated by spaces ～论被空格隔开的独立要素,321;on economics of media ～论媒介经济,181;on end of age of media ～论媒介时代的结束,106;on "eyewash,"～论洗眼睛的骗局,44;*Gramophone, Film, Typewriter*《留声机·电影·打字机》,vii, xxi,88,165,176,177,320;on information and matter ～论信息与物质,165-66;on Lacan on Peo ～论拉康与坡,320;McLuhan as influence on 麦克卢汉对～的影响,xii;on media and the body

～论媒介与身体, xiii, 88, 98n1; on media as determining our situation ～论媒介决定我们的境况, vii, xv, xxi–xxii, 59, 155; as no longer "media theorist" ～不再是"媒介理论家", 195; on people as adjuncts to media ～论人是媒介的附属物, 266; on software ～论软件, 193, 195; on standardization by media ～论媒介的标准化, 176; on stereo development ～论立体音响, 46; technological determinism of ～的技术决定论, xiv; "There Is No Software" "没有软件", 193; on translating any media into another ～一切媒介都可以被转换成另一种媒介, 195

Klein, Yves 克莱因, 伊夫, 13

Kleinrock, Leonard 克莱因洛克, 莱昂纳多, 288–89

Klingemann, Mario 克林格曼, 马里奥, 182–83

KnoWear, KnoWear 服装公司, 30

knowledge industries 知识产业, 67, 68

Koons, Jeff 昆斯, 杰夫, 15

Korean language 朝鲜语, 316

Korperwelten (Hagen) "人体世界"展览（哈根）, 153

Kosuth, Joseph 科舒特, 约瑟夫, 242

Kracauer, Sigfried 克拉考尔, 西格弗里德, 52, 54

Krauss, Rosalind 克劳斯, 罗莎琳德, xvi–xvii

Kroker, Arthur and Mariluise 克罗克尔, 亚瑟及马丽卢斯, 28

Kruchenyk, Aleksei 克鲁乔内赫, 阿列克谢, 10

Kruger, Barbara 克鲁格, 芭芭拉, 242–43

Kurzweil, Ray 库日韦尔, 雷, 27, 154, 286

Kwakiutl 夸克特尔人, 223

Lacan, Jacques 德里达, 雅克, xix, 25, 33, 149, 166, 319–20

Laclau, Ernesto 拉克洛, 厄尼斯特, xxi

Lamarckianism 拉马克主义, 73, 210

Landing Home: Geneva (Fujihata)《到家：日内瓦》（藤幡正树）, 112

Langton, Christopher G. 兰顿, 克里斯托弗 G., 158

language 语言, 233–48; in art 艺术～, 241–48; for biomedia, 生物媒介的～, 128; as dialogical 对话性的～, 82; as differential and negative system 作为区分、否定系统的～, 235–36; as form and medium 作为形式与媒介的～, 245; Friday theory of media applied to spoken 媒介理论中的星期五理论用于口头～, 302; genetic code and 基因代码与～, 119; langue 语言, 158, 159, 233, 244; linguistic construction of observer in language communities 语言环境如何构建观察者, 149; Luhmann on 卢曼论～, 238–41; as medium ～作为媒介, 306; object-centered view of 以物体为中心的～观, 234; parole 言语, 158, 159, 234, 244; profane language 亵渎的～, 259–61; Saussure's linguistics 索绪尔的语言学, 158–60, 165, 233–35, 236; as specifically human 人类独有的～, 233; structural coupling in ～中的结构性关系, 303–4; structural linguistics 结构主义语言学, 134–35, 311, 319; systems theoretic approach to 系统论的～方法, 237–41; two fundamental dimensions of ～的两大基本维度, 158, 234. See also speech; writing 另见说话；书写

Language of Life, The (Beadle and Beadle)《生命的语言》（比德尔夫妇）, 121

Language of New Media (Manovich)《新媒介语言》（马诺维奇）, 179

Langue 语言, 158, 159, 234, 244

Laocoön: An Essay on Limits of Painting and Poetry (Lessing)《拉奥孔：谈绘画与诗歌的局限性》（莱辛）, 6, 102, 105

Latour, Bruno 拉图尔, 布鲁诺, 133, 153, 195

law 法律, 249–65; anti-aesthetic interventions in ～中的反审美干预, 256–57; common 习惯法, 252–53, 254, 255–56; contempt of court 蔑视法庭, 250–51; fictions promulgated by ～传播的虚构故事, 256, 262, 263; as hieroglyphic tradition ～作为等级制传统, 253–54; image of ～的形象, 252–54, 258, 262, 263–64; images and 形象与～, 256; monumental social presence of ~纪念碑式的存在,251-52; paradox of legal communication ~沟通中的悖论,256,262; paternal image in ~中的父权形象,253; as prior judgment ~作为判例,254-55; reform of esoteric language attempted 企图改变~的深奥语言,255-56; regulation ~约束,257-62; relevance of technological developments in ~与技术发展相关,239; religious background of legal debate ~辩论的宗教背景,255-56; rituals of ~仪式,253,258; Roman 罗马法,253,256; symbolicallygeneralized media in 通过符号被一般化了的~,308; symbolic function of ~的象征功能,249-50,251

Laws of Form(Brown)《形式的法则》(布朗),297

lawyers 律师,252,256

Leibniz, Gottfried Wilhelm 莱布尼茨,戈特弗里德·威廉,101,106,197n3,284,299

Lem, Stanislaw 莱姆,斯坦尼斯拉夫,137-38,157

Lenoir, Timothy 勒努瓦,蒂莫西,59

Leonardo da Vinci 达·芬奇,莱昂纳多,5,102

Leroi-Gourhan, André 勒鲁瓦-古尔汉,安德烈,xiii,65,70,72-73,196,209,313

Lessig, Lawrence 莱西希,劳伦斯,286

Lessing, Gotthold 莱辛,戈特霍尔德,6,93-94,99n14,102-3,104,105

"Letter as Such, The"(Khlebnikov and Kruchenyk)"文当如此"(韦利米尔·赫列布尼克夫和阿列克谢·克鲁乔内赫),10

Le Va, Barry 勒·瓦,巴里,14

Levine, Sherri 莱文,雪莉,15

Lévi-Strauss, Claude 列维-斯特劳斯,克劳德,218-19,319,323n5,326n39

Lévi, Pierre 利维,皮埃尔,158,286

LeWitt, Sol 列维,索尔,13

Lewontin, Richard 莱汶汀,理查德,119

Libation Bearers, The(Aeschylus)《奠酒人》(埃斯库罗斯),281

Libidinal energy 利比多能量,73

library catalogs 图书目录,76

licenses, broadcast 广播执照,257-58

life 生命: artificial 人工~,27,203; concept of life itself ~概念本身,121-22,123,127,128. See also biology,另见生物

Life Itself: Its Origin and Nature(Crick)《生命本身:生命的起源及本质》(克里克),121

linguistics, structural 结构主义语言学,134-35,311,319

linguistic turn in philosophy 哲学中的语言学转向,233

Linnaeus, Carolus 林尼厄斯,卡罗勒斯,121

Linux, Linux 操作系统,207

Lippard, Lucy 利帕德,露西,13

literature, language as medium in 以语言为媒介的文学,241-42

lived experience (Erlebnis) 意识的生活经验,107

Lives of the Artists(Vasari)《艺苑名人传》(瓦萨里),5

"live" transmission "现场"直播,79

Living Theater 生活戏剧,96

Locke, John 洛克,约翰,91,131

"Logical Calculus of the Ideas Immanent in Nervous Activity, A"(McCulloch and Pitts)"内在于神经活动中的思维逻辑计算"(麦卡洛克和皮茨),145-46,212n10

logic circuits 逻辑电路,205

Logic of Life, The(Jacob)《生命的逻辑》(雅各布),121

Logic Theorist 逻辑理论家,199

logocentrism 逻各斯中心主义,319

logographics 语标,72,312,324n10

Louis, Morris 路易,莫里斯,12

Lovink, Geert 洛文克,格特,286,287

Ludditism 反机械化反自动化的勒德主义,293

Luhmann, Niklas 卢曼,尼古拉斯: on communication ~论沟通,141-43,238,240,241,242,297,303; on double contingency ~论双重偶然性,305; and form/medium distinction ~论形式/媒介区分,301-2; on language ~论语言,

237,238-41；on meaning ～论含义,238,239,240,300-301,303,307；psychic and social systems contrasted by ～将心理系统和社会系统作对比,238,240,245,299-300,302；on re-entry ～论再次植入,238；on success-media ～论成功媒介,276；systems theory of ～的系统论,141,238,297,299

Lukács, Georg 卢卡奇,格奥尔格,xx,52,60n6

Luther, Martin 路德,马丁,76,271

machine translation 机器翻译,323

Mackay, Donald 麦凯,唐纳德,146-47,150-51,212n2

Mac OS, Mac 操作系统,207

Macy Conferences on Cybernetics 梅西控制论会议,146

magnetic resonance imaging（MRI）核磁共振成像,50,153

Malevich, Kaimir 马列维奇,卡西米尔,10

Malraux, André 马尔鲁,安德烈亚,54

Manet, Edouard 马内,爱德华,9

Manipulation 操纵：of images 对形象的～,44；of information 对信息的～,164

Manovich, Lev 马诺维奇,莱夫,45,136,164,179,286

Manzoni, Piero 曼佐尼,皮埃罗,13

Mao Zedong 毛泽东,276

Marker, Chris 马克,克里斯,47

Market economy 市场：in early agrarian empires 早期农业帝国中的～,225-26；exchange in ～中的交换,217-18；governments make possible 政府使～的出现成为可能,226；as imaginary projection ～作为想象的投射,222；rational choice theory generalizes 理性选择论的盛行,219

Marx, Karl 马克思,卡尔：in communist pantheon ～在共产主义的万神殿中,37；on determination ～论决定论,xxi；dialectical materialism of ～的辩证唯物主义,xx；and hypomnesic nature of technics ～与技术的本质是人工记忆,71；materialism of ～的唯物主义,58；on modernity and abstraction ～论现代性与抽象,50；modes of production as critical concept for 作为批评概念的～生产模式,ix；on money ～论金钱,52,53,230；on proletarianization ～论无产阶级,70-71；on technological influence on senses ～论技术对感官的影响,95

Marxism 马克思主义：In Situationist International ～在情境国际运动中,13；uniting media studies with,媒介研究与～的结合,xxi, See also Marx, Karl 另见马克思,卡尔

masking 戴面具,20

mass culture 大众文化：demassification 分众化,84；fine art versus 高雅艺术与～,12,14；massification 大众化,52

mass media 大众媒介,266-79；addressing audience in 对～中的受众讲话,267-71；apparatus-dependent reproducibility in emergence of ～出现中依赖设备而被复制的能力,70；best-known forms of ～最广为人知的形式,267；Chomsky's "propaganda thesis" regarding ～中乔姆斯基的"宣传论",xvii；delivery systems ～的投递系统,271-75；demassification of ～的分众化,84；and fine art ～与高雅艺术,3,5,7,11,13,14,17；geographical differences in ～中的地理差异,38；images in ～中的图像 35-48；loose coupling of sending and receiving ～中发送者与接收者之间关系松散,275-77；media as collective singular tied to emergence of 媒介作为集体单数与～的出现相连,xi-xii；mew media encompass new inflections of 新媒介包含～新的变体,184；powerful institutions control 体制对～进行有力的控制,277-78；purified signals in ～热衷于符号的纯粹性,95；Schwarzenegger as depicted in ～所描绘的施瓦辛格,x；space and time transformed by ～改变了的空间和时间,104；as subset of media in general ～作为一般意义上的媒介的分支,267；three dimensions of ～的三个维度,266-67,277;waning of mass audience ～中大规模受众的减少,273-74. See also broadcasting;newspapers 另见广播;报纸

mass production 大规模生产:Benjamin on art and 本雅明论艺术与～,11;in Duchamp's artworks 杜尚艺术品中的～,12,13;printing as first application to communication,印刷术首次用于沟通,271,317;versus unique, hand-executed originals ～与独特的手工制作的原件,7

Massumi, Brian 马苏米,布莱恩,45,286

Master/Slave dialectic 主/奴辩证法,90,99n7

materialism 唯物主义,xx-xxi,50,58-60

materiality 质料性,49-63;in analysis of media 媒介分析中的～,151;of communication 通信的～,50,55-58,138;dematerialization 去质料化,50,51-55,58,60n2;of embodiment 具身化的～,56;as increasing emphasis in art,艺术越来越强调～,9-10;and information ～与信息,55-56,165-67;materialism 唯物主义,xx-xxi,50,58-60;specific meaning of ～的具体含义,49

materiality-effect 质料性的效果,51-52

materiality thesis 物质主义观点,302

"Material Texts" book series "物质文本"系列图书,61n16

Mathematical Theory of communication, The (Shannon and Weaver)《通信数学理论》(香农与韦弗),133-34,136,138,201,322

mathematics 数学:graph theory 图论,282,284,287,293,295n3;in invention of writing 书写分发明中的～,315;topology 拓扑学,287,293。See also information theory 另见信息论

Matter and Memory (Bergson)《物质与记忆》(柏格森),25

Matthai, Heinrich 马特伊,海因里希,119

Maturana, Humberto 马图亚纳,温贝托,147,149,202,237,300

Mauchly, John 毛赫利,约翰,205,206,212n9

Mauss, Marcel 莫斯,马塞尔,220,221,227

Maxwell, James Clerk 麦克斯韦,詹姆斯·克拉克,138,160,285

Maxwell's demon 麦克斯韦的恶魔,137-38

Mayan vigesimal numerical system 玛雅20进制的数字体系,315

McChesney, Roberyt 麦克切斯尼,罗伯特,xvi

McCulloch, Warren 麦卡洛克,瓦伦,145-46,148,152,206,212n10

McLuhan, Marshall 麦克卢汉,马歇尔:on artists as in forefront of experimentation with new media ～论艺术家是新媒介实验的先锋,46;Bolter and Grusin's remediation of 博尔特和格鲁辛对～观点的调节,xiv;on clothing as extension of skin ～论衣服是对皮肤的延伸,31;on coupling media form and media use ～论将媒介形式与媒介使用联系起来,175;on dual function of media ～论媒介的双重功能,21;on global village ～论全球村,311;*The Gutenberg Galaxy*《古腾堡星系》,175,317;on media and transport ～论媒介与交通,133;on media as extensions of man ～论媒介是人的延伸,xii-xiii,xvii,21,29,88,97,98n1,151,174-75,186,266;on medium as the massage ～论媒介即按摩,16-17,135,167;on medium as the message ～论媒介即信息,x-xi,175,188;Merleau-Ponty compared with ～与梅洛-庞蒂作比较,26;on narcissism and media-induced narcosis ～论自恋与由媒介引发的麻醉,186;on new media containing older media ～论新媒介中包含旧媒介,290;on news as always bad ～论无坏事,不新闻,35;on phonetic alphabetic ～论语音字母,320;on printing's socioeconomic significance ～论印刷术的社会经济意义,317;on print in transformation to visual culture ～论印刷术对视觉文化的改变,42-43;Starr fails to refer to, 斯塔尔的媒介史中没有提到～,xvi;on synthesis of fractured media ～论把新媒介碎片综合起来,188;as technical determinist ～作为技术决定论者,xvii,59,175;*Understanding Media*

《理解媒介》,x-xi,31,98n1,174-75,186

McPherson v. McPherson（1936）1936年麦克弗森诉麦克弗森案,262-64

McTaggart, J. M. E. 麦克塔格特, J. M. E.,111

Mead, George Herbert 米德,乔治·赫伯特,297,299

Meaning 意义:in cybernetics 控制论中的～,150-51;Luhmann on 卢曼论～,238,239,240,300-301,303,307;as medium 以～为媒介,301,306;in Saussure's linguistics 索绪尔语言学中的～,158-59,234;in Shannon's definition of information 香农定义信息中的～,146,202,285,290. See also signifier and signified 另见能指与所指

Meat Joy（Schneeman）《肉悦》（施内曼）,96

Media 媒介:computers as 计算机作为～,152,153,186;computers dissociate technics from 计算机将技术与～分离,178-83;as configurations of space, time and embodiment ～对空间、时间、具身化的布局,111-12;as coproducing that which takes place ～共同制造事件,80-81;defining ～定义,151;as determining our situation ～决定我们的境况,vii,xv,xxi,59,155;as dynamic, historically evolving environment ～作为一种动态的、进行着历史演化的环境 xiv;end of age of ～时代的终结,106;etymology of ～的词源学考查,xi;as extensions of man to McLuhan 麦克卢汉的～是人的延伸,xii-xiii,xvii,21,29,88,97,98n1,151,174-75,186;form/medium distinction 形式/媒介的区分,301-2,306,307;four levels of analysis of 从四个层面分析～,151-52;law and, 法律与～,249-65;materiality of ～的质料性,49-63;as mediated, 被调节的～,xv;as the message to McLuhan 麦克卢汉的～即信息,x-xi,175,188,266;minimal definition of ～最简洁的定义,266;multidimensional, triangulated approach to 多维度、一分为三的～研究方法,x,xix-xx;ontological dimension of ～的本体论维度,xiii-xiv;as perspective for understanding ～作为理解的维度,xxi-xxii;preservation of ～的保存,158;regulation of,对～的约束,257-62;self-policing of ～的自我监督,249,250;as singular noun ～作为一个单数名词,x,xi-xii,xx;as technical form or formal technics ～作为技术形式或形式技术,ix;three dimensions of ～的三个维度,266-67,277;two trajectories of ～的两大发展轨道,135-36. See also biomedia; communication; mass media; media studies; mediation; medium; new media 另见生物媒介；通信；大众媒介；媒介研究；调节；媒介；新媒介

media architecture 媒介建筑,30-31

media ecology 媒介生态,xxiin1

media studies 媒介研究:as amorphous 没有具体形态的～,vii-viii,xv;attention to materiality in 对～中的质料性的关注,59;computers as problem for ～中的计算机问题,187,197;cybernetics as central orientation of 控制论作为～的中心方向,145,152;emergence of ～的出现,vii,x;failure to communicate across borders of 未能越过～的边界进行沟通,xvi-xvii;institutionalization of ～的体制化,vii,196;invention and innovation as obsessions of ～执着于发明、革新 xvi;materiality thesis in ～中的物质主义观点,302;McLuhan's redirection as foundational for 麦克卢汉的转向是～的奠基石,xi;as mediator ～作为调节,xix-xx;memory as keyword in 记忆作为～中的关键词,xvii-xviii;origins of ～的起源,186-87;and rematerializing of media ～中媒介的再质料化,56;systems-theoretic approach's effect on 系统论方法对～造成的影响,307-9;taxonomies of ～分类学,viii;uniting Marxism with 马克思主义与～的结合,xxi

mediation 调节:in dialectical materialism 辩证唯物主义中的～,xx-xxi;in face-to-face communication 面对面沟通中的～,16;gendered body as instance of 性别化的身体作为～的例子,28-

29; in Hegelian idealism 黑格尔唯心主义中的～, xx; of images 对形象的～, 25–26; of information 对信息的～, xi; in Kantian theory of knowledge ～在康德的知识论中, 51; media as mediated 作为被调节的媒介, xv; mediality is always already intermediality 媒介间性总是在媒介性之前就已出现, 188; media studies as mediator 媒介研究作为一种调节, xix–xx; new media mediate the conditions of 新媒介调节了～环境, 181; pedigree of ～的谱系, xx; political 政治～, ix; theoretical questions regarding 关于～的理论问题, viii

medical imaging 医学影像, 22–23

medium 媒介: art as exploration of the 艺术对～的探索, 3; body as 身体作为～, 19–34, 153–55; definitions of ～的定义, xi; as designating minimal relationality ～指定的关系最少, xii; of exchange 交换, ～217–18; and media as singular noun ～作为单数名词, xi, xii, xx; middle term of syllogism as 三段论的中项, xix; senses as first 感官是第一～, 88; theoretical questions regarding 关于～的理论问题, viii. See also media 另见媒介

Medium，The (Zweig)《媒介》(茨威格), 16, 17

Memoirs of the Blind (Derrida)《盲者回忆录》(德里达), 89

memory 记忆, 64–87; artificial aids to 人工手段辅助～, 64–66; computer 计算机～, 204, 206, 207; computers as exteriorization of 计算机作为～的外化, xvii; conservation of ～的保存, 80; displacement of initial instrumentality of ～最初的工具性被放逐, 81; as epiphylogenesis ～作为外生系统, 72–75; as finite 有限的～, 65; grammatization ～的文字化, 66, 70–71, 72, 74; industrial exteriorization of 通过工业手段将～外化, 66–68; and information ～与信息, 78–81; as keyword in media studies ～是媒介研究的关键词, xvii–xviii; mental images in ～中脑中的图像, 41; Mnemosyne, 记忆女神

102; recollection 回忆, 108; selectivity in ～的选择性, 80; technics as vector of 技术是～的矢量, 73; third layer of 第三个层面上的～, 73–74; writing and 书写与～, xvii, 67, 75–78, 173, 271, 317. See also anamnesis; hypomnesis 另见天然记忆；人工记忆

Meno (Plato)《美诺篇》(柏拉图), 65, 74, 75, 99n11

Mental images 脑中的图像, 41

Merleau-Ponty, Maurice 梅洛-庞蒂, 莫里斯, 26, 58

metalingual function 元语言功能, 134, 140

Michelangelo Buonarroti 米开朗琪罗·博纳罗蒂, 5

Microsoft 微软, 194

Milgram, Stanley 米尔格拉姆, 斯坦利, 287

Millais, John Everett 米莱, 约翰·艾佛雷特, 7–8

MIMD (multiple instruction, multiple data) configuration 多数据流配置, 208

Mind 大脑: as autopoietic system ～作为自创生系统, 141; images as mental things 图像是精神方面的事, 41; intersubjectivity 交互主体性, 139–41; thoughts as immaterial 思想具有非质料性, 49。See also consciousness; memory 另见意识；记忆

mind-body dualism 心灵-肉体二元论, 23–243, 27, 55, 189

Minimalist art 极简主义艺术, 14, 40

Minsky, Richard 明斯基, 理查德, 16

Mitchell, W. J. T. 米歇尔, W. J. T., 317, 318, 322

mixed media 融媒体, 42

mixed reality 混合现实, 148

Mnemosyne 记忆女神摩涅莫绪涅, 102

mnemotechnics 记忆术, xvii, 70, 72, 74–75

mnemotechniques 记忆技术, 65, 67, 75, 76

mnemotechnologies 记忆科技, 65, 67–68, 74

möbius strip 莫比乌斯带, 33

modernism: midcentury 中世纪的～, 95, 98; modern art 现代艺术, 11–15; time associated with 与时间相关的～, 105

Modernity 现代性: abstraction associated with 抽象化与～相连, 50, 52; conception of embodiment in transition to 具身化概念与走向~,23-24;pictorial turn in modern culture 现代文化中的图片转向,37-38;printing in emergence of~ 出现时的绘画,307;senses in mid-twentieth-century 20 世纪中期的感官与~9,5-96,98。See also modernism 另见现代主义

Moglen, Eben 莫格伦,埃本,286

molecular biology 分子生物学,119-21

monads 单子,197n3,284,299

Mondrian, Piet 蒙德里安,皮埃,10

Monet, Claude 莫奈,克劳德,9

Money 货币:in axial age 轴心时期的~,226-27;coinage 铸币,226,227,228;as credit accorded the future ~事先把未来的信用记录下来,81;delinked from coercive institutions ~与强制性制度脱钩,228;delinked from religious institutions ~与宗教制度脱钩,229;earliest forms of ~最早的形式,225;in early agrarian empires 早期农业帝国的~,225;Marx on 马克思论~,52,53,230;as master trope for abstraction and rationalization ~是抽象化、理性化的主要隐喻,52;mediatory power of ~的调节力量,53;in Middle Ages 中世纪时期的~,227-28;origins of ~的起源,223-25;paper 纸币,228,229,317;precious metals as 稀有金属作为~,218,223,225,226,228-29,230;primitive currencies 原始~,230;symbolically generalized media and 通过符号被一般化了的媒介与~,308;as ultimate medium of exchange ~被视为终极形式的交易媒介,218;virtual 虚拟~,229

Monod, Jacques 莫诺,雅克,120,121

moon landing 登月行动,96-97

Moore, Gordon E. 穆尔,戈登 E.,213n16

Moravec, Hans 莫拉维克,汉斯,27,146,154

Moreau, Gustave 莫罗,古斯塔夫,10

Morowitz, Harold 莫罗维茨,哈罗德,152-53

Morris, Robert 莫里斯,罗伯特,14

Morris, William 莫里斯,威廉,8

motion pictures, See film (cinema) 电影,另见电影 film (cinema)

Mouffe, Chantal 墨菲,尚塔尔,xxi

movable type 活字印刷,38,175,317,325n27

movie camera, factors driving invention of 推动电影摄影发明的要素,46,47

Mp3 players Mp3 播放器,150

MRI (magnetic resonance imaging) 核磁共振成像,50

Mulder, Arjen 马尔德,阿里亚恩,194-95

multicore processors 多核处理器,207-8

muses 缪斯女神,102

MySpace, MySpace 社交网站,180

mythograms 神话书写,75

Nabu 纳布神,312

Nakamura, Lisa 中村丽莎,286

nanomedicine 纳米医学,58

Napier, Mark 内皮尔,马克,56-57

Narrowcasting 窄播,274

Ndalianis, Angela 达利阿尼斯,安吉拉,29

Nebuchadnezzar 尼布甲尼撒王,269

negative feedback 负反馈,168

negentropy 负熵,202

Negri, Antonio 内格里,安东尼奥,xxi,287

Negroponte, Nicholas 内格罗蓬特,尼古拉斯,286

Nelkin, Dorothy 内尔肯,多萝西,119

neoclassical economics 新古典主义经济,219

Neoconcretismo 巴西新具象运动,98

netwar 网络战争,288

networks 网络,280-96;architectures ~结构,287-90;centralized (star) 中心化(星型)~,288,289;connotative assumptions of ~隐含的假设,283;decentralized 去中心化~,288,289,294;distributed 分布式~,288,289,290,294;etymology of term ~术语的词源,283;in industry 工业~,283;networked computers 联网计算机,180-83;paradox of networked relations ~关系的悖论,292;plurality of types of ~种类的多样性,282;"power law" distribution of assets in ～资源分布中的"幂次定律",282; protocols ～协议,289-90; pyramidal hierarchies contrasted with 金字塔等级与～的对比,290; ramifications of ～的分支,290-94; Shannon in development of 香农与～发展,285; social networking sites 社交网站,180,181,182,183; as technologies of power, organization, and control ～作为权力、组织、控制技术,282-83; two types of 两种类型的～,280-81; Wiener on 维纳论～,284-85。See also Internet 另见互联网

neural nets 神经网,212n10

neurofeedback 神经反馈,29

neuron, McCulloch-Pitts 麦卡洛克-皮茨神经元,146,148,152,212n10

Newell, Alan 内韦尔,艾伦,199

new media 新媒介,172-85; in artistic tradition 艺术传统中的～,15; cultural and computer layers of ～的文化层和计算机层,179; deconstruction of communication and representation by ～对沟通和表征的解构 136; as destabilizing ～具有破坏性,173; embodiment in ～中的具身化,27-33,57-58; index changing vocation of media itself ～指向了媒介本身使命的变化,183; long series of "new media" revolutions 一系列漫长的"新媒介"革命,177; materiality of ～的质料性,56; as mediating the conditions of mediation ～肩负着调节媒介状况的使命,181; as new in new way ～的"新"是方式新,181; old new media ～是既老又新的媒介,184; as presenting refashioned and improved versions of other media ～把自己呈现为其他媒介的再造、改良版,56; as range of technical, aesthetic, and social developments ～在技术、审美、社会方面的发展,183-84; signifier-signified relationship reconfigured by ～重置能指-所指关系,55; as singular and plural 作为单数及复数的～,172-73; stakes of issue of newness of ～的新指的是什么,172

newspapers 报纸: audience growth ～受众的增加,273; benday dots in images ～图像中的班戴点,45; classified ads in ～中的分类广告,270; as delivery device ～的投递设施,266; Internet compared with ～与互联网相比,273; media as collective singular tied to emergence of 媒体作为集体单数名词与～的出现相连,xi; new social spheres and communities created by ～造成了新的社会领域及社群,7; press agencies 通讯社,78,80; space and time transformed by ～改变了时间和空间,104; verbal and visual images in ～中的文字图像及视觉图像,43

Newton, Isaac 牛顿,艾萨克,101

Nietzsche, Friedrich 尼采,弗里德里希,320,322

Nightingale, Andrea Wilson 奈庭格尔,安德烈亚·威尔逊 909/11,81

Nirenberg, Marshall 尼伦伯格,马歇尔,119

Nixon, Richard 尼克松,理查德,229

noise 噪声,163-64; as the art ～作为艺术,164,170; defined ～的定义,138; information versus 信息与～,120,138-39; as intra-informatic problem ～是信息内部的问题,296n14; in Shannon's information theory 香农信息论中的～,120,201,202; signal-to-noise ratio 信号-噪声比,202; as signature of the real ～是现实的标志,166; as source of new patterns ～作为新模式之源,168; in Wiener's information theory 维纳信息论中的～,200,284

nomos 规范,252-53

noncommercial exchange 非商业交易,219-23

Nora, Pierre 诺拉,皮埃尔,77,79

nucleotide bases 碱基对,120

numerical notations 数字标记,315

Nutrasweet 纽崔斯威特公司,42

Obama, Barack 奥巴马,巴拉克,X

Observing Systems (von Foerster)《观察系统》(冯·弗尔斯特),147

Ockham, William of 奥卡姆的威廉,93

Of Grammatology（Derrida）《论文字学》（德里达），29，69，233，324n16，325n32

Ogden, C. K. 奥格登，C. K.，3，320

Oiticica, Hélio 奥伊蒂希卡，埃利奥，98

"On Computable Numbers with an Application to the Entscheidungsproblem"（Turing）论数字计算在决断难题中的应用（图灵），197n1，203

"On Defence of Poetry"（Shelley）"为诗歌辩护"（雪莱），6

One and Three Chairs（Kosuth）《一把椅子和三把椅子》（科舒特），242

On Painting（*Della Pintura*）（Alberti）《论绘画》阿尔伯蒂，4，46

open source software 开源软件，292

operating systems 操作系统，190-91，193，194，207

oral media 口头媒介，271

Orgel, Leslie 奥格尔，莱斯利，120

originality 原创性，4，14

Origin of Language, The（Rousseau）《语言的起源》（卢梭），318，321

Ovid 奥维德，294n2

Pacifica Foundation 帕西菲卡基金会，259-61

Packet-switching 分组交换，285，288

Page, Jimmy 佩奇，吉米，169

Panofsky, Erwin 帕诺夫斯基，欧文，39，104-5

Pantone color-matching syste 彩通配色系统，99n18

paper 纸，316-17，325n25

paper money 纸币，228，229，317

papyrus 莎草纸，316，325n25

"Paragraphs on Conceptual Art"（Lewitt）"漫谈概念艺术"（列维），13

parallel processing computers 并行处理计算机，206，207-8，213n14

parchment 羊皮纸，316，325n25

parole 言语，158，159，234，244

Parreno, Philippe 帕雷诺，菲利普，15

Parsons, Talcott 帕森斯，塔尔科特，297，305

party lines 同线电话，272-73，276

Pask, Gordon 帕斯克，戈登，145，149

Patriot Act 爱国法案，249，261

Paulson, William R. 保尔森，威廉，R.，139，162，163

PDAs（personal digital assistants）个人数字助手，64，67，112

Peirce, Charles Sanders 皮尔斯，查尔斯·桑德斯，39，42，43，44，268

penny press 便士报，7

perception 感知：autoperception，自动～，25-26. See also senses 另见感官

performance art 行为艺术，13，15，96

Perkin-Elmer 铂金-埃尔默公司，118

Personal digital assistants（PDAs）个人数字助手，64，67，112

personal media 自媒体，84

perspective, artificial 人工视角，38

Peters, John Durham 彼得斯，约翰·德拉姆，132

Phaedo（Plato）《斐多篇》（柏拉图），76

Phaedrus（Plato）《斐德罗篇》（柏拉图），65，67，69，71，173，271，312，317

Pharmaceutical Research Manufacturer's Association 药品研究生产者协会，125

pharmacogenomics 药物基因组学，125

phatic function 交际功能，134

phenomenology 现象学，25-26，59

Phenomenology of Internal Time Consciousness（Husserl）《内时间意识现象学》（胡塞尔），107

Phenomenology of Perception（Merleau-Ponty）《知觉现象学》（梅洛-庞蒂），26

philosophy 哲学：antipathy to technics in Western 西方～中对技术的反感，65，176；coinage seen as instrumental in Greek 希腊～中铸币被视为工具，227；cultural context of Greek 希腊～的文化语境，90；empiricism 经验主义～，91-93；German Idealism 德国唯心主义～，xx，6；linguistic turn in ～中的语言学转向 233；metaphor in ～中的比喻，141；phenomenology 现象学，25-26，59；question of memory in origins of

~起源中的记忆问题,71,72;sense versus thought distinguished in ~中感官与思想的区分,88,94

"philosophy of Composition, The"(Poe)《创作哲学》(坡),6

Philosophy of Fine Art(Hegel)《美学哲学》黑格尔,6

Phoenician alphabet 腓尼基字母,311,315,323n6

phoneticization 语音化,318

phonocentrism 语音中心主义,312,319

phonography 留声机:as analogic orthothetical mnemotechnique ~作为模拟定位记忆技术,76;autonomy of technics in ~中的技术自主性,178;Berlinerphonogram-Archiv,柏林声音档案,184;evolution of ~的演变,79;print's "writing monopoly" ended by ~终止了印刷术对"书写的垄断",166;as representational (inscription and storage focused) ~作为表征(以书写和储存为中心),135-36,164;space and time transformed by ~改变了空间和时间,104;stereophonic sound,立体音响,46,47

photography 摄影:as analogic orthothetical mnemotechnique 作为模拟定位记忆技术,76;commodification and,商品化与~,52-53;contact with material world attributed to ~与物质世界关系紧密,53;digital images compared with 数字图像与~的比较,44;evolution of ~的演变,79;print's "writing monopoly" ended by ~终止了印刷术对"书写的垄断",166;as representational(inscription and storage focused) ~作为表征(以记录和储存为中心),135-36,164;space and time transformed by ~改变了空间和时间,104;unseen and overlooked realities revealed by ~揭示未见的、被忽视的现实,46

photomontage 蒙太奇照片,13

photoshop 图像处理软件,44

Piccasso, Pablo 毕加索,巴勃罗,11,39

Picturedisco(Kingemann)《图片迪斯科》(克林格曼),182

Picture Theory, The(Mitchell)《图像理论》(米歇尔),317

piercing 打孔,20

pigments, synthetic 人工合成颜料,94,99n16

pilgrimage 朝圣,273,274

Pinyin system 拼音系统,316

Pitts, Warren 皮茨,瓦伦,146,148,152,212n10

Plant, Sadie 普兰特,萨迪,286

Plato 柏拉图:on anamnesis ~论天然记忆,64,65,72;cave allegory of ~的洞穴寓言,40,45,88-90;*Gorgias*《高尔吉亚篇》,72;on hypomnesis ~论人工记忆,67,68,72;*Meno*《美诺篇》,65,74,75,99n11;*Phaedo*《斐多篇》,76;*Phaedrus*《斐德罗篇》,65,67,69,71,173,272,312,317;philosophy begins with 哲学始于~,71,72;on Prometheus and Epimetheus ~论普罗米修斯和爱比米修斯,173-74;*Protagoras*《普罗泰戈拉篇》,173;on space and time ~论空间与时间,102,104;on writing ~论书写,173,271,317

"Plato's Pharmacy"(Derrida)"柏拉图的药"(德里达),69

podcasting 播客,84

Poe, Edgar Allan 坡,埃德加·爱伦,6,319-20

poetry 诗歌,241

Polhemus helmet 波尔希默斯头盔,148

Pop art 波普艺术,13-14

positive feedback 正反馈,168

Poster, Mark 波斯特,马克,55,286

posthumanism,xiii 后人类主义,27,44,136

postimpressionism 后印象派,10

Postman, Neil 波斯特曼,尼尔,xxiin1

Postmodernism 后现代:on art ~艺术,15;in reformation of senses ~中对感官的改造,97;space associated with ~与空间的关系,106

potlatches 庆宴,223

Pound, Ezra 庞德,埃兹拉,318

power law 幂次定律,282

Praxiteles 普拉克西特列斯,4

precious metals 稀有金属,218,223,225,226,228-29,230

"Prediction and Entropy of Printed English"(Shannon)"印刷英语的预测及熵"(香农),322

preestablished harmony 前定和谐,197n3

press agencies 通讯社,78,80

Prince, Richard 普林斯,理查德,15

Printed English 印刷英语,321-22

printing 印刷:art's identity challenged by ～挑战了艺术的身份 5,7;as delivery system ～的投递系统 271-72;ecclesiastical monopoly on knowledge broken by ～打破了教会对知识的垄断 317;Eisenstein on consequences of 艾森斯坦论～的影响,175-76;end of "writing monopoly" of ～终结了"书写的垄断",166;Hazlitt on French Revolution and 哈兹里特论法国大革命与～,xv-xvi;mass-circulation printed matter 印刷品的大规模传播,7;McLuhan on consequences of 麦克卢汉论印刷的影响,175;modernity's emergence tied to 现代性的出现离不开～,307;movable type 活字～,38,175,317,325n27;preservation of printed texts 对印刷文本的保存,158;print as visual 为视觉服务的～,42;social and psychic life affected by ～给社会生活和精神生活带来的影响,317;standardization of linguistic marks in ～中语言符号的标准化,176;in synthesis of linguistic memory ～与语言记忆的合成效果,75-76;woodblock 木刻版～,5,317,325n27

Printing Act of 1662 1662 的印刷条例,257

Printing Press as an Agent of Change, The (Eisenstein)《作为变化代理的印刷术》(艾森斯坦),175-76

prints 印刷品,5,10

profane language 亵渎的语言,259-61

proletarianization 无产阶级化,71

Prometheus 普罗米修斯,173-74,176

proprioceptive senses 本体感觉,89-90

prosthetic extension 义肢用于延伸,26

prostitution 娼妓制,224-25

Protagoras(Plato)《普罗泰戈拉篇》(柏拉图),173

protocols 协议,289-90

psychedelia 致幻剂,99n18

psychoanalysis 精神分析,25,80

public ar 公共艺术,9

public interest 公众利益,257,258,260,261

"Purloined Letter, The"(Poe)"失窃的信"(坡),319-20

Pynchon, Thomas 品钦,托马斯,110,131,139

Qin Shi Huang 秦始皇,314

Quastler, Henry 跨斯特勒,亨利,120

radio 无线电/无线电广播:all-as-one address in ～中把所有人当成一个人讲话,270-71;as analogic orthothetical mnemotechnique ～作为模拟定位记忆技术,76;audience dispersed in space ～中听众在空间上分散,273;audience growth ～听众的增加,273;"communication" refitted by "通信"被～重新改变,132;in evolution of telegraphy and phonography 电报、留声机演化过程中的～,79;loose coupling of sending and receiving in ～中发送者与接收者之间关系松散,276-77;mixed audience addressed by ～向混合受众群说话,268;near-simultaneous delivery possible with ～的投递接近同步,272;as originally point-to-point ～最早是点对点,273,276;and pictorial turn in modern culture ～与现代文化中的图片转向,37;program syndication ～节目合成,274;as real-time ～具有实时性,136;space and time transformed by ～改变了空间和时间,104

Radio Act of 1927 1927 年的无线电条例,249,257

radio-frequency identification（RFID）无线电射频识别,111,148

RAM（random access memory）随机存取存储器,206,213n12

RAND Corporation 兰德公司,288

Random access memory(RAM) 随机存取存储器, 206,213n12

random-access search systems 随机存取搜索系统, 76

rational choice theory 理性选择理论,219

Reagan, Ronald 里根,罗纳德,270

realism 现实主义,8,55

Real Presence 真在论,22

rebus principle 以画代词原则,312

"Recent Contributions to the Mathematical Theory of Communication"(Weaver) "对通信数学理论的最近贡献"(韦弗),158

reciprocity 相互性,218,219,221,222,230n2,275

recollection 回忆,108

reductionism 还原主义,119,127-28,193

re-entry 再入,238,239

referential function 指涉功能,134

Reformation 宗教改革,76,176,271,272

regulation 约束,257-62

religion 宗教:art as secular 艺术是世俗生活中的～,7;King James Bible 钦定版圣经,244,245; and legal debate ～与法律中的论辩,255-56; and money ～与货币,227-28,229;printing breaks ecclesiastical monopoly on knowledge 印刷术打破了教会对知识的垄断,317;Real Presence doctrine 真在论,22;Reformation ～改革,76,176,272,272

Remarks on Color(Hill)《论色彩》(希尔),243

Rembrandt van Rijn 伦勃朗·范-赖恩,5

Renaissance, artist seen as gifted individual in 文艺复兴,艺术家被视为有天赋的个体,4-5

Renan, Ernest 勒南,厄尼斯特,77

Renfrew, Colin 伦弗鲁,科林,51

Request for comments(RFC) documents 请求评注文件,289

Research Centre for Material Digital Culture(University of Sussex) 质料数字文化研究中心(苏塞克斯大学),56

RFID(radio-frequency identification) 无线电射频识别,111,148

Rheinberger, Hans-Jörg 莱茵贝格尔,汉斯约尔格,119

rhizomatic movements 块茎运动,294

Rich, Alexander 里奇,亚历山大,120

Richards, I. A. 理查兹,I. A.,3,320

Ricoeur, Paul 利科,保罗,110-11

Riemann, Bernhard 里曼,伯恩哈德,107

Roman alphabet 罗马字母表,316

Roman law 罗马法,253,256

Romanticism 浪漫主义:on artist as at odds with society ～论艺术家与社会格格不入,5,6;on artistic imagination and emotion ～论艺术想象与情感,5-6;mechanistic labor and artistic innovation contrasted in ～中机械劳动与艺术创新之间对照鲜明,6-7

Ronfeldt, David 朗菲尔德,戴维,288

Roosevelt, Franklin 罗斯福,富兰克林,270

Rosetta Stone 罗塞塔碑,246,325n35

Rospabé, Pierre 罗斯帕普,皮埃尔,224

Rot, Dieter 罗特,迪特尔,13

Rothschild banking empire 罗思柴尔德银行帝国,272

Rousseau, Jean-Jacques 让-雅克·卢梭,29,176,318,321

Rucker, Rudy 拉克,鲁迪,191

rumor 谣言,271

Saal-Funk radio 在集会厅收听广播,276

"Sandman, The"(Hoffmann) "沙人"(霍夫曼),191

satellite imaging 卫星图像,111

Saunderson, Nicholas 桑德森,尼古拉斯,92

Saussure, Ferdinand de 德·索绪尔,费迪南,158-59,165,233-35,236,238,302,319

Scannell, Paddy 斯坎内尔,帕迪,270,275

Schieffelin, Edward J. 席费林,爱德华·J.,222-23

Schneeman, Carolee 施内曼,卡萝尔,96

Schrödinger, Erwin 薛定谔,欧文,119-20,121

Schwarzenegger, Arnold 施瓦辛格,阿诺德,ix-x

Schwitters, Kurt 施威特斯,库尔特,241,243

"Science as a Vocation"(Weber)《科学作为一种职业》(韦伯),192

science studies 科学研究,56,286

Searle, John R. 塞尔,约翰,R.,140

second law of thermodynamics 热力学第二定律,138,160-61

Second Life 第二人生,16

Securities and Exchange Commission 证券交易委员会,217

Sekula, Allan 泽库拉,爱伦,52-53

selfishness 自私,227

semiotics 符号学:in analysis of media ～在媒介分析中,151,152;Derrida on 德里达论～,300;media as analyzed in ～对媒介的分析,xix;Saussure and 索绪尔与～,235;and verbal-visual distinction ～与文字-视觉的区分,43

senses 感官88-100:as always embodied ～总是具身化,94;animal,动物性的～,88,98n3;as conscious ～与意识,94;dialectic between reason and 理性与～之间的辩证法,91;doubt regarding knowledge from 怀疑来自～的知识,88,98n2;in empiricism ～在经验主义中,91-93;as first medium ～作为第一媒介,88;historical and cultural influence on 历史及文化对～的影响94-95;and images ～与图像,42-43;in mid-twentieth-century modernity 20世纪中期现代主义中的～,95-96,98;no clear separation between ～之间没有明显的分界线,91;proprioceptive 本体感觉,89-90;proximate 近似～,88;reformation of 对～的改造,97-98

service economies 服务型经济,68-69,71,83

Seurat, Georges 修拉,乔治,10

Shakespeare, William 莎士比亚,威廉,ix,40

Shannon, Claude 香农,克劳德:on channel capacity 信道容量,201-2;code work in World War II 二战中从事密码工作,322;on communication ～论通信,133-34,136,138,142,188,201-2;electrical "rat" of ～的电子"鼠",146;on entropy ～论熵,138,163-64;and genetic code ～与基因密码,120;in information theory ～与信息论,120,137,146,147,158,201-2,205,284,285,321,322;master's thesis of ～的硕士论文205;mathematical definition of information of ～对信息的数学定义,161,162;The Mathematical Theory of Communication《通信的数学理论》,133-34,136,138,201,322;on meaning ～论含义,146,202,285,290;"Prediction and Entropy of Printed English"《印刷英语的预测及熵》,322;on Printed English ～论印刷英,321-22;quantification of information by ～将信息量化,160,161;Saussure's linguistics compared with 索绪尔的语言学与～作比较,158-59;on semantic aspects of communication ～论通信的语义层,159;on separation of users and technology ～论用户与技术的分离,285;Wiener's theory compared with that of ～与维纳的理论作比较,202,212n3

Shaping Things (Sterling)《状物》(斯特林),148

Shelley, Mary 雪莱,玛丽,174

Shelley, Percy Bysshe 雪莱,珀西·比希,6

Shklovsky, Viktor 什克洛夫斯基,维克多,10

Shopping channels 购物频道,258

Shredder 1.0,56-57

Siegert, Bernhard,西格特,伯恩哈德 155

sight 视觉:primacy attributed to ～的重要性,88-90. See also visual media 另见视觉媒介

Signal Corps (U.S.) 美国通信兵,188

signifier and signified 能指与所指:materiality of the signifier 能指的质料性,59;new media reconfigure 新媒介重置～关系,55;in Saussure's linguistics 索绪尔的语言学中的～,234,235,236,237,319

signs 符号:iconic 标记～,42,43,311-12;Peirce on general quality of 皮尔斯论～的一般特征,268;Saussure on function of 索绪尔论～的功

能,159;senses and 感官与～,42-43. See also alphabet;semiotics;signifier and signified 另见字母表;符号学;能指与所指

Sileni Alcibiadis 阿尔西比亚德斯,西伦尼,254

SIMD (single instruction, multiple data) configuration 单指令、多数据流配置,208

Simmel, Georg 齐美尔,格奥尔格,52,54-55,95,297

Simon, Herbert 西蒙,赫伯特,199

Simmondon, Gilbert 西蒙栋,吉尔伯特,66,70,83,84n9,86n39,209-10

siquis formula 如果有人……请……模式,269,270

sit notum omnibus presentibus strategy "在座各位都知道"策略,269-70

Situationist International 情境国际,12-13

"Sixth Sally, The" (Lem)《第六个莎莉》(莱姆),137-38

Slavery 奴隶制,224-25,226,227,228

smart phones 智能手机,64,83

Smith, Adam 斯密,亚当,71,218

social networking sites 社交网站,180,181,182,183

social network theory 社会网络理论,287

social reform, art as instrument for 艺术作为社会变革的工具,8

society 社会,215-326;communication and social systems ～沟通与社会系统,139-43;control societies 控制社会,66,68,69;as imaginary totality 想象的整体,222;inextricability of technology and 技术与～之间难以分割的关系,133;literacy marks social divisions 文化程度是～区分的标志,314;Luhmann on psychological versus social systems 卢曼论心理系统和～系统,238,240,245,299-300,302;social contexts in analysis of media 媒介分析的～背景,151-52;social systems 社会～,298-300;somatic 肉体～,24. See also law 另见法律

software 软件,189-91;in binary with hardware 二元论中与硬件对立的～,189;broader meaning of term ～术语更宽泛的含义,190;computer-related usage of term ～这一术语与计算机相关的用法,190;computers as both hardware and 计算机既包括硬件也包括～,190;defining ～的定义,189;explosion of private sector in 1980s 1980年代时期个人～的爆发,187;interrelationship with hardware ～与硬件之间的相互关系,193-95,207;open source 开源～,292;operating systems ～操作系统,190-91,193,194,207;as relational term ～作为一个关系性的术语,191;stored programs ～与储存程序,205,206-7;surface privileged over source in ～中表面先于来源,291-92;in trinity with wetware and hardware ～与硬件、湿件三位一体,191-92;for Turing machines ～与图灵机,203,204

somatic society 肉体社会,24

Sophocles 索福克勒斯,ix

sound art 声音艺术,98

sound recording 声音记录 See phonography 另见留声机

sovereignty 主权,253,257,261

space 空间,101-13;absolute versus relative views of 绝对～论与相对～论,101;broadcasting audience dispersed in 广播听众在～上分散,273;computers in remapping our experience of 计算机重新描绘了我们的～经验,179;as discrete ～是离散的,150;for distinguishing media ～用来区分媒介,102-4;images associated with objects in 与～中的物体有关的形象,39;imbrications of time and embodiment and 时间、具身化与～之间的复杂关系,111-12;objective 客观的～,106;philosophical prioritizing of time over 哲学上时间优于～,106-9;space-binding media 与～相连的媒介,277;space-time continuum 空间时间连续统,111;technical innovations in measuring 在衡量～方面的技术革新,101-2

"Specific Objects" (Judd)《具体物》(贾德),14

Speech 说话:Friday theory of media 星期五理论在

口语中的运用,301-2;text-to-speech(TTS) synthesis 文本到语音合成,310,323n2;and writing ～与书写,237,255,311,313,315

spimes,虚实体 148-49

Spinoza, Baruch 斯宾诺莎,巴鲁克,284

Stake, The (Klingemann)《树桩》(克林格曼),182

Starr, Paul 斯塔尔,保罗,xvi

Stassen, Saskia 史塔生,萨斯基亚,62n30

state-transition table 状态寄存器,203

Stations of the Cross 苦路十四站,39

statistical mechanics 统计力学,160

Statute of Pleadings of 1356 1356年的诉状法令,255

Stein, Gertrude 斯泰因,格特鲁德,39

Stephenson, Neal 斯蒂芬森,尼尔,194

stereophonic sound 立体音响,46,47

Sterling, Bruce 斯特林,布鲁斯,148-49

Stiegler, Bernard 斯蒂格勒,贝尔纳:on computers as exteriorization of memory ～论计算机是记忆的外化,xvii;on culture industries ～论文化产业,109-10;on embodiment and media ～论具身化与媒介,26,29;on Epimetheus ～论爱比米修斯,176-77;on epiphylogenesis ～论外生系统,72-75,177;on hypomnesis and memory aids ～论人工记忆,64-65,66;on technical systems ～论技术系统,209;on technics and the human ～论技术与人类,xiii,xxii,65,176,177,196;Technics and Time: The Fault of Epimetheus《技术与时间:伊比米修斯之错》,65,176;on technogenesis ～论技术创世纪,155

Still Life with Chair Caning (Picasso)《藤椅静物》(毕加索),11

Stone, AllucquéreRosanne 斯通,阿吕盖尔·罗莎娜,28,286

stored programs 存储程序,205,206-7

structural anthropology 结构主义人类学,319,326n39

structural coupling 结构性连接,303-4

structural linguistics 结构主义语言学,134-35,

311,319

Subject and Object in Renaissance Culture (de Grazia, Quilligan, and Styllybrass)《文艺复兴文化中的主体与客体》(德-格拉齐亚,奎林根,斯塔利布拉斯),59

Sunday school 主日学,272

supercomputers 超级计算机,208

symbolically generalized media of communication 通过符号被一般化了的沟通媒介,308

Symbolism 象征主义,10

symbols 象征,43

synesthetic images 综合图像,42

systems biology 系统生物学,127

systems theory 系统论,297-309;of Bateson 贝特森的～,235,237;Bertalanffy's general 贝塔朗菲的一般～,284,285-86;complex adaptive systems 复杂适应～,149;concept of system ～中的系统概念,197-99;cybernetic explanation in ～中的控制论解释,305;as functional analysis ～用作功能分析,306;on language ～论语言,237-38;of Luhmann,卢曼的～,141,238,297,299;media studies affected by adopting approach of 采用～方法,媒介研究受到影响,307-9;"medium" concept in ～中的"媒介"概念,300;as nondeterministic 非决定论的～,305;rise of computer parallels rise of,计算机与～兴起于同一时期,196;social systems ～中的社会系统论,298-300;structural coupling in ～中的结构性连接,303;on symbolically generalized media of communication ～论通过符号被一般化了的沟通媒介,307-8;on writing ～论书写,307

Tagnautica (Klingemann),《在标签的海洋中航行》(克林格曼)182

tally-sticks 用来记账的木棍,227-28

tattooing 刺青,20,75

taxation 征税,226

technics 技术:autonomy of ～的自主性,177-78;

computers dissociate media from 计算机将媒介与～分开,178-83; co-originality with the human ～与人类互为起源,xiii; Freud ignores constitutive role of 弗洛伊德忽视了～技术的建构作用,73; the human and 人类与～,xiii,xxii,65,176,177,196,197n2; hypomnesic nature of ～具有人工记忆的本质特点,71; media as technical form or formal 媒介作为技术形式或形式～,ix; mnemotechnics 记忆～,xvii,70,72,74-75; as originary milieu of epiphylogenetic memory ～作为外生系统记忆的原始环境,75; technicity of computational networks 计算机网络的技术性,181; transcendental technicity 先验的～,180; as vector of memory ～作为记忆的矢量,73; Western philosophical antipathy to 西方哲学中对～的反感,65,176. See also technology 另见科技

Technics and Time: the Fault of Epimetheus (Stiegler)《技术与时间:伊比米修斯之错》(斯蒂格勒),65,176

technology 科技,115-214; in analysis of media 媒介分析中的～,151; artists abuse and manipulate 艺术家对～的滥用和操纵,xviii-xix; biological evolution applied to 生物进化在～中的运用,209-12; boundary between biology and 生物与～之间的界线,58; bypassed technologies 旁路～,172; causation attributed to ～的推动力,xv-xvi; computer development 计算机～的发展,199-214; as essentially human ～是人类的一个根本维度,65; exteriorization of the living ～与生命的外化过程,73; inextricability of the social and 社会与～密不可分,133; innovations in image production 图像生产中的～创新,37-38; logos versus technē 逻各斯与～之间的对立,72,74; memory and 记忆与～,xvii; mnemotechnologies 记忆科技,65,67-68,74; technological determinism 技术决定论,xvii,59; technological estrangement ～造成分离,97; technological unconscious ～无意识,110,179,181; writing as 书写作为～,310. See also biotechnology; computers; printing; telecommunications 另见生物技术;计算机;印刷术;电信

telecommunications 电信: Communications Assistance to Law Enforcement Act of 1994 1994年颁布的《司法执行中的通信支持法案》,261-62; as dematerializing and multiplying the media ～对媒介的去质料化及使媒介多样化,132; networks ～网络,183,285. See also radio; telegraphy; telephony; television 另见无线电;电报;电话;电视机

telegraphy 电报: body and thought separated by ～使身体与思想分离,57; "communication" refitted by,"通信"被～重新改变,132; freedom of choice in ～中的选择自由,159; near-simultaneous delivery possible with ～的投递接近同步,272; networks ～网络,283; and phonography in development of telephony 电话发展中～与留声机所起的作用,79; press agencies made possible by ～使通讯社的出现成为可能,78; Printed English as offspring of 印刷英语是～的传承,322; as realtime ～具有实时性,136; time and space shrunk by ～压缩了时间和空间,104; as transmission focused ～以传输为中心,164

telephony 电话: becomes point-to-point medium ～成为点对点媒介,273; near-simultaneous delivery possible with ～的投递接近同步,272; networks ～网,283; party lines,同线电话,272-73,276; as real-time ～具有实时性,136; Shannon's diagram of communication system draws from 香农的通信系统图来自～,134; telegraphy and phonography in development of ～发展中电报与留声机所起的作用,79; as transmission focused ～以传输为中心,164

television 电视: all-as-one address in ～中把所有人当成一个人讲话,270-71; audience dispersed in space ～观众在空间上分散,273; audience growth ～观众的增加,273; concentration of means of production in ～中生产资料的集中，78；in evolution of photography，摄影发展进程中的～，79；loose coupling of sending and receiving in ～中发送者与接收者之间关系松散，275-77；media as collective singular tied to emergence of 作为一个集体单数名词的媒介与～的出现有关，xi；mixed audience addressed by ～向成分复杂的受众讲话，268；as mnemotechnology ～记忆科技，68，76；near-simultaneous delivery possible with ～的投递接近同步，272；and pictorial turn in modern culture ～与现代文化中的图片转向，37；program syndication ～节目合成，274；as real-time ～具有实时性，136；space and time transformed by ～改变了的空间和时间，104

Telstar 第一颗通信卫星，86n34

terminals 终端，79

text-to-speech (TTS) synthesis 文本到语音合成，310，323n2

Thacker, Eugene 撒克，尤金，58

theatre 戏剧：electronic Disturbance Theatre 电子骚扰～，294；Living Theater 生活～，96；Roman citizens barred from 罗马帝国不准进行～表演，256-57

theme parks 主题公园，29

theôria 政府大使，90

"There Is No Software" (Kittler) "没有软件"（基特勒），193

Thermodynamics, second law of 热力学第二定律，138，160-61

Theuth 图特，173，312，324n13

Thomas, Orlando 托马斯，奥兰多，250-51

Thrift, Nigel 思里夫特，奈杰尔，110，179

Thurtle, Philip 瑟特尔，菲利普，119

timbre 音色，164

time 时间，101-13；absolute versus relative views of 绝对～观与相对～观，101；A-series versus B-series A系列～与B系列～，111；computational 计算～，110；computers in remapping our experience of 计算机重绘我们的～经验，179；as discrete ～的离散特点，150；for distinguishing media 用～来作区分的媒介，102-4；imbrications of space and embodiment and 空间、具身化与～之间的复杂关系，111-12；near-simultaneous delivery possible with broadcasting 广播的投递接近同步，272-73；objective 客观～，106；phenomenological versus cosmological 现象学的～与宇宙学的～，110-11；philosophical prioritizing over space 哲学中～优于空间，106-9；real-time communication 实时通信，135-36；space-time continuum 空间～连续统，111；technical innovations in measuring ～测量方面的技术创新，101-2；temporality of images 图像的～性，39；time-binding media 跨越～的媒介，277

Time and Free Will (Bergson)《时间与自由意志》（伯格森），107

Time and Narrative (Ricoeur)《时间与叙事》（利科），110-11

time-axis manipulation (TAM) 在时间轴上进行控制，164

topology 拓扑结构，287，293

Toulouse-Lautrec, Henri de 图卢兹-罗特列克，亨利·德，9

Tour de France 环法自行车赛，85n30

"Towards a Newer Laocoon" (Greenberg)《走向更新的拉奥孔》（格林伯格），105

traditional Chinese medicine 中医，23

"Traffic in photographs, The" (Sekula) "照片中的交通"（泽库拉），52-53

transubstantiation 圣体转移，22

Truisms (Holzer)《老生常谈》（赫尔策），243

Tsien, Tsuen-Hsuin 钱存训，316

Tukey, John W. 图基，杰克·W.，190

Turing, Alan 图灵，188，197n1，203-4，206，207，212n10，321

Turing machines 图灵机，146，203-4，207

Turkle, Sherry 特克，雪莉，28，287

Turner, Brian 特纳，布莱恩, 24
typefaces 字体, 42
typewriter 打字机, 106, 320
"Tyranny of Structurelessness, The"(Freeman) "无结构的暴政"(弗里曼), 287
Tzara, Tristan 查拉，特里斯坦, 241

unconscious, the 无意识；and the body ～与身体, 25；media's function compared with 媒介功能与～相比较, ix；and memory and its censorship ～与记忆及其审查, 73；photography as "optical" 照片是"视觉"～, 46；technological 技术～, 110, 179, 181；virtuality compared with 虚拟与～, 28
"underground" art "先锋"艺术, 96
Understanding Media(McLuhan)《理解媒介》(麦克卢汉), x-xi, 31, 98n1, 174-75, 186
universal computers 宇宙计算机, 146, 150, 152-53, 155, 197n1, 203, 204, 206, 207, 212n11
Unix Unix操作系统, 207
Urdu 乌尔都语, 316

Value 价值：media of 体现价值的～, 229-30. See also money 另见金钱
Varela, Francisco 瓦雷拉，弗朗西斯科, 147, 149, 202, 237, 300
Vasari, Giorgio 瓦萨里，乔尔乔, 5
velocipède 脚踏车, 85n30
verbal media 文字媒介 visual media contrasted with 文字媒介和视觉媒介的比较, 42-43, 102
video 录像：in art 艺术中的～, 97；as expanded cinema ～是电影的扩展, 96-97；as representational ～具有表征的特点, 135-36
video recording 录像, 274
Vienna Actionism 维也纳行动派, 96
Virilio, Paul 维里利奥，保罗, 46, 110
virtual art 虚拟艺术, 16
virtual environments, fragmentation of experience in 虚拟环境中经验的碎片化, 28

virtual reality (VR) 虚拟现实；and cybernetics ～与控制论, 148-49, 152；hyperbolic rhetoric surrounding 围绕着～的夸张修辞, 47n9；information as virtual 信息的虚拟性, 157-58；materiality of ～的质料性, 52
Visible and the Invisible, The(Merleau-Ponty)《可见与不可见》(梅洛-庞蒂), 26
Visible Human Project 可视的人类, 153
visual media 视觉媒介：as media of exchange ～作为交易媒介, 223-24, 230；verbal media contrasted with 语言媒介与～的比较, 42-43, 102
vitalism 生机论, 128
"Void"(Klein) "空"(克莱因), 13
von Foerster, Heinz 弗尔斯特，海因茨·冯, 147, 157
von Neumann, John 诺伊曼，约翰·冯, 120, 161, 205-8, 212n9

Wade-Giles system 威氏拼音系统 316
Walter, William Grey 沃尔特，威廉·格雷, 146
Wampum 贝壳, 223, 224
Warhol, Andy 沃霍尔，安迪, 13-14, 38, 97
Watchmechange.com, 30
Watson, James 沃森，詹姆斯, 119, 120, 202
wax-cylinder recordings 蜡筒音乐唱片, 184
Weaver, Warren 韦弗，瓦伦, 120, 133-34, 136, 158, 159-60, 161, 164, 284, 285, 290
Web, the. See Internet 网页. 另见网络
Web 2.0, 175, 180-82
Weber, Max 韦伯，马克斯, 50, 52, 76, 192, 297
Wegenstein, Bernadette 维根斯坦，伯纳黛特, 154
Weissmann, August 魏斯曼，奥古斯特, 74
Weston, Edward 韦斯顿，爱德华, 15
wetware 湿件, 191-92；in biomedia 生物媒介中的～, 123；as obstacle in cognitive science ～作为认知科学中的障碍, 27, 191；as relational term ～作为关系性术语, 191；in trinity with software and hardware ～与软件、硬件三位一体, 191-92

What Is Life?（Schödinger）《生命是什么》（薛定谔），119，121

Whitman，Walt 沃尔特·惠特曼，170

Who Wrote the Book of Life?（Kay）《谁写了生命之书？》（凯），119，120，121

Wiener，Norbert 维纳，诺伯特："Behavior，Purpose and Teleology"《行为、目的与目的论》，145；*Cybernetics* 控制论，120，146，200，284；"cybernetics"coined by ～造了控制论这个术语，145，285；cybernetics defined by ～对控制论你的定义，163；on cybernetic systems ～论控制系统，120；electrical engineering perspective of ～的电子工程的角度，285；on feedback ～论反馈，200，284，295n4；on freedom of choice in information systems ～论信息系统中选择的自由，159；*The Human Use of Human Beings*：*cybernetics and Society*《人对人类的使用：控制论与社会》，202；on information and probabilities ～论信息与概率，161；in information teory ～在信息论中，146，147，163，200-201，284；on Leibniz ～论莱布尼茨，284；on negative entropy ～论负熵，202；on networks ～论网络，284-85；Shannon's theory compared with that of 香农理论与～理论的比较，202，212n3；tactile code of ～的触觉代码，321

Wikipedia 维基百科，viii

wikis 维基，一种集体生成的档案，180

Wilde，Oscar 王尔德，奥斯卡，9

Wilkins，Maurice 威尔金斯，莫里斯，119

William of Ockham 奥卡姆的威廉，93

Williams，Raymond 威廉斯，雷蒙，xxi，58-59

Windows（operating system）Windows 操作系统，193-94，207

Wittgenstein，Ludwig 维特根斯坦，路德维希，39，140，233，243

Wolfram，Stephen 沃尔夫勒姆，史蒂芬，150，155

Women 女性：bridewealth 彩礼，224-25；female body 女性身体，20；feminine styles of talk 女性风格的谈话，270. See also feminism 另见女性主义

Wood，J. E. H. 伍德，J. E. H.，3

woodblock printing 木刻版印刷，5，317，325n27

"Word as Such，The"（Khlebnikov and Kruchenyk）"词当如此"（赫列布尼克夫和克鲁乔内赫），10

word-of-mouthcommunication 口头传播，271

"Work of Art in the Age of Mechanical Reproducibility，The"（Benjamin）《机械复制时代的艺术品》（本雅明），111，187

World Wide Web. 万维网. See Internet 另见因特网

writing 书写，310-26；ancient civilizations'emergence tied to 古代文明的出现离不开～，307；archaeological discoveries regarding 关于～的考古学发现，311-12；civilization as unthinkable without 离开了～，文明无法想象，310-11，323n3；in conquest of space and time ～征服了空间和时间，102；defined ～的定义，312；as delivery system ～的投递系统，271；Derrida on archewriting 德里达论元～，176，307，313；digital memory aids compared with 数字化记忆辅助设施与～相比，64；evolutionary theory of ～的进化论，318；full systems 完备的～体系，312；as grammatization ～的语法化，70；iconic signs 标记符号，42，43，311-12；ideogrammatic 表意～，67；invention of ～的发明，311；key questions regarding 关于～的关键问题，311；magical power attributed to ～所具有的神奇力量，312-13；and memory ～与记忆，xvii，67，75-78，173，271，317；mythical accounts of origins of ～起源的神话叙述，312-13；nonalphabetic 非字母～，317-18；Plato on 柏拉图论～，173，271，317；relationship of verbal and visual media 文字媒介和视觉媒介的关系，43；Saussure elevates speech above 索绪尔将言语擢升，高于～，237；scripts distinguished from writing systems 文字与～的区分，315-16；social divisions marked by literacy 文化程度是社会区分的标志，314；and speech ～与言语，237，255，311，313，315；systems theory and 系统论与～，307；

as technology ～技术,310; theocratic and imperial power associated with 神权及帝王权力与～相关,314; tools and materials of ～的工具及材料,316-17; twofold processes of ～所包含的两个过程,310; weights, measures, and currency in invention of 度量衡在～的发展中所起的作用,314-15. See also alphabet,另见字母表

"Writing Lesson, A"(Lévi-Strauss)"一堂书写课"（列维-斯特劳斯）,323n5

Yates, Frances 耶茨,弗朗西斯,76
Youngblood, Gene 扬布拉德,吉尼,96-97
YouTube 视频网站,180,181

Ziman, John 齐曼,约翰,210-11
Zinjanthropus boisei 东非博伊西人,72-73
Zizek, Slavoj 齐泽克,斯拉沃热,28
Zola, Emile 佐拉,埃米尔,8
Zweig, Janet 茨威格,珍妮特,16,17

《当代学术棱镜译丛》
已出书目

媒介文化系列

第二媒介时代 [美]马克·波斯特

电视与社会 [英]尼古拉斯·阿伯克龙比

思想无羁 [美]保罗·莱文森

媒介建构：流行文化中的大众媒介 [美]劳伦斯·格罗斯伯格 等

揣测与媒介：媒介现象学 [德]鲍里斯·格罗伊斯

媒介学宣言 [法]雷吉斯·德布雷

媒介研究批评术语集 [美]W.J.T.米歇尔 马克·B.N.汉森

解码广告：广告的意识形态与含义 [英]朱迪斯·威廉森

全球文化系列

认同的空间——全球媒介、电子世界景观与文化边界 [英]戴维·莫利

全球化的文化 [美]弗雷德里克·杰姆逊 三好将夫

全球化与文化 [英]约翰·汤姆林森

后现代转向 [美]斯蒂芬·贝斯特 道格拉斯·科尔纳

文化地理学 [英]迈克·克朗

文化的观念 [英]特瑞·伊格尔顿

主体的退隐 [德]彼得·毕尔格

反"日语论" [日]莲实重彦

酷的征服——商业文化、反主流文化与嬉皮消费主义的兴起 [美]托马斯·弗兰克

超越文化转向 [美]理查德·比尔纳其 等

全球现代性：全球资本主义时代的现代性 [美]阿里夫·德里克

文化政策 [澳]托比·米勒 [美]乔治·尤迪思

通俗文化系列

解读大众文化 [美]约翰·菲斯克

文化理论与通俗文化导论（第二版） [英]约翰·斯道雷

通俗文化、媒介和日常生活中的叙事 [美]阿瑟·阿萨·伯格

文化民粹主义 [英]吉姆·麦克盖根

詹姆斯·邦德：时代精神的特工 [德]维尔纳·格雷夫

消费文化系列

消费社会 [法]让·鲍德里亚
消费文化——20世纪后期英国男性气质和社会空间 [英]弗兰克·莫特
消费文化 [英]西莉娅·卢瑞

大师精粹系列

麦克卢汉精粹 [加]埃里克·麦克卢汉 弗兰克·秦格龙
卡尔·曼海姆精粹 [德]卡尔·曼海姆
沃勒斯坦精粹 [美]伊曼纽尔·沃勒斯坦
哈贝马斯精粹 [德]尤尔根·哈贝马斯
赫斯精粹 [德]莫泽斯·赫斯
九鬼周造著作精粹 [日]九鬼周造

社会学系列

孤独的人群 [美]大卫·理斯曼
世界风险社会 [德]乌尔里希·贝克
权力精英 [美]查尔斯·赖特·米尔斯
科学的社会用途——写给科学场的临床社会学 [法]皮埃尔·布尔迪厄
文化社会学——浮现中的理论视野 [美]戴安娜·克兰
白领：美国的中产阶级 [美]C.莱特·米尔斯
论文明、权力与知识 [德]诺贝特·埃利亚斯
解析社会：分析社会学原理 [瑞典]彼得·赫斯特洛姆
局外人：越轨的社会学研究 [美]霍华德·S.贝克尔
社会的构建 [美]爱德华·希尔斯
多元现代性 周宪 [德]比约恩·阿尔珀曼 [德]格尔哈德·普耶尔

新学科系列

后殖民理论——语境 实践 政治 [英]巴特·穆尔-吉尔伯特
趣味社会学 [芬]尤卡·格罗瑙
跨越边界——知识学科 学科互涉 [美]朱丽·汤普森·克莱恩
人文地理学导论：21世纪的议题 [英]彼得·丹尼尔斯 等
文化学研究导论：理论基础·方法思路·研究视角 [德]安斯加·纽宁 [德]维拉·纽宁主编

世纪学术论争系列

"索卡尔事件"与科学大战 [美]艾伦·索卡尔 [法]雅克·德里达 等

沙滩上的房子 [美]诺里塔·克瑞杰

被困的普罗米修斯 [美]诺曼·列维特

科学知识:一种社会学的分析 [英]巴里·巴恩斯 大卫·布鲁尔 约翰·亨利

实践的冲撞——时间、力量与科学 [美]安德鲁·皮克林

爱因斯坦、历史与其他激情——20世纪末对科学的反叛 [美]杰拉尔德·霍尔顿

真理的代价:金钱如何影响科学规范 [美]戴维·雷斯尼克

科学的转型:有关"跨时代断裂论题"的争论 [德]艾尔弗拉德·诺德曼 [荷]汉斯·拉德 [德]格雷戈·希尔曼

广松哲学系列

物象化论的构图 [日]广松涉

事的世界观的前哨 [日]广松涉

文献学语境中的《德意志意识形态》 [日]广松涉

存在与意义(第一卷) [日]广松涉

存在与意义(第二卷) [日]广松涉

唯物史观的原像 [日]广松涉

哲学家广松涉的自白式回忆录 [日]广松涉

资本论的哲学 [日]广松涉

马克思主义的哲学 [日]广松涉

世界交互主体的存在结构 [日]广松涉

国外马克思主义与后马克思思潮系列

图绘意识形态 [斯洛文尼亚]斯拉沃热·齐泽克 等

自然的理由——生态学马克思主义研究 [美]詹姆斯·奥康纳

希望的空间 [美]大卫·哈维

甜蜜的暴力——悲剧的观念 [英]特里·伊格尔顿

晚期马克思主义 [美]弗雷德里克·杰姆逊

符号政治经济学批判 [法]让·鲍德里亚

世纪 [法]阿兰·巴迪欧

列宁、黑格尔和西方马克思主义:一种批判性研究 [美]凯文·安德森

列宁主义 [英]尼尔·哈丁

福柯、马克思主义与历史:生产方式与信息方式 [美]马克·波斯特

战后法国的存在主义马克思主义:从萨特到阿尔都塞 [美]马克·波斯特

反映 [德]汉斯·海因茨·霍尔茨

为什么是阿甘本？[英]亚历克斯·默里

未来思想导论:关于马克思和海德格尔 [法]科斯塔斯·阿克塞洛斯

无尽的焦虑之梦:梦的记录(1941—1967)附《一桩两人共谋的凶杀案》(1985) [法]路易·阿尔都塞

马克思:技术思想家——从人的异化到征服世界 [法]科斯塔斯·阿克塞洛斯

经典补遗系列

卢卡奇早期文选 [匈]格奥尔格·卢卡奇

胡塞尔《几何学的起源》引论 [法]雅克·德里达

黑格尔的幽灵——政治哲学论文集[Ⅰ] [法]路易·阿尔都塞

语言与生命 [法]沙尔·巴依

意识的奥秘 [美]约翰·塞尔

论现象学流派 [法]保罗·利科

脑力劳动与体力劳动:西方历史的认识论 [德]阿尔弗雷德·索恩-雷特尔

黑格尔 [德]马丁·海德格尔

黑格尔的精神现象学 [德]马丁·海德格尔

生产运动:从历史统计学方面论国家和社会的一种新科学的基础的建立 [德]弗里德里希·威廉·舒尔茨

先锋派系列

先锋派散论——现代主义、表现主义和后现代性问题 [英]理查德·墨菲

诗歌的先锋派:博尔赫斯、奥登和布列东团体 [美]贝雷泰·E.斯特朗

情境主义国际系列

日常生活实践 1.实践的艺术 [法]米歇尔·德·塞托

日常生活实践 2.居住与烹饪 [法]米歇尔·德·塞托 吕斯·贾尔 皮埃尔·梅约尔

日常生活的革命 [法]鲁尔·瓦纳格姆

居伊·德波——诗歌革命 [法]樊尚·考夫曼

景观社会 [法]居伊·德波

当代文学理论系列

怎样做理论 [德]沃尔夫冈·伊瑟尔

21世纪批评述介 [英]朱利安·沃尔弗雷斯

后现代主义诗学:历史·理论·小说 [加]琳达·哈琴

大分野之后:现代主义、大众文化、后现代主义 [美]安德列亚斯·胡伊森

理论的幽灵:文学与常识 [法]安托万·孔帕尼翁

反抗的文化:拒绝表征 [美]贝尔·胡克斯

戏仿:古代、现代与后现代 [英]玛格丽特·A.罗斯

理论入门 [英]彼得·巴里

现代主义 [英]蒂姆·阿姆斯特朗

叙事的本质 [美]罗伯特·斯科尔斯　詹姆斯·费伦　罗伯特·凯洛格

文学制度 [美]杰弗里·J.威廉斯

新批评之后 [美]弗兰克·伦特里奇亚

文学批评史:从柏拉图到现在 [美]M. A. R.哈比布

德国浪漫主义文学理论 [美]恩斯特·贝勒尔

萌在他乡:米勒中国演讲集 [美]J.希利斯·米勒

文学的类别:文类和模态理论导论 [英]阿拉斯泰尔·福勒

思想絮语:文学批评自选集(1958—2002) [英]弗兰克·克默德

叙事的虚构性:有关历史、文学和理论的论文(1957—2007) [美]海登·怀特

21世纪的文学批评:理论的复兴 [美]文森特·B.里奇

核心概念系列

文化 [英]弗雷德·英格利斯

风险 [澳大利亚]狄波拉·勒普顿

学术研究指南系列

美学指南 [美]彼得·基维

文化研究指南 [美]托比·米勒

文化社会学指南 [美]马克·D.雅各布斯　南希·韦斯·汉拉恩

艺术理论指南 [英]保罗·史密斯　卡罗琳·瓦尔德

《德意志意识形态》与文献学系列

梁赞诺夫版《德意志意识形态·费尔巴哈》 [苏]大卫·鲍里索维奇·梁赞诺夫

《德意志意识形态》与MEGA文献研究 [韩]郑文吉

巴加图利亚版《德意志意识形态·费尔巴哈》 [俄]巴加图利亚

MEGA:陶伯特版《德意志意识形态·费尔巴哈》 [德]英格·陶伯特

当代美学理论系列

今日艺术理论 [美]诺埃尔·卡罗尔

艺术与社会理论——美学中的社会学论争 [英]奥斯汀·哈灵顿

艺术哲学:当代分析美学导论 [美]诺埃尔·卡罗尔

美的六种命名 [美]克里斯平·萨特韦尔

文化的政治及其他 [英]罗杰·斯克鲁顿

当代意大利美学精粹 周 宪 [意]蒂齐亚娜·安迪娜

现代日本学术系列

带你踏上知识之旅 [日]中村雄二郎 山口昌男

反·哲学入门 [日]高桥哲哉

作为事件的阅读 [日]小森阳一

超越民族与历史 [日]小森阳一 高桥哲哉

现代思想史系列

现代主义的先驱:20世纪思潮里的群英谱 [美]威廉·R.埃弗德尔

现代哲学简史 [英]罗杰·斯克拉顿

美国人对哲学的逃避:实用主义的谱系 [美]康乃尔·韦斯特

时空文化:1880—1918 [美]斯蒂芬·科恩

视觉文化与艺术史系列

可见的签名 [美]弗雷德里克·詹姆逊

摄影与电影 [英]戴维·卡帕尼

艺术史向导 [意]朱利奥·卡洛·阿尔甘 毛里齐奥·法焦洛

电影的虚拟生命 [美]D. N. 罗德维克

绘画中的世界观 [美]迈耶·夏皮罗

缪斯之艺:泛美学研究 [美]丹尼尔·奥尔布赖特

视觉艺术的现象学 [英]保罗·克劳瑟

总体屏幕:从电影到智能手机 [法]吉尔·利波维茨基 [法]让·塞鲁瓦

艺术史批评术语 [美]罗伯特·S.纳尔逊 [美]理查德·希夫

设计美学 [加拿大]简·福希

工艺理论:功能和美学表达 [美]霍华德·里萨蒂

艺术并非你想的那样 [美]唐纳德·普雷齐奥西 [美]克莱尔·法拉戈

艺术批评入门:历史、策略与声音　[美]克尔·休斯顿
艺术史:研究方法批判导论　[英]迈克尔·哈特　[德]夏洛特·克朗克
十月:第二个十年,1986—1996　[美]罗莎琳·克劳斯　[美]安妮特·米切尔森　[美]伊夫-阿兰·博瓦 等

当代逻辑理论与应用研究系列

重塑实在论:关于因果、目的和心智的精密理论　[美]罗伯特·C.孔斯

情境与态度　[美]乔恩·巴威斯　约翰·佩里

逻辑与社会:矛盾与可能世界　[美]乔恩·埃尔斯特

指称与意向性　[挪威]奥拉夫·阿斯海姆

说谎者悖论:真与循环　[美]乔恩·巴威斯　约翰·埃切曼迪

波兰尼意会哲学系列

认知与存在:迈克尔·波兰尼文集　[英]迈克尔·波兰尼

科学、信仰与社会　[英]迈克尔·波兰尼

现象学系列

伦理与无限:与菲利普·尼莫的对话　[法]伊曼努尔·列维纳斯

新马克思阅读系列

政治经济学批判:马克思《资本论》导论　[德]米夏埃尔·海因里希

批判理论与政治经济学批判:颠倒与否定理性　[英]维尔纳·博内菲尔德

西蒙东思想系列

论技术物的存在模式　[法]吉尔贝·西蒙东

列斐伏尔研究系列

马克思主义思想与城市　[法]亨利·列斐伏尔